블록체인 기술과 보안

Blockchain Technology and Security

송유진 · 양호경 · 차현종 지음

Blockchain Technology and Security

블록체인 기술과 보안

인 쇄 : 2025년 1월 13일 초판 1쇄
발 행 : 2025년 1월 17일 초판 1쇄

저 자 : 송유진 · 양호경 · 차현종
발행인 : 송 준
발행처 : 도서출판 홍릉
주 소 : 01093 서울시 강북구 인수봉로 50길 10
등 록 : 1976년 10월 21일 제5-66호

전 화 : 02-999-2274~5, 903-7037
팩 스 : 02-905-6729
e-mail : hongpub@hongpub.co.kr
http://www.hongpub.co.kr
ISBN : 979-11-5600-137-9(93000)

정 가 : 29,000원

□ 본 교재는 2023년도 과학기술정보통신부 및 정보통신기획평가원의 '지역지능화혁신인재양성사업' 지원을 받아 제작 되었습니다.

□ 본 결과물의 내용을 전재할 수 없으며, 인용할 때에는 반드시 과학기술정보통신부와 정보통신기획평가원의 '지역지능화혁신인재양성사업' 의 결과물이라는 출처를 밝혀야 합니다.

블록체인 기술과 보안

Blockchain Technology and Security

송유진 · 양호경 · 차현종 지음

도서출판 홍릉

저자소개

송유진 전자우편주소 : song@dongguk.ac.kr

일본 Tokyo Institute of Technology에서 정보보호 전공으로 박사학위를 취득하였으며, 한국전자통신연구원에서 근무하였다. 현재 동국대학교 경영학부 명예교수이며, ㈜아이엠유에서 연구소장으로 재직 중이다. 정부관련 프로젝트를 다수 진행하고, 주요 저서로는 최신정보보호개론, u-Business를 위한 정보관리론, 사물인터넷 기술과 비즈니스, 사물인터넷을 위한 블록체인 등이 있다. 주요 연구분야는 사물인터넷 보안 및 블록체인, 차세대 인터넷 및 융합보안 등이다.

양호경 전자우편주소 : porori0421@naver.com

광운대학교 컴퓨터과학과를 졸업하고, 국방IT보안 전공으로 박사학위를 취득하였으며 현재 경희대학교 후마니타스칼리지에서 재직 중이다. 정보보안 및 네트워크와 관련된 다수의 프로젝트에 참여하였고, 저서로는 창의적 소프트웨어 디자인, 사물인터넷 기술과 비즈니스, 사물인터넷을 위한 블록체인이 있다. 주요 연구 분야는 사물인터넷, 블록체인, 융합보안 등이다.

차현종 전자우편주소 : hjcha@pcu.ac.kr

광운대학교 컴퓨터과학과를 졸업하고, 국방IT보안 전공으로 박사학위를 취득하였으며 현재 배재대학교 AI소프트웨어공학부에서 재직 중이다. 네트워크 및 정보보호와 관련된 다수의 프로젝트에 참여하였고, 저서로는 창의적 소프트웨어 디자인, 사물인터넷 기술과 비즈니스, 사물인터넷을 위한 블록체인이 있다. 주요 연구 분야는 정보보안, 차세대 네트워크 및 보안 등이다.

1부

증기기관과 기계화에 의한 1차 산업에 이어, 전기를 이용한 대량생산이 시작된 2차 산업혁명, 컴퓨터와 인터넷에 의한 정보화사회, 즉 3차 산업혁명에 이어 지금은 빅데이터와 인공지능(AI)이 기반이 되어 인간의 의식적 행동 없이 사물이 사물끼리 소통하고 연결되어 지능적으로 제어하고 통제하는 초연결사회, 현실과 가상이 통합되는 가상사회, 즉 4차 산업 혁명의 시대가 되어가고 있다. 4차 산업 혁명의 특성상 빅데이터와 AI가 기반이 되는 사회로 정보의 중요성이 커지고 있다. 정보의 중요성이 커짐에 따라 데이터 보안, 사이버 윤리 및 도덕성도 중요하게 되고 있다.

4차 산업혁명은 초연결, 초지능화, 초융합사회가 될 것이며 사용자에게 개인화, 맞춤화, 편리성을 제공할 것이다. 하지만 이러한 기술이 사용자들에 도움을 주고 활용이 되려면 사물과 사물간, 사물과 사람간, 현실공간과 가상공간의 소통에 있어 인터넷과 같은 정보통신기술이 주요 기술이 되고 있다. 이에 따라 정보의 중요성이 커지고 있으며 정보의 보안성까지 중요시 되고 있다. 새로운 시대의 변화에 따라 정보에 대한 위협이 커질 뿐만 아니라 새로운 위협이 증가할 것이다.

이러한 배경으로 정보보안서비스 즉 기밀성, 무결성, 가용성이라는 목적을 위한 보안 및 암호화 기술이 발전하고 있다. 이러한 발전과 더불어서 데이터의 신뢰성 문제를 보완할 수 있는 기술이 비트코인(Bitcoin)으로 인해 많이 알려져 있는 블록체인이라고 할 수 있다. 사이버공간상의 신뢰성 문제는 사용자들의 금융거래 등의 문제에서 크게 다가오는데 블록체인은 이러한 신뢰성 문제를 해결하는 하나의 도구라 할 수 있다.

블록체인은 데이터를 블록이라는 작은 데이터들로 취급하며, 이를 P2P 방식을 기반으로 생성된 분산 데이터 저장환경에 저장한다. 이렇게 저장된 데이터는 누구도 임의로 수정할 수 없고, 변경결과를 누구나 열람할 수 있다. 이는 분산 데이터 저장기술의 한 형태이며, 데이터의 내용을 모든 참여 노드에 기록하여 특정 노드나 운영자에 의한 임의 조작이 불가능하도록 고안되었다.

블록체인 기술은 대표적으로 비트코인과 같은 암호 화폐 거래에 사용되었다. 블록체인은 권한(Permission) 및 합의 방식(Consensus Algorism), 노드의 구성 등에 따라서 퍼블릭 (Public), 프라이빗(Private), 컨소시엄(Consortium)으로 분류된다. 퍼블릭 블록체인은 누구나 참여하여 네트워크에서 발생하는 행위를 공유하는 공개형 블록체인이다. 이더리움이나 비트코인이 대표적인 예이다. 프라이빗 블록체인은 퍼블릭 블록체인과 반대로 폐쇄형이며, 허가된 참여자 외에는 데이터들을 공유하지 않는다. 나스닥(NASDAQ)의 링크(LINQ)나 미진(Mijin)이 대표적이다. 컨소시엄 블록체인은 연합형 블록체인으로 이해하면 쉽다. 즉, 퍼블릭, 프라이빗 블록체인의 성격이 결합한 형태이다. 네트워크에 허가된 참여자가 블록을 생성할 수 있다. 이더리움 기업 연합(EEA, Enterprise Ethereum Alliance), 코다(Corda)나 하이퍼레저 패브릭(Hyperledger Fabric)이 대표적인 예이다.

블록체인은 2008년 사토시 나카모토가 처음 제안한 비트코인이라는 디지털 통화를 안전하게 저장하여 사용자 간에 주고받기 위해 만들어진 기술이다. 비트코인은 애초에 중앙에서 통화를 발행하고 관리하는 기관없이 P2P 네트워크 상에서 오직 사용자 간의 안전한 거래가 가능하도록 고안되었다. 블록체인을 구성하는 데이터의 무결성 및 신뢰성을 보장하기 위해 해시함수(SHA- 256)와 디지털 서명(ECDSA)을 사용한다.

블록체인은 데이터의 보안성을 위해 암호화 기술 중 하나인 해시(Hash)를 사용한다. 해시는 해시함수를 통해 입력된 데이터를 고정 길이의 출력 값으로 변환한다. 변환 된 값은 원래의 값으로 복구할 수 없다. 입력된 데이터의 크기에 관계없이 항상 같은 길이를 출력한다. 입력 데이터 중에서 일부만 변경되어도 출력은 완전히 달라진다. 그러나 입력 내용이 같으면, 해시함수를 여러 번 실행하더라도 결과는 동일하다. 블록체인에서 해시는 데이터 블록의 고유한 식별자로 활용된다. 각 블록의 해시는 이전 블록의 해시를 포함한 데이터로 생성된다. 각 연결된 해시 값을 통해 블록은 서로 연결되어 체인을 형성한다. 또한 블록 해시는 해당하는 블록의 데이터를 입력 값으로 변환된 것으로, 기존의 데이터를 변경하려면 블록 해시를 해시함수를 통해 수정해야한다. 이어서 다음 블록의 해시에 영향을 주게 되므로 다음 블록의 해시로 수정해야한다. 그러므로 한 블록의 데이터를 수정하면, 연결된 블록의 해시를 모두 새로 계산해야한다. 그러므로 수정이 어렵다.

블록체인을 구성하는 블록은 블록헤더와 블록바디로 이루어지는데, 블록헤더에는 이전 블록 헤더의 해시 값이 들어있어 일종의 체인처럼 링크드리스트 방식으로 모든 블록이 연결되어 있고, 합의 알고리즘에 이용하는 임의의 nonce 값과 블록 생성의 난이도를 조정하는 bits 등이 포함되어 있다. 블록바디에는 지원하는 서비스에 따라 다른 값이 들어갈 수 있다. 예를 들어, 디지털 암호 통화 시스템인 비트코인에서는 10분 동안 발생한 사용자들간의 거래가 블록바디에 포함된다.

이와 같은 블록체인을 구성하는 기술에 대해 제1부에서 설명한다. 예를 들면, 합의 알고리즘, 전자서명 및 해시함수, 스마트컨트랙트, 마이닝(채굴), P2P네트워크에 대해 전반적으로 살펴본다.

2부

EU 산하의 정보보호기구인 ENISA(European Union Agency for Network and Information Security)는 2016년 12월 “Dsitributed Ledger Technology & Cybersecurity: Improving information security in the financial sector”라는 보고서를 통해 금융권에서 블록체인 시스템 도입 시 고려해야 할 보안 이슈를 제시하였다. 발표된 보안 이슈는 키관리, 거래 검증 및 합의, 참여자 권한 관리, 블록체인 SW 보안, 서비스 보안 등이다.

금융보안원에서 발표한 “블록체인 기술과 보안 고려사항”에서는 퍼블릭 블록체인의 참여자는 누구나 본인이 직접 참여하지 않은 거래정보를 포함하여 모든 거래 이력을 다운로드할 수 있어 개인정보 침해가 발생 가능하다. 프라이빗 블록체인(운영주체에 의해 검증 및 승인된 주체만 참여 가능한 블록체인의 유형)은 일반적으로 거래정보의 기밀성 보장이 가능하나, 참여자 권한 관리 미흡 등으로 개인정보 침해가 발생 가능하다.

금융보안원에서 발표한 "블록체인 기술과 보안 고려사항"에 의하면 퍼블릭 블록체인의 참여자는 본인이 참여하지 않은 거래정보를 포함한 모든 거래 내역을 확인할 수 있어 개인정보 침해가 발생할 수 있다. 하지만, 운영자에 의해 검증되고 승인된 주체만 참여 가능한 프라이빗 블록체인은 거래정보에 대한 기밀성 보장이 가능하다. 그러나 참여자의 권한 관리가 미흡하면 개인정보 침해가 발생할 수 있다.

블록체인은 탈중앙화를 추구하므로 중앙집중형 시스템에서 발생되는 문제점을 해결할 수 있다. 블록체인 기술은 보안 분야에서 권한을 가진 사용자만 데이터에 접근할 수 있는 접근제어에 주로 사용한다. 또한 거래내역 장부는 네트워크 참여자 모두가 공동으로 소유하여 거래 데이터 조작을 방지할 수 있다. 이를 통해 데이터의 무결성이 보장된다. 반면 블록체인 기술의 문제점은 모든 사용자가 거래내역을 처리하고 검증하기 때문에 프라이버시에 대한 위험이 존재하는 것이다.

블록체인 보안과 관련된 가장 중요한 개념은 합의와 불변성이다. 합의는 네트워크 노드가 네트워크의 실제 상태와 트랜잭션의 유효성에 대해 합의하는 것을 말한다. 일반적으로, 합의 과정은 합의 알고리즘 또는 합의 프로토콜이라 불린다. 불변성은 검증된 트랜잭션의 변경을 방지하는 것을 의미한다. 트랜잭션은 디지털 데이터의 기록을 의미하지만, 비트코인과 같은 암호 화폐에서는 화폐의 전송 등의 기록을 의미한다. 이렇게 합의와 불변성을 통해 블록체인에서 데이터 보안을 위한 기본 개념이 이루어진다. 합의 알고리즘이 시스템의 규칙을 준수하고 관련 당사자들이 네트워크의 현재 상태에 동의하도록 보장하는 반면, 불변성은 새로운 데이터 블록이 유효한 것으로 확인된 데이터와 트랜잭션을 온전하게 유지한다.

블록체인은 기밀성, 무결성, 가용성이 적용되어 이론적으로는 해킹이 불가능하다. 하지만 현재 기술 상황으로는 아직 완벽한 보안체계를 갖추지 못한 것으로 나타나고 있다. 블록체인이라 고 하면 보안이 완벽할 것이라고 여기는 사람들이 많지만 결국 블록체인 플랫폼도 하나의 소프트웨어 프로그램일 뿐 완벽할 수 없다. 블록체인은 새로운 기술이고, 기존 보안에 대한 개념으로 접근하기에는 한계가 많다. 그렇다고 보안을 완벽하다고 주장하기에도 기존에 통념적으로 사용되어 왔던 보안의 개념과 충돌한다. 보안의 영역은 다양한데, 그 영역을 먼저 정의할 필요가 있으며 그 정의된 영역에서 세분화하여 블록체인이 어떤 영역에서 어떻게 보안을 강화할 수 있는지를 먼저 살펴봐야 한다.

PART 02 블록체인 보안에서는 블록체인에 적용되는 암호기술과 공개키 기반 인프라(PKI), 프라이버시 보호기술에 대해 살펴본다.

CONTENTS

PART 01 블록체인 기술 및 구성

CHAPTER 05 마이닝(채굴)

CHAPTER 06 P2P 네트워크

PART 02 블록체인 보안

CHAPTER 07 블록체인과 암호

CHAPTER 08 블록체인과 PKI

CHAPTER 09 블록체인과 프라이버시 보호

PART 01

블록체인 기술 및 구성

CHAPTER 01

블록체인의 기술

1.1 블록체인의 개념과 특징

1) 블록체인의 개념

비트코인으로부터 시작된 블록체인 기술은 차세대 인터넷을 이끌 혁신적 기술로서 수많은 업계의 관심을 모으고 있다.

많은 업계의 관심을 모으고 있는 블록체인이란 무엇인가? (그림 1-1)을 통해 알아보도록 하자.

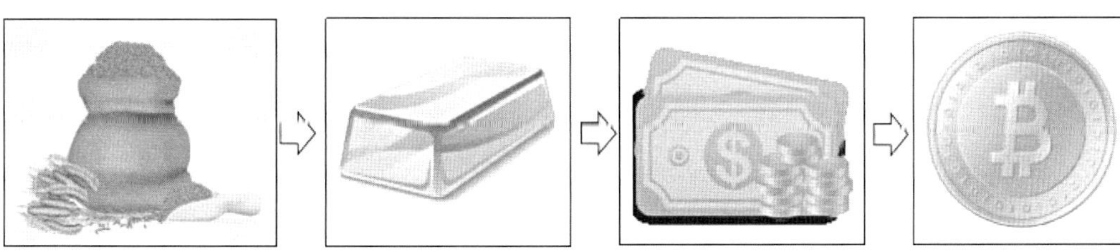

그림 1-1 화폐의 발전

출처 블록체인과 블록체인 비지니스 (서강대학교, 고덕유)

인터넷이 발전하면서 새로운 개념의 화폐가 등장하게 되었다. 곡식은 1만 년 전부터 사용되어진 화폐의 원형이라고 할 수 있다. 그 후로 약 5000년 전부터 등장한 금은 상당기간 화폐로 사용되었고 종이화폐는 약 1000년 전 중국에서 처음 사용하게 되면서 상당 기간 화폐로서의 역할을 해오고 있다. 최근 인터넷 기술이 발달하면서 전자화폐가 등장하게 되었는데 그 중 하나가 비트코인이라 할 수 있다.

실물화폐와 비트코인의 차이점은 무엇인가? 아래의 (표 1-1)을 통해 알아보자.

[표 1-1] 실물화폐와 비트코인의 차이점

	실물화폐	비트코인
발행주체	중앙 은행	채굴 참여자
도입기관	국가	개발자 그룹
가치보증	국가 기관 및 은행	소프트웨어 알고리즘
화폐 소유 관리	실물 현금, 은행 잔액 기반	공개 장부, 거래내역 기반
공급 결정권	국가 기관 및 은행	발생량 및 총량이 결정됨

이러한 비트코인을 거래할 때 보안성, 무결성을 제공하는 저장 플랫폼이 바로 블록체인이다.

블록체인이란 온라인 금융 거래 정보를 블록형태로 생성 및 연결하여 P2P 네트워크의 분산 환경에서 참여자들의 개인 디지털 장비에 분산, 저장시켜 공동으로 관리하는 방식을 말한다. 블록체인의 기본 구조는 블록(block)을 잇따라 연결(chain)한 모음을 뜻하는 말로, 저장된 데이터를 블록 단위로 나누어 분산 저장해 서로 연결함으로써 하나의 데이터를 구성하도록 하는 기술이다. 따라서 블록체인은 공공 거래 장부라고도 부르며 가상 화폐로 거래할 때 중앙의 제어 없이 관리할 수 있는 기술이다.

블록체인기술은 쉽게 말해서 '거래 기록을 남기는 기술'이라 할 수 있다. 과거엔 보호하고자 하는 정보를 아무도 정보에 접근하지 못하는 방식으로 보안이 이루어졌다면 블록체인은 이러한 보안 상식을 완전히 뒤집는 새로운 개념의 보안 기술이라고 볼 수 있다. 블록체인은 분산 데이터베이스와 유사한 형태로 데이터를 저장 하는 구조체 리스트로 네트워크 참여자들이 데이터를 저장·검증하므로 임의조작이 어렵도록 설계되었다.

블록체인의 각 블록은 (그림 1-2)와 같이 헤더와 바디로 구성된 구조체로 헤더에는 이전, 현재 블록의 해시 값, 넌스(Nonce) 등을 포함하고 있으며, 블록 검색 시 데이터베이스 인덱스 방식으로 데이터 값을 찾는다. 블록 헤더에는 다음 블록의 해시 값을 포함하지 않으나, 편의상 값을 추가하여 이용한다.

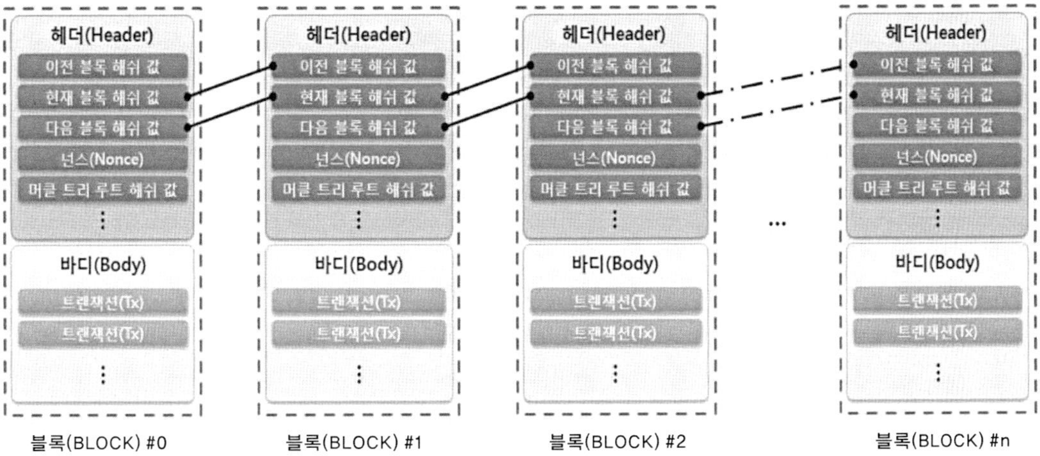

그림 1-2 블록체인 연결 구조

출처 블록체인 및 비트코인 보안기술(2015)

블록체인 시스템은 수많은 노드가 P2P 네트워크로 연결되어 사용자의 트랜잭션을 처리하는 시스템이다. 트랜잭션에 대한 기록은 순차적으로 저장되어 분산 장부 시스템이라고 볼 수 있다.

모든 거래 DB를 전 세계 곳곳에 있는 수백만 대의 컴퓨터에 저장시켜 쉽게 해킹하지 못하도록 하는 것으로 여러 개의 컴퓨터에 생성되는 보안 블록은 서로 체인처럼 연결되어 있어, 해킹을 하려면 모든 컴퓨터에 저장된 것을 동시에 해야 하기 때문에 매우 강력한 보안 시스템이라 할 수 있다.

(그림 1-2)를 이해했다면 블록체인이 왜 안정성을 보장하는지 알게 될 것이다. 각 노드들에 저장된 해시 값은 이전 블록들의 값에 영향을 받아 생성되므로 등록된 내용을 위・변조하는 행위가 현실적으로 매우 어렵기 때문이다. 다만, 노드의 과반수를 동시에 해킹했다면 데이터의 변조가 가능하다. 하지만 현실적으로 매우 어려운 일이다. 이러한 방식의 시스템은 사물이 인터넷에 연결되는데 중앙형 컴퓨터 인프라에서 벗어난 구조를 가지고 탈중앙화 방식으로 연결되는 구조이다. 이러한 구조 덕분에 P2P네트워크도 가능하며, 누구든지 어떠한 제약도 없이 즉시 거래가 가능하다는 것도 큰 특징이다.

블록체인은 사이버 상의 신뢰문제를 해결하고자 하는 하나의 방법으로, 사물이 인터넷에 연결되는데 탈중앙화 방식으로 연결되는 방식이라 할 수 있다. 블록체인을 처음 도입한 어플리케이션이 비트코인이며, 비트코인의 자세한 설명은 뒤에서 언급할 것이다.

여기서 블록체인의 원리를 자세히 알아보자.

A와 B가 거래를 하는 과정을 예로 들어 설명하자면 다음과 같다.

만약 A가 B에게 땅을 구입하였을 때 A는 이 사실을 A와 B 뿐만이 아니라 구성원들 모두에게 토지 판매 사실을 알려주어 구성원들은 거래 내용을 모두 기록하게 된다. 이 과정은 블록체인에서 A와 B의 거래 정보가 하나의 블록으로 생성이 되며, 그 블록이 네트워크의 다른 구성원들에게 전달되어 네트워크 내 모든 구성원들이 해당 거래의 타당성을 확인하게 되는 과정이라 할 수 있다. 블록에 이상이 없다면 그 블록은 기존의 블록체인에 추가적으로 결합되고 거래가 성사된다고 할 수 있다.

이로 인해 A가 토지거래 문제를 조작한다하여도, B로 부터 돈을 받을 때에는 구성원들의 정보모두를 조작하여야 하기 때문에 조작으로부터 어려운 문제가 존재 한다. 이처럼 블록체인의 거래 정보를 조작하기 위해서는 체인으로 연결되어 있는 모든 구성원들의 블록을 해킹하고 위조, 변조해야 하기 때문에 조작이 거의 불가능 하다고 할 수 있다.

CLOUD 사업자 및 기존은행은 Client-server를 이용한 중앙서버관리 방식, 중앙 집중형 시스템으로 한 부분에 오류가 발생하면 큰 문제를 야기한다. 그러나 분산 구조, 탈중앙화 관리 방식인 블록체인은 네트워크 일부에 문제가 발생해도 전체 네트워크에는 큰 영향을 주지 않게 된다.

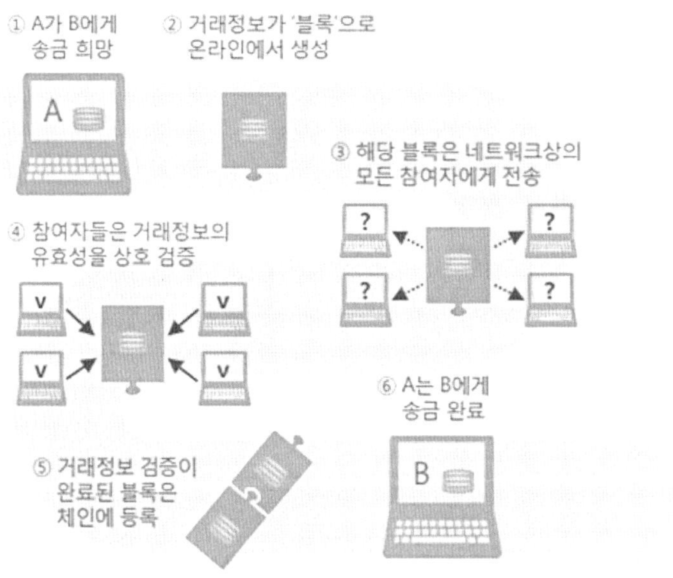

그림 1-3 블록체인의 거래과정

출처 금융보안원

이 외에도 블록체인은 모든 거래 내역을 공유하고 기록하며, 사용자가 직접 모든 거래를 확인하고 검증하는 과정이 있어 투명성이 보장된다. 또한 블록체인 운용에는 기존보다 많은 비용이 필요하지 않아 비용절감 또한 블록체인의 장점이라고 할 수 있다.

아직도 블록체인이 왜 안정성과 신뢰성을 보장하는지 이해하지 못했다면 (그림 1-4)를 통하여 쉽게 알아보자.

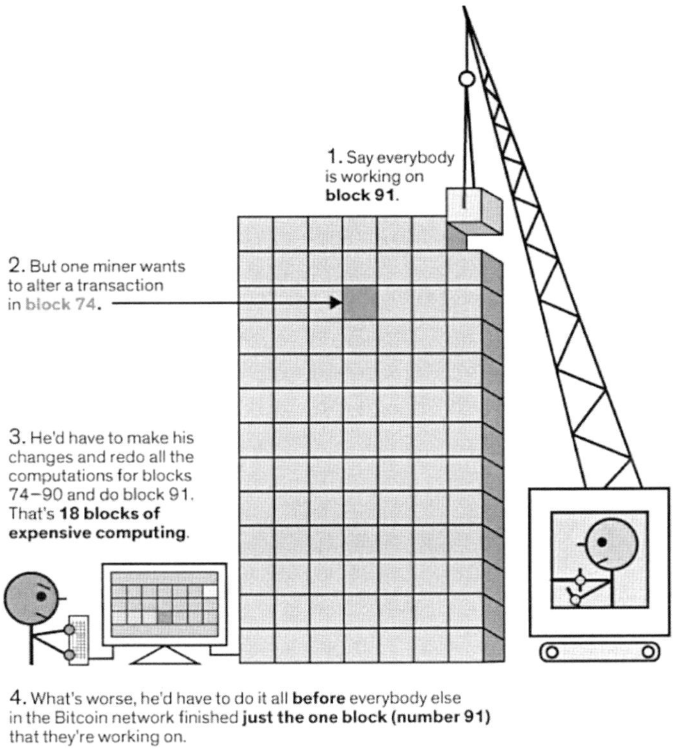

그림 1-4 블록체인의 원리

출처 에티 ETI

❶ 그림처럼 90개의 블록이 만들어져 있다고 하였을 때, 모든 참여자들이 91번째에 대해 타당성을 확인하는 작업을 하고 있다고 가정해 보자.

❷ 이 상황에서 어떤 해커가 74번째 블록에 담긴 거래기록을 임의로 수정하고자 한다.

❸ 블록체인은 체인 구조로 되어있기 때문에 90번째부터 75번째 블록까지 모두 수정해야 하며, 수정을 해야만 74번째 블록에 접근하여 수정 할 수 있다. 즉, 18개의 블록을 만드는데 소요된 모든 컴퓨팅 비용을 감당해야 한다.

❹ 이러한 작업을 모든 사용자가 91번 블록에 대한 타당성 검사를 완료하기 전에 끝내야 하기에 사실상 불가능에 가까운 일이라 할 수 있다.

설명이 어렵다면 예를 들어 생각해 보자. 어릴 때 우리가 가지고 놀던 장난감을 블록이라고 생각해 보자. 블록을 차곡차곡 쌓아 높은 탑을 만들었다. 그런데 중간에 끼어있는 블록의 색이 맘에 들지 않아 중간에 끼워져 있는 블록을 바꾸고 싶다면 어떻게 할 것인가? 물론 맨 위에 쌓아져있는 블록부터 빼서 중간에 있는 블록을 빼내어야 한다. 이러한 원리와 비슷하다고 할 수 있다.

블록체인은 기존의 은행처럼 거래 장부를 데이터베이스로 관리할 필요가 없어 관리 비용이 절감된다. 그리고 분산 처리로 해킹이 어려워 금융 거래의 안전성도 향상된다. 블록체인 방식은 주식, 부동산 등의 거래에도 적용 가능하며, 토지 권리 양도나 가정 현관 키 등 보안에 관련된 다양한 분야에 활용될 수 있다.

블록체인은 대표적인 온라인 가상 화폐인 비트코인을 세상에 선보이며 내놓은 기술이다. 비트코인은 누구나 열람할 수 있는 장부에 거래 내역을 기록한다. 이 기록은 비트코인을 사용하는 컴퓨터들이 10분마다 검증하여 해킹을 막는다.

이러한 블록체인의 기술의 단계별 발전 방향에 대해 설명한다.

[표 1-2] 블록체인 기술의 단계별 발전 방향

세대	블록체인 1.0	블록체인 2.0	블록체인 3.0	블록체인 4.0
단계	도입기	발전기	확산기	정착기
시기	2009-2013	2013-2016	2017-2022	2022-2030
설명	공개 블록체인 (누구나 열람)	개인(기업형) 블록체인 등장	산업과의 융합	국가 인프라
활용 예	비트코인	이더리움, 나스닥 장외 주식거래	SCM, 에너지, 물류 등	예산 관리, 투표 등 정부/공공 서비스

출처 "블록체인 TechBiz 컨퍼런스", IITP 박현제, 2017.06.

블록체인은 블록체인 1.0을 시작으로 현재는 블록체인 3.0까지 발전해온 것을 볼 수 있다. 블록체인 1.0의 활용 예를 보면 '비트코인'인 것을 볼 수 있는데 비트코인과 관련된 자세한 설명은 뒷장에서 설명하도록 하겠다.

다음으로 블록체인 2.0을 보면 기존의 블록체인 1.0과 달리 스마트계약이 추가된 것을 볼 수 있다. 스마트계약이란 블록체인 기술을 기반으로 해 프로그래밍된 계약 조건을 만족시키면 자동으로 계약이 실행되는 프로그램이다. 이 프로그램은 금융 거래뿐만 아니라 부동산 계약 등 다양한 계약에 활용할 수 있다. 현재 블록체인 3.0은 여러 가지 산업과 융합되고 있으며 활용 예로는 SCM, 에너지, 물류 등에도 블록체인 기술을 접목시켜 활용하고 있는 것을 볼 수 있다.

앞의 (표 1-2)처럼 블록체인 기술은 지속적으로 보완되며 발전하고 있다. 하지만 블록체인이라고 문제점이 없는 것은 아니다. 발전됨에 따라 새로운 위협도 발생하고 있다. 블록체인 기술이 더 발전하기 위해서는 이러한 위협을 해결해 나가야하는 것이 블록체인의 과제라고 말할 수 있다.

앞서 설명한 '비트코인'이란 대체 무엇일까? 비트코인은 지폐나 동전과 같은 물리적인 형태가 없는 가상화폐 또는 디지털 통화이다. 디지털 단위인 '비트(bit)'와 '동전(coin)'을 합친 용어이다. 나카모토 사토시라는 프로그래머 또는 단체가 빠르게 발전하는 온라인 추세에 맞춰 달러화, 엔화, 원화 등과 같은 기존의 법화(法貨 · legal tender)를 대신할 새로운 화폐를 제안하기 위해 2009년 비트코인을 처음 개발했다.

즉, 비트코인은 중앙서버의 개입 없이 개인 간(P2P) 익명의 거래가 가능한 것을 말한다. 이러한 비트코인의 신규화폐는 채굴(Mining)에 의해 발행되며, 동시에 새로운 블록이 생성된다. 채굴, Mining은 새로운 블록을 만드는 작업을 말하는데 이전 블록의 해시 값을 찾아낸 것이 Proof-of-work이다. 채굴은 조금씩 코인을 쌓아가는 과정이 아니라 10분에 한 번씩 벌어지는 달리기 경주와 로또와 유사하게 진행된다. 전 세계에서 채굴에 참여한 모든 컴퓨터가 평균 10분에 한 번씩 전 세계에 거래(Transaction)를 모아 조건을 만족하는 해시 값을 구하여 새 블록을 생성하는 것이다. 계산 중에 다른 노드가 만든 블록이 입수되면 즉시 계산을 중단하고 그 다음 블록을 만드는 계산에 착수하는 것이다. 이 때, 새 블록이 블록체인에 추가된 노드만 채굴 보상금을 수령하는 것이다.

이러한 블록체인은 보안을 어떻게 형성할까?

첫 번째로 분산 네트워크를 통해 형성한다. 블록체인 정보는 네트워크에 참여하는 노드들이 가지고 있으며, 동일한 거래 내역이 분산 저장되어 관리한다. 또 거래를 블록체인에 포함시키기 위해서 거래를 승인하는 분산 합의 제도를 채택하고 있으며, 제 3의 신용기관 없이 P2P분산 네트워크에서 검증한다. 채굴 시 각 정보는 각 노드들에게 전송되고, 유효성 검증을 수행한 후 합의(노드의 51%)를 통해 블록을 승인하는 형태이다.

두 번째로 암호기술이다. 복호화가 가능한 공개키 기반 검증과 일방향 함수라고도 불리는 해시 암호화(SHA-2)를 이용하는 것이다. 또 개인 간 거래 시 생성되는 디지털 서명을 검증하여 거래내역이 변경되지 않았음을 입증하는데 ECDSA 전자서명 알고리즘을 이용하고 익명의 공개키를 계좌 정보로 이용하여 누가 다른 누군가에게 얼마를 보냈는지 알 수 있으나, 거래 당사자들에 대한 정보가 연결되어 있지 않아 소유자에 대한 정보는 알 수 없다. 거래내역을 포함하는 블록의 정보가 변경되지 않음을 증명하고, 새로운 블록을 찾기 위해 넌스(Nonce) 값을 찾는데 해시 암호화를 사용한다.

2) 블록체인의 특성

블록체인은 탈중앙성, 투명성, 불변성, 가용성 등의 기술적 특성을 통해 데이터의 신뢰성을 확보하는 4차 산업혁명 기반의 기술이다. 이는 데이터를 중앙집중식으로 관리하던 기존의 구조를 탈중앙식 또는 분산식으로 전환하여 업무의 효율화 및 사회혁신을 지향한다. 이로써 가치의 인터넷(IoV) 실현이 가능해진다.

각각의 특성을 알아보자.

첫째, 네트워크 내의 참여자가 공동으로 블록의 검증, 승인, 합의 등으로 블록들의 체인을 만들고 관리할 수 있다. 블록체인은 분산형 원장 구조이다. 블록체인 네트워크의 모든 참여자가 거래 기록을 기록한 모든 원장을 소유한다. 또한 거래 기록을 관리하는 거대한 중앙 시스템이 필요 없다. 만약 거래 기록을 블록체인에 추가하고자 한다면 네트워크내의 모든 참여자로부터 추가된 블록의 타당성을 검증받아야 하기 때문에 부정 거래를 방지할 수 있다. 정리하면 분산형 시스템이기 때문에 큰 시스템이 필요 없다.

둘째, 투명성은 새로운 블록으로 생성되는 동시에 모든 참여자에게 전송되어 공유되므로 참여자들이 누구나 볼 수 있는 특성을 가진다. 그리고 모든 참여자에게 타당성을 검증받아야 한다.

셋째, 불변성은 한번 연결된 블록은 수정하거나 삭제하기가 어렵다. 거래 기록은 '블록'이라는 단위로 기록되어 시간별로 이어져 있다. 블록에는 이전 블록과 뒷 블록과 연결되는 연결 정보가 포함되어 있다. 또한 이전 블록의 내용을 변경하면 이어지는 모든 블록을 다시 생성해야 한다. 따라서 과거 블록의 내용을 조작하는 것은 어렵다. 반대로 과거의 어느 시점에 거래 기록이 존재한다면 검증된 내용이 된다.

넷째, 가용성은 블록이 모든 참여자의 노드에 분산되어 저장되므로 그 중에 어느 한 노드가 문제를 일으키더라도 전체 시스템은 그대로 유지가 된다.

1.2 블록체인의 기술 구성 요소

블록체인의 기반 기술은 크게 P2P 네트워크, 합의 알고리즘, 전자서명 및 해시함수, 스마트 컨트랙트로 나뉠 수 있다.

첫째, 같은 목적의 컴퓨터들로 네트워크를 형성하는 방식이다. 참여한 컴퓨터는 모두 같은 처리를 할 수 있기 때문에 일부 컴퓨터가 정지해도 시스템 전체에는 영향을 주지 않는다.

둘째, 합의 알고리즘은 P2P 네트워크와 같은 분산 네트워크에서 합의로 공유와 검증을 위한 구조를 형성하기 위한 알고리즘이다. 여러 노드에서 블록체인을 공유하기 위한 가장 중요한 구조이다.

셋째, 전자서명 및 해시함수는 트랜잭션(거래)을 생성한 개체의 정당성을 보증한다. 또한 거래 및 블록체인 변조 방지, 암호화 등의 보안기술이다.

넷째, 스마트 컨트랙트는 블록체인 네트워크에서 동작하는 프로그램을 가리킨다. 블록체인 기반 기술 중에서 가장 자유도가 높아 맞춤형 프로그램을 만들 수 있다.

기술적으로 분석하면 스마트 컨트랙트 외에는 모두 이미 알려진 기술로 구성된 것을 알 수 있다. 이처럼 블록체인을 제안할 때 새롭게 추가된 혁신적인 기술 요소는 찾아볼 수 없다는 것이다.

1) 합의 알고리즘

합의 알고리즘이란 P2P 네트워크와 같은 분산 환경에서 네트워크의 참가자가 하나의 결과에 대한 합의를 얻기 위한 알고리즘이다. 블록체인은 각 노드에서 만든 블록의 정당성에 대한 검토와 네트워크 전체에서 공유하는 블록들의 체인에 추가하여 반영하기 위해 이 합의 알고리즘을 사용한다.

P2P 네트워크에서는 정보가 지연되거나 도달하지 않는 일이 간혹 일어난다. 따라서 악의적인 의도가 없다 해도 이중 송신에 따른 처리가 중복될 수 있고, 악의적인 의도로 보내진 잘못된 정보에 의한 오작동 등이 발생할 수 있기 때문에 정확한 정보의 공유가 어렵다. 합의 알고리즘의 목적이 앞서 기술된 문제점을 해결하는 것이다.

비트코인은 블록체인 기술을 제안하면서 합의 알고리즘인 Proof of Work(계산 량에 따른 증명. 이후 PoW)을 사용하여 최초로 P2P 네트워크 환경에서 누구나 참여 가능한 전자 화폐 시스템을 실현했다. 하지만 2009년에 비트코인의 운영이 시작된 이후 다양한 문제가 발생했다. 특히, 비잔티움 장군 문제의 해결책이 PoW 외 다른 방법도 존재한다. 그래서 블록체인 기반 기술로 PoW 이외의 합의 알고리즘을 채택하는 경우도 늘어가고 있다.

여기서는 합의 알고리즘의 특징을 대략적으로 알아보고, 합의 알고리즘에 대한 자세한 내용은 2장에서 알아보자.

가. PoW(Proof of Work)

PoW는 비트코인을 시작으로 초기의 많은 블록체인 기반 기술이 채택하고 있는 합의 알고리즘이다. 새로운 블록을 만들어 배포한 후 사용하는 참가자가 많은 블록을 올바른 것으로 정의하기 때문에 참가자의 수에 영향을 받지 않는다. 그러므로 참가자를 얼마든지 늘릴 수 있다. 반면 네트워크의 상태에 따라 일부분에 거래의 불일치가 생긴 경우 불변성이 불확실하게 되는 점이나 성능이 좋게 나오지 않는다는 단점이 있다.

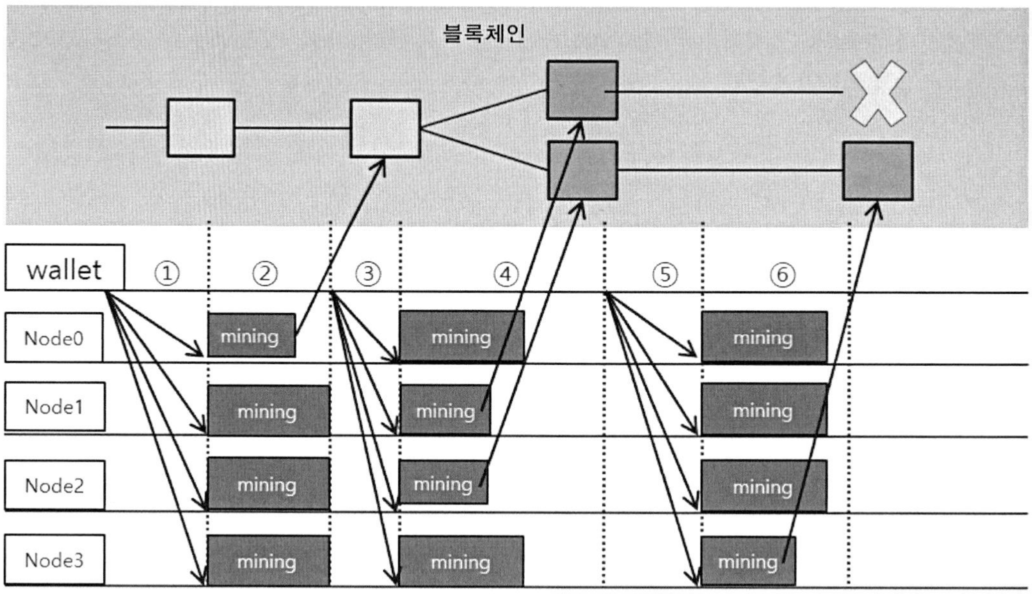

그림 1–5 PoW의 처리과정

출처 블록체인 구조와 이론, 위키북스

PoW의 처리 절차는 (그림 1-5)와 같다.

❶ Wallet이 트랜잭션을 생성(발행) 참가자 전원에게 브로드캐스트한다.

❷ 트랜잭션을 받은 승인자는 해시를 계산한다. Node 0이 먼저 올바른 해시 값을 계산(발견)했기 때문에 Node 0이 만든 블록이 블록체인에 추가된다.

❸ Wallet이 다른 트랜잭션을 생성(발행) 참가자 전원에게 브로드캐스트 한다.

❹ 두 번째 트랜잭션을 받은 승인자가 두 번째 해시를 계산한다. Node 1과 Node 2가 동시에 해시 값을 계산(발견)했기 때문에 블록체인이 분기된다.

❺ Wallet이 다른 트랜잭션을 발행하고 참가자 전원에게 브로드캐스트한다.

❻ 세 번째 트랜잭션을 받은 승인자가 해시를 계산한다. Node 3이 계산(발견)해서 Node 2의 블록 뒤에 추가한다. 이럴 경우 아래의 블록체인이 인정된다.

이것은 네트워크 상태에 따라서 이후에 위의 블록체인에 추가된 것이 더 길어지게 된다면 위의 것이 올바른 것으로 변경된다.

여기서 "마이닝을 먼저 했다"라는 것은 "넌스 값을 먼저 찾았다"라는 의미이다. 즉, ❷에서 Node 0이 블록을 생성할 수 있는 권한을 갖고 블록을 만든다. 그리고 마이닝은 다시 시작한다.

❹의 경우, 우연히 Node 1과 Node 2가 같이 블록을 같이 만들 수도 있다. 여기까지 두 블록을 유지하고 다음 블록에서 결정된다. ❻의 경우, Node 3이 먼저 찾았는데, 참조한 블록이 Node 2의 블록이다. 그러므로 Node 1이 생성한 블록은 탈락된다. 그리고, Node 2가 생성한 블록이 메인체인으로 인정된다.

나. PoS(Proof of Stake)

화폐량을 더 많이 소유하고 있는 승인자가 우선하여 블록을 생성할 수 있는 합의 알고리즘이다. 이것은 '대량의 통화를 소유하고 있는 참가자는 통화 가치를 지키기 위해 시스템의 신뢰성을 손실시키지 않을 것이다'라는 전제를 바탕으로 하고 있다. 기본 구조는 PoW와 다르지 않지만 화폐량에 따라 해시 계산의 난이도가 낮아진다. 그러므로 PoW와 비교하면 자원의 소비가 작아지는 장점이 있다.

다. PBFT(Practical Byzantine Fault Tolerance)

PBFT는 PoW나 PoS와 같이 Byzantine Fault 모델이지만 PoW와 PoS의 단점인 불변성의 불확실함과 성능 문제를 해결한 합의 알고리즘이다. Hyperledger Fabric과 Eris 등 컨소시엄 형에 블록체인에서 많이 채택되고 있다.

PBFT는 네트워크의 모든 참가자의 존재를 미리 알고 있어야 한다. 참가자 중 1명이 프라이머리(Primary, 리더)가 되고 모든 참가자에게 요청을 보낸다. 응답 메시지를 집계한 뒤 다수의 값을 사용해 블록을 확정한다. 배신자인 노드가 f개라고 하면 정상 노드는 3f+1개여야 하며, 블록 확정에는 f+1개 이상의 노드가 필요하다. PoW/PoS는 1개 노드만으로도 계속 동작하지만 PBFT는 필요한 노드 수를 충족하지 못하면 정지한다.

(그림 1-6)은 PBFT의 처리 절차를 보여주고 있다.

❶ 클라이언트가 모든 노드에 요청을 브로드캐스트 한다.

❷ Replica 0이 처음 요청 메시지를 받았으므로 primary(리더)가 된다. 요청에 대응하는 pre-prepare를 생성 후 브로드캐스트 한다.

❸ 각 노드는 ❷의 메시지를 검증 후, 참이면 prepare를 생성 후 브로드캐스트 한다.

❹ 각 노드는 ❷와 ❸에서 수집한 메시지가 일정 수(2f) 이상이 되면, 상태 변환 후 commit 메시지를 브로드캐스트 한다.

❺ 각 노드는 ❹에서 보낸 메시지가 일정 수(2f+1) 이상 수신하면 요청을 수용하고 client에 reply를 변환한다.

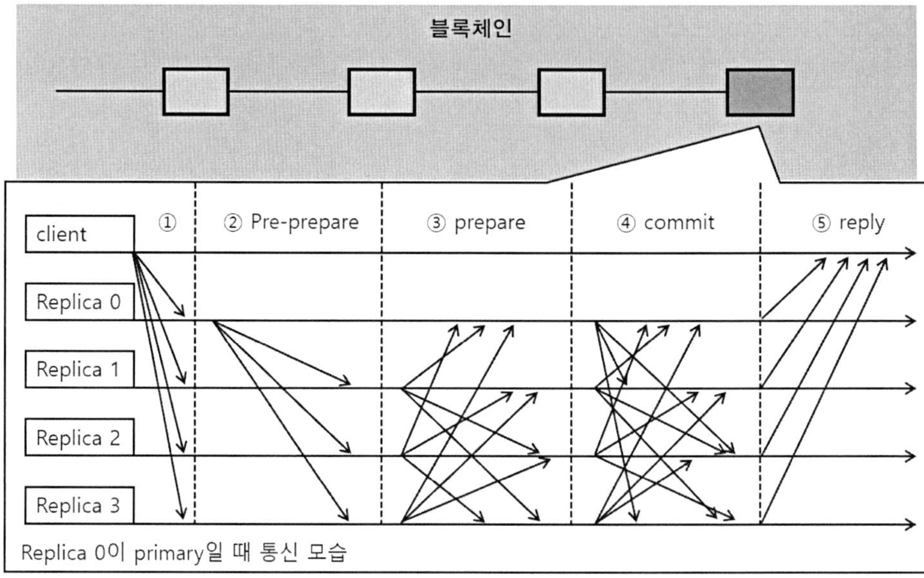

그림 1-6 PBFT의 구조

출처 블록체인 구조와 이론, 위키북스

PoW나 PoS와는 달리 일정 수 이상의 메시지가 충족되어야 의사결정한 뒤 블록을 만들기 때문에 분기가 발생하지 않는다. 그러므로 한 번 확정된 블록은 변경되지 않아 파이널리티를 확보할 수 있다. 또한 PoW와 같이 조건이 만족될 때까지 계산을 반복하지 않아도 되므로 빠르게 동작한다.

악의적인 의도가 있어도 일정 수 이상을 획득해야 하며 만약 프라이머리가 악의적인 메시지를 보내도 안전하다. 모든 참가자가 프라이머리의 움직임을 감시하는 형태이기 때문에 악의적인 메시지로 판단되면 프라이머리 교체를 신청할 수 있다. 그러므로 장애에 강력한 내성을 가진 알고리즘이라 할 수 있다.

그러나 언제나 참가자 모두와 통신을 해야 하므로 참가자의 수가 증가하면 통신량이 증가하고, 처리시간이 늘어나게 된다. PoW나 PoS는 대략 수천 개의 노드가 참여할 수 있지만 PBFT는 대략 수십 개의 노드의 참여가 한계이다.

2) 전자 서명 및 해시함수

가. 전자서명의 개요

전자 서명은 데이터의 타당성을 증명하는 것으로, 데이터를 보내는 사람이 서명을 생성해서 보내면, 받는 사람은 수신된 서명을 검증하여 타인에 의한 위조나 변조가 이루어졌는지를 확인할 수 있다.

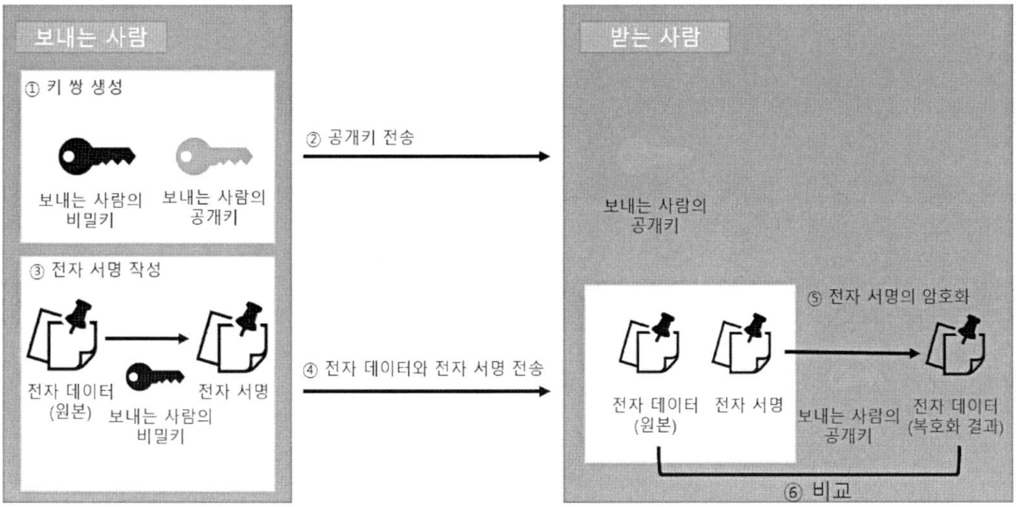

그림 1-7 전자 서명의 생성 및 검증의 흐름

출처 블록체인 구조와 이론, 위키북스

먼저 단순한 데이터의 송수신 시 전자서명 절차를 예를 들어 설명한다. 과정은 서명 생성부터 검증까지의 흐름이다.

(그림 1-7)의 전자서명 절차는 다음과 같다.

❶ 보내는 사람은 키 쌍으로 '비밀키'와 '공개키'를 생성한다. 비밀키는 서명 생성용이고, 공개키는 서명 검증 용도이다.

❷ 보내는 사람은 ❶에서 만든 공개키를 받는 사람에게 전달한다.

❸ 보내는 사람은 ❶에서 만든 비밀키를 이용해 데이터를 암호화한다. 암호화로 만들어진 암호문을 '전자 서명'이라고 한다.

❹ 보내는 사람은 ❸에서 생성한 전자 서명을 데이터에 붙여 받는 사람에게 전달한다.

❺ 받는 사람은 ❷에서 받은 공개키를 이용해 ❹에서 받은 전자 서명을 복호화 한다. 복호화하면 원본 데이터가 생성된다.

❻ 받는 사람은 ❹에서 받은 데이터와 ❺에서 복호화한 결과를 비교해 내용이 같은지 확인한다. 비교 결과가 같다면 데이터는 위조나 변조되지 않은 것이다.

블록체인에서는 전자 서명을 이용하여 트랜잭션의 정당함을 보증한다. 여기서 '트랜잭션'은 거래에 대한 정보이다. 일반 은행을 예로 들면 '철수가 영희에게 1만원을 송금'이라는 거래이다. 트랜잭션은 계약 조건에 맞았을 때 집행할 계약 내용이 된다. 보내는 사람만 보유하고 있는 비밀키로 생성된 암호문은 공개키로만 복호화가 가능하다. 그렇기 때문에 암호문이 서명으로서의 의미를 가진다. 또한 전자 서명을 검증하기 위해 누구에게나 공개된 공개키를 사용하여 복호화하기 때문에 누구나 검증할 수 있다.

나. 전자 서명의 이용

블록체인에서는 각 트랜잭션별로 한 개씩 전자 서명이 부여된다. 또한 전자 서명의 검증을 위한 공개키도 세트로 부여된다.

(그림 1-8)은 비트코인을 대상으로 블록체인에서 전자 서명을 이용하는 방법을 보여준다.

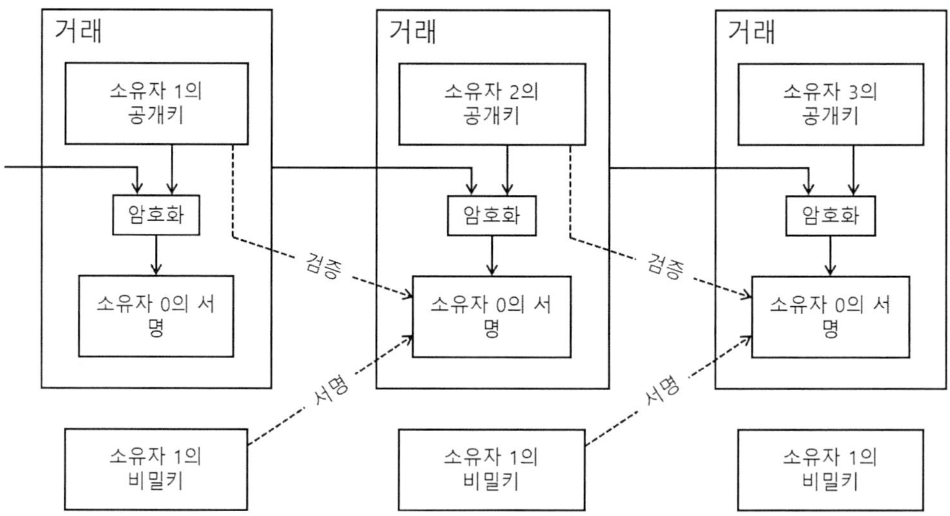

그림 1-8 블록체인 참여자 간 검증 및 서명

출처 S. Nakamoto, 'Bitcoin: A Peer-to-Peer Electronic Cash System', 2009

블록체인에는 모든 트랜잭션이 저장되어 있으며 각 트랜잭션에는 전자 서명과 공개키가 세트로 구성되어 있다. 그렇기 때문에 비트코인 네트워크의 참가자는 과거의 블록체인 내에서 수행되었던 트랜잭션을 모두 순차적으로 검증할 수 있다.

따라서 트랜잭션을 생성하여 발생하기 위해 공개키와 비밀키의 키 쌍이 필요하다. 비트코인 등의 블록체인 기반 기술에서는 공개키와 비밀키의 키 쌍 생성에 타원 곡선 암호(ECDSA) 알고리즘을 사용하여 키 길이를 256비트 이상으로 사용한다. 타원 곡선 암호의 사용으로 얻을 수 있는 장점은 RSA나 ElGamel 암호 등 다른 암호 방식과 비슷한 수준의 암호 강도를 보다 짧은 키를 사용해 구현할 수 있다. 결과적으로 처리 성능을 빠르게 할 수 있다.

다. 해시함수의 개념

해시는 전자 서명과 마찬가지로 데이터로부터 생성되는 값이다. 전자 서명과의 차이점은 한 번 생성된 해시는 다시 원래 데이터로 변환할 수 없다. 데이터로부터 해시를 생성할 수는 있지만 해시로부터 원본 데이터로 복구하는 것은 불가능하다.

그리고 해시는 지문 또는 도장으로도 비유된다. 인간의 지문이나 도장은 개인마다 고유한 특징을 갖는다. 해시도 데이터의 내용마다 고유한 값을 가진다. 이러한 특성을 이용하여 데이터에서 만들어진 해시를 서로 비교하면 데이터의 위조나 변조에 대한 여부를 확인할 수 있다. (그림 1-9)는 해시의 생성과 해시 값의 비교를 보여주고 있다.

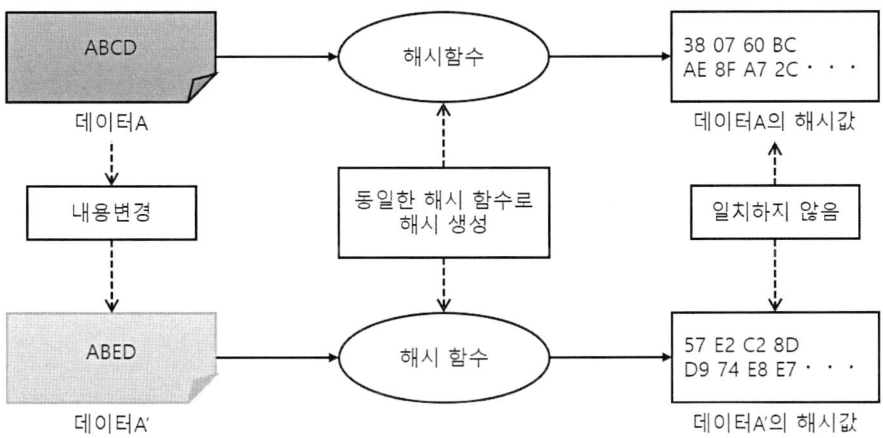

그림 1-9 해시 생성과 비교

추가적으로 해시끼리 충돌할 확률이 존재할 수 있다. 해시로 표현할 수 있는 수는 해시의 사이즈(비트 수)로 결정된다. 예를 들어 해시의 크기가 2비트면 4가지 해시 값만 표현할 수 있기 때문에 전자 데이터가 5종류 이상이라면 충돌하게 된다.

하지만 일반적으로 사용되는 해시 함수는 비트 수가 충분한 해시 값을 만들기 때문에 충돌할 확률은 0에 가깝다. 예를 들어 비트코인에서 채택하고 있는 SHA-256 해시 함수는 256비트의 해시 값을 생성한다. 256 비트로 표현 가능한 해시 수는 천문학적이기 때문에 해시 값이 충돌할 확률은 무시할 수 있을 만큼 작다.

라. 해시 함수의 이용

블록체인은 여러 트랜잭션을 묶어 블록을 만들고, 블록에는 이전 블록의 해시 값을 포함시킨다. 그리고 헤시 계산에 필요한 'Nonce(해답)'라는 값을 같이 첨부한다. (그림 1-10)은 블록체인에서 해시를 이용하는 것에 대해 비트코인을 예로 설명한다.

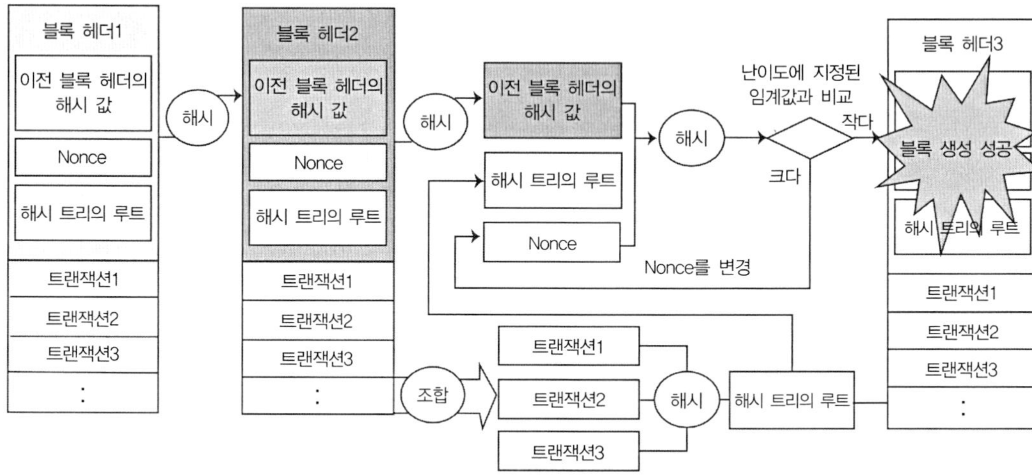

그림 1-10 블록체인에서의 해시 이용

비트코인에서 블록은 '헤더+트랜잭션 정보(여러)'로 만들어진다. 헤더는 '이전 블록 헤더의 해시 값 + Nonce + 트랜잭션들의 해시 값'으로 구성된다. 블록을 새롭게 생성한다면 이전 블록 헤더의 해시 값과 Nonce 및 블록에 포함된 트랜잭션의 해시 값으로 새로 생성될 블록에 사용할 이전 블록 헤더의 해시 값이 생성된다. 그러므로 어떤 블록의 거래 내용을 위조 또는 변조한다면, 해시의 특성에 따라 다음 블록에 포함된 해시 값이 변경된다. 동시에 다음의 블록에 포함되는 해시 값도 변경된다. 위조나 변조를 성공하기 위해서는 이런 모든 블록의 해시 값을 다시 계산해야 한다. (그림 1-11)은 블록의 거래 내용을 위조 또는 변조했을 때 해시를 다시 계산해야 하는 상황을 보여주고 있다.

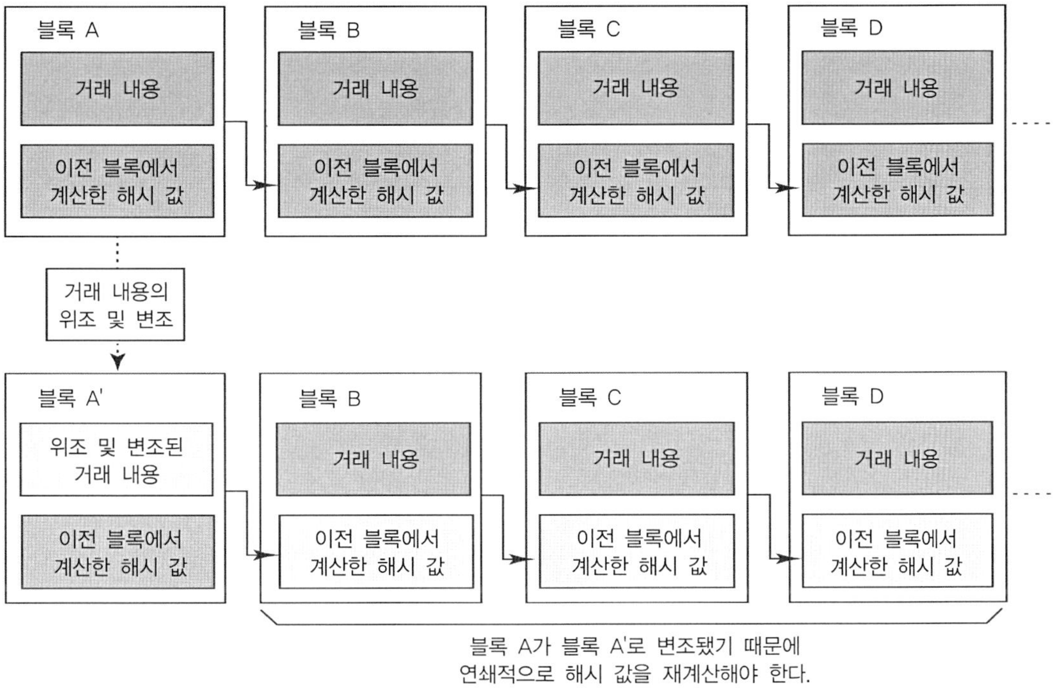

그림 1-11 위조 및 변조했을 때의 해시 재계산

3) 스마트 컨트랙트

블록체인은 이름 그대로 블록 즉 정보들이 체인처럼 엮여 있다는 것을 말하는데 이 기술은 모든 정보를 서로 공유하기 때문에 안전하다. 이러한 블록체인을 이용해 대두된 기술이 스마트 컨트랙트이다. 스마트 컨트랙트 또는 스마트 컨트랙트는 기존의 서면 계약보다 훨씬 합리적이며 효율적이다.

가. 스마트 컨트랙트의 개념

스마트 컨트랙트는 서면으로 이루어지던 계약을 코드로 구현하여 특정 조건이 충족되었을 때 해당 계약이 이행되게 만들어진 것이다.

스마트 컨트랙트를 활용하면 계약자가 서로를 모르거나 신뢰가 없더라도 계약을 체결할 수 있다. 왜냐하면 특정 조건이 충족되어야만 해당 계약이 실행되기 때문이다. 그러므로 중개인이 없어도 계약을 체결할 수 있다는 것이 스마트 컨트랙트의 특징이다.

스마트 컨트랙트는 비트코인, 이더리움 등 많은 블록체인 플랫폼 위에서 구현되어 있다. 블록체인은 많은 감시자(witness)들을 가지고 입력을 기반으로 한 결과를 도출하는 플랫폼이다. 그러므로, 스마트 컨트랙트라는 개념을 도입하기에 최적의 환경이 되었다.

나. 스마트 컨트랙트의 동작

대부분의 스마트 컨트랙트는 프로그래밍 언어로 만들어 진다. 조건에 따라서 일정 금액을 지급하거나, 은행과 같은 제 3자 없이도 담보 대출 서비스를 제공할 수 있다. 즉, 스마트 컨트랙트는 조건에 맞는 정확한 수행 능력을 갖추고 있다.

그러나 기존에 사용하던 프로그래밍 언어로는 이더리움의 스마트 컨트랙트를 만들 수 없다. 대신 Solidity, Vyper와 같은 스마트 컨트랙트를 위한 전용 언어로 논리적인 계약의 조건과 동작을 정의할 수 있다. 그리고 컴파일러를 통해 바이트 코드로 변환하여 블록체인에 배포하게 된다.

이더리움에서 스마트 컨트랙트의 구현과 작동방식은 다음과 같다.

- 스마트 컨트랙트의 내용을 Solidity 등의 전용 언어로 구현한다.
- 구현된 코드를 컴파일 하여 네트워크에 배포할 수 있는 바이트 코드로 변환한다.
- 트랜잭션에 바이트코드를 담고, 마이너가 해당 트랜잭션이 담긴 블록을 채굴한다. 이와 동시에 해당 트랜잭션은 블록체인 네트워크에 기록된다.
- 유저는 ABI를 통해 배포된 스마트 컨트랙트 코드에 정의된 함수를 호출하는 바이트코드를 생성하고, 트랜잭션에 담아 블록체인 네트워크에 전달한다.
- 마이너는 유저로부터 받은 바이트코드를 배포된 스마트 컨트랙트 코드에 따라 EVM(Ethereum Virtual Machine) 위에서 실행한다. Gas Fee가 계산되면서 블록에 추가되고, 실행 결과가 유효한 경우 실행 결과는 State에 반영된다.

논리적인 계약의 작동을 바이트코드로 변환할 때에 Application Binary Interface(이하 ABI)라는 것을 같이 전달한다. 계약 당사자는 컴퓨터와 직접 통신하지 않는다. 키보드, 마우스와 같은 입출력 장치를 통해 상호작용한다. 그러므로 사람이 이해할 수 있는 단어로 인터페이스를 구성해야 한다. ABI를 이용하면, 사람이 이해할 수 있는 인터페이스를 수월하게 만들 수 있다.

스마트 컨트랙트의 상호작용을 위해 ABI와 함께 Web3.js라는 라이브러리가 대표적으로 제공된다. 이것은 웹 브라우저에서 스마트 컨트랙트 제공 함수들을 이용할 수 있도록 한다. 만약 Python에서 이용한다면, Web3.py도 존재한다. 그리고 모바일 환경이라면 Swift와 Kotlin 등을 활용할 수 있다.

다. 스마트 컨트랙트의 필요성

우선 스마트 컨트랙트의 특징과 장점에 대해 정리해보자. 기술적인 관점에서 스마트 컨트랙트는 아래와 같은 대표적인 특징을 가지고 있다.

- 누구나 컨트랙트를 배포할 수 있다.
- 컨트랙트의 소유자 외에도 누구든지 검증할 수 있다.
- 코드 실행을 자동화할 수 있다.
- 위조 또는 변조가 어렵다.

따라서 스마트 컨트랙트가 적합한 곳은 투명하게 거래 내역의 공개, 중개인 비용의 절감, 거래의 수수료 비용 절감을 위해 사용되는 것이 가장 적합하다. 실제로 Etherscan이나 Decentralized Metadata and Source Code Repository를 통해 이더리움 메인넷과 테스트넷에 배포된 모든 컨트랙트를 누구든지 조회할 수 있다.

또한, 스마트 컨트랙트는 블록체인 상에 신뢰가 없는 네트워크를 구축하는데 효과적이다. 만약 Alice가 매달 Bob에게 $50을 전송해야할 때, 은행이나 제 3자의 신뢰할 수 있는 기관에 의존하지 않고서도 해당 계약을 이행할 수 있게 된다.

라. 스마트 컨트랙트의 활용

이더리움의 등장과 함께 스마트 컨트랙트는 다양한 곳에 활용되고 있다.

❶ Initial Coin Offering(ICO)

대표적인 사례로는 스마트 컨트랙트로 토큰을 제작한 것이다. 사용되는 대부분의 토큰은 ERC-20(Ethereum Request for Comment-20)이라는 규격을 따른다. ERC-20은 EIP(Ethereum Improvement Proposal) 20에서 제안되었으며 토큰 스마트 컨트랙트 인터페이스의 표준을 정의하고 있다. EIP에서는 ERC-20 토큰이 따라야할 스마트 컨트랙트의 토큰 전송, 교환, 권한 등에 대한 속성과 같은 표준 규격을 정의하고 있다. 토큰 거래를 스마트 컨트랙트로 진행하는 이유는 블록체인 네트워크에서 스마트 컨트랙트가 가지고 있는 정보를 투명하게 공유하여 누구나 그 정보를 신뢰할 수 있기 때문이다.

❷ 게임 아이템

게임 아이템을 스마트 컨트랙트로 구현하여 유저의 소유권을 증명한다면, 아이템 거래도 손쉽게 주고받을 수 있게 된다. 이 경우 중개자를 통해 아이템을 거래할 사람을 찾거나 게임 내에서 거래를 하지 않고, 거래소를 통해 사거나 팔고 싶은 아이템을 원하는 가격에 쉽게 거래할 수 있다. 스마트 컨트랙트는 특정 아이템 각각에 할당되어 매칭이 되어야하고, 암호 화폐가 0.5와 같이 나눠지는 것처럼 아이템이 쪼개지면 안 된다. 이러한 특징을 고려해서 만들어진 스마트 컨트랙트의 규격이 ERC-721과 ERC-1155이다. 두 가지 기준에 따라 만들어진 게임 내 아이템의 경우, 개발사가 아이템을 소유하지 않고, 개인이 소유하므로 게임 개발사의 동의가 없어도 아이템을 외부의 마켓 플레이스를 통해 거래가 가능하다. 또한 금융 상품의 소유권을 증명할 때에도 이러한 NFT(Non-Fungible Token)를 활용해 볼 수 있다.

자금조달, 게임 아이템 이외에도 탈중앙화 금융(DeFi, Decentralized Finance), 월렛(wallet), 탈중앙화 거래소(DEX, Decentralized exchange) 등 다양한 분야에서 스마트 컨트랙트를 활용하고 있다.

마. 한계점

스마트 컨트랙트는 기존 계약 시스템의 한계점을 모두 해결하지 못한다.

스마트 컨트랙트는 블록체인의 외부에서 정보를 가져오지 못한다. 즉, 어떤 조건을 충족했을 때 계약이 이행되는 과정에서, 해당하는 조건의 충족 여부를 확인하기 위해 외부에서 정보가 필요하다면 문제가 발생한다. 예를 들어, '철수의 나이가 10살이면, 영희는 철수에게 10원을 준다'는 스마트 컨트랙트를 만들었다고 가정해보자. 이 때, 철수의 나이에 대한 데이터가 입력되어야만 스마트 컨트랙트가 작동하게 된다. 따라서, 블록체인 외부에서 철수 나이에 대한 정확한 데이터를 가져왔을 때 해당 컨트랙트가 실행될 수 있는 것이다.

그런데 블록체인의 외부에서 데이터를 가져오는 과정에서 고의로 잘못된 데이터를 입력하거나, 잘못된 데이터를 가져오는 문제가 발생할 수 있다. 즉, 스마트 컨트랙트가 실행되기 위해 특정 조건에 필요한 정보를 가져올 때, 필요한 데이터에 대해 제 3자에 의존해야 하는 또 다른 신뢰 이슈가 발생한다. 이러한 문제의 해결을 위해 수많은 스타트업 기업들이 스마트 컨트랙트의 생성과 실행에 필요한 외부 정보를 신뢰성 있게 공급하기 위해 노력하고 있다.

다른 한계점으로는, 스마트 컨트랙트는 배포 이후에 동작 내용을 수정할 수 없다. 어떻게 보면 내용을 수정할 수 없으므로 다수의 사람들이 믿고 사용한다. 하지만, 동시에 이런 특성 때문에 잠재적인 취약점을 가진다고 볼 수 있다. 이러한 취약점으로 인해 스마트 컨트랙트 해킹이나 영구적인 사용 불능 사고들이 빈번하게 발생하기도 한다. 대표적인 해킹 사례는 SmartMesh를 들 수 있다. 이 사건은 SmartMesh팀이 배포한 스마트 컨트랙트에 보안적인 결함이 있었다. 해커가 이 결함을 이용해 토큰을 추가적으로 발행한 후 판매한 사건이다. 또한, 스마트 컨트랙트의 결함으로 지갑에 있던 약 500,000 ETH가 출금이 불가능한 상태가 된 사례도 있다.

4) 마이닝(채굴)

블록체인의 기술에서 제일 중요한 부분이 거래내역을 검증한다는 것이다. 검증을 통해 사용자에게 신용을 줄 수 있는 것이다. 블록체인에서는 검증을 성공하면 보상으로 암호화폐를 주는데 암호화폐를 얻기 위해 많은 기업과 사람들이 참여하고 있다.

가. 마이닝의 개념

비트코인을 구하는 방법에는 대체로 세 가지가 있다. 거래소에서 구입하는 방법, 상품 또는 서비스를 제공한 대가로 받는 방법과 채굴하는 방법이다. 마이닝은 블록체인인 비트코인의 원장에 거래 기록을 추가와 검증 과정을 가리킨다. 마이닝은 모든 거래의 정확성을 확인하고 네트워크 상의 모든 참여자들이 원장을 열람하도록 한다. 이는 비트코인을 정당하게 거래하고 다른 곳에서 사용한 돈을 다시 지출(re-spending)하는 것을 구분하기 위해 사용된다.

즉, 마이닝이란 컴퓨터 처리 능력을 사용하여 수행 기록을 남기는 과정이다. 블록체인은 모든 거래가 기록되어 있는 분산형 공공원장을 의미한다.

분산형 공공원장은 분산형 네트워크로 블록체인이라고 부르는 이유는 거래 정보가 포함된 블록이 체인처럼 연결되어 있기 때문이다. 블록체인은 일정한 기간 동안의 모든 거래의 리스트이다. 거래에 대한 블록이 생성될 경우 마이너들(miners)은 거래내용을 기록에 남긴다. 마이너들은 블록 정보에 복잡한 수학 공식을 적용하고 나중에 '해시(hash)'로 바꾼다.

해시는 주어진 데이터를 근거로 생성되는 일정한 길이의 무작위 문자열이다. 해시는 거래 기록에 대한 블록으로만 구성되지 않고 다른 데이터도 포함된다. 블록체인에 저장된 과거 블록의 해시도 포함된다. 거래 블록과 같은 데이터 묶음으로부터 해시를 생성하는 것은 어려운 일이 아니다. 하지만 해시 문자열로부터 어떤 데이터가 사용되었는지를 추리하는 것은 불가능에 가깝다. 또한 모든 해시는 독특 값을 가지며 비트코인의 블록에서 단 한 문자만 바뀌어도 해시 문자열은 모두 달라진다. 이와 같은 특성으로 인해 해시는 마치 디지털 세계에서 밀랍봉인과 같은 역할을 갖는다. 어떤 이가 거래한 블록을 위조나 변조했을 경우, 해시는 변경되고 블록체인 상에 있는 다른 모든 해시의 순서도 바뀌게 된다. 따라서 블록체인 네트워크 내에서 데이터의 위조나 변조를 통한 악의적인 행위를 시도할 경우 쉽게 포착될 수 있다.

즉, 마이너들은 모든 거래를 확인하고 모든 거래가 정상적임을 확인해주는 일을 하면서 블록체인에 공헌하는 것이다. 새로운 거래가 '봉인(seal-off)'될 경우(즉, 마이너가 정확한 해시 순서를 성공적으로 만들어냈을 경우) 마이너들은 보상을 받게 된다.

마이닝의 보상은 블록당으로 액수가 정해져 있으며, 이 액수는 일정크기의 블록이 지날 때마다 절반으로 줄어든다. 전체 비트코인의 발행 수는 한정되어 있다. 따라서 많은 코인이 채굴될수록 비트코인의 가치는 더욱 높아진다. 따라서 블록 당 비트코인의 수는 불가피하게 줄어들 수밖에 없다. 하지만 마이너에게 주어지는 보상에 대한 가치는 전과 동일하거나 더 높아지게 된다.

이론적으로 다양한 정보로부터 해시를 생성하는 것은 아주 쉽다. 그리고 컴퓨터를 통해 얼마든지 가능한 일이다. 그렇기 때문에 참가자들이 매초마다 생성되는 수천 개의 거래 블록의 해시를 만들어내서 많은 BTC를 가져가지 못하도록 하기 위해 비트코인 네트워크는 프로세스를 어렵게 만들어야 했다.

나. 복잡성

작업증명은 사기행위를 방지하기 위해 서비스 요청자가 요구하는 일을 처리하는 과정을 의미한다. 즉, 서비스 요청자가 요구하는 일을 처리하는 데 필요한 시간이 오래 걸리도록 하는 것이 가장 이상적이라고 할 수 있다. 작업증명을 만드는 일은 가능성이 낮은 무작위적 과정으로 생성하며, 유효한 작업증명을 생성하기 위해 많은 시행착오를 겪어야 한다. 비트코인에 있어서 해시는 그러한 작업증명의 역할을 한다.

마이닝 활동이 어렵도록 '비트코인 마이닝 난이도(Bitcoin Difficulty)'라는 것이 실행되기도 한다. 이는 새로운 블록을 검증하는 가장 쉬운 마이닝 방법과 비교하여 얼마나 어려운지 측정하는 기준이다. 이 측정 기준은 매번 약 2000 블록을 처리할 때마다 계산된다. 이 방법을 도입한 이유는 한 블록의 마이닝을 위해 소요되는 시간을 약 10분 정도로 유지하기 위해서이다. 네트워크에 점점 더 많은 마이너들이 참여함에 따라 블록의 생성 비율은 불가피하게 높아질 수밖에 없다. 그래서 난이도가 계산된 후 블록 생성 비율을 다시 떨어뜨리기 위해 난이도는 올려야한다. 악의적인 마이너가 만들어낸 어느 정도의 난이도 수준에 미치지 못하는 블록은 다른 참여자들에 의해 거부된다. 따라서 악의적으로 생성한 블록은 아무런 가치를 갖지 못하게 된다.

따라서 이러한 과정은 상당한 노력이 필요하며 이 모든 과정을 통해 새로운 화폐가 서서히 생성되는 것이다. 새로운 전자화폐가 발행되는 속도는 금과 같은 1차 상품이 생산되는 속도와 비슷하다. 이러한 까닭에 이 과정을 채굴이라고 부르는 것이다.

5) P2P 네트워크

가. P2P 네트워크의 개요

P2P 네트워크의 'P2P'는 'Peer-to-Peer(피어 투 피어)'의 약자로 '피어'는 '대등한 자, 동등한 자'라 는 의미를 가진다. 즉, P2P 네트워크는 '대등한 관계의 컴퓨터들이 직접 통신을 수행하는, 중앙의 서버가 없는 네트워크'를 의미한다.

각 컴퓨터가 대등한 P2P형 아키텍처의 상대 개념으로는 클라시언트/서버형 이키텍처가 있다. 클라이언트/서버형은 어떤 서비스를 구현할 때 각 컴퓨터의 역할이 서버와 클라이언트로 명확하게 구별된다. 서버는 시스템의 중심에 위치해 데이터 저장이나 검색, 전송과 같은 서비스를 제공하는 기능을 담당한다. 클라이언트는 서버측에 서비스를 요청하고 처리된 결과를 받는다. 클라이언트/서버형 아키텍처는 각 컴퓨터의 역할이 명확하게 정해져 있다. 소수의 서버에 다수의 클라이언트가 접속하는 형태로 구축된다.

반면에 P2P형 아키텍처는 각 컴퓨터(이후 노드라고 표현한다)가 송신자, 수신자, 중계자의 역할을 동시에 담당한다. 즉, 각 노드는 서비스를 사용하기도 하지만 서비스를 제공하는 기능도

한다. P2P형 아키텍처는 네트워크에 참가하는 노드가 서비스의 부분 또는 전체를 제공하게 된다. 이러한 구조를 실현하기 위해 각 노드는 다른 노드와의 통신을 위한 경로를 설정하여 상호간에 서비스를 제공하는 네트워크를 구축한다. 이것이 P2P 네트워크다.

(그림 1-12)는 P2P 네트워크와 서버-클라이언트 네트워크의 구조를 보여주고 있다.

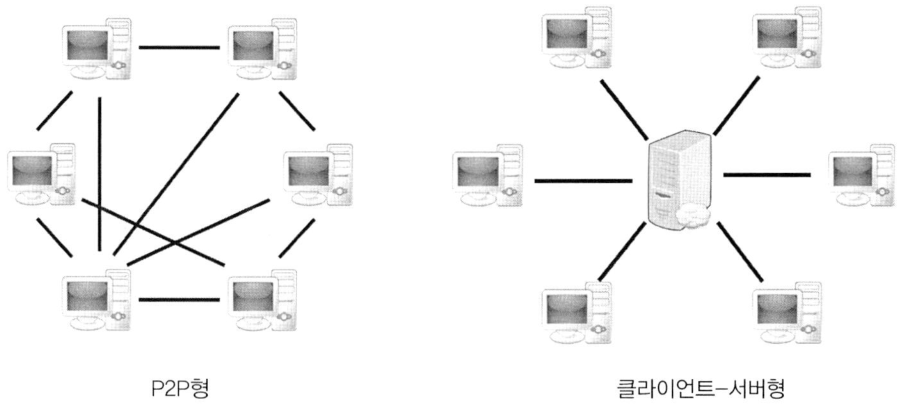

그림 1-12 P2P형 시스템과 클라이언트/서버형 시스템의 차이

클라이언트/서버형에서는 시스템의 서비스를 제공하는 중앙의 서버가 서비스의 관리를 수행하기 때문에 시스템의 설계나 유지, 확장이 쉬운 장점이 있다. 반면 서버에 장애가 발생하면 전체 서비스가 중지되는 문제가 있다. 또한 다수의 클라이언트가 동시에 접속할 때 처리에 문제가 발생하지 않게 하기 위해 고사양 서버와 큰 네트워크 대역폭을 마련해야 하는 것도 문제다.

P2P형은 클라이언트/서버형과 대칭되는 특징을 가진다. P2P형은 서버를 준비할 필요가 없고 네트워크에 참가하는 각 노드의 자원과 회선을 이용해 부하를 분산시켜 시스템을 운영한다. 그렇기 때문에 노드가 증가해도 서비스를 유지할 수 있는 높은 확장성을 가진다. 하지만 많은 노드가 참여하는 P2P 네트워크를 구축하거나 구축된 네트워크에서 다른 노드를 찾거나 연결하는 기능을 설계하기 위해서는 많은 노력과 기술이 필요하다.

클라이언트-서버 네트워크와 P2P 네트워크의 특징으로 보아 두 네트워크의 차이는 명확하다. 클라이언트-서버 네트워크는 중앙의 집중화를 지향한다. 반대로 P2P 네트워크는 탈중앙화를 지향한다. 즉, 클라이언트-서버 네트워크에서 서버가 모든 클라이언트의 관리와 서비스를 관리한다. 그만큼 관리가 편리하고, 복잡한 기술이 필요하지 않는다. 반면, P2P 네트워크는 모든 컴퓨터가 서비스 및 네트워크를 관리해야한다.

[표 1-3] 클라이언트-서버형과 P2P형의 장단점 비교

클라이언트-서버형		P2P형	
장점	단점	장점	단점
- 서버가 서비스의 관리를 집중적으로 수행 - 시스템의 설계나 유지, 확장이 쉬움	- 서버의 장애 시 전체 서비스가 중지됨 - 고사양 서버와 큰 네트워크 대역폭을 보장되어야 함	-서버를 준비할 필요 없음 - 각 노드의 자원과 네트워크 회선을 이용해 부하를 분산시켜 운영 - 높은 확장성을 가짐	- 많은 노드가 참여하는 P2P 네트워크를 구축이 어려움 - 다른 노드를 찾거나 연결하는 기능 설계에 노력과 기술이 필요

나. 블록체인에서의 P2P 네트워크

P2P 네트워크에서 블록체인이 어떻게 작동하는지 살펴보자.

❶ 블록체인을 구성하는 P2P 네트워크에서 한 노드(A라고 한다)가 거래 데이터(트랜잭션)를 보낸다. 이 시점에서는 아직 거래 자체가 실행(성립)되지 않은 상태다.

❷ P2P 네트워크에서 노드 A로부터 전달된 트랜잭션은 네트워크에 참여중인 모든 노드로 전파된다. 이와 같이 자신이 작성한 거래 데이터를 P2P 네트워크에 전송하여 참가중인 모든 노드에 전파하는 것을 '브로드캐스트'라고 한다.

❸ 트랜잭션을 받은 노드들은 마이닝을 실시한다. 노드 B가 조건에 맞는 해시 값을 발견하면 기존의 유지중인 블록체인에 새로운 블록을 추가한다(발행자는 노드 B라고 한다). 이러한 과정의 합의알고리즘을 Proof of Work(PoW)라고 한다.

❹ 새로운 블록을 추가한 노드 B는 블록을 P2P 네트워크에 브로드캐스트 한다.

❺ 블록을 받은 노드들은 블록이 올바른 것인지 검증한다. 블록이 문제가 없다면 해당 블록을 자신이 가지고 있는 블록체인에 적용하여 업데이트한다. 이 시점에 거래가 성립된다.

다음은 다른 노드와의 연계과정을 간단히 알아보자.

비트코인 코어에서는 다음의 과정을 거친다.

❶ DNS(예를 들어 seed.bitcoin.sipa.be)를 통해 검색

❷ 클라이언트 소프트웨어에서 사전에 하드 코딩된 준영구 노드 목록을 참조

❸ 명령 줄에서 지정한 IP 주소로 순서대로 네트워크의 노드 목록을 취득 시도

❷번 과정 이후에는 네트워크에서 현재까지 인식한 노드 목록을 각 클라이언트의 내부 데이터베이스에 저장해놓기 때문에 저장된 정보를 바탕으로 다른 노드와 연계를 시도한다.

이더리움은 시작 노드에서 하드 코딩된 부트스트랩 노드 목록을 참조하여 연결을 시도한다. 그리고 부트스트랩 노드는 지정할 수 있다. 그 밖의 다른 노드는 디스커버리 프로토콜을 사용하여 발견한다.

Hyperledger Fabric은 기동 시 지정한 시작점이 되는 노드(CORE_PEER_DISCOVERY_ROOTNODE)에 대한 디스커버리 프로토콜을 발행해서 참가자 목록을 받아온다. 만약 노드가 validating peer의 경우, 정보를 전달하기 위해 자신을 제외한 모든 validating peer와 매시형의 네트워크를 구축한다. 반면 non-validating peer일 경우, 연결 가능한 가장 가까운 validating peer와 연결을 수행한다.

다음은 블록의 송수신 과정을 알아보자.

Bitcoin Core는 정보를 송신할 때 해시 값을 inv 메시지로 상대방에게 보내고, 정보를 수신할 때 getdata 메시지를 보내 정보를 요구한다. 이런 방법으로 P2P 네트워크에서 데이터양을 줄일 수 있다.

이더리움은 블록체인의 데이터에서 계산된 해시를 모든 노드가 공유하는 공간에 체인으로 지정하여 '워터 풀'로 이용한다. 이 워터 풀에서 자기에게 부족한 데이터를 찾고, 해시를 이용해 블록을 요청하거나 획득한다.

Hyperledger Fabric은 gRPC를 노드 간 통신에 이용한다. 그리고 gRPC를 통해 양방향 스트림 기반 통신을 할 수 있다. 그리고 직렬화된 Protocol Buffers를 사용하고 있다. gRPC와 Protocol Buffers는 모두 구글에서 개발한 기술이다.

Reference

[1] Nakamoto, S. (2008). Bitcoin: A peer-to-peer electronic cash system. Decentralized business review.

[2] 김석원. (2016). 비트코인의 기반기술 블록체인의 원리. 소프트웨어정책연구소.

[3] 김영덕. (2018). 블록체인 및 비트코인 보안 기술. 금융보안원.

[4] 김영삼, 조상래, 김수형. (2016). 블록체인 기술 개념 및 적용 현황. 주간 기술 동향, IITP, pp.2-12.

[5] 민병길, 성영조, & 박원익. (2018). 비트코인과 블록체인의 쟁점 및 정책적 시사점. 이슈 & 진단, (307), 1-27.

[6] 박춘영, 임혜윤. (2018). 블록체인, 가까운 듯 먼 당신. Issue report, 대신증권.

[7] 박현제. (2017). 블록체인 TechBiz 컨퍼런스. 정보통신기획평가원 IITP.

[8] 비트코인 [bitcoin]. 한경 경제용어사전, 한국경제신문/한경닷컴. (2022). available at https://dic.hankyung.com/economy/view/?seq=11640 (last visited at 2023.09.)

[9] 아카바네 요시하루, 아이케이 마나부. (2017). 블록체인 구조와 이론. 위키북스.

[10] 양경주. (2017). 블록체인 합의 알고리즘. 아이리포 뉴스레터 리포멜.

[11] 이부형, 임연주, & 이종혁. (2017). 블록체인 플랫폼에서의 합의 알고리즘. 한국통신학회 학술대회논문집, 386-387.

[12] 임종철, 유현경, 곽지영, & 김선미. (2018). 블록체인과 합의 알고리즘. [ETRI] 전자통신동향분석, 33(1), 0-0.

[13] 허세영, 조상래, & 김수형. (2017). 비트코인 후 블록체인. [ETRI] 전자통신동향분석, 32(1), 0-0.

Summary

[1] 블록체인은 분산 원장 기술로, 데이터를 일련의 블록에 체인 형태로 연결하여 저장하는 시스템이다. 각 블록에는 여러 거래 또는 정보가 기록되며, 이러한 블록들은 네트워크에 참여한 다수의 컴퓨터(노드)에 의해 동시에 유지된다. 각 블록은 이전 블록의 내용을 해시 함수를 통해 암호화하여 연결되어 있어서, 한 번 저장된 정보를 변경하거나 위조하기 매우 어렵다.

[2] 합의 알고리즘은 새로운 블록을 추가할 때 네트워크 상의 다수의 노드들 간에 동의하는 과정을 나타낸다. 주요한 합의 알고리즘으로는 Proof of Work(PoW)와 Proof of Stake (PoS)가 있다. PoW는 가장 오래된 합의 알고리즘 중 하나로, 비트코인에서 처음 사용되었다. PoS는 PoW의 에너지 소모를 줄이기 위한 대안으로 등장했다. 추가로 DPoS는 PoS의 변형으로, 대표자들이 블록을 검증하고 생성하는 방식이다. 그리고 PoA는 허가형 블록체인에서 사용되는 합의 알고리즘으로, 신뢰 있는 인증 기관이 블록을 생성하고 검증한다.

[3] 전자서명은 디지털 문서의 무결성과 신원을 확인하는 암호학적 기술로, 공개키와 개인키를 사용하여 생성된다. 해시함수는 입력 데이터를 고정된 길이의 암호화된 코드로 변환하여 데이터의 무결성을 검증하거나 저장하는 데 사용된다.

[4] 스마트 컨트랙트는 조건이 충족되면 자동으로 특정 작업을 수행한다. 이를테면, 어떤 조건이 충족되었을 때 자동으로 자산을 전송하거나, 정보를 업데이트하는 등의 작업을 할 수 있다. 이러한 스마트 컨트랙트는 중앙 중개자 없이 안전하고 투명한 거래를 가능하게 한다.

[5] 마이닝은 Proof of Work(PoW) 방식을 사용하는 블록체인에서 새로운 블록을 생성하는 과정을 말한다. 마이너는 컴퓨터를 사용하여 복잡한 수학적 문제를 해결하고, 이를 통해 블록을 생성한다. 먼저 문제를 해결한 마이너가 새로운 블록을 생성하고 블록체인에 추가하게 된다. 채굴은 블록을 추가하면 보상으로 암호화폐를 얻는 과정이다.

[6] P2P 네트워크는 중앙 서버 없이 컴퓨터들이 직접 연결된 네트워크이다. 각 컴퓨터는 동등한 위치에 있어 서로 통신할 수 있다. 이러한 네트워크는 파일 공유, 통신, 데이터 공유 등 다양한 용도로 사용된다. 대표적인 예로는 토렌트와 같은 파일 공유 프로토콜이 있다.

Exercises

1. 블록체인의 주요 특징 중 하나가 아닌 것은 무엇인가요?

a) 분산 원장
b) 중앙 집중화
c) 불변성
d) 암호화

2. 블록체인의 투명성은 어떤 개념을 의미하나요?

a) 모든 블록이 연결되어 있다는 것
b) 거래 내역이 공개적으로 기록된다는 것
c) 데이터를 블록에 저장하는 것
d) 블록을 분산해서 저장하는 것

3. 블록체인에서 새로운 블록을 추가하기 위한 합의 과정을 무엇이라고 하나요?

a) 채굴(Mining)
b) 심사(Validation)
c) 투표(Voting)
d) 검증(Verification)

4. Proof of Work(PoW)가 사용되는 블록체인에서 어떤 작업을 해야 새로운 블록을 만들 수 있을까요?

a) 수학적 문제를 푼다.
b) 노드 간에 투표를 진행한다.
c) 블록을 서명한다.
d) 스마트 컨트랙트를 실행한다.

5. Proof of Stake(PoS)에서 블록을 생성할 수 있는 권한은 어떤 기준으로 결정되나요?

a) 보유한 코인의 양에 비례한다.
b) 가장 높은 채굴 능력을 가진 노드에게 부여된다.
c) 랜덤으로 선택된다.
d) 이전 블록의 해시 값을 사용한다.

6. 전자서명에 대한 설명 중 옳은 것은 무엇인가요?

a) 실제 서명을 종이에 하는 것
b) 디지털 문서의 무결성과 신원을 확인하는 기술
c) 공개키를 통해 문서를 암호화하는 기술
d) 개인키를 공개하는 과정

7. 해시함수의 특징으로 옳지 않은 것은 무엇인가요?

a) 고정된 길이의 출력을 생성한다.
b) 동일한 입력에 대해서는 항상 동일한 출력을 반환한다.
c) 입력이 약간만 변경되어도 완전히 다른 출력을 생성한다.
d) 역함수를 가지고 있다.

8. 스마트 컨트랙트에 대한 설명으로 옳은 것은?

a) 물리적인 계약서를 대신하는 디지털 도구
b) 실시간으로 주가를 예측하는 프로그램
c) 블록체인에 블록을 추가하는 역할
d) 음악 파일을 암호화하는 기술

9. 스마트 컨트랙트를 사용하는 주된 목적은 무엇인가요?

a) 블록체인에 새로운 토큰을 생성하기 위해
b) 조건이 충족될 때 자동으로 작업을 수행하기 위해
c) 블록체인 네트워크를 유지하기 위해
d) 물리적인 상품을 판매하기 위해

10. 마이닝이란 무엇인가요?

a) 암호화폐를 저장하는 지갑
b) 블록을 생성하는 과정
c) 디지털 아트를 생성하는 기술
d) 실물 광물을 캐는 작업

11. 채굴의 주된 목적은 무엇인가요?

a) 블록을 생성하여 블록체인에 추가하기 위해
b) 암호화폐를 획득하기 위해
c) 마이너들 간에 경쟁을 하는 것
d) 블록체인의 안전성을 검증하기 위해

12. P2P 네트워크에서의 “P2P”는 무엇의 약자인가요?

a) Peer to Peer

b) Public to Private

c) Point to Point

d) Personal to Professional

13. P2P 네트워크의 주요 특징으로 옳은 것은 무엇인가요?

a) 중앙 서버를 필요로 함

b) 모든 컴퓨터가 동등한 위치에 있음

c) 항상 빠른 속도로 데이터를 전송함

d) 분산 시스템을 형성하지 않음

14. 블록체인의 어떤 특징이 가장 중요하다고 생각하고, 그 이유를 간단히 설명해주세요.

15. 블록체인 기술이 어떤 산업이나 분야에서 큰 변화를 가져올 수 있다고 생각하나요? 그 이유를 간단히 설명해주세요.

16. 전자서명과 해시함수 중 어떤 기술이 데이터의 무결성을 검증하는 데에 더 적합하다고 생각하시나요? 그 이유를 간단히 설명해주세요.

17. 해시함수는 어떤 상황에서 유용하게 활용될 수 있나요? 예시 하나를 들어 설명해주세요.

18. 스마트 컨트랙트가 실제로 사용될 수 있는 분야를 예시 하나 들어 설명해주세요.

19. 스마트 컨트랙트의 장점 중 하나는 무엇인지 간단히 설명해주세요.

20. 마이닝과 채굴의 차이점은 무엇인가요?

21. 블록체인 기술에서 마이닝의 역할과 중요성에 대해 설명해주세요.

22. P2P 네트워크는 어떤 상황에서 특히 유용한가요?

23. P2P 네트워크의 장점 중 하나는 무엇인지 간단히 설명해주세요.

CHAPTER 02

합의 알고리즘

2.1 합의 알고리즘의 개념 및 필요성

블록체인은 거래정보가 되는 트랜잭션 정보를 기록한 분산 장부로 볼 수 있다. 각 노드가 자신의 장부를 보유하고, 각 장부의 내용은 합의 알고리즘을 통해 노드 간에 동일하게 유지된다. 거래내용은 트랜잭션으로 표현된다. 거래 내용을 장부에 기록하고 싶은 사용자가 트랜잭션을 생성하여 P2P 네트워크를 통해 브로드캐스트하면 다른 노드들이 트랜잭션들을 묶어 블록이 생성된다. 블록이 체인처럼 서로 연결되어 있기 때문에, 트랜잭션을 순서대로 기록할 수 있다. 이렇게 연결된 블록체인을 하나의 분산 장부를 표현한다.

분산 장부의 일관성 혹은 동일성은 결국 각 노드가 가지고 있는 블록체인 이미지의 동일성에서 비롯하게 된다고 할 수 있다. 블록체인 이미지의 동일성은 만약 중앙의 한 노드가 블록을 전담하여 생성한다고 하면, 자연스럽게 유지될 수 있을 것이다. 그러나 블록체인 기술에서 핵심요소는 특정 노드를 신뢰하지 않지만, 신뢰를 제공한다는 것이다. 따라서 중앙 집중적 방식이 아닌 분산형태로 자율적으로 개별 노드들이 블록을 생성한다. 추가로 일종의 합의 과정에 따라 모든 노드가 같은 블록체인을 갖도록 한다.

(그림 2-1)은 블록체인 시스템에서 블록의 생성 과정을 보여준다. 각 노드는 블록0과 블록1로 구성된 블록체인을 같이 보유하고 있다. 이때 노드들은 블록1에 연결할 새로운 블록(블록2)을 생성하기 위해 작업증명을 진행한다. 비슷한 시기에 노드0과 노드6이 블록2와 블록2를 생성하는데 성공하여 다른 노드에게 알린다. 네트워크 토폴로지와 전송속도에 따라 특정시점에는 노드별로 다른 블록체인이 구성될 수 있다.

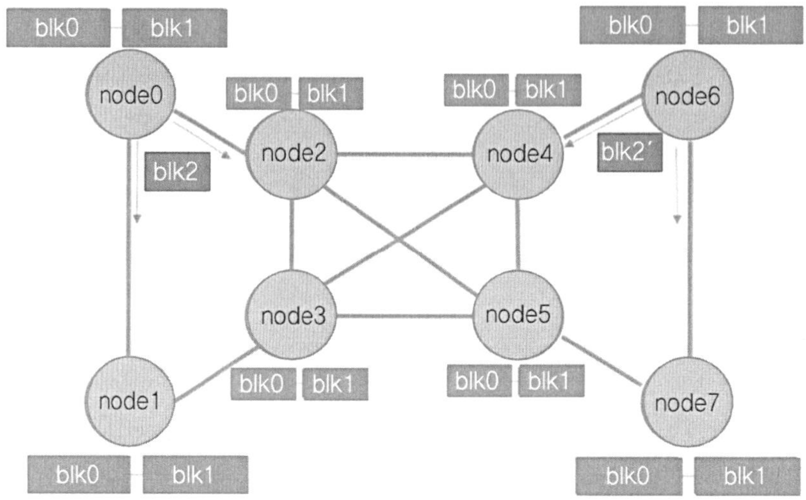

그림 2-1 블록 생성 과정

출처 블록체인과 합의알고리즘(ETRI)

예를 들어 노드0, 노드1, 노드2, 노드3은 블록2를 블록1에 연결하고, 노드6, 노드7은 블록2'를 블록1에 연결할 수 있으며, 노드4와 노드5는 블록2와 블록2' 모두를 블록1에 연결할 수 있다. 이렇듯 한 블록에 다음 블록이 여러 개가 생기는 현상을 'fork'라고 한다. 'fork'가 된 상황은 노드 간의 블록체인이 일치하지 않는 상태를 발생시킨다.

따라서 이렇게 블록체인이 일치하지 않는 상태를 해결하기 위해 블록1의 다음 블록으로 블록2가 될지, 모든 노드가 같이 결정할 수 있어야 한다. 이런 문제를 해결하는 대표적인 방법이 비트코인에서 쓰이는 방법으로 가장 긴 체인을 선택하는 것이다. (그림 2-1)에서 노드2가 블록2 다음으로 블록3을 연결하고 이것을 모든 노드에게 전파하면, 블록2는 다음 블록이 연결되어서 블록2'보다 긴 체인을 형성하게 된다. 그러므로 블록2가 속한 체인이 메인체인이 된다. 이때, 각 노드는 자격제한 없이 블록을 만들 수 있다면 각 노드에서 블록을 아무런 노력 없이 쉽게 만들 수 있게 된다. 이렇게 되면, 동시에 수많은 블록이 만들어질 수 있다. 이는 각 노드가 동의한 하나의 블록체인에 합의하는 것을 거의 불가능하게 만들 수 있다. 따라서 모든 노드 중에서 리더가 되는 노드를 선택하여 선택된 리더노드가 블록을 만들도록 하면 된다. 리더 노드를 결정짓는 방법을 바로 작업 증명이라고 한다. 비슷한 시점에 다수의 리더 노드가 생길 경우에도 'fork'가 생길 수 있는데 이 경우에도 앞에서 기술한 방법으로 해결한다.

따라서 블록체인에서의 합의 알고리즘은 작업증명과 정책으로 이뤄진다. 작업증명은 블록을 생성할 리더를 랜덤하게 선택하는 과정이다. 또한 정책은 리더 간의 다른 블록을 생성하였을 경우 이를 해결하는 과정(예: Longest chain)이다.

퍼블릭 블록체인에서는 여러 노드가 블록생성을 위해 서로 경쟁하게 된다. 이러한 경쟁은 블록생성에 성공하면 얻을 수 있는 인센티브가 있기 때문이다. 마이닝(Mining) 한다는 말은 앞에서 서술한 내용 때문에 블록을 생성한다는 것을 일컫는다. 마이닝하는 노드를 마이너(Miner)라고 부른다.

블록체인은 시스템 사용자의 관점과 사용/운영의 허가 유무에 따라 구분한다. 사용자의 관점에 따른 구분으로는 개방형과 전용 블록체인으로 구분된다.

사용자의 관점으로 개방형 블록체인은 일반에 공개되어서 누구나 참여가 가능한 시스템이다. 일반적으로 암호 화폐에서 지갑을 생성하면 참여할 수 있다. 전용 블록체인은 사용 권한을 받은 제안된 사용자만 사용할 수 있는 시스템이다. 예를 들어 기업 내에서 사용하는 블록체인일 때 소속직원만 사용할 수 있도록 구성된 시스템이다.

또, 사용자와 운영자를 구분하지 않고 시스템의 사용이나 운영을 위한 허가를 받았는지 아닌지에 따라 허가형과 비허가형으로 나뉜다. 허가형은 사용 또는 운영에 대한 허가가 있어야만 참여할 수 있는 시스템이다. 즉, 블록체인을 사용하거나 노드로 참여하기 위해 허가가 필요하다. 여기에는 사용자 관점의 허가형과 운영자 관점의 허가형이 있다. 리플이나 R3가 여기에 해당한다. 비허가형은 사전에 허가 없이 블록체인 시스템을 사용하거나 노드로 참여할 수 있는 시스템이다. 즉, 누구나 시스템을 사용하거나 노드로 참여할 수 있다. 비트코인이나 이더리움이 여기에 해당한다.

또한 블록체인의 사용과 운영에 대해 구분할 수 있다. 블록체인을 사용한다는 것은 블록체인의 외부에서 블록체인이 제공하는 서비스를 이용하는 것이다. 이에 반해 블록체인을 운영한다는 것은 블록체인 시스템에 노드로 참여하여 블록체인의 합의 알고리즘에 따라 트랜잭션을 생성, 검증, 합의, 저장, 배포, 유지 등의 행위를 하는 것이다.

다시 작업증명에 대한 내용으로 돌아와서 알아보자. 작업증명은 비허가형 블록체인에서 반드시 필요한 것이다. 하지만, 성능과 에너지 낭비 문제를 가지고 있다. 이런 문제를 해결하기 위해 지분 증명(Proof of Stake), 경과 시간 증명(Proof of Elapsed Time)등의 알고리즘이 연구되고 있으며, 샤딩(Sharding) 기법을 적용하는 연구도 진행되고 있다.

허가형 블록체인의 경우, 블록체인 내에서 노드를 신뢰할 수 있다. 그렇기 때문에 비허가형 블록체인 시스템에서 사용되는 합의 알고리즘과는 전혀 다른 알고리즘을 적용할 수 있다. (그림 2-2)는 허가형 블록체인의 개념적인 구조를 보여준다. 블록을 생성할 수 있는 자격을 가진 노드를 미리 정해 놓는다. 이 후, 블록을 생성할 수 있는 노드들로 구성된 위원회(Committee)를 구성한다. 위원회 내의 멤버들이 합의를 통해 하나의 블록을 합의하여 생성하고, 이를 다른 일반 노드들에게 전파하는 방식을 사용할 수 있다.

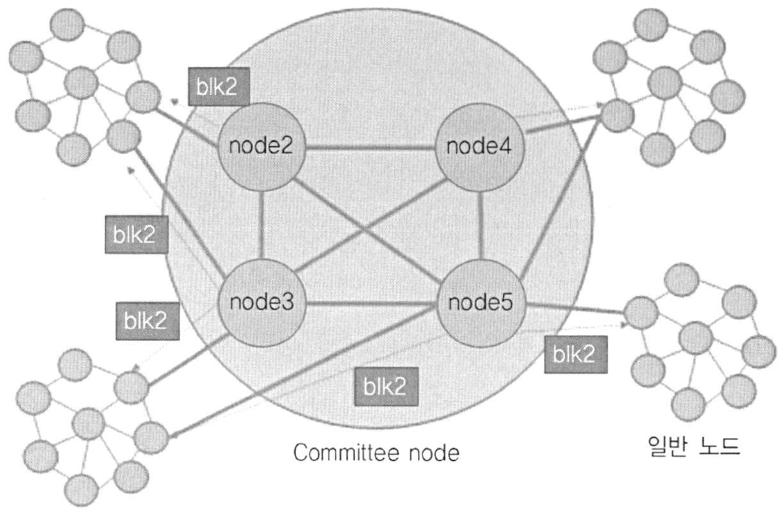

그림 2-2 허가형 블록체인 시스템 개념 구조

출처 블록체인과 합의 알고리즘(ETRI)

합의 알고리즘은 P2P 네트워크에서 다수의 사용자(피어)가 존재할 때 사용한다. 네트워크에 속한 피어들이 하나의 블록체인이나 데이터베이스를 유지하기 위해 서로 합의를 해야 한다. 따라서 합의 알고리즘이 블록체인의 핵심이라 할 수 있다. 또한 제일 어려운 부분이기도 하다. 즉, 블록을 생성할 노드가 누구인지 그리고 결정된 블록이 유효한지 결정하는 것이다.

방법은 크게 PoW, PoS 등이 있다. PoW는 계산능력인 작업에 따라 유효한지 결정된다. 즉, 블록의 생성능력이 같은 시간에 A피어는 1이고 B피어의 능력은 2라면, 유효성은 1:2의 확률로 유효성이 결정된다. 이는 A피어가 1개의 블록이 유효하게 결정되면, B피어는 2개의 블록이 유효하게 결정되는 것이다. 이와 마찬가지로 PoS는 지분량으로 결정된다. 즉, 유효성을 인정받은 확률에 따라 앞으로도 유효성을 높게 가져간다는 것이다.

합의 알고리즘은 경쟁방법과 비경쟁 방법으로 구분할 수 있다.

경쟁방법은 경쟁을 통해서 하나의 DB를 유지하는 방법이다. 즉, 하나의 블록체인을 유지한다. 비트코인, 라이트코인과 같이 PoW를 사용하는 모든 코인이 이에 해당한다. 이들은 계산 능력의 경쟁을 통해 하나의 블록체인을 유지한다. 즉, 경제적 원리인 손해를 보지 않기 위해서 행동하기 때문에 하나의 블록체인을 유지하는 것이다. 이는 경쟁을 하게 됨으로 항상 포크(fork)가 발생하게 되는 단점이 있다.

이와 달리 비경쟁정 방법은 블록체인을 구분하는 방법으로 구체적으로 블록에 표시하여 이를 구분한다. 블록에 마이너의 디지털 서명 등을 삽입하는 방법을 사용하여 포크를 막을 수 있다.

합의 알고리즘은 두 가지가 가장 중요하다고 할 수 있다. 책임성과 확정성이다.

책임성은 마이너가 잘못하면, 그에게 경제적 손해를 입혀서 하나의 블록체인을 유지하게 된다. 또한 확정성은 포크가 발생하지 않도록 확정하는 것이다. PoW는 확정성이 없다. 비트코인의 경우 확률적으로 6컨펌(6개 블록의 생성) 이후에 하나의 블록체인을 유지한다고 보면 된다. 이것은 사토시가 자신의 계산으로 임의적으로 정한 규칙이다.

합의 규모는 PoW의 경우 마이너 전체가 되며, 비경쟁 방법은 마이너들이 투표하는 방법을 사용한다.

2.2 PoW(Proof of Work, 작업증명)

1) 개요

PoW는 가장 보편적으로 알려진 합의 알고리즘이다. 비트코인의 경우, 발생한 모든 거래를 10분마다 하나의 블록으로 묶는다. 이를 시간 순서에 따라 체인처럼 연결하여 P2P 네트워크의 전체 노드에게 공유한다. P2P 네트워크 내의 노드들은 이전 블록의 헤더를 계산한 해시 값과 nonce를 해시 연산한다. 이 연산된 결과로 특정한 값 x를 찾는다. nonce는 32 bit의 수이고, 0 부터 시작하여 1씩 증가하면서 조건을 만족하는 해시 값을 찾을 때까지 계산한다. 여기서 x는 다수의 0으로 시작되는 256 bit의 수이다. 해시 연산은 역연산이 어렵다는 특징 때문에 x를 찾기 위해 nonce를 변화시키면서 차례대로 대입하여 연산하는 과정이 필요하다. 이런 과정 때문에 컴퓨팅 파워(연산능력)가 높은 노드일수록 빠르게 블록 생성을 할 수 있다. 해시 연산을 $h(.)$로 표시할 때 아래와 같은 조건을 만족한다면 n번째 블록에 대한 증명 작업이 완료된다.

$$h(h(n-1th\,block\,header)\|nonce) < x$$

비트코인의 경우, 블록 생성 시간을 10분으로 일정하게 유지하기 위해 블록 헤더 내의 bit를 이용하여 x내 0의 개수를 1씩 늘려간다. 일정 개수(6개) 이상의 노드들이 블록 생성에 대한 증명작업을 연산을 통해 완료하면 해당하는 블록을 공식적으로 인정하고 블록체인에 포함시킨다.

(그림 2-3)은 PoW의 진행방식을 보여준다.

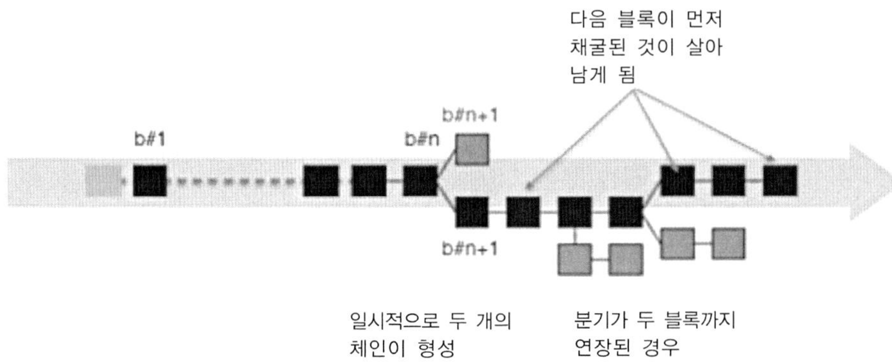

그림 2-3 PoW의 진행방식

출처 블록체인 구조와 이론(위키북스)

PoW 동작 과정을 나타내는 순서도는 (그림 2-4)와 같다.

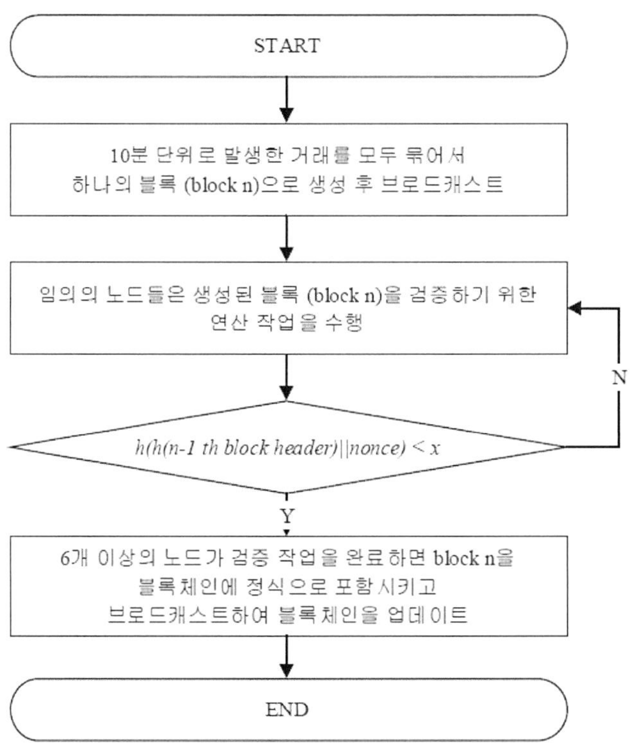

그림 2-4 비트코인에서의 PoW 동작 과정

02

2) 상세내용

작업 증명은 비트코인과 블록체인의 개념을 처음 발표한 Satoshi Nakamoto가 처음 소개한 메커니즘이다. 블록 생성을 하려는 마이너(노드)들이 특정한 난이도의 작업을 수행하기 위해 특정한 해시(hash)값을 찾는 연산을 수행했음을 증명하는 것이다. 마이너들은 해시 값을 찾기 위해 경쟁을 한다. 마이너들 중 하나가 목표 값에 해당하는 해시 값을 찾으면 블록이 생성된다. 비트코인에서 블록(x)의 해시 값은 "hash(x)≤m / d"로 정의된다. 여기서 d는 난이도(difficulty)이고 m은 난이도 d의 최댓값(2256-1)이다. 마이너들은 조건을 만족하는 블록 x의 해시 값을 찾기 위해 반복적으로 연산을 수행한다. 작업 증명에서 해시 값을 빠르게 계산해야하기 때문에 높은 컴퓨팅 파워(연산속도)를 가질수록 유리하다. 비트코인의 경우 계산에 평균 10분이 소요되도록 설계되었다.

해시 값을 찾는 시간을 줄이기 위해 뛰어난 컴퓨팅 자원을 많이 이용하여 컴퓨팅 파워를 올리는 방법이 있다. 비트코인에서는 이러한 문제에 대응하기 위해, 해시의 난이도를 주기적으로 조절한다. 이렇게 하여 블록 생성 주기를 일정하게 유지하도록 하고 있다. 비트코인에서는 개별 노드에서 자율적으로 블록 생성이 수행되기 때문에, 작업 증명을 통해 랜덤하게 블록을 생성할 노드를 선택해도, 거의 동시에 새로운 블록이 생성되는 fork가 발생할 수 있다. 비트코인에서는 가장 긴 체인이 선택하여 fork와 같은 분산 장부의 불일치 문제를 해결한다.

이더리움 홈스테드(Homestead)는 이더리움 플랫폼의 두 번째 버전이다. 비트코인보다 빠른 블록 생성 주기를 가진다. 때문에 이로 인해 블록이 동시에 생성될 확률이 높아진다. 즉, fork가 발생할 확률 또한 높아지게 된다. 결국, 잦은 fork의 발생은 동일한 블록체인에 대한 합의를 어렵게 한다. 합의가 되었다 해도, 결정된 체인(가장 긴 체인)에 포함되지 못한 블록들이 버려지게 된다. 이는 시스템 전체적으로 효율이 떨어지는 문제가 발생될 수 있다. 이렇게 결정된 체인에 붙지 못해 버려지는 블록을 비트코인에서는 '고아 블록'이라고 한다. 이더리움에서는 '엉클 블록'으로 부른다. 이더리움은 메인 체인에 엉클 블록을 포함시키는 GHOST 프로토콜을 사용하여 앞에서 기술한 버려지는 많은 블록 때문에 시스템의 효율이 떨어지는 문제를 해결하였다.

GHOST 프로토콜은 비트코인의 성능과 보안성의 향상을 위해 개발된 알고리즘이다. 이더리움은 이 GHOST 프로토콜을 수정하여 적용하였다. 핵심은 메인 체인이 가장 무거운(heaviest) 체인이 된다. 가장 무거운 체인은 메인 체인을 결정할 때 체인에 연결된 지식 블록과 엉클 블록을 포함한 모든 블록을 체인의 무게에 포함시켜 계산한다. 즉, 버려지는 블록을 줄이는 효과를 가진다.

2.3 PoS(Proof of Stake, 지분증명)

1) 개요

PoW에서는 노드의 계산능력에 따라서 합의 결정권이 정해졌지만, 대안으로 제안되어 개발된 PoS에서는 화폐의 보유량에 따라 각 노드의 합의 결정권이 정해진다. 만약 노드 A가 가진 화폐 보유량이 $bal(A)$, t를 타임스탬프, d를 난이도 조정값이라고 하면 아래와 같은 조건을 만족할 때 블록 n에 대한 합의 권한이 노드 A에게 주어진다.

$$h(h(n-1th\,block\,header),t) \le h(bal(A),d)$$

일반적으로 블록체인에 대한 공격을 위해 공격자가 전체 네트워크의 절반 이상을 점령해야 한다. PoS 환경에서는 총 화폐 보유량 중 절반 이상을 보유하고 있어야 공격할 수 있다. 즉, PoW를 사용할 때보다 공격에 드는 비용이 매우 증가한다. 때문에 보안성이 같이 높아진다는 장점을 가진다. 이러한 특징 때문에 이더리움에서는 합의 알고리즘을 PoW에서 PoS로 바꾸려는 시도를 하였다.

(그림 2-5)는 PoS의 진행방식을 보여주고 있다.

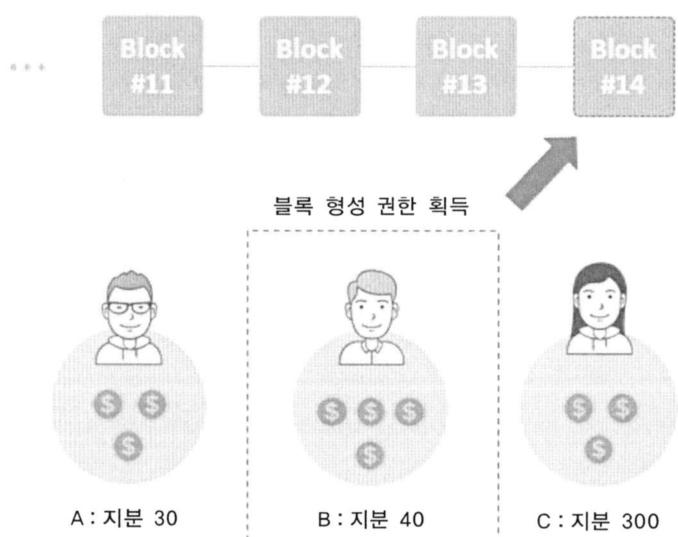

그림 2-5 PoS의 진행방식

2) 상세내용

PoS는 과도한 에너지 소비를 야기하는 작업 증명 방식의 대안으로 제시되었으며, 참여자의 화폐 소유 지분이 블록 생성권에 반영되는 합의 알고리즘이다. PoW에서는 마이너의 컴퓨팅 파워가 좋으면 블록 생성 확률이 높아진다. 그러나 PoS에서는 마이너가 보유 중인 화폐의 양에 따라서 블록을 생성할 수 있게 된다. PoS에서 사용되는 해시 함수는 아래와 같이 정의된다.

$$hash(hash(B_{prev}), A, t) \le bal(A)M/D$$

B_{prev}는 이전 블록, A는 계정(address), t는 타임스탬프, $bal(A)$는 address A가 현재 소유한 balance, D는 난이도, M은 D의 최댓값을 의미한다. 수식을 살펴보면, 블록 B의 해시 값은 A가 소유한 balance와 난이도 보다 적어야 한다. 즉, 많은 지분 소유자가 쉬운 난이도의 문제를 풀 수 있다. PoS의 개념은 Bitcointalk 포럼에서 2011년에 제안되었으며, PoS 기반 가상화폐에는 Peercoin, ADA, QTUM 등이 있다.

PoS는 지분을 많이 보유한 노드가 블록을 생성할 확률이 높다. 그러므로 시간이 지날수록 처음부터 지분을 많이 가진 노드에게 유리한 문제가 발생한다. 이런 불평등의 문제를 해결하기 위해, 노드가 보유한 코인의 양과 코인 보유 일수(Coin age)를 기반으로 블록 생성권을 준다. 그리고 보상으로 코인을 주는 방식이 제안되었다. Peercoin이 대표적 예이다. 예를 들어, Bob이 10코인을 90일간 보유했다면, Bob은 900 coin-day를 누적하였고, Bob이 90일간 보유한 10코인을 사용하면, Bob이 누적한 900 coin-day를 소비한 것이다. 즉, 보유한 코인이 적어도 코인을 보유한 일수가 길면 블록 생성 가능성이 커진다. 그러므로 균등하게 블록을 생성할 기회를 가질 수 있는 장점이 있다.

이런 상황에서도 공격방법이 존재한다. 적은 양의 코인을 장기간 보유하여 코인을 보유한 일수를 늘리면 생성 권한을 얻을 수 있고, 이때 연속해서 블록을 생성하는 공격이 가능하다. 이런 공격에 대응하기 위해 Novacoin에서는 코인의 보유 일수에 가중치(Weight)를 사용하는 방법을 도입하였다. 예를 들어, 코인을 보유한 일수가 1~30인 경우 가중치 0, 코인을 보유한 일수가 30~60인 경우는 가중치 30, 코인을 보유한 일수가 60~90인 경우는 가중치 60, 코인을 보유한 일수가 120일 이상인 경우에는 가중치 120과 같이 할당한다.

PoS 방식은 컴퓨팅 파워의 낭비를 줄이고 블록의 생성 주기를 단축시킬 수 있으므로 자원의 활용측면에서는 효율적이나, 초기에 코인을 분배해야하는 문제(Initial Distribution Problem)와 자산 증명에서 한계비용(marginal cost)이 전혀 없는 문제(Nothing at Stake)가 발생할 수 있다. 초기 코인 분배 문제는 PoS에서 블록을 생성할 수 있는 확률이 소유 지분을 기반으로 하므로 초기에 많은 코인을 보유한 참여자가 유리하다는 공정성에 대한 문제이다. Nothing at Stake는 fork로 인하여 유효한 블록체인이 여럿이 존재하는 상황에서 참여자들은 자신이 보상

받을 확률을 높이기 위해 한쪽을 버리지 않고, fork 상태의 체인에서 블록을 생성한다. 이렇게 되면 하나의 블록체인으로 수렴되는 것이 어렵게 된다. 이런 상황은 공격자에 의해 유효한 블록체인을 임의로 바꿀 수 있고, 블록체인에 대한 신속한 합의가 이뤄지지 않는 문제가 발생한다. 따라서 이를 보완하기 위해 위임된 지분 증명(DPoS: Delegated proof of stake) 방식이 제안되었다.

2.4 DPoS(Delegated Proof of Stake, 위임된 지분증명)

1) 개요

PoS가 모든 노드를 대상으로 보유 지분에 따라 블록 생성 권한을 주었던 반면, DPoS는 투표로 대표자들을 선출하고, 선출된 대표자들에게 블록 생성과 검증에 대한 권한을 부여한다. 대표자들이 블록을 생성하므로 합의에 드는 시간과 비용이 적게 소요된다. 또한 PoS과 PoW에 비해 상대적으로 일정 단위 시간 동안 블록이 많이 생성된다.

예를 들어, 노드 A는 블록체인 네트워크에 속해있다. 노드 A가 대표자가 되기 위해서는 다음의 (수식)을 만족해야 한다. (수식)에서 $n(Voter_A)$는 노드 A를 선택한 사용자의 수, $n(Voter_{al})$은 투표에 참여한 사용자의 수를 의미한다. 즉, 전체의 과반 이상이 선택해야 대표자가 된다.

$$n(Voter_A) < \frac{n(Voter_{al})}{2}$$

선출된 대표자들은 매 라운드마다 순서를 임의로 배정하여 블록을 생성하여 체인에 추가하는 권한을 갖는다. 또한, 대표자들만의 투표를 하여 악의의 사용자를 블록체인 네트워크에서 추방시킬 수 있다. 이렇게 생성과 추방의 권한으로 블록체인 네트워크를 유지한다. 하지만 블록 내의 발신자, 수신자, 잔고 등의 장부 내용은 바꿀 수 없다.

DPoS는 참여자들이 보유한 가상화폐의 지분율에 따라 투표권을 행사하여 대표자들을 선출한다. 이렇게 선출된 대표자들은 새로운 블록의 유효성 검증 과정에 참여하는 합의 알고리즘이다. 또한 이전의 합의 알고리즘에서의 소비되었던 컴퓨팅 자원을 줄이기 위해 PoS기반의 투표 과정을 도입했다. 결과적으로 PoS에서 64초가 걸리는 블록 생성 시간을 3초로 줄이는 등 합의 알고리즘의 성능을 개선하였다.

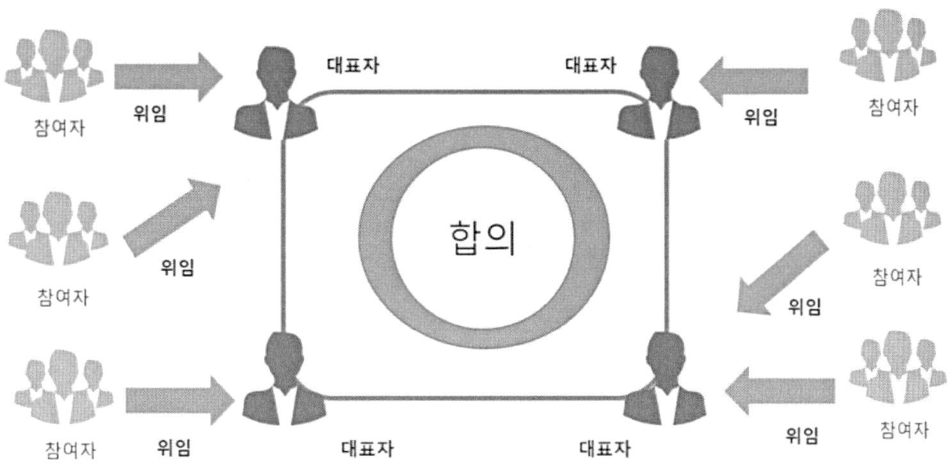

그림 2-6 위임된 지분증명 방식(DPoS)

출처 투이컨설팅

DPoS는 투표과정이 있으므로 PoS에 비해 공평하게 대표자를 선출하게 된다. 선출된 대표자들만 블록 검증에 참여하기 때문에 처리 속도를 향상시킨다. 대표자들은 네트워크의 크기에 따라 다르지만, 보통 20~100명의 인원으로 구성되고 블록 검증을 교대로 수행한다. 블록은 일정시간(3초)마다 하나씩 차례대로 검증된다. 지정된 시간 안에 검증을 완료하지 못하면, 다음 블록 검증으로 넘어가게 된다.

검증을 통해 새로운 블록을 체인에 추가하고, 검증을 진행한 대표자는 검증한 블록 내에 소속된 트랜잭션들의 수수료를 보상으로 받는다. 대표자가 보상을 받으면, 대표자 투표에 참여한 사람의 지분에 따라 보상을 분배한다. 예를 들어, A 대표자에게 투표한 노드가 전체 코인의 5% 지분을 가지고 있다면, 대표자가 받은 보상의 5%를 분배받는다. 그러나 대표자가 악의적이거나 블록 검증에 대해 반복적으로 실패하면, 대표자는 검증에 대한 권한을 잃게 된다. 그리고 해당 블록의 검증을 위한 새로운 대표자를 선출한다. 반대로 악의적이거나 검증과 같은 결격사유가 없으면, 대표자는 장기간 권리를 보유하게 된다.

대다수의 DPoS 환경에서는 유권자들의 투표율이 높지 않기 때문에 소수의 유권자로 인해 선출된 대표자가 장기적으로 고정되는 현상이 발생한다. 이런 문제는 중앙 집중화를 높여 보안 위험이 발생되는 문제점을 가지고 있다.

DPoS 방식을 사용하는 암호 화폐는 Tendermint, Slasher, BitShares, Ethereum Casper 등이 있다.

Tendermint는 블록체인 어플리케이션의 개발과 블록체인의 통신을 위한 코스모스(Cosmos) 플랫폼을 제공한다. 대표자인 검증인들의 투표를 통해 합의가 이루어지는 PBFT 계열의 합의 알고리즘을 사용한다. Tendermint는 블록체인의 각 레벨(계층)에서 블록을 결정하는데, 제안자의 블록에 대해서 라운드를 기반으로 2단계의 투표(Prevote와 Precommit)를 진행한다. 2/3 이상의 합의가 되면 다음 단계로 진행한다. Tendermint에서는 잠금(lock) 메커니즘을 사용한다. 검증인이 블록에 투표를 하면 투표권이 잠긴다. 때문에 동일 단계(계층)의 다른 블록에 재투표를 못하게 하여 악의적인 행동을 막을 수 있다.

BitShares는 Shares 2.0으로 엔터프라이즈용 스마트 컨트랙트 플랫폼을 제공한다. 또한 컬러드 코인 외에 다양한 가상화폐를 생성하여 이용할 수 있다. BitShares에서는 증인(witness)이 블록 생성을 진행하고, 대표자(delegate)는 네트워크 정보에 대한 변경 권한을 갖는다. 지분 보유자들은 소유한 지분에 따라 증인을 선정하는 투표에 참여하고, 투표 결과에서 상위 N명의 증인이 선출된다. 선출된 증인들은 순번을 정하여 매 2초마다 블록을 생성한다. N명까지 순서가 끝나면, 증인 목록을 섞어 블록생성 순서를 변경한다. BitShares에서 선출된 대표자들은 네트워크 정보에 대한 변경 권한을 갖는데, 네트워크 정보는 증인에 대한 보상, 트랜잭션 비용, 블록 크기, 블록 주기를 포함한다. 네트워크 정보가 변경되면, 대표자들은 특별 계정(genesis account)에 공동으로 서명하여 승인 절차를 거친다. 증인들은 블록 생성에 대해 보상을 받는다. 하지만 대표자들은 보상이 없다.

이더리움 캐스퍼(Casper)는 사전에 선택된 검증인들만 블록 생성 및 합의 권한을 갖는다. 사전에 선택된 검증인들이 트랜잭션을 수집하여 블록을 생성하고, 생성된 블록에 서명하여 네트워크로 브로드캐스트한다. 블록에 대한 합의를 위해서 검증인들은 특정 블록에 대해 보증금을 내고 베팅을 한다. 특정 단계(계층)에서 하나의 블록을 결정하기 위해서는 2/3 이상의 검증인들이 베팅을 하며, 합의가 이뤄질 때까지 베팅 라운드를 진행한다. 검증인들의 보상은 자신이 베팅한 블록이 블록으로 선택되면 받게 된다. 캐스퍼 컨트랙트를 통해 베팅을 구현할 수 있으며, 베팅의 생성, 라운드 참가 및 철회 기능을 제공한다.

2) DPoS의 장 · 단점

DPoS는 다음과 같은 장점이 있다.

- DPoS 블록체인은 이중 지출로부터 탁월한 보호 기능을 가지고 있다.
- 노드 또는 사용자가 요구하는 더 적은 양의 스테이킹으로 인해 매우 민주적이고 재정적으로 포괄적이다.
- DPoS는 낮은 진입 문턱으로 인해 더 많은 사람들이 합의에 참여하기 때문에 더 많은 탈중앙화를 제공한다.
- 네트워크를 운영하는 데 충분한 전력이 필요하지 않는다. 따라서 이 시스템은 더 지속 가능한 것으로 판명되었다.

- DPoS의 모든 트랜잭션은 네트워크 실행에 필요한 컴퓨팅 성능에 의존하지 않는다. 이 요소는 확장성을 높인다.
- DPoS 시스템은 블록체인 애플리케이션 내에서 몇 가지 훌륭한 거버넌스 모델을 구현하기 위한 기반을 기반으로 한다. 한마디로 일종의 민주주의를 형성하기도 한다.

DPoS의 다음과 같은 단점이 있다.

- 네트워크의 효과적인 운영 및 의사 결정을 위해 위임자는 최신 정보를 유지하고 정보를 숙지하고 실제적이고 정직한 증인을 임명해야 한다.
- DPoS blockchain은 가중 투표와 관련된 몇 가지 문제에 매우 취약하다. 더 작은 지분을 가진 사용자는 자신의 투표가 중요하지 않다고 판단되면 투표를 거부할 수도 있다.

3) DPoS의 한계

위임 지분 증명(Delegated Proof of Stake)의 활용은 광범위한 저명한 블록체인 프로젝트에서 매우 일반적으로 발견되었다. 이것은 이 환상적인 합의 메커니즘이 광범위한 이점을 가지고 있음을 보여준다.

그러나 이점 외에도 몇 가지 두드러진 제한 사항도 있다. 블록체인 프로젝트는 위임 지분 증명 합의 메커니즘을 구현하기 전에 단점과 한계를 고려해야 한다. 몇 가지 주요 제한 사항이 아래에 설명되어 있다.

가. 의결권 집중

DPoS는 일반적으로 큰 지분이 전체 네트워크에 직접 영향을 미칠 수 있는 능력을 제거한다. 대신 최대 코인을 스테이킹한 사용자는 대의원 선거에서 더 많은 투표권을 갖게 된다. 그러나 일부 부유한 사용자는 네트워크를 간접적으로 제어하려고 한다.

또한 스테이커는 블록 보상의 엄청난 비율을 얻을 수도 있다. 이러한 블록 보상은 델리게이트가 유권자들에게 분배한 코인 형태이다.

나. 적극적인 참여

빈번한 대의원 선거를 하기 위해서는 사용자가 적극적으로 코인을 스테이킹 할 의지가 있어야 하고 투표 과정에 참여하기 위해 적극적이어야 한다. 또한 각 투표에서 선출된 대의원 대부분이 정직한 노드여야 한다.

더 큰 DPoS 기반 네트워크에서는 더 많은 자금이 스테이킹 되고 최대 사용자가 선거에 참여하기 때문에 보안 문제는 큰 문제가 아니다.

소규모 DPoS 기반 네트워크의 경우 악의적인 스테이커 그룹이 리소스를 풀링하고 부정직한 노드에 투표할 수 있다. 따라서 부정직한 노드는 항상 네트워크의 최선의 이익을 위해 행동한다.

다. 검열

탈중앙화 블록체인은 검열 저항을 의미한다. 이는 노드가 유효하지 않은 경우가 아니면 트랜잭션이 발생하는 것을 중지해서는 안 된다는 것을 의미한다.

DPoS 기반 네트워크는 기본적으로 PoS 기반 또는 PoW 기반 네트워크에 비해 더 중앙 집중화되어 있다. 이는 DPoS 네트워크 내에서 몇 개의 노드만이 트랜잭션 검증을 담당하기 때문이다. 따라서 노드가 유효한 트랜잭션을 차단하고 때때로 계정을 동결하는 것이 더 쉬워진다.

DPoS 지지자들은 이 권한이 복잡한 상황에서 보안상의 이유로 활용된다고 말했다. 예를 들어 도난당한 자금을 기반으로 하는 계정을 차단할 수 있다.

DPoS를 비방하는 사람들에 따르면 노드 수가 적으면 정당한 이유 없이 특정 사용자가 검열되는 충돌이 발생할 수도 있다.

2.5 BFT(Byzantine Fault Tolerance)

1) 개요

블록체인은 금융거래로 인해 발생되는 트랜잭션 정보를 기록한 일종의 장부를 분산해서 관리하는 분산 장부 시스템이며, 블록체인에 참여하는 네트워크 내의 모든 노드는 동일한 분산 장부의 복사본을 관리한다. 이러한 측면에서 블록체인 시스템은 전통적인 state machine replication 시스템과 매우 유사한 특징을 가진다고 볼 수 있다.

(그림 2-7)은 State Machine Replication 시스템을 개념적으로 설명한다. 시스템은 여러 개의 리플리카로 구성되어 있으며, 각각의 리플리카는 자체 상태를 갖는다. 리플리카는 결정적인 서비스 로직을 수행하며, 명령이 성공적으로 실행되면 다른 상태로 이동한다. 클라이언트가 리플리카에 연산을 요청하면 리플리카들이 합의 프로토콜을 사용하여 동일한 작업을 수행하고, 모든 리플리카가 동일한 상태를 유지하도록 노력한다. 블록체인은 각 계정 정보를 하나의 변수로 간주하며, 모든 계정 정보의 현재 값이 시스템의 현재 상태를 결정한다. 블록이 추가되면 시스템의 상태가 변경된다. 이러한 유사성으로 합의 프로토콜을 블록체인에 적용하는 것이 가능하며, 이미 다양한 블록체인 시스템에서 적용되고 있다.

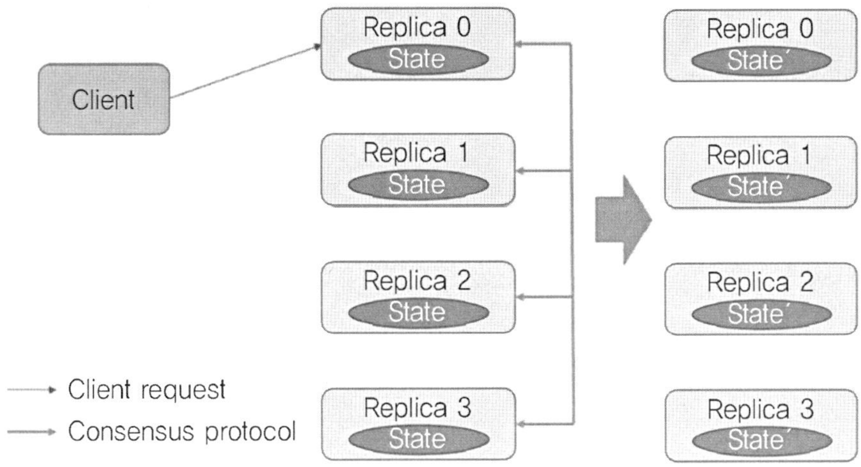

그림 2-7 State machine replication

출처 블록체인과 합의알고리즘(ETRI)

이러한 리플리카 시스템은 단일 호스트 환경에서 고 가용성을 제공할 수 있지만, 네트워크 오류나 리플리카의 고장으로 인해 시스템의 안정성이 보장되지 않을 수 있다. 이러한 문제를 해결하기 위해서는 합의 프로토콜이 필요하다. 일반적으로 합의 프로토콜은 두 가지 시스템 속성을 충족시켜야 한다.

- Safety(안정성): 시스템에서 어떠한 문제도 발생하지 않음을 보장한다. 모든 정상적인 리플리카는 동일한 상태에 동의해야 하며, 이 상태는 항상 유효해야 한다.
- Liveness(활성성): 시스템은 항상 작동해야 한다. 결국에는 특정 상태에 동의해야 하며, 모든 리플리카는 동의된 상태에 도달해야 한다.

리플리카의 비정상적인 상황은 크게 fail-stop과 비잔틴 폴트(Byzantine fault)로 나눌 수 있다. Fail-stop은 노드가 단순히 멈추는 형태의 고장을 나타내며, 비잔틴 폴트는 악의적인 행동을 포함한 임의의 동작을 할 수 있는 것을 의미한다. Fail-stop 형태의 고장을 가정한 대표적인 합의 프로토콜에는 Paxos와 Raft가 있다. Paxos는 초기에 개발된 합의 알고리즘으로 널리 사용되고 있다. 반면, 비잔틴 폴트를 가정한 대표적인 합의 프로토콜로는 PBFT가 있다. Paxos는 초기에 개발된 합의 알고리즘으로, 여러 곳에서 널리 사용된다. 예를 들어, 구글의 Chubby lock 서비스, Megastore 및 Spanner 스토리지 시스템, 그리고 Microsoft의 Autopilot 서비스와 윈도우 Azure 스토리지에 사용된다.

Paxos는 분산 시스템에서 값에 동의하기 위한 프로토콜로, 다양한 프로세스 간에 하나의 값에 동의한다. 여러 값이 제안되어도 하나의 값으로 수렴하게 된다. 각 프로세스는 제안자(proposer)로서 값을 제안하거나 수용자(accepter)로서 제안된 값에 투표하거나 학습자

(learner)로서 제안된 값을 배운다. 여러 제안자가 동시에 여러 값의 후보를 제안할 수 있기 때문에 프로토콜의 동작이 복잡하다.

Raft는 Paxos를 보다 이해하기 쉽게 만들기 위해 비교적 최근에 개발된 알고리즘이다. Raft는 (그림 2-8)과 같이 복제된 상태 기계(state machine) 구조를 가지며, 클라이언트의 요청에 대한 처리 결과는 합의 모듈에 의해 결정되어 로그에 기록되고, 개별 리플리카의 상태 기계가 로그의 값에 따라 변경된다. Raft에서는 클라이언트 요청을 하나의 리더 노드가 처리하여 로그를 업데이트하고, 이 로그가 다른 리플리카에도 반영되도록 한다. 리더에 문제가 생길 경우, 리더는 리더 선출 프로토콜에 따라 새롭게 선출된다. Viewstamped Replication과 Zab(ZooKeeper Atomic Broadcast) 프로토콜도 같은 계열의 프로토콜로 간주된다.

2) PBFT(Practical Byzantine Fault Tolerance) 알고리즘

PBFT 프로토콜은 1982년에 발표된 비잔틴 장군 문제를 해결하기 위한 프로토콜로서 제안되었다. 비잔틴 장군 문제는 도시를 포위하고 있는 여러 장군이 공격 또는 후퇴에 관련된 하나의 작전에 동의하는 과정을 다루는 문제이다. 이때, 어떤 장군은 악의적인 행동을 할 수 있는 점을 가정하고 있다. 그러므로 BFT 계열의 프로토콜은 잘못된 노드뿐만 아니라 악의적인 노드에 대비하여 전체 시스템의 안정성을 보장하는 프로토콜이다. PBFT는 BFT 계열의 프로토콜 중 실용적으로 사용할 수 있는 가장 대표적인 프로토콜이다.

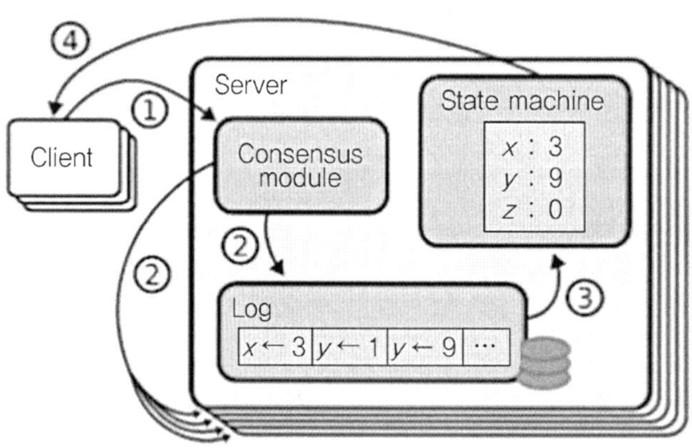

그림 2-8 Raft reference architecture

출처 블록체인과 합의알고리즘(ETRI)

(그림 2-9)는 PBFT 프로토콜의 동작을 간단하게 보여준다. 리플리카 시스템에서는 primary 노드가 의사결정의 리더 역할을 하며, 이 노드를 통해 명령이 순차적으로 수행된다. 그러나 만약 primary 노드가 고장이 나거나 악의적인 행동을 한다면, 'view change' 절차를 통해 새로운 primary 노드로 교체된다. 리플리카 시스템은 일반적으로 여러 개의 노드로 구성되며,

전체 노드(N개) 중 몇 개의 노드가 문제가 생겨도(F개) 정상 동작이 가능하도록 설계된다. 이때, PBFT 프로토콜은 N = 3F + 1일 때 정상 동작이 보장되는 프로토콜이다.

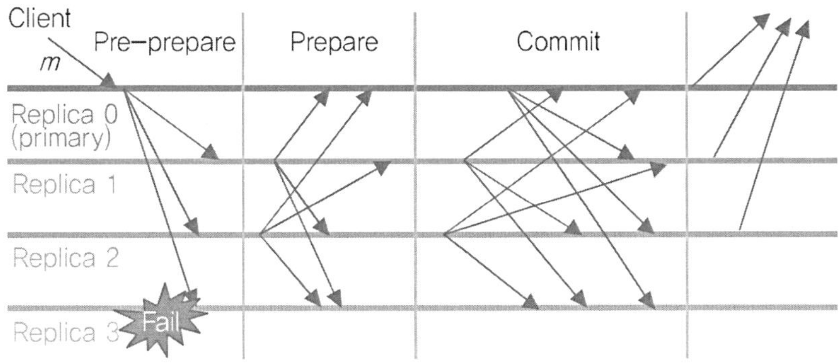

그림 2-9 PBFT 프로토콜 메시지 흐름도

출처 블록체인과 합의알고리즘(ETRI)

(그림 2-9)는 PBFT 프토토콜의 동작을 간단하게 보여준다. 리플리카 시스템에서는 primary 노드가 의사결정의 리더 역할을 하며, 이 노드를 통해 명령이 순차적으로 수행된다. 그러나 만약 primary 노드가 고장이 나거나 악의적인 행동을 한다면, 'view change' 절차를 통해 새로운 primary 노드로 교체된다. 리플리카 시스템은 일반적으로 여러 개의 노드로 구성되며, 전체 노드(N개) 중 몇 개의 노드가 문제가 생겨도(F개) 정상 동작이 가능하도록 설계된다. 이때, PBFT 프로토콜은 N = 3F + 1일 때 정상 동작이 보장되는 프로토콜이다.

최근에는 허가형 블록체인 시스템에서 위에서 언급된 다양한 합의 알고리즘이 적용되고 있다. 하이퍼레저 패브릭의 경우, 이전의 0.6 버전에서는 PBFT 프로토콜을 사용했으나 1.0 버전부터는 Kafka 기반의 순서제공 서비스(Ordering service)에 기반을 둔 합의 알고리즘을 도입하였다. Kafka는 ZooKeeper 기반의 Zab 프로토콜을 사용하여 동작한다. Tendermint는 변형된 PBFT 프로토콜을 사용하여 합의를 달성하며, R3 Corda의 경우 트랜잭션 처리를 위해 서기 서비스(Notary service)를 사용하는데, 이 서비스는 Raft나 PBFT와 같은 프로토콜을 통해 고장 감안하여 동작할 수 있다.

요약하자면, Paxos나 BFT 계열 프로토콜은 현재 블록체인 시스템에서 합의 알고리즘으로 직접적인 채택이 되거나, 합의 알고리즘에서 중요한 역할을 하는 노드의 고장을 감내하기 위해 사용되고 있다.

3) PBFT의 장점

PBFT 알고리즘은 다음과 같은 장점들을 가진다.

가. Energy Efficiency

합의 과정에서 복잡한 수학 계산이 필요하지 않기 때문에, 에너지 측면에서 효율적이다. 이는 다른 합의 알고리즘과 비교했을 때 에너지 소비가 상대적으로 적다는 것을 의미한다. 이는 블록체인 네트워크의 에너지 효율성을 향상시키는 데 기여할 수 있다. 그러나 이러한 측면은 보안 측면에서 단점이 될 수 있다.

나. Transaction Finality

PBFT에서는 합의된 후에는 트랜잭션이 확정되며, 추가적인 확인이 필요하지 않는다. 이는 다중으로 확인할 필요가 없다는 것을 의미하며, 네트워크에서 트랜잭션의 최종 블록 확률을 높일 수 있다. 이는 비트코인의 PoW와 같은 다른 합의 알고리즘과 비교했을 때 장점으로 작용한다.

다. Low reward variance

PBFT에서는 네트워크의 모든 노드가 클라이언트의 요청에 응답하고 보상을 받기 때문에, 보상의 변동성이 낮아지고 분산이 작아진다. 이러한 보상 시스템은 네트워크의 안정성을 향상시키는 데 기여할 수 있다.

4) PBFT의 한계

PBFT의 특성으로 인한 한계점도 존재한다.

주요한 한계점 중 하나는 PBFT가 높은 통신량을 요구한다는 점이다. 노드 수가 증가하면 PBFT는 정상적으로 작동하기 어려울 수 있다. 이는 시간 복잡도가 노드 수에 따라 기하급수적으로 증가하기 때문이다.

가. Sybil attacks

한 사람이 여러 노드로 합의 알고리즘에 참여할 수 있는 가능성으로 인해 PBFT는 취약한 면을 가지고 있다. 노드 수가 많아질수록 보안성은 높아지지만, 확장성 문제로 인해 실제로는 이를 달성하는 것이 어려울 수 있다. 이러한 이유로 PBFT는 다른 메커니즘과 함께 사용되기도 한다.

나. Scaling

노드들이 라운드마다 메시지로 통신을 하기 때문에, 합의에 필요한 메시지의 수는 $O(n^k)$ (n은 노드 수, k는 배신자 수)에 비례해서 증가한다.

그러므로 블록체인 네트워크들은 PBFT와 다른 합의 알고리즘을 혼합하여 사용하는 경우가 있다.

2.6 기타 방법들

1) Bitcoin-NG

Bitcoin-NG는 기존 비트코인의 핵심 개념인 작업 증명과 가장 긴 체인 선택을 유지하면서도 TPS(초당 거래 처리량) 관점에서 성능을 향상시키기 위해 약간의 프로토콜 구조 변경을 도입한 프로토콜이다. Bitcoin-NG는 'key block'과 'micro block'이라는 두 가지 유형의 블록을 사용한다. Key block 생성은 일종의 블록을 만들 자격을 획득하는 과정이며, micro block은 이러한 자격을 획득한 노드(즉, key block을 생성한 노드)가 트랜잭션을 처리하기 위해 생성하는 블록이다. 기존 비트코인과 비교했을 때, key block을 생성한 노드는 더 빠른 주기로 다수의 micro block을 작업 증명 없이 생성할 수 있어서 TPS를 향상시킬 수 있다.

Key block를 생성한 노드는 일종의 리더 노드로 간주될 수 있으며, micro block에는 리더 노드의 디지털 서명이 포함되어 합법적인 리더에 의해 생성되었음을 보장한다. 리더 노드는 다른 노드가 key block을 채굴하게 되면 해당 노드에 의해 대체된다. 아래는 이러한 과정을 보여주는 (그림 2-10)이다.

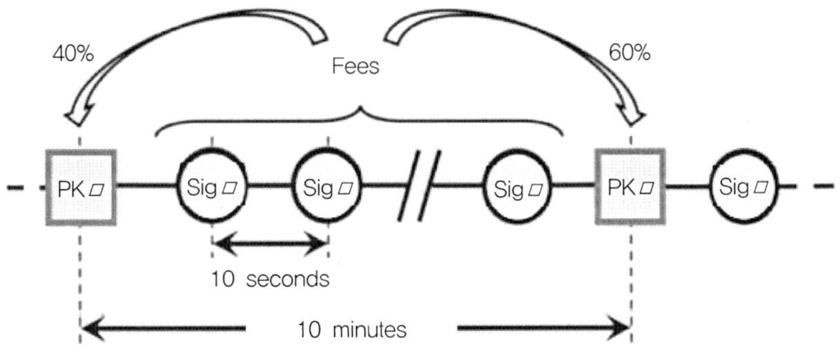

그림 2-10 Bitcoin-NG의 블록 생성 과정

출처 블록체인과 합의알고리즘(ETRI)

Bitcoin-NG는 비트코인과 유사하게 fork가 발생할 수 있다. Key block 마이닝은 여전히 비트코인과 동일한 방식으로 작업 증명을 통해 이루어지기 때문에, 동시에 여러 개의 key block이 마이닝될 수 있다. Bitcoin-NG에서는 새로운 key block을 생성한 노드가 보다 많은 트랜잭션을 처리하여 수수료를 챙기려고 이전 key block을 생성한 노드가 생성한 micro block을 일부러 배제하는 것이 가능하다. 이를 막기 위해 Bitcoin-NG에서는 새로운 key block을 마이닝한 노드에 이전 micro block의 트랜잭션 수수료 중 일부를 나누어 주는 전략을 취한다. Bitcoin-NG의 또 하나의 단점은 리더 노드가 악의적이라면 이중 지불 공격을 하는 것이 가능하다는 점이다.

블록체인 시스템은 트랜잭션 정보를 기록한 분산 장부 시스템으로 간주된다. 이 시스템에 참여하는 모든 노드는 동일한 분산 장부 복사본을 관리한다. 이러한 측면에서 블록체인 시스템은 전통적인 state machine replication 시스템과 매우 유사한 특징을 가진다고 볼 수 있다.

2) 경과시간 증명(Proof of Elapsed Time, PoET)

작업 증명 방식의 경쟁적 해싱 연산으로 인한 에너지 낭비를 줄이면서도 작업 증명과 유사한 보안 수준을 유지하기 위해 최근에 제시된 방법 중 하나로 '경과 시간 증명(PoET: Proof of Elapsed Time)'이 있다. PoET는 하이퍼레저 쏘투스 레이크(Sawtooth Lake)에서 제안된 합의 알고리즘으로, 신뢰할 수 있는 보안 모듈(Intel SGX)을 기반으로 블록을 생성하는 리더를 랜덤하게 선정하는 방식이다. PoET는 분산 합의를 효율적으로 이루기 위해 가능한 다수의 노드가 합의에 참여하여 공정하게 리더를 선정하도록 하며, 하드웨어의 성능에 의존하는 작업 증명 방식과 달리 보안 CPU 명령어를 사용하여 리더를 선정함으로써 안전성과 무작위성(Randomness)을 보장한다.

PoET의 경우, 마이너의 동작은 시스템 보안 모듈인 enclave에서 처리되어, 악의적인 노드의 개입을 방지하며, 블록을 생성할 리더를 선출하는 방법은 리더 선출 코드 호출 시에 enclave에서 랜덤한 시간을 대기한 후, 가장 먼저 반환된 노드를 리더로 선출하는 방식이다. 리더 선출의 유효성 검사는 SGX를 이용하여 수행될 수 있다. PoET는 리더 선정 참가비용이 낮아 다수의 검증자가 참여할 수 있어 합의 알고리즘의 견고성이 증가하는 장점이 있지만, Intel SGX에 의존하는 단점이 있다.

3) 샤딩(Sharding) 기법

최근 블록체인의 성능 향상을 위해 트랜잭션 병렬 처리를 가능케 하는 샤딩(Sharding) 기법이 도입되고 있다. 샤딩은 일반적으로 데이터베이스에서 확장성을 높이기 위한 효율적인 기법으로, 전체 DB를 조각내어 각 조각이 다수의 다른 사이트에 의해 처리된다. 블록체인에 샤딩 기법을 적용할 때 발생하는 문제는 어떤 노드가 담당할 샤드 배분하는 것과 각 샤드에서 담당할 트랜잭션을 선정하는 것이 문제이다. 이에 따라 블록체인에 적용되는 샤딩 기법은 노드와 샤드 간의 매핑 문제를 해결해야 한다. 노드가 사전에 샤드를 담당할지를 정적으로 지정하는 방법도 있지만, 이는 퍼블릭 블록체인의 개방성과 보안 측면에서 문제가 될 수 있다. 따라서 동적으로 샤드와 노드를 매핑하는 방법이 연구되고 있다. 트랜잭션과 샤드의 매핑은 블록체인에 기록되는 변수(예: 계좌)를 이용하여 처리될 수 있다. 예를 들어 A 계좌와 관련된 트랜잭션은 샤드 A에서 처리되고, B 계좌와 관련된 트랜잭션은 샤드 B에서 처리된다. 샤드는 트랜잭션을 병렬 처리할 수 있지만, 여러 샤드에 걸쳐 처리되어야 하는 크로스 샤드 트랜잭션이 존재하며, 각 샤드에서 처리된 트랜잭션에 대한 전역적인 충돌 여부를 확인해야 한다. 이에 따라 일반적으로 성능은 샤드 개수에 따라 선형적으로 증가하지 않는다.

샤딩 적용 연구 중인 Elastico는 마이닝 노드들을 소규모 그룹인 로컬 위원회(Committee)로 분할하여 각 위원회가 서로 다른 트랜잭션 집합을 병렬 처리하도록 하는 방법을 제안한다. 로컬 위원회의 구성은 'Sibyl attack' 방지를 위해 작업 증명을 통해 무작위로 결정된다. 결정된 로컬 위원회는 트랜잭션을 검증하는 역할을 하는데, 이 검증은 PBFT 프로토콜을 사용하여 로컬 위원회 멤버 간 합의를 통해 이루어진다. 이렇게 병렬적으로 처리되고 검증된 트랜잭션들은 최종적으로 글로벌 위원회(Final Committee)에 의해 다시 병합된 후에 블록으로 생성되어 브로드 캐스팅되어 블록체인을 업데이트한다. Elastico의 샤딩 프로토콜은 트랜잭션 처리에 대한 부하를 병렬로 분산하는 구조이지만, 모든 블록 검증 노드들이 여전히 중복되어 모든 정보가 포함된 블록체인 기록을 유지해야 한다.

이더리움은 확장성 및 지연 시간을 개선하기 위해 블록체인 상태를 샤딩하는 전략을 연구 중이다. 무작위로 선택된 네트워크 노드 집합을 구성하고 특정 계정의 접두사와 관련되는 트랜잭션만 검증하는 구조를 채택한다. 분리된 블록체인 상태 조각은 네트워크의 다른 노드에 분산 저장된다. 또한, 한 샤드의 트랜잭션이 다른 샤드에 영향을 미칠 수 있는 크로스 샤드 통신을 위한 메시지 전달 방식으로 영수증(receipt) 패러다임 접근법을 도입하여, 샤드 내의 트랜잭션이 실행될 시 분산 형태로 저장되는 '영수증'을 생성하면서 자체 로컬 샤드의 상태를 변화시킨다.

블록체인의 샤딩 연구에서는 하위 네트워크의 동적 구성과 함께 블록체인 샤딩에 대한 크로스 샤드 통신이 매우 어려운 문제로 여겨진다. 또한, 여러 조각으로 분리된 블록체인 상태가 다른 노드들에 분산 저장되어 관리되는 샤딩 기법에서는, 공격 노드가 단일 샤드만을 변조하더라도 전체 블록체인 원장에 큰 영향을 미칠 수 있는 문제가 발생한다. 따라서 이에 대한 해결책을 모색하는 연구가 필요하다.

4) 텐더민트 알고리즘(Tendermint, DPoS PBFT)

텐더민트 알고리즘은 2014년 Jae Kwon과 Ethan Buchman이 주도한 오픈소스 프로젝트에서 개발되었다. 이 알고리즘은 PoW의 속도, 확장성 및 환경 문제를 해결하기 위해 제안되었으며 DPoS와 PBFT 알고리즘의 장점을 결합하여 퍼블릭 및 프라이빗 블록체인에서 사용할 수 있도록 개선되었나.

DPoS와 PBFT 방식을 개선하여 이중 지불 및 비잔틴 오류 허용 문제를 해결하기 위한 방안으로, 네트워크상의 1/3(33%)의 공격에도 안전한 합의 방식을 제공하는 것이 특징이다.

이 방식은 기존의 PBFT 방식과 달리 개별 노드당 투표권을 행사하는 방식으로 투표를 진행하는데, 여기에 DPoS가 포함되어 지분 기반으로 투표를 진행한다.

이러한 방식은 노드의 수보다 지분이 많은 노드의 신뢰도가 높아지는 방식으로, 투표 시에는 지분이 동결되어 다른 블록에 중복으로 투표할 수 없도록 만들어서 이중 지불 문제를 효과적으로 해결한다.

또한 이중 투표 시도와 같은 블록체인을 공격하려는 악의적인 행위를 하면 지분을 빼앗는 방법으로 기존의 블록체인이 네트워크 공격 노드에 아무런 처벌을 하지 않던 문제(Nothing of Stake) 문제를 해결하였다.

텐더민트는 제안(Propose), 사전투표(Prevote), 사전승인(Precommit), 승인(Commit) 과정을 거쳐 블록을 생성하는데 각 라운드마다 블록을 제안하고, 제안에 대해 검증 투표를 거쳐 합의된 블록을 생성한다.

(그림 2-11)는 텐더민트 알고리즘의 진행방식을 보여준다.

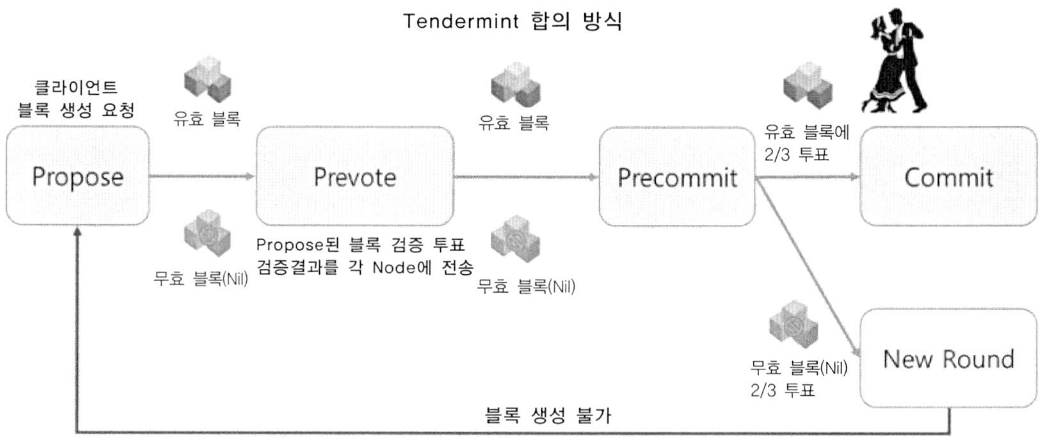

그림 2-11 Tendermint의 진행 방식

출처 투이컨설팅

5) 권한증명 알고리즘(Proof-of-Authority, PoA)

권한증명(PoA) 방식은 이더리움의 공동창업자인 Gavin Wood가 개발한 알고리즘으로, 주로 프라이빗 블록체인에 적용된다. 이 방식은 확실한 신원을 기반으로 한 합의를 통해 신속한 거래를 제공한다.

참가하는 조직은 확실한 신원을 보장하며, 승인된 계정(권한이 부여된 계정)이 블록의 유효성을 검증하고 전송 등 블록체인의 정상적인 운영을 담당한다.

권한증명 방식은 프라이빗 블록체인에서 널리 사용되며, 참가자를 소규모로(25명 이하) 유지하여 네트워크의 효율성과 관리 용이성을 보장한다.

(그림 2-12)는 PoA의 진행 방식을 보여준다.

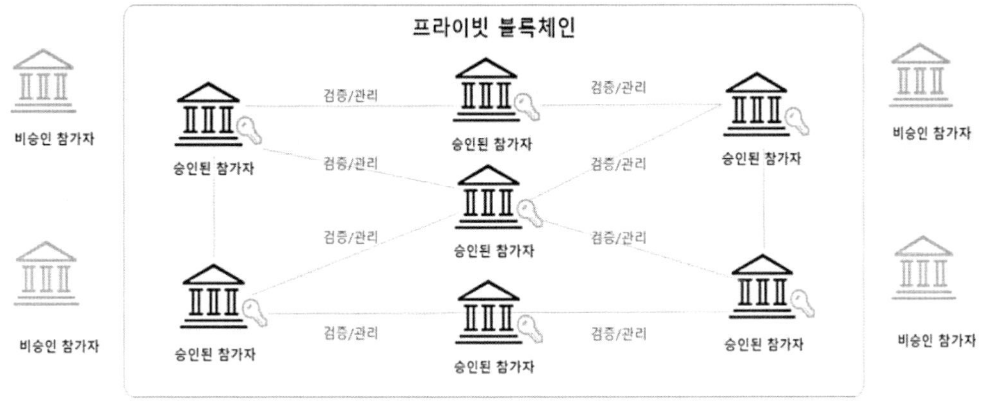

그림 2-12 권한증명(PoA) 방식

출처 투이컨설팅

그러나 노드 수를 줄여 유효성 검사에 필요한 시간을 단축하고 블록 생성 주기를 짧게 설정함으로써 빠른 트랜잭션 처리가 가능한 장점이 있다. 그러나 이로 인해 탈중앙화 측면에서의 논쟁과 익명성 문제가 여전히 남아 있다.

6) 중요도 증명(Proof of Importance, PoI)

PoI는 경제적 중요도에 따라 점수를 할당하여, 높은 중요도 점수를 가진 계정이 블록을 검증할 가능성이 높아지는 합의 알고리즘이다. PoI는 PoS와 유사하지만, 코인 지분에만 의존하는 것이 아니라 중요도 점수를 측정하기 위해 다양한 요소를 고려한다. 이는 노드의 지분뿐만 아니라 네트워크에서의 생산적 활동을 포함한 사용자의 토큰 사용 및 이동을 모니터링하여 신뢰도와 중요도를 설정한다.

PoI에서는 다음 블록의 검증자로 선택되기 위해 지난 30일간의 사용한 총 통화량, 보유한 통화 금액, 다른 노드와의 상호 연결 정도 등이 고려된다. 이러한 요소들은 최근 거래에 더 많은 가중치를 부여하여, 블록 생성을 위해 많은 통화를 보유하거나 다른 노드들과 연결된 노드에게 더 높은 가중치가 부여된다. 또한, 비활성 사용자에 대한 패널티를 부과하고 활성화된 사용자에게는 더 많은 보상 기회를 제공함으로써 네트워크의 활동성을 높인다.

PoI는 PoS에서의 문제점을 보완하기 위해 고안되었다. PoS에서는 사용자가 블록 검증을 위해 가능한 한 많은 코인을 보유하고 거래를 억제함으로써 보상을 더 많이 받기 위해 지분을 모으는 경향이 있다. 그러나 PoI에서는 사용자가 활발하게 거래할수록 중요도 점수가 높아지고 더 많은 보상 기회를 얻을 수 있다. 이는 네트워크 경제의 활성화를 의미하며, 부의 집중을 완화하고 재분배를 가능케 한다. 또한, PoS에서는 블록 생성에 대한 리소스 비용이 없기 때문에 포크가 발생하면 양쪽 체인에서 자유롭게 블록을 생성할 수 있다. 그러나 PoI에서는 중요도 점수가 네트워크 활동을 기반으로 하기 때문에 두 포크에서 동시에 활동하기 위해서는 두 가지 거래 활동 패턴을 지원해야 하므로 블록을 즉각적으로 생성하는 것이 어려울 수 있다.

7) 경과시간 증명(Proof of Elapsed Time, PoET)

PoET는 모든 노드에게 동등한 기회를 부여하여 프로세스를 효율적으로 유지하는 합의 알고리즘이다. 각 노드는 무작위로 생성된 대기 시간을 부여받아 해당 기간 동안 대기하며, 이 시간이 지난 후 노드는 블록을 검증할 권한을 획득한다. 이 권한을 가진 노드는 블록을 생성하고 블록체인에 기록할 수 있다. 그 후, 해당 노드는 필요한 정보를 전체 네트워크에 알리고, 다음 블록을 찾기 위해 동일한 프로세스를 반복한다. 이러한 방식을 통해 PoET는 블록체인 네트워크를 보다 효율적으로 관리하고 합의를 이룰 수 있게 된다.

PoET는 잠재적 충돌을 최소화하기 위해 노드 수에 따라 대기 시간을 조절하며, 통계적 테스트를 통해 악의적인 노드를 감지하여 정직한 노드보다 빠른 속도로 블록을 생성하는 시도를 차단한다. 또한, 생성 및 검증 비용을 절감하기 위해 여러 번의 무작위 대기 시간을 사용한다.

PoET는 PoW와 구별되는 점으로 경쟁 작업 대신 무작위 선택 메커니즘을 사용한다는 것이다. 이는 노드가 검증자로 선택되기 위해 지속적으로 컴퓨팅 파워를 사용할 필요가 없어서 에너지 소비가 적다는 장점을 갖는다. 노드는 지정된 시간 동안 절전 모드로 전환되어 다른 작업을 수행할 수 있으므로 네트워크의 에너지 효율성이 향상된다.

PoET는 Intel SGX와 ARM TrustZone와 같은 보안 환경 내에서 실행되는 신뢰할 수 있는 코드를 통해 참가자나 허가된 기관이 결과를 검증할 수 있어 네트워크 합의의 투명성을 강화한다. PoET는 참여 노드가 실제로 무작위이며 특정 분포 내에서 무작위로 시간이 선택되도록 보장하여 참가자가 의도적으로 당첨될 가능성을 조작할 수 없도록 한다. 이때, 가능한 많은 수의 네트워크 참가자에게 당첨 확률을 분산시켜야 하며, 선택된 노드가 대기 시간을 완료했는지 확인하는 과정이 필요하다.

8) 양원제 합의 알고리즘(Proof of Double Committee, PoDC)

PoW, PoS, DPoS, 그리고 PBFT 등의 기존 합의 알고리즘은 합의 속도 지연, 에너지 소모 기반 하드웨어 구조, 다수의 노드에 의한 중앙화, 그리고 51% 공격에 취약한 구조를 가지고 있다. PoDC는 DPoS 방식과 PBFT 방식을 개선한 신규 합의 알고리즘으로, 기존의 이러한 문제점을 해결한다. PoDC는 ReapChain에서의 내부 노드와 외부 노드 간의 균형을 위해 상임 위원회 노드와 운영위원회 노드를 운영하고, 해당 노드들로 이중 위원회를 구성하여 합의 과정을 수행한다.

ReapChain은 블록 생성을 위해 라운드 테이블을 구성한다. 이 과정에서 PoDC는 하나의 라운드에서 상시 운영되는 14개의 상임 위원회 노드와 예측할 수 없는 양자 난수(QRN: Quantum Random Number)를 통해 선발된 15개의 운영 위원회 노드가 합의에 참여한다. 이러한 과정에서 ReapChain의 QSN(Quantum Safety Net) 네트워크 내에서 합의가 이루어지므로, 신뢰성 및 보안성을 보장할 수 있다.

네트워크에 참여하는 노드의 수가 증가하더라도, 합의 과정에는 여전히 총 29개의 노드만 참여하기 때문에 데이터 처리 속도를 유지할 수 있다. 또한, 상임 위원회가 계속해서 정상적으로 운영되고 있는지 확인하기 위해 운영 위원회 노드의 비율을 항상 52% 이상으로 유지함으로써 합의의 공정성을 확보하여 탈중앙화 문제를 해결한다.

초기에는 상임 위원회 노드가 거버넌스 커뮤니티에서 활동한다. 이후, 기존 상임 위원회 노드 중에서 작동을 중단하거나 기준을 충족하지 못한 노드는 별도의 거버넌스 투표 절차를 거쳐야 한다. 또한, 운영 위원회 노드 중 상임 위원회의 특정 기준을 충족하는 후보자는 상임 위원회로 선택될 수 있다. 운영 위원회는 양자 난수를 활용한 무작위 선출 방식으로 선택되며, 다시 양자 난수와 공개키를 이용하여 암호화된 난수 티켓을 부여하는 방식을 채택한다.

상임 위원회 노드가 전체 합의 노드 중 48%를 차지하고 있으며, 운영 위원회 노드는 양자 난수를 통해 선발되기 때문에 악의적인 사용자 노드가 계속해서 52%를 유지하는 경우는 불가능하다.

9) 균형작업증명(equilibrium Proof of Work, ePoW)

ePoW는 Hdac 블록체인을 위해 고안된 합의 알고리즘으로, 기존 PoW의 문제점을 보완한 것이다. 기존의 PoW 방식을 기반으로 하지만, 한 번 채굴에 성공한 노드는 일정 기간 동안 휴식을 강제로 취하도록 만들어 다른 노드에게 채굴 기회를 공평하게 분배한다. 이 방식을 통해 합의에 참여하는 노드의 수가 줄어들지 않고, 다수의 마이닝 노드가 참여할 동기를 부여힐 수 있다. 이로 인해 채굴 경쟁으로 인한 과도한 컴퓨팅 파워 소모를 줄이고, 채굴 기회를 공정하게 분배할 수 있다. (그림 2-13)은 ePoW 합의 알고리즘을 도식화한 것이다.

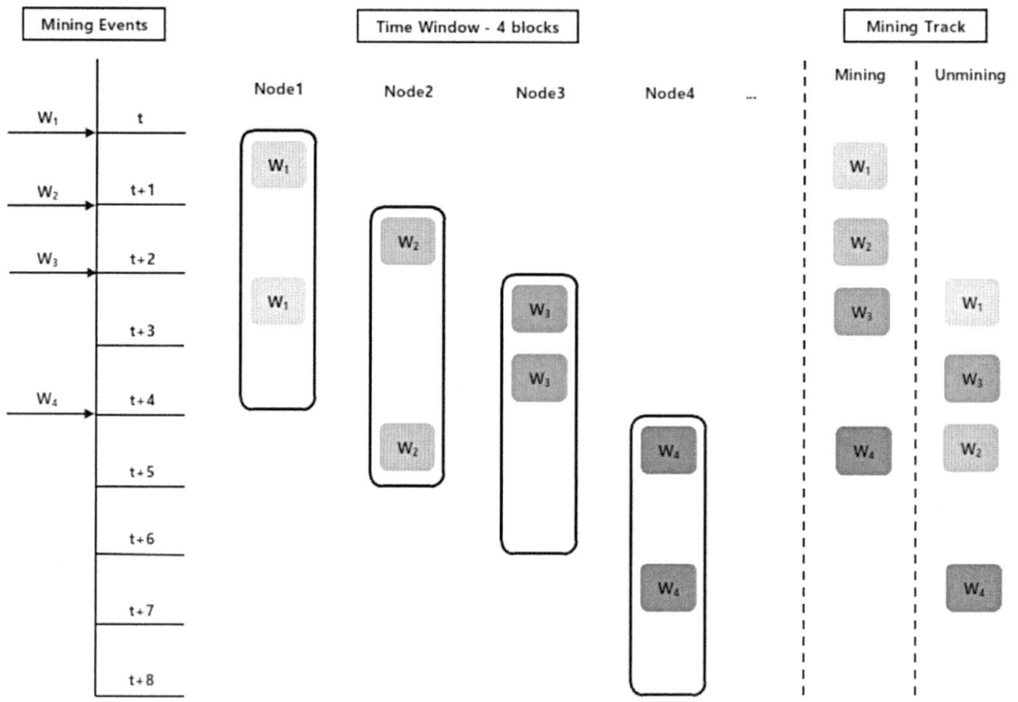

그림 2-13 ePoW Consensus algorithm

출처 사물인터넷 상에서의 블록체인 기술 동향(심민주 외)

ePoW는 작업 증명 주기 안에 채굴을 달성한 마이닝 노드에 대해 연속적 채굴 시도에 제약을 부여한다. 즉, 채굴 독과점을 방지하기 위하여 블록윈도우 개념을 적용하였다. 노드가 채굴에 성공하면, 블록 윈도우 적용 동안은 새로운 블록을 채굴할 수 없다. 만약 블록 윈도우 적용 기간에 블록 채굴에 성공하여도 Hdac 블록체인 전체 네트워크에 유효한 블록으로써 인정받을 수 없으므로 채굴을 시도할 필요성이 사라진다. 따라서 자발적으로 채굴 시도를 하지 않도록 하여 해시 계산에 낭비되는 컴퓨팅 자원을 줄이도록 한다.

블록 윈도우 사이즈 W_S 시간함수 $f(t)$로 표현할 수 있으며, $W_S = f(t)$와 같이 나타낼 수 있다. $f(t) = (N \times 0.7) \times t \times tm$으로 정의되며, t는 현재까지의 누적 블록 수를 의미하며, tm은 10년간 누적 블록 수를 의미한다. 노드 인자 N은 최근 채굴에 성공한 노드 목록을 기반으로 결정된다. 이때, 최대 블록 윈도우 크기 W_S에 도달하는 시점은 총 발행량의 80% 이상에 도달하는 시점인 10년으로 설정되었다. 이렇게 $f(t)$는 시간에 비례하여 증가하는 함수이다. 따라서 윈도우 크기는 시간이 흐름에 따라 점진적으로 증가하게 된다. 이는 초기 참여자에게는 큰 기회를 제공하며, 시간이 지남에 따라 특정 채굴 노드가 채굴을 독점하기가 점점 어려워지며, 더 공정한 분배가 이루어질 수 있다는 것을 의미한다.

10) Raft

Raft는 Paxos의 복잡한 연산 과정을 보완한 합의 알고리즘이다. Raft에서는 노드들이 Follower, Candidate, Leader 세 가지 종류의 상태를 가진다.

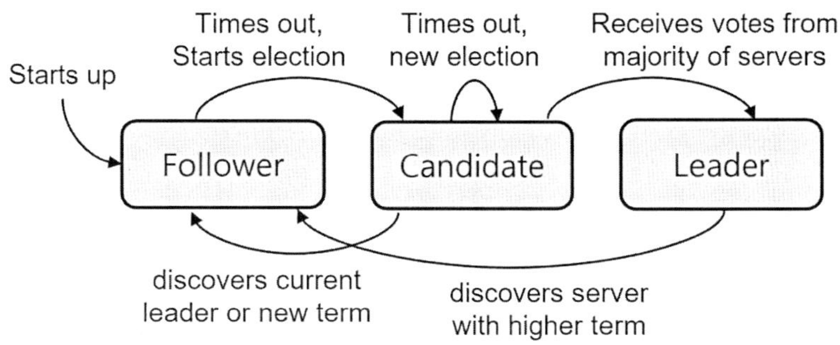

그림 2-14 RAFT의 서버 상태

출처 사물인터넷 상에서의 블록체인 기술 동향(심민주 외)

(그림 2-14)는 Raft 내의 서버 노드 상태를 도식화한 것이다. 모든 노드는 Follower 상태에서 시작하며, 이때 Follower 상태 노드는 Leader 노드로부터 AppendEntry 메시지를 받으면 처리한다. 그러나 Leader 노드의 부재로 인해 일정 시간 동안 AppendEntry를 받지 못할 경우, Follower가 Candidate 상태로 전환되면서 새로운 Leader 노드를 선정한다. Candidate 상태의 노드는 Leader 노드로 선출될 수 있는 노드이다. 투표 요청 메시지를 다른 노드에 보내면 그 시점으로부터 timeout이 시작된다. Leader 노드는 timeout이 끝나기 전까지 투표에서 과반 이상을 받으면 선정된다. Leader 상태인 노드는 Candidate 상태의 노드가 Leader로 선정된 상태를 말한다. Leader 노드는 클라이언트로부터 받은 변경 사항을 Leader 노드의 로그 항목(Log Entry)에 저장한 후 AppendEntry 메시지를 Follower 노드에게 전송한다. 로그 항목은 Term, Index 및 Data를 포함한다. Term은 Leader 노드가 선출될 때마다 1씩 증가하는 번호로, Leader 노드의 식별에 사용된다. Index는 새로운 로그가 저장될 때마다 1씩 증가하는 번호이다. Leader로부터 AppendEntry 메시지를 받은 Follower 노드는 새로운 로그 항목을 저장하고, 그 후에 Leader 노드에게 AppendEntryResponse 메시지를 보낸다. Leader 노드는 과반수 이상의 Follower로부터 AppendEntryResponse 메시지를 받으면, 해당 항목을 커밋하고 클라이언트에게 응답 메시지를 보낸다. 또한, Follower 노드에게 항목이 커밋되었음을 알린다. 이후, 커밋된 항목은 각 Follower 노드에서 커밋되어 모든 노드가 동일한 데이터를 유지하게 된다.

Raft는 새로운 블록이 블록체인에 추가되면 즉시 해당 블록의 Finality를 보장하기 때문에 fork가 발생하지 않으며, 일부 노드에 장애가 발생하더라도 합의가 계속된다. 또한, 기존의 복잡한 Paxos 알고리즘과는 달리 Raft는 간단한 프로토콜을 가지고 있어 구현이 용이하다.

Reference

[1] Alyaseen, I. F. T. (2019). Consensus algorithms blockchain: A comparative study. International Journal on Perceptive and Cognitive Computing, 5(2), 66-71.

[2] Antonopoulos, A. M. (2014). Mastering Bitcoin: unlocking digital cryptocurrencies. "O'Reilly Media, Inc."

[3] Apache Kafka, available at https://kafka.apache.org/ (last visited at 2023.09.)

[4] Apache Zookeeper, available at https://zookeeper.apache.org/ (last visited at 2023.09.)

[5] BitFury, G. (2015). Proof of stake versus proof of work. White paper, Sep, 810.

[6] BitFury, G. (2015). Proof of stake versus proof of work. White paper, Sep, 810.

[7] BitFury, G. (2015). Proof of stake versus proof of work. White paper, Sep, 810.

[8] Burrows, M. (2006, November). The Chubby lock service for loosely-coupled distributed systems. In Proceedings of the 7th symposium on Operating systems design and implementation (pp. 335-350).

[9] Calder, B., Wang, J., Ogus, A., Nilakantan, N., Skjolsvold, A., McKelvie, S., ... & Rigas, L. (2011, October). Windows azure storage: a highly available cloud storage service with strong consistency. In Proceedings of the Twenty-Third ACM Symposium on Operating Systems Principles (pp. 143-157).

[10] Castro, M., & Liskov, B. (1999, February). Practical byzantine fault tolerance. In OsDI (Vol. 99, No. 1999, pp. 173-186).

[11] Chen, L., Xu, L., Shah, N., Gao, Z., Lu, Y., & Shi, W. (2017). On security analysis of proof-of-elapsed-time (poet). In Stabilization, Safety, and Security of Distributed Systems: 19th International Symposium, SSS 2017, Boston, MA, USA, November 5–8, 2017, Proceedings 19 (pp. 282-297). Springer International Publishing.

[12] Corbett, J. D. J. C., & Dean, J. (2012). ME et al. Spanner: Google's globally distributed database. In Proceedings of OSDI (pp. 251-264).

[13] Daniel, L. (2014). Delegated proof-of-stake (DPoS). Bitshare whitepape

[14] Ethereum Sharding. (2018). available at https://github.com/ethereum/sharding/blob/master/docs/doc.md (last visited at 2023.09.)

[15] Ethereum Whitepaper. (2020). available at https://github.com/ethereum/wiki/wiki/White-Paper (last visited at 2023.09.)

[16] Eyal, I., Gencer, A. E., Sirer, E. G., & Van Renesse, R. (2016). {Bitcoin-NG}: A scalable blockchain protocol. In 13th USENIX symposium on networked systems design and implementation (NSDI 16) (pp. 45-59).

[17] Gamage, H. T. M., Weerasinghe, H. D., & Dias, N. G. J. (2020). A survey on blockchain technology concepts, applications, and issues. SN Computer Science, 1, 1-15.

[18] Hdac, whitepaper. (2017). available at 2023. https://hos-forward.s3-accelerate. amazonaws. com/hos/download/Hdac_WhitePaper(KOR)_v1.0.2.pdf (last visited at 2023.09.)

[19] Hu, Q., Yan, B., Han, Y., & Yu, J. (2021). An improved delegated proof of stake consensus algorithm. Procedia Computer Science, 187, 341-346.

[20] Isard, M. (2007). Autopilot: automatic data center management. ACM SIGOPS Operating Systems Review, 41(2), 60-67.

[21] Junqueira, F. P., Reed, B. C., & Serafini, M. (2011, June). Zab: High-performance broadcast for primary-backup systems. In 2011 IEEE/IFIP 41st International Conference on Dependable Systems & Networks (DSN) (pp. 245-256). IEEE.

[22] King, S., & Nadal, S. (2012). Ppcoin: Peer-to-peer crypto-currency with proof-of-stake. self-published paper, August, 19(1).

[23] Kwon, J. (2014). Tendermint: Consensus without mining. Draft v. 0.6, fall, 1(11), 1-11.

[24] Lamport, L. (2019). The part-time parliament. In Concurrency: the Works of Leslie Lamport (pp. 277-317).

[25] Lamport, L., Shostak, R., & Pease, M. (2019). The Byzantine generals problem. In Concurrency: the works of leslie lamport (pp. 203-226).

[26] Leslie, L. (2001). Paxos made simple. ACM Sigact News, 32(4), 18-25.

[27] Luu, L., Narayanan, V., Zheng, C., Baweja, K., Gilbert, S., & Saxena, P. (2016, October). A secure sharding protocol for open blockchains. In Proceedings of the 2016 ACM SIGSAC conference on computer and communications security (pp. 17-30).

[28] Nakamoto, S. (2008). Bitcoin: A peer-to-peer electronic cash system. Available at SSRN 3440802.

[29] Oki, B. M., & Liskov, B. H. (1988, January). Viewstamped replication: A new primary copy

method to support highly-available distributed systems. In Proceedings of the seventh annual ACM Symposium on Principles of distributed computing (pp. 8-17).

[30] Ongaro, D., & Ousterhout, J. (2014). In search of an understandable consensus algorithm. In 2014 USENIX annual technical conference (USENIX ATC 14) (pp. 305-319).

[31] Ongaro, D., & Ousterhout, J. (2014, May). In search of an understandable consensus algorithm (extended version). In Proceeding of USENIX annual technical conference, USENIX ATC (pp. 19-20).

[32] R3 Corda, Accessed2237. https://docs.corda.net/

[33] REAPCHAIN. Introduction of PoDC (Proof of Double Committee) Consensus Algorithm. (2021). available at https://medium.com/reapchain/introduction-of-podc-proof-of-double-committee-onsensus-algorithm-87793054d624 (last visited at 2023.09.)

[34] REAPCHAIN. PoDC (Proof of Double Committee) consensus algorithm. available at https://medium.com/reapchain/podc-proof-of-double-committee-consensus-algorithm-4c8680cc293b (last visited at 2023.09.)

[35] Saad, S. M. S., & Radzi, R. Z. R. M. (2020). Comparative review of the blockchain consensus algorithm between proof of stake (pos) and delegated proof of stake (dpos). International Journal of Innovative Computing, 10(2).

[36] Schuh, F., & Larimer, D. (2015). Bitshares 2.0: Financial smart contract platform. Bitshares Financ. Platf, 12.

[37] Sompolinsky, Y., & Zohar, A. (2015). Secure high-rate transaction processing in bitcoin. In Financial Cryptography and Data Security: 19th International Conference, FC 2015, San Juan, Puerto Rico, January 26-30, 2015, Revised Selected Papers 19 (pp. 507-527). Springer Berlin Heidelberg.

[38] Tendermint Wiki. Byzantine Consensus Algorithm. (2019). available at https://github.com/tendermint/tendermint/wiki/Byzantine-Consensus-Algorithm (last visited at 2023.09.)

[39] Tendermint Wiki. Ethereum Casper Version 1 Implementation Guide. (2015). available at https://github.com/ethereum/research/wiki/Casper-Version-1-ImplementationGuide (last visited at 2023.09.)

[40] Yang, F., Zhou, W., Wu, Q., Long, R., Xiong, N. N., & Zhou, M. (2019). Delegated proof of stake with downgrade: A secure and efficient blockchain consensus algorithm with downgrade mechanism. IEEE Access, 7, 118541-118555.

[41] 김종성. (2018). 블록체인 합의 알고리즘의 발전. 투이컨설팅.

[42] 블로그, 쉽게 이해하는 블록체인 기술(3): 합의 알고리즘, available at https://steemit.com/kr/@loum/3 (last visited at 2023.09.)

[43] 심민주, 김원웅, 강예준, & 서화정. (2022). 사물인터넷 상에서의 블록체인 기술 동향. 정보보호학회지, 32(2), 5-16.

[44] 아카바네 요시하루, 아이케이 마나부, 블록체인 구조와 이론, 위키북스, 2017

[45] 이부형, 임연주, 이종혁. (2017). 블록체인 플랫폼에서의 합의 알고리즘. 한국통신학회 학술대회논문집, 2017(1), 386-387.

[46] 임종철, 유현경, 곽지영, & 김선미. (2018). 블록체인과 합의 알고리즘. [ETRI] 전자통신동향분석, 33(1).

Summary

[1] 블록체인의 합의 알고리즘은 분산된 환경에서 여러 참여자들 간에 어떤 블록을 다음으로 추가할지에 대한 결정을 내리는 규칙들의 집합이다. 이는 블록체인의 안전성과 신뢰성을 보장하기 위해 필요하다. 즉, 합의 알고리즘은 네트워크의 참여자들 간에 동의를 이끌어내어 새로운 블록을 생성하고 추가하는 프로토콜이다. 또한 합의 알고리즘은 안전한 거래, 분산된 신뢰, 공격 방지를 위해 필요하다.

[2] Proof of Work(PoW)는 블록체인에서 사용되는 합의 알고리즘 중 하나로, 컴퓨터가 어려운 수학 문제를 해결하여 블록을 생성하는 방식이다. 이를 통해 안전하고 무결성 있는 블록이 생성된다. 그러나 PoW는 많은 컴퓨팅 파워와 에너지를 소모하므로 환경에 부담을 줄 수 있다. Bitcoin과 Ethereum과 같은 주요 블록체인에서 사용된다.

[3] Proof of Stake(PoS)는 보유한 암호화폐의 양에 따라 블록 생성 권한을 부여하는 방식으로 작동한다. 즉, 더 많은 암호화폐를 보유한 참여자가 더 높은 확률로 블록을 생성할 수 있다. PoS는 Proof of Work(PoW)와 비교하여 에너지 소모가 적으며, 보다 환경 친화적인 합의 알고리즘이다. 이러한 특성으로 PoS는 블록체인의 안전성과 확장성을 향상시킨다.

[4] DPoS(Delegated Proof of Stake, 위임된 지분증명)는 대표자들이 블록을 생성하고 검증하는 방식이다. 네트워크 참여자들은 투표를 통해 대표자를 선택하고, 대표자들은 블록 생성 권한을 가진다. DPoS는 빠른 거래 처리 속도와 에너지 효율적인 특징을 가지며, 높은 확장성을 제공한다. 그러나 대표자들의 선출과 유지가 중요하며, 네트워크의 신뢰성에 영향을 미친다. 예시로 스팀(STEEM)과 비트쉐어(BTS) 등의 블록체인에서 DPoS가 채택되어 사용된다.

[5] Practical Byzantine Fault Tolerance(PBFT)는 분산 시스템에서 안정적인 합의를 이끌어내는 알고리즘이다. 비잔틴 장애 상황에서도 동작 가능하며, 전송 시간을 고려하여 합의를 도출한다. 전체 노드 중 과반수의 동의가 필요하고, 리더와 뷰 체인지를 통해 동작한다. 이를 통해 PBFT는 높은 트랜잭션 처리 속도와 안정성을 제공하며, 블록체인과 분산 시스템에서 신뢰성을 중요시하는 환경에서 활용된다.

[6] HoneyBadgerBFT는 블록 생성과 동시에 트랜잭션을 처리하는 것이 주요 특징이다. Raft는 리더 노드가 다수의 팔로워 노드에게 명령을 전파하고, 과반수 이상의 참여자 동의가 필요하다. PoA는 일부 신뢰 가능한 노드들에 의해 블록이 생성되는 합의 알고리즘이다. 블록체인 네트워크의 신뢰성을 중시하며, 퍼블릭 블록체인이 아닌 퍼미션드 블록체인에서 주로 사용된다. Avalanche는 가중치 투표를 사용하여 합의를 이끌어낸다. 다수결이 아닌 확률적인 방식으로 합의를 도출한다.

Exercises

1. 합의 알고리즘은 무엇을 결정하는 규칙의 집합인가요?

a) 블록을 생성하는 시간 간격

b) 블록을 다음으로 추가할 차례

c) 블록을 생성하는 규칙과 프로토콜

d) 블록을 수정할 때의 규칙

2. 다수의 참여자들 간에 블록을 생성하고 추가하는 규칙을 무엇이라고 하나요?

a) Proof of Work(PoW)

b) Proof of Stake(PoS)

c) Delegated Proof of Stake(DPoS)

d) 합의 알고리즘

3. PoW의 주요 목적은 무엇인가요?

a) 블록을 생성하고 추가하기 위함

b) 트랜잭션을 암호화하는 것

c) 블록을 복사하여 저장하는 것

d) 대표자를 선출하기 위함

4. PoW에서 난이도가 높아지면 어떤 일이 발생하나요?

a) 블록 생성 속도가 빨라짐

b) 블록 생성에 필요한 계산량이 증가함

c) 블록의 크기가 줄어듦

d) 블록의 안전성이 감소함

5. PoS의 주요 특징은 무엇인가요?

a) 보유한 암호화폐의 양에 따라 블록 생성 권한을 부여함

b) 복잡한 수학 문제를 해결하여 블록을 생성함

c) 대표자들 간의 투표로 블록을 생성함

d) 중앙 서버가 블록을 생성함

6. PoS의 환경적 이점은 무엇인가요?

a) 높은 에너지 소모
b) 에너지를 거의 소모하지 않음
c) 중앙 서버에 의존
d) 안전성이 낮음

7. DPoS의 주요 특징은 무엇인가요?

a) 대표자들이 블록을 생성하고 검증함
b) 컴퓨터의 계산 작업을 기반으로 함
c) 중앙 서버에 의존함
d) 에너지 소모가 높음

8. DPoS에서 대표자들은 어떻게 선출되나요?

a) 자발적으로 지원자가 신청함
b) 투표를 통해 선택됨
c) 블록 생성 순서대로 결정됨
d) 랜덤하게 선택됨

9. Tendermint 합의 알고리즘의 주요 특징은 무엇인가요?

a) Proof of Work(PoW)를 기반으로 함
b) BFT(Bizantine Fault Tolerance) 기반으로 동작함
c) 중앙 집중적인 시스템임
d) 블록을 생성하는 데 무작위성을 가짐

10. HoneyBadgerBFT의 특징 중 옳은 것은 무엇인가요?

a) 빠르고 안정적인 합의 알고리즘임
b) Proof of Stake(PoS)를 기반으로 함
c) 블록 생성과 동시에 트랜잭션을 처리함
d) 대표자가 블록을 생성하고 검증함

11. 합의 알고리즘의 필요성은 무엇이며, 어떤 장점을 제공하나요?

12. Proof of Work와 Proof of Stake의 주요 차이점은 무엇인가요?

13. PoW의 에너지 소모가 지적되는 이유와 대안적 합의 알고리즘 중 하나를 예시와 함께 설명해주세요.

14. PoW가 블록체인의 안전성에 어떤 영향을 미치나요?

15. PoS에서 보유한 암호화폐의 양이 블록 생성에 어떤 영향을 미치나요?

16. PoS와 PoW의 주요 차이점은 무엇인가요?

17. DPoS에서 대표자의 역할과 중요성에 대해 설명해주세요.

18. DPoS와 PoW(Poof of Work)의 주요 차이점은 무엇인가요?

19. Raft 합의 알고리즘에서 리더 노드의 역할에 대해 설명해주세요.

20. Avalanche 합의 알고리즘의 주요 특징 중 하나를 예시와 함께 설명해주세요.

CHAPTER 03

전자서명 및 해시함수

3.1 공개키 암호

1) 암호 방식의 개요

블록체인 플랫폼에 적용되는 공개키 암호 방식(Public-key Cryptography)에 대해 알아보자.

가. 공개키 암호 방식

비밀키 암호 방식의 한계를 극복하기 위해 등장한 암호화 방식은 공개키 암호 방식이다. 공개키 암호 방식은 비대칭 키 암호 방식으로 알려져 있으며, 이는 한 쌍의 키를 가지게 된다. 이 중 하나는 개인이 보유하고 공개하지 않는 개인키이며, 다른 하나는 누구나 볼 수 있는 공개키이다.

개인키로 암호화한 정보는 해당 쌍의 공개키로 복호화할 수 있고, 그 반대도 가능하다. 발신자가 암호화한 정보를 공개키로 복호화하여 확인하는 방식을 "공개키 서명"이라고 한다. 반면에, 공개키로 암호화한 정보는 해당 개인키로만 복호화할 수 있으며 이를 "공개키 암호화"라고 한다.

공개키 암호 방식은 키 전달의 문제는 해결했지만, 암호화와 복호화를 위해 대칭키 암호 방식에 비해 더 복잡한 연산을 필요로 하므로 속도가 느리다. 이에 따라, 대칭키 암호 방식과 함께 사용되어 효율성을 높이는데 주로 활용된다. 이를 위해 메시지는 먼저 임의로 생성된 비밀키로 암호화되고, 이 비밀키는 수신자의 공개키로 암호화되어 함께 전송된다. 이런 방식을 통해 공개키 암호 방식으로는 짧은 비밀키만을 암호화하고, 대칭키 암호 기술을 활용하여 전체 메시지를 효율적으로 암호화할 수 있어 양쪽의 장점을 최대한 활용할 수 있다.

나. 공개키 기반 구조

개인키와 공개키의 생성방법과 배포, 관리 방법은 무엇일까? 이런 사항들을 위해 디지털 인증서을 도입하였다. 그리고 디지털 인증서를 활용하는 소프트웨어, 하드웨어, 정책, 제도, 사용자 전체를 총칭하여 공개키 기반 구조라 한다.

- 공개키 암호 시스템은 광범위하게 응용할 수 있다. 응용 예는 아래와 같다.
- 인터넷 뱅킹 서비스 : 예금조회, 계좌이체, 대출, 카드 등의 은행업무
- 전자화폐 서비스 : 온라인 상에서의 전자화폐 사용
- 인터넷 쇼핑 : 인터넷 쇼핑몰에 대한 안전한 거래 및 개인정보의 보호
- 각종 예약 : 항공원, 열차권, 공연의 입장권 및 호텔 예약 등
- 전자우편의 송수신 : 전자우편의 송신자 신원확인 및 메일 내용의 암호화

이와 같이 공개키 암호 시스템의 광범위한 응용으로 공개키를 관리하고 분배하는 기술이 필요하게 되었다. 그래서 공개키의 생성, 관리, 저장, 분배, 폐지 등에 필요한 하드웨어, 소프트웨어, 인력, 정책 및 절차를 구성한 공개키 기반구조(PKI: public key infra-structure)가 필요하게 되었다.

공개키 기반구조는 사용자, 등록기관, 인증기관, 저장소로 구성된다. 사용자는 인증서를 발행받아 전자상거래나 인터넷 뱅킹 등을 사용한다. 등록기관은 인증서 신청자의 신원 확인 및 인증서 등록을 대행하는 기관이다. 인증기관은 인증서를 발행하는 기관이다. 저장소는 인증서나 인증서의 취소목록을 저장하는 장소이다.

❶ 인증서

인증서는 공신력 있는 인증기관이 발행한 사이버 거래의 인감증명서와 같다. 위조가 불가능하도록 실체(개인 또는 조직)의 정보와 공개키 그리고 인증기관의 정보가 수록된 인증서를 인증기관의 개인키로 서명해서 발급한다.

대표적으로 X.509 인증서, PGP(pretty good privacy) 인증서가 있다.

❷ 인증기관

인증서가 진짜라는 것을 증명할 수 있는 수단이다. 인증기관(CA : certificate authority)은 인증서의 생성, 배정, 관리 등의 작업을 tndogsk는 기관이다. 민간분야와 정부분야로 나뉜다.

민간분야(금융, 증권, 무역, 전자입찰 등)의 NPK(National PKI)는 국내의 6개 공인인증기관이 제공한다. 공인인증서비스는 1999년 7월에 시행된 전자서명법에 따라 한국인터넷진흥원(KISA)이 최상위 인증기관이다.

정부분야의 GPKI(Goverment PKI)는 행정전자서명인증관리센터에 제공한다. 2000년 4월부터 전자문서 송/수신에 대한 정부차원의 정보보호 체계로 인증 서비스 및 인증서관리를 제공한다.

다. 공개키와 개인키

공개키와 개인키가 생성되는 방법이 궁금할 것이다. 먼저, 개인키는 무작위로 생성된 단순한 숫자들의 조합으로 구성된다. 이 개인키를 사용하여 타원 곡선 암호(Elliptic Curve Cryptography)와 같은 이산대수학 연산을 수행하면 공개키가 생성된다. 타원 곡선 암호에서는 개인키로부터 공개키를 유도할 수 있지만 그 역은 거의 불가능하다. 추가로, 비트코인과 같은 암호 화폐에서는 이 공개키를 해시 함수에 적용하여 비트코인 지갑 주소를 생성한다. 이러한 이유로, 비트코인에서는 개인키를 이용하여 공개키와 비트코인 지갑의 주소를 만들기 때문에 개인키의 안전한 보관은 매우 중요하다.

라. 블록체인에서의 공개키 암호화

공개키 암호 알고리즘(비대칭키 암호 알고리즘)은 암호화와 복호화에 서로 다른 키를 사용하는 방식으로, 공개키와 개인키를 이용하여 데이터를 보호한다. 공개키를 이용한 암호화는 누구나 가능하지만, 해당 데이터는 오직 공개키의 소유자만 가지고 있는 개인키로만 해독할 수 있다.

그렇기 때문에 기존의 대칭키 암호 알고리즘은 같은 키를 사용하여 암호화와 복호화를 수행하는 반면, 공개키 암호 알고리즘은 수학적 이론을 기반으로 만들어져 대칭키 알고리즘보다 복잡하고 연산이 어렵다는 특징이 있다.

공개키 암호 알고리즘에는 RSA(소인수분해 문제 이용), ElGamal(이산 로그 문제 이용) 등이 있다.

이론적으로, 개인키가 없는 경우 공개키로 암호화된 내용을 복호화하는 것은 어렵다. 이는 소인수 분해, 이산 로그 등의 NP-hard 문제로 인해 공개키 암호 알고리즘의 안전성이 유지되고 있는 것이다.

이러한 공개키-개인키 쌍은 상호 연관되어 있으며, 특정 공개키에 대한 개인키는 그 키 쌍을 소유한 사람만이 알고 있다. 따라서 전자 서명에도 이러한 키가 사용된다. 다른 말로 하면, 특정 개인키로 서명하는 것은 그 소유자 이외에는 불가능하기 때문에 소유자를 인증할 수 있는 방법으로 활용된다.

블록체인에서는 각 사용자의 계정이 공개키-개인키 쌍으로 관리된다. 이는 블록체인 플랫폼에서 암호 화폐가 공개키로 식별되는 계정에 저장되며, 해당 계정을 사용하려면 해당 공개키에 해당하는 개인키가 필요하다. 개인키를 소유하고 있다면 해당 계정의 소유자임을 확인할 수 있으며, 계정 소유자는 개인키를 사용하여 자신의 자산을 관리할 수 있다. 이러한 구조는 공개키 암호 알고리즘의 수학적 이론을 기반으로 하며, 이를 통해 전자 결제 시스템 등이 운영된다.

블록체인은 중앙화된 서버가 없다. 즉, 공개키와 개인키 쌍을 검색하거나 제공하는 중앙화된 서비스가 없다. 중앙화 구조를 통해 단순히 공개키-개인키를 저장하고 찾아주는 서비스가 있다면 해킹 공격에 취약해질 수 있다. 블록체인은 공개키-개인키를 이용하여 개인을 식별하고, 개인의 거래 내역을 증명한다.

즉, 거래는 거래 내역과 상대방의 공개키를 해시한 값을 자신의 개인키로 전자서명하여 사용자 인증과 거래 내역의 위조 불가능성을 제공한다. 이는 해당 서명을 생성할 수 있는 사람이 자신뿐이라는 특성 때문에 가능하다. 또한, 공개키로부터 사용자의 신원을 추론할 수 없기 때문에 블록체인은 공개키-개인키를 사용하여 사용자의 익명성을 보장한다.

마. 블록체인 암호화에서 공개키의 적용

블록체인은 분산 및 분산 네트워크로 맞춤화되었다. 네트워크의 모든 노드는 디지털 원장의 자체 사본을 유지 관리할 책임이 있다. 또한 블록체인은 P2P 네트워크를 통해 노드 간 트랜잭션 및 블록 형태의 데이터 전송도 보장한다.

그러나 블록체인 채택은 보안, 투명성 및 제어라는 근본적인 이점의 실현 가능성에 크게 의존한다. 공개키 암호화 및 디지털 서명은 블록체인 시스템에서 효과적인 보안 기능을 보장하는 데 매우 중요하다. 공개키 암호화는 블록체인 환경에서 다음과 같은 고유한 기능을 할당할 수 있다.

❶ 인증

인증은 블록체인 암호화의 강력한 기반을 구축하는 중요한 측면 중 하나이다. 디지털 서명은 메시지가 관련 개인키에 대한 적절한 인식을 가진 개인에 의해 생성되었다는 사실에 대한 적절한 증거를 제공할 수 있다. 공개키를 특정 계정과 연결하면 계정의 개인키에 대한 지식이 있는 개인만 해당 계정에서 시작하는 트랜잭션을 생성할 수 있다.

❷ 무결성 보호

블록체인에서 공개키 암호화의 두 번째 중요한 적용은 무결성 보호 장치이다. 블록체인 거래는 일반적으로 여러 노드를 통한 특정 거래 또는 블록의 전송을 포함한다. 트랜잭션 또는 블록은 원본에서 시작하여 네트워크의 특정 노드까지 모든 노드를 교차해야 한다. 블록체인은 다른 노드에 대한 신뢰의 필요성을 줄이기 위해 특별히 만들어졌다.

따라서 거래 또는 블록의 데이터가 무단, 악의적인 개입으로부터 안전한지 확인하는 것이 매우 중요하다. 또한 디지털 서명은 관련 데이터가 전혀 수정되거나 변조된 경우에만 유효성을 달성할 수 있다. 결과적으로 공개 키 암호화는 인증과 무결성 보호의 확실한 이점을 쉽게 제공할 수 있다.

❸ 아이덴티티 관리

블록체인에서 공개키 암호화의 응용 프로그램은 또한 ID 관리에 대한 강력한 언급을 찾는다. 공개키 암호화는 블록체인에서 ID 관리에 도움이 된다. 계정 주소는 공개키를 기반으로 하기 때문에 개인/공개키 쌍과 관련 주소를 생성해야만 유효한 계정을 쉽게 생성할 수 있다.

결과적으로 개인키는 사용자의 실제 신원에 대한 링크가 없는 난수일 뿐이므로 블록체인 사용자는 익명으로 남을 수 있다. 동시에 블록체인 암호화는 해당 계정을 통해 이루어진 모든 거래에 대한 적절한 승인을 보장한다. 블록체인에서 승인된 모든 거래는 유효한 디지털 서명을 포함하므로 거래 진위 여부를 보다 쉽게 확인할 수 있다.

바. 블록체인을 위한 공개키 암호화의 장점

블록체인에서 공개키 암호화의 고유한 응용 프로그램을 기반으로 모든 개인이 이점을 찾을 수 있다. 그러나 공개키 암호화는 더 광범위한 이점을 제공한다. 우선 공개키 암호화를 통해 데이터 보안을 강화할 수 있다. 여러 가지 이유로 개인키 암호화와 비교할 때 여전히 가장 안전한 프로토콜 중 하나이다.

공개키 암호화는 개인키를 다른 개인에게 전송하거나 노출할 것을 요구하지 않는다. 따라서 사이버 범죄자가 블록체인 네트워크를 통해 정보를 전송하는 동안 개인의 비밀키를 발견하지 못하도록 할 수 있다.

공개키 암호화는 또한 트랜잭션의 부인 방지를 보장한다. 이는 모든 사용자가 자신의 개인키를 보호할 책임을 져야 함을 의미한다. 반면에 개인키 시스템은 사용자가 자신의 비밀 키를 공유하고 전송을 보장하기 위해 특정 경우에 제 3자를 신뢰해야 한다고 요구한다.

블록체인 암호화는 공개키 접근 방식에 크게 의존한다. 각 쌍은 고유한 고유성을 갖는 두 개의 다른 키를 포함한다. 또한 비대칭 암호화 알고리즘은 수학적으로 서로 연결된 키 쌍을 개발한다는 점도 중요하다. 따라서 대칭 암호화에 사용되는 공유 비밀키와 비교하여 더 긴 키 길이를 만나는 것이 합리적이다.

일반적으로 1024 ~ 2048비트 범위의 더 긴 키 길이는 공개키에서 개인키를 추출하는 데 심각한 어려움을 초래한다. 공개키 암호화에 가장 많이 사용되는 알고리즘인 RSA 알고리즘은 큰 소수를 곱하여 키를 생성하는 방식이다.

공개키 암호화는 암호화의 심각한 문제를 해결할 수 있다. 공개키 암호화에서 암호화와 복호화에 사용되는 통신키는 서로 다르다. 반면에 안전하지 않은 연결을 통해 단일 비밀키를 공유하면 권한이 없는 제 3자에게 키가 노출될 수 있다. 결과적으로 승인되지 않은 당사자는 공유키로 암호화된 모든 메시지를 볼 수 있다.

대칭 암호화 접근 방식은 암호화 기술의 힘을 활용하여 문제를 해결해 왔다. 그러나 여전히 키 보안에 대한 현저한 위험이 있다. 공개키 암호화의 경우 암호화에 사용되는 키를 네트워크 전체에 공유하는 것이 더 쉽다. 따라서 대칭 암호화에 비해 공개키 또는 비대칭 암호화로 더 나은 보호를 달성할 수 있다.

사. 블록체인에서 공개키 암호화의 한계점

공개키 암호화와 관련된 제한 사항을 반영하는 것도 중요하다. 제한 사항은 블록체인 응용 프로그램 및 네트워크에 사용할 수 있는 범위를 이해하는 데 도움이 될 수 있다. 블록체인에서 공개키 암호화의 가장 큰 문제점은 방대한 양의 데이터를 처리할 때 알고리즘이 느려지는 문제이다.

또한 공개키 암호화의 성공 여부는 개인키를 비밀로 유지하는 능력에 크게 좌우된다. 사용자는 실수로 개인키를 분실하여 암호화된 데이터에 대한 액세스 권한을 잃을 수 있다. 동시에 개인키 저장소는 악의적인 공격에 매우 취약하여 개인키가 손상될 수 있다.

2) RSA 암호

RSA는 라이베스트(Rivest), 샤미르(Shamir), 애들먼(Adleman)의 이름의 첫 글자를 따서 만들어진 이름이다. RSA는 공개키 암호 시스템으로, 암호화와 인증에 사용된다. 오늘날 RSA는 가장 널리 사용되는 공개키 암호 알고리즘 중 하나이다. 이 시스템은 일반 정수론적인 원리에 기반하며, 두 개의 숫자(보통 두 개의 큰 소수)를 곱하여 얻은 값을 이용하여 키를 생성한다. RSA는 큰 수의 인수분해가 어려워야 안전하다는 특징을 가지고 있다. RSA는 수많은 국제 기관에서 표준으로 채택되어 있으며, 산업에서도 널리 사용되고 있다.

RSA 암호 알고리즘은 공개키 암호시스템의 하나로, 전자 거래, 금융 거래 등 다양한 분야에서 가장 보편적으로 사용되는 암호 및 인증 알고리즘이다. RSA 암호 알고리즘은 1978년 미국 매사추세츠 공과대학(MIT)의 대학원생인 Ronald L. Rivest와 Adi Shamir, 그들의 지도 교수인 Leonard Adleman의 연구에 의해 체계화된 알고리즘이다. RSA라는 이름은 설계자의 이름 첫 글자를 모아 붙인 것이다. RSA 암호 알고리즘은 1983년에 매사추세츠 공과대학(MIT)에 의해 미국에 특허로 등록되었고, 2000년 9월 21일에 특허 기간이 만료되어 현재 특허의 제약을 받지 않고 공공 및 민간분야에서 가장 널리 쓰이고 있는 공개키 암호 알고리즘이다.

RSA 암호 알고리즘의 안전성은 아주 큰 소수로 이루어진 합성수(현재 컴퓨터의 계산 능력을 고려하면 2048비트)를 인수분해 하는 것이 어렵다는 인수분해 문제의 어려움에 기반한다. 그러므로 합성수의 소인수분해를 효율적으로 할 수 없도록 각 변수를 생성해야 한다. RSA는 평문을 암호화하고 복호화할 때 AES와 같은 대칭키 알고리즘보다 몇 배의 계산이 필요하기 때문에 대칭키를 위한 키 교환을 위하여 주로 사용된다.

가. RSA 알고리즘

RSA는 DES와 AES 같은 대칭키 암호와 달리 두 개의 키가 사용된다. 하나는 공개키(Public Key)로 모든 사용자에게 공개되며, 평문을 암호화할 때 사용된다. 다른 하나는 개인키(Private Key)로 비밀값에 해당하며, 공개키로 암호화된 평문을 복호화할 때 사용된다.

❶ 키 생성

공개키 알고리즘은 공개키와 개인키를 생성하는 키 생성 과정이 필요하다. 공개키 알고리즘에 따라 이 과정은 매우 복잡하기도 하다. 대칭키 알고리즘에서 키 생성은 일반적으로 키 공간에서 키를 랜덤하게 선택하는 과정으로 복잡한 계산이 필요하지는 않다. RSA 암호 알고리즘은 다음과 같은 과정을 통해 공개키와 개인키를 생성한다. 여기서, $\varphi(n)$는 오일러 함수로, 1 부터 n지의 양의 정수 중에서 n과 서로소인 것의 개수를 나타낸다.

다음은 RSA에서 키 생성하는 과정이다.

- 서로 다른 두 소수 p와 q를 선택한다.(일반적으로 소수는 1024비트 이상의 수로 선택하며 두 소수의 크기가 동일하도록 선택한다.)
- p와 q를 곱하여 $n = p \times q$ 값을 계산한다.
- $\varphi(n) = (p-1)(q-1)$을 계산한다.
- $1 < e < \varphi(n) - 1$의 범위에서 $\gcd(e, \varphi(n)) = 1$인 e, 즉 $\varphi(n)$과 서로소인 e를 선택한다. ($\gcd(e, \varphi(n)) = 1$인 조건은 모듈로 $\varphi(n)$에 대해 e의 곱셈상의 역원이 존재하는 조건이다.)
- $d = e - 1 \bmod \varphi(n)$를 계산한다.

위의 같은 과정을 통해 얻이진(n, e)는 공개키로 사용한다. 또한 d는 개인키로 자신만 알고 있는 비밀값이 된다. 정해진 n에 대하여 다수의 공개키/개인키 쌍이 존재해야 한다. 그렇지 않은 경우, 가능한 공개키/개인키 쌍을 모두 찾는 전수조사가 가능해지기 때문이다(실제로는 대부분의 경우 다수의 공개키/개인키 쌍이 존재하기 때문에 문제가 되지 않는다).

단계 4에서 $\varphi(n)$과 서로소인 e를 선택하는 이유는 e의 곱셈상의 역원인 d가 존재하도록 하기 위해서이다. 키 생성 단계 중에 두 소수 p와 q를 선택하는 단계 1과 공개키/개인키를 계산하는 단계 4와 5는 간단하지 않다. 임의로 선택된 수 k가 소수일 확률은 다음과 같다.

$$\Pr(k\ is\ prime) \approx \frac{1}{ln(k)}$$

단계 1에서 소수를 선택할 때 홀수를 선택하기 때문에 확률은 두 배가 된다. 따라서 1024 비트의 홀수 k를 선택했을 때 소수일 확률은 다음과 같다.

$$\Pr(k\ is\ prime) \approx \frac{2}{ln(2^{1024})} = \frac{2}{1024\,ln(2)} \approx \frac{1}{355}$$

즉, 하나의 소수를 얻기 위해서는 평균적으로 355개의 수에 대하여 소수 판별법을 사용하여 테스트를 해야 한다. 단계 4와 5는 확장 유클리드 알고리즘을 사용하여 계산할 수 있다.

예를 들어, 다음과 같이 서로 다른 두 소수가 있을 때, 이를 이용하여 RSA 암호의 공개키 및 개인키 쌍을 계산해보자.

$$p = 127,\ \ q = 131\ p$$

풀이해보면, 다음과 같다.

$$\begin{aligned} n &= p \times q = 127 \times 131 = 16637 \\ \varphi(n) &= \varphi(p \times q) = \varphi(p) \times \varphi(q) \\ &= (p-1) \times (q-1) = 126 \times 130 = 16380 \end{aligned}$$

여기서 공개키 e는 집합 $\mathbb{Z}^*_{\varphi(n)}$에서 하나를 임의로 선택하면 된다.

$e = 17$로 선택하자.

개인키는 $d \equiv e^{-1} (mod\,16380)$이므로 이를 계산하면 아래와 같다.

$$d \equiv e^{-1} \equiv 17^{-1} \equiv 14453\,(mod\,16380)$$

따라서, 공개키는 $n = 16637,\ e = 17)$, 개인키는 $(d = 14453)$이 된다.

❷ 암호화

공개키(n, e)를 이용하여 메시지 m에 해당하는 암호문 c를 계산하는 과정은 다음과 같다.

- 평문 $m \in \{1, 2, \cdots, n-1\}$을 선택한다. 즉, 평문은 모듈라 n보다 작은 값이다.
- 수신자의 공개키 (n, e)를 이용하여 암호문 $c = m^e \bmod n$을 계산한다.
- 암호문 c를 수신자에게 전송한다.

예를 들어, 평문 메시지 $m = 139$일 때, 다음과 같은 공개키로 암호화한 암호문 c를 계산해보자.

$$(n = 16637,\ e = 17)$$

풀이해보면 다음과 같다.

메시지 m에 대하여 다음과 같은 계산을 통해 암호문 c를 생성한다.

$$c \equiv m^e \pmod{16637} \equiv 139^{17} \pmod{16637}$$

이를 제곱-곱 연산 방법을 이용하여 계산하면 아래와 같은 암호문을 얻을 수 있다.

$$\text{암호문} : c = 8806$$

❸ 복호화

암호문 c를 다음과 같은 과정을 통해 복호화 한다.

- 개인키 d를 이용하여 $c^e \bmod n$값을 계산한다.
- 결과 값이 평문 m이 된다.

예를 들어, 암호문 $c = 8806$일 때, 개인키($d = 14453$)를 이용하여 이를 복호화 해보자.

풀이해보면 다음과 같다.

암호문 C에 대하여 평문 m을 얻기 위해서는 다음과 같은 계산을 하여야한다.

$$m = c^d \pmod{n} = 8806^{14453} = 139 \pmod{16637}$$

따라서 암호문 c에 대한 평문은 $m = 139$가 된다.

다음 (그림 3-1)과 같이 RSA 암호 알고리즘은 키 생성, 암호화, 복호화 총 3가지 단계로 이루어져 있다. Bob은 먼저 키 생성 과정을 이용하여 자신의 공개키, 개인키 쌍을 생성하고 공개키를 공개한다. Alice가 메시지 m을 RSA 암호를 이용하여 Bob에게 전송하고 싶다면, Bob 공개키(n, e)만 얻으면 된다. 또한 Bob은 Alice가 전송한 암호문을 개인키 d를 사용하여 복호화할 수 있다.

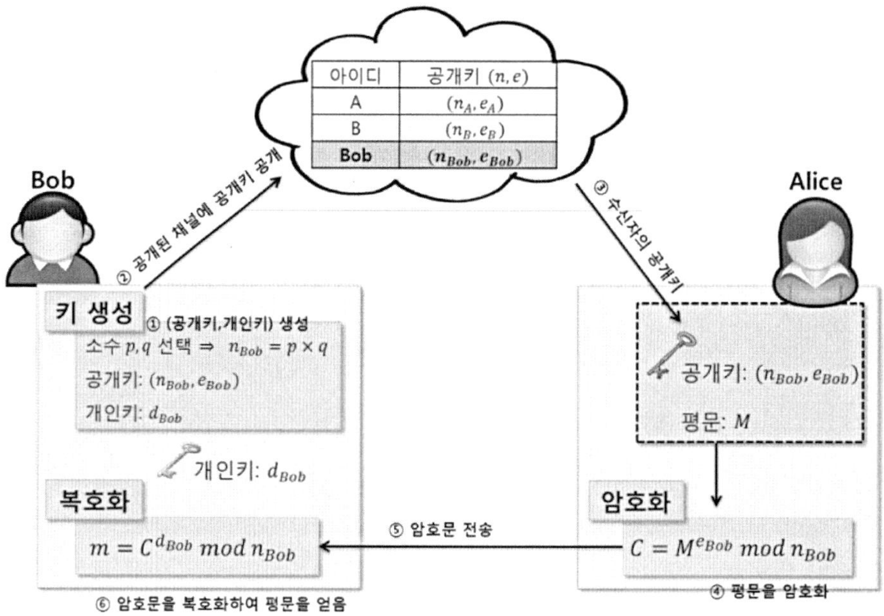

그림 3-1 RSA 알고리즘

❹ RSA 암호의 정확성 증명

암호문 c를 복호화 했을 때 평문 m은 유일하게 결정되어야 한다. 따라서 평문 m은 n보다 클 수 없다. RSA의 복호화 과정을 통하면 올바르게 평문을 얻을 수 있음을 다음과 같이 수학적으로 증명할 수 있다

$$c^d \bmod n = (m^e \bmod n)^d \bmod n = m^{ed} \bmod n$$

d는 $\bmod \varphi(n)$에서 e의 역원이므로 $ed \equiv 1 \bmod \varphi(n) \Rightarrow ed = k\varphi(n) + 1$

$$\therefore m^{ed} \bmod n = m^{k\varphi(n)+1} \bmod n = (m^{\varphi(n)}) \cdot m \bmod n$$

$$= 1^k \cdot m \bmod n (\text{오일러 정리에 의하여 } m^{\varphi(n)} \equiv 1 \bmod n)$$

$$= m \bmod n$$

❺ 개인키의 안전성

공개키 암호의 설계에서 가장 기본이 되는 것은 공개키를 공개해도 그에 해당하는 개인키를 계산하는 것은 어려워야 한다는 점이다. RSA의 경우, 공개키인(n, e)를 통해 d를 계산하는 것이 어렵도록 설계가 되었다. RSA에서의 트랩도어 일방향 함수에 대해 생각해보자. 수신자가 공개키와 개인키를 생성할 때 소수인 p와 q를 선택하고, p와 q를 곱하여 $n = p \times q$값을 계산한다. 공격자는 공개키 n을 알고 있지만 n을 인수분해하여 p와 q를 찾는 것은 매우 어

렵다. 또한 $\varphi(n)=(p-1)(q-1)$도 p와 q가 주어졌을 때에는 계산을 쉽게 할 수 있지만 n을 인수분해하지 않고 $\varphi(n)$을 구하는 것은 매우 어렵다. 따라서 RSA에서의 트랩도어 일방향 함수에서 역함수를 계산할 수 있는 트랩도어 정보는 서로 다른 두 소수 p, q와 $\varphi(n)$, 그리고 개인키인 d가 된다.

❻ RSA 암호의 예제

RSA 암호 알고리즘의 암호화, 복호화 과정의 이해를 돕기 위하여 $n=33$인 경우를 예로 들어 암호화와 복호화 과정을 살펴보자.

- 키 생성

ⓐ 서로 다른 두 소수 $p=3$와 $q=11$을 선택한다.
ⓑ p와 q를 곱하여 $n=p\times q=3\times 11=33$을 계산한다.
ⓒ n과 서로소인 것의 개수인 $\varphi(n)=(p-1)(q-1)=2\times 10=20$을 계산한다.
ⓓ $1<e<19$의 범위에서 $\varphi(n)$과 서로소인 $e=3$를 선택한다.
ⓔ $d=e-1 \bmod \varphi(n)=3-1 \bmod 20\equiv 7$을 계산한다.
ⓕ $(n,e)=(33,3)$을 공개키로 사용한다.
ⓖ $d=7$을 개인키로 사용한다.

- 암호화

ⓐ 평문 $m=8$을 선택한다.
ⓑ 공개키 $(n,e)=(33,3)$을 이용하여 암호문 $c=83=512\equiv 17 \bmod 33$을 계산한다.

- 복호화

개인키 $d=7$를 이용하여 $cd=177=(172)3\cdot 17\equiv(-8)3\cdot 17\equiv 16\cdot 17\equiv 8 \bmod 33$을 계산한다.

아래 (그림 3-2)은 알고리즘의 예를 보여주고 있다.

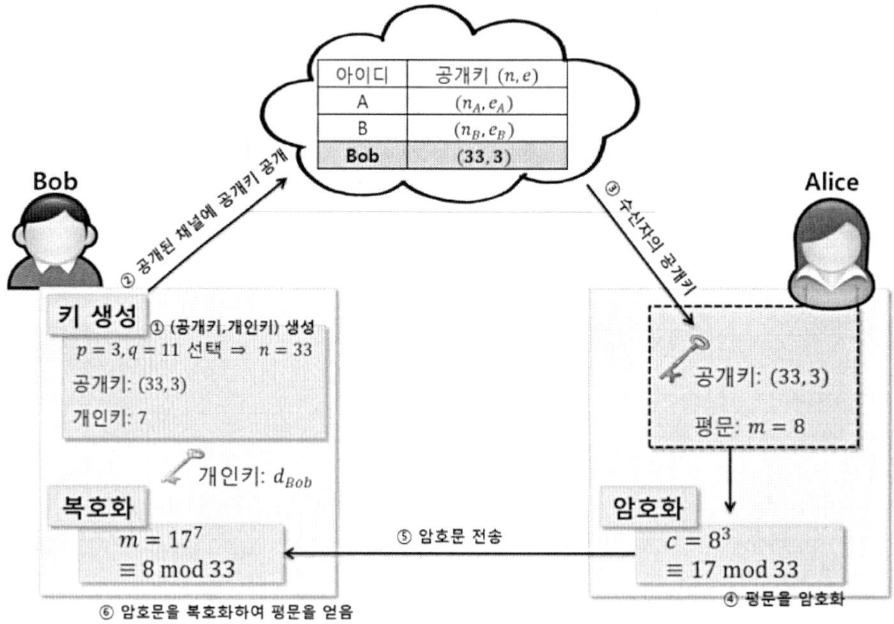

그림 3-2 SA 암호 알고리즘의 예

위의 예제에서 평문 m을 n보다 크게 선택할 경우 다음과 같은 문제가 발생한다.

- 키 생성

ⓐ 위와 같이 $(n, e) = (33, 3)$을 공개키로 사용한다.

ⓑ $d = 7$을 개인키로 사용한다.

- 암호화

ⓐ 평문 $m = 35$를 선택한다.

ⓑ 공개키 $((n, e) = (33, 3)$을 이용하여 암호문 $c = 353 \equiv 23 \equiv 8 \bmod 33$을 계산한다.

- 복호화

ⓐ 개인키 $d = 7$를 이용하여 $cd = 87 \equiv (82)3 \cdot 8 \equiv (-2)3 \cdot 8 \equiv 2 \bmod 33$을 계산한다.

평문 $m = 35$에 대하여 암호화 하였으나 복호화 결과 얻은 평문은 $m = 2$이다. 이것은 $n = 33$에서 평문 $m = 35$는 2와 같기 때문에 정당한 개인키로 복호화 했음에도 원래의 평문 $m = 35$를 구하지 못한 것이다. 따라서 RSA 암호에서는 n보다 작은 평문을 암호화해야 한다.

3) ElGamal 암호

ElGamal은 이산 대수 문제의 어려움에 기반을 둔 최초의 공개키 암호 알고리즘이며, 1984년에 스탠퍼드 대학의 암호학자 T. ElGamal에 의해 제안되었다. 이 알고리즘을 사용하여 메시지를 암호화할 때, 메시지의 길이가 두 배로 늘어나는 특징이 있다. 그러나 암호화할 때 난수를 사용하기 때문에 같은 메시지에 대해 암호화를 수행할 때마다 다른 암호문을 얻게 된다. 이는 정보보호 측면에서 큰 장점으로 작용한다. 반면 RSA에서는 난수를 사용하지 않으므로 같은 메시지에 대한 암호문은 항상 동일하다. 이러한 특징으로 인해 공격자는 암호문을 복호화하지 않고도 평문을 추측할 수 있는 가능성이 생길 수 있다. 따라서 실제 적용 시 RSA는 난수를 사용하는 OAEP(Optimal Asymmetric Encryption Padding)과 함께 사용되는 경우가 많다.

ElGamal 암호시스템은 1984 년에 테하르 엘가말(Taher ElGamal)에 의해 설계된 공개키 암호 시스템으로, 암호뿐만 아니라 디지털 서명에도 사용된다. 근본적으로 ElGamal 암호시스템은 Diffie-Hellman 키 교환(Diffie-Hellman Key Exchange)과 같은 원리를 이용하여 만든 암호시스템이다. 앞서 설명한 RSA 암호시스템의 안전성이 인수분해 문제의 어려움에 기반 하듯이, ElGamal 암호시스템의 안전성은 이산 대수 문제(Discrete Logarithm Problem, DLP)의 어려움에 기반한다. 여기서 이산 대수 문제란 g와 x, p가 주어졌을 때 $y = g\ x \bmod p$을 계산하기는 쉽지만, y와 g, p가 주어졌을 때 $y = g\ x \bmod p$를 만족하는 x를 찾아내는 것은 어렵다는 것이다.

Textbook-RSA와 비교하였을 때 ElGamal 암호시스템은 암호문의 길이가 2배 길어진다는 단점이 있다. 하지만 같은 평문을 암호화해도 매번 다른 암호문이 생성되기 때문에 Textbook-RSA 암호시스템과 달리 확률적(Probabilistic) 성질을 가진다.

(그림 3-3)은 알고리즘을 보여준다.

가. 키 생성

수신자는 다음과 같은 과정을 통해 공개키와 개인키를 생성한다.

❶ 큰 소수 p를 선택한다.

❷ $1 \le d \le p-2$의 범위에서 임의의 d를 선택한다.

❸ $\mathbb{Z}_p^*$에서 원시 근(Primitive Root) e_1을 선택한다.

❹ d와 e_1을 이용해 $e_2 = e_1^d \bmod p$을 계산한디.

위와 같은 과정을 통해 얻어진 (e_1, e_2, p)는 공개키로 사용한다. 또한 d는 개인키로 사용되며, 수신자만 알고 있는 고유한 값이 된다. 따라서 ElGamal 암호시스템에서의 트랩도어 정보는 개인키 d가 된다.

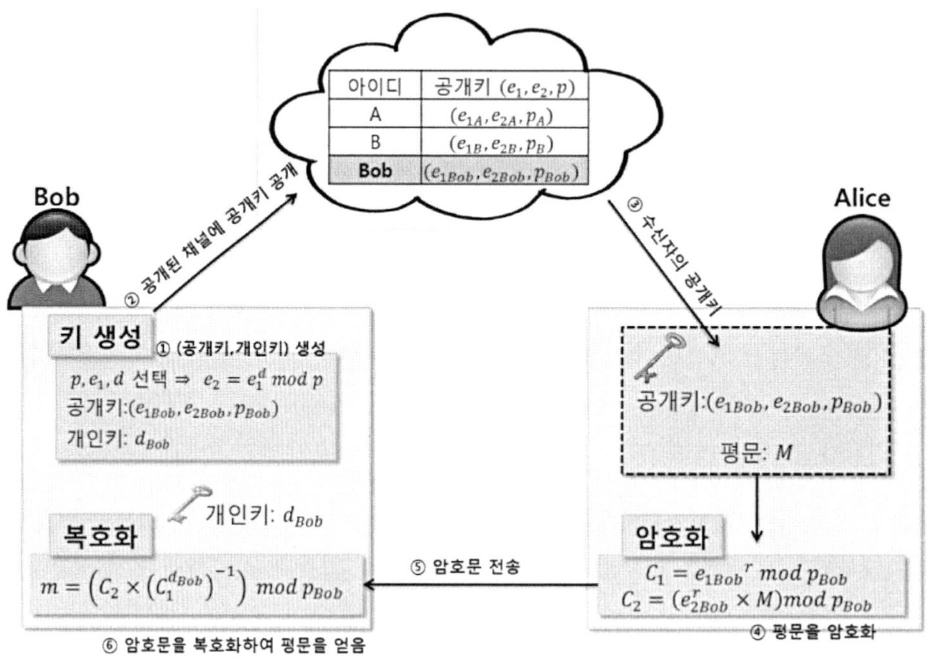

그림 3-3 ElGamal 알고리즘

나. 암호화

송신자는 알려진 수신자의 공개키(e_1, e_2, p)로 다음과 같은 과정을 통해 암호문(c_1, c_2)을 생성한다.

❶ 평문 m을 선택하고, 임의의 값 r을 선택한다.

❷ 수신자의 공개키를 이용하여 $c_1 = e_1^r \bmod p$ 값을 계산한다.

❸ 수신자의 공개키를 이용하여 $c_2 = (m \times e_2^r) \bmod p$ 값을 계산한다.

❹ 암호문 (c_1, c_2)를 수신자에게 전송한다.

이때 r은 반드시 한 번만 사용한다. 반복적으로 사용할 경우 공격자가 개인키 d를 모르더라도 r값을 알아내서 암호문을 복호화할 수 있기 때문이다. 따라서 임의의 값 r도 개인키 d와 더불어 Elgamal 암호시스템의 트랩도어 정보가 된다.

다. 복호화

송신자에게 받은 암호문(c_1, c_2)을 가지고 수신자는 다음과 같은 과정을 통해 평문 m을 생성한다.

❶ 개인키 d를 이용하여 $c_2 \times (e_1^d)^{-1} \bmod p$값을 계산한다.

❷ 결과 값이 평문 mm이 된다.

$$c_2 \times (c_1^d)^{-1} \bmod p = (e_2^r \times m) \times (e_1^{rd})^{-1} \bmod p = (e_1^{rd}) \times m \times (e_1^{rd})^{-1} \bmod p = m \bmod p$$

Elgamal 암호시스템에서 암호문을 생성할 때 송신자는 매번 임의의 r을 선택하기 때문에 같은 평문 m에 대하여 다른 암호문(c_1, c_2)이 생성된다. 따라서 Elgamal 암호시스템은 확률적 성질을 가진다.

라. ElGamal 암호의 예제

(그림 3-4)는 알고리즘의 전체과정을 보여준다.

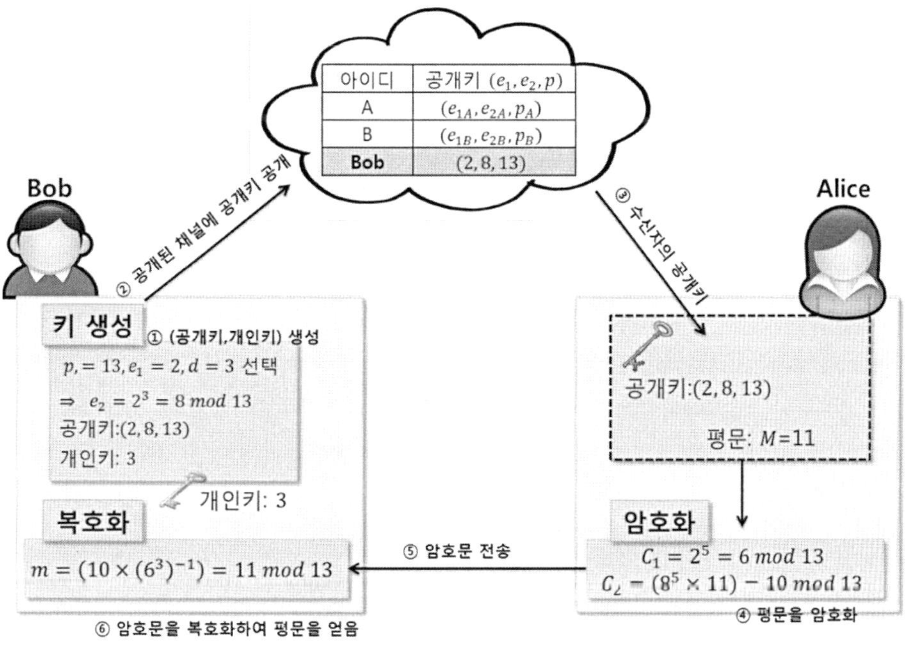

그림 3-4 ElGamal 암호시스템의 예

❶ 키 생성

ⓐ 소수 $p = 13$을 선택한다.

ⓑ $1 \leq d \leq 11$의 범위에서 $d = 3$을 선택한다.

ⓒ $\mathbb{Z}_{13}^*$에서 원시 근 $e_1 = 2$를 선택한다.

ⓓ $d = 3$과 $e_1 = 2$를 이용해 $e_1 = 2 = 23 = 8$ mod 13을 계산한다.

ⓔ 공개키 $(e_1, e_2, p) = (2, 8, 13)$을 사용한다.

ⓕ 개인키$= 3$을 사용한다.

❷ 암호화

ⓐ 평문 $m=11$을 선택하고, 임의의 값 $r=5$를 선택한다.

ⓑ 공개키를 이용하여 $c_1=2^5=32\equiv 6 \mod 13$을 계산한다.

ⓒ 공개키를 이용하여 $c_2=11\times 85=360,448\equiv 10 \mod 13$을 계산한다.

ⓓ 암호문 $(c_2, c_2)=(6, 10)$이 된다.

❸ 복호화

개인키 $d=3$을 이용하여

$c_2\times(c_1^d)^{-1}=10\times(6^3)^{-1}\equiv 10\times 6^9\equiv 10\times 5\equiv 11 \mod 13$을 계산한다.

마. ElGamal 암호의 안전성

앞서 언급했듯이 ElGamal 암호는 이산 대수 문제의 어려움에 기반하는 암호 알고리즘이다. ElGamal 암호시스템은 선택 평문 공격에 안전함을 보인다. 하지만 ElGamal 암호시스템도 선택 암호문 공격에 취약함을 쉽게 보일 수 있다. 연습문제 7.16을 통하여 이에 대하여 알아보도록 하겠다.

4) 타원 곡선 암호

타원 곡선(Elliptic Curves)은 수학적으로 약 150년 전부터 광범위한 연구가 이루어졌다. ECC(Elliptic Curve Cryptography)는 약 10년 전에 다른 공개키 시스템보다 비트 당 보안 수준이 뛰어나다는 것이 알려지면서 주목을 받게 되었고, 최근에는 높은 성능의 구현이 가능해졌다. 또한, ECC는 전력 소비가 적은 이동 통신 기기에서도 효율적으로 사용할 수 있다. 따라서 차세대 공개키 암호 방법으로 주목받고 있다.

RSA보다 키의 비트수를 적게 하면서 동일한 성능을 제공한다. 또한 160비트의 ECC가 1024비트의 RSA와 동일한 보안 수준을 제공한다. 키 생성시간은 RSA에 비해 수십 배 이상 빠르다.

가. 타원 곡선의 정의

아래 (그림3-5)는 방정식과 그래프이다. 방정식을 만족하는 x, y의 집합을 곡선 그래프로 나타낸 것을 타원 곡선 그래프라 한다.

$$y^2=x^3+ax+b$$

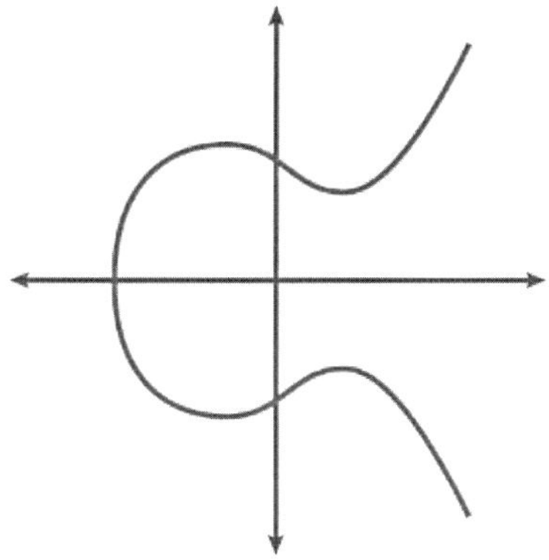

그림 3-5 타원 곡선 그래프

타원 곡선 그래프는 몇 가지 특징을 갖고 있다. x축을 중심으로 대칭이 되고, 비 수직선에 대해 최대 3개 지점에서 곡선과 교차한다는 것이다.

다음 (그림 3-6)은 그래프의 변화에 따른 특징을 보여준다.

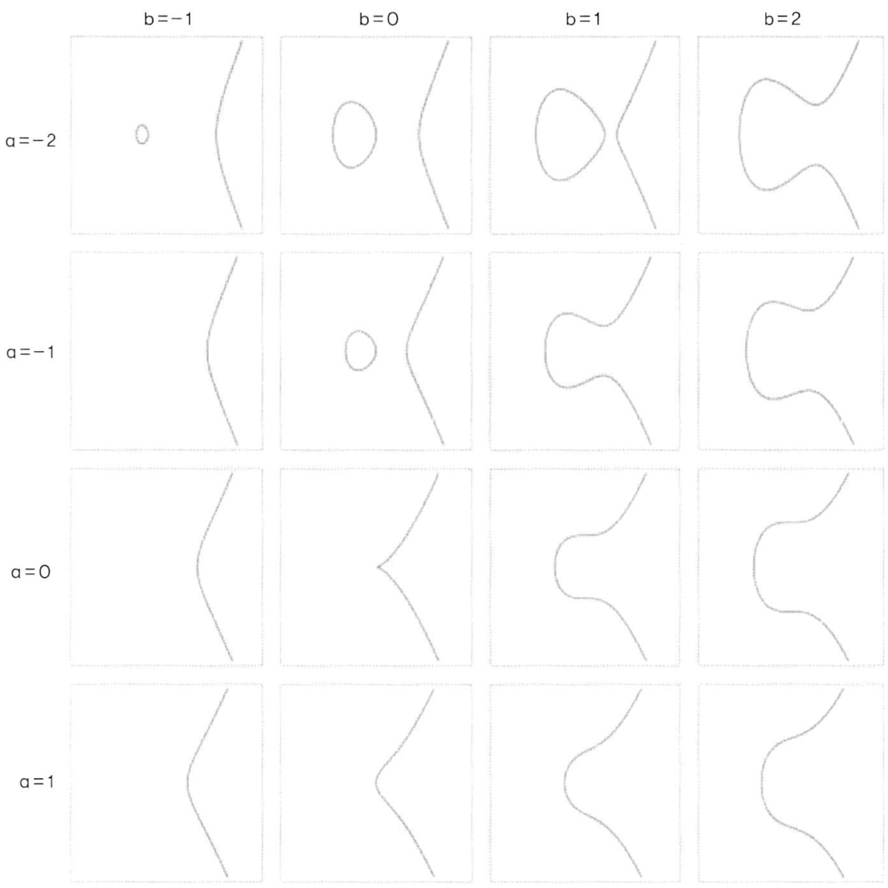

그림 3-6 변수의 변화에 따른 그래프의 변화

타원 곡선을 이용한 암호화 알고리즘을 알기 위해서는 타원 곡선 상의 덧셈 연산을 이해해야한다.

간단한 예시로 타원 곡선상의 P와 Q의 덧셈연산을 설명하자면, P와 Q를 지나는 직선이 타원과 만나는 교점(R)을 x축으로 대칭시킨 점을 P + Q = R로 정의한다.

아래 (그림 3-7)의 그래프(b)는 같은 값을 가지고 있는 P를 구하는 타원 곡선이다.

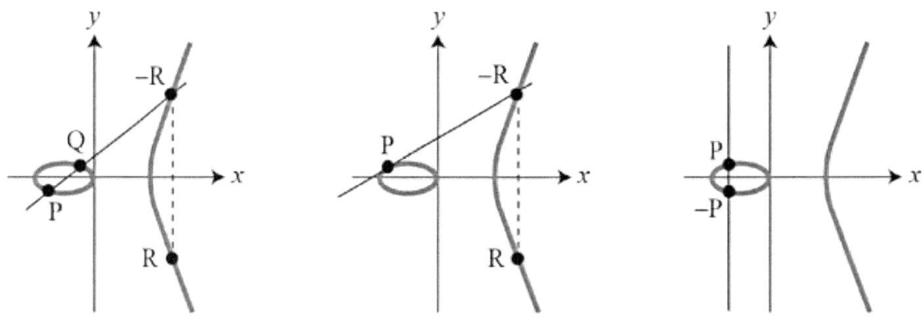

a. (R = P + Q)　b. (R = P + P)　c. (O = P + (– P))

그림 3-7 타원 곡선 그래프의 연산

덧셈 연산과 같이 P의 접점을 타원 곡선으로 이은 교점(R)을 x축으로 대칭시킨 점을 2P = R로 정의한다. 그래프를 통해 아래의 (그림 3-8)과 같이 계산할 수 있다.

Addition $(P \neq Q)$

$$\lambda = \frac{y_2 - y_1}{x_2 - x_1}$$
$$x_3 = \lambda^2 - x_1 - x_2$$
$$y_3 = (x_1 - x_3)\lambda - y_1$$

Doubling $(P = Q)$

$$\lambda = \frac{3x_1^2 + a}{2y_1}$$
$$x_3 = \lambda^2 - 2x_1$$
$$y_3 = (x_1 - x_3)\lambda - y_1$$

그림 3-8 타원곡선의 계산

타원 곡선의 계산을 위해 GF상에서 계산을 할 수 있다. GF는 유한체(Finite Field)를 의미한다. 유한개의 원소를 가지는 체를 뜻한다. x, y 좌표계에서 무한하지 않고 유한하게 한정된 곳에 존재하는데, GF를 만들기 위해 모듈러(Modular)를 사용한다.

다음 (그림 3-9)는 p가 23일 때 GF상에 존재하는 모든 좌표를 나타낸 것이다.

$$E : y^2 = x^3 + x - Z_{23}$$

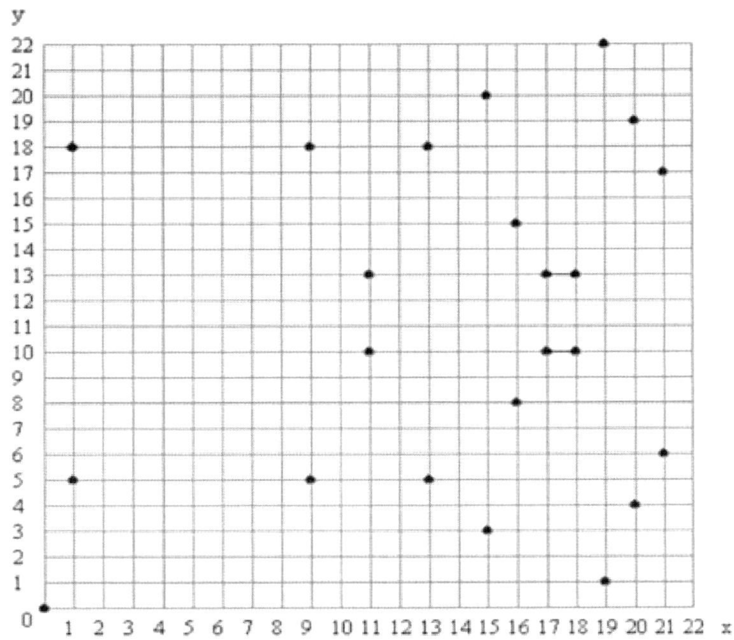

그림 3-9 p가 23일 때 모든 좌표

만약 $x = 11$일 때,

$$y^2 \bmod 23 = (1331 + 11) \bmod 23 = 1342 \bmod 23 = 8$$

이때 만족하는 y의 값을 구하려면

$$y^2 \bmod 23 = 8$$

위의 식을 구해야 하는데, y의 값이 될 수 있는 것은 10과 13이다.

이때 GF의 필드의 p가 커진다면 y를 찾기 힘들어지는데, 이러한 점을 이용하여 암호화를 수행할 수 있다.

나. 타원 곡선 암호의 키 생성 과정

타원 곡선의 수식은 다음과 같다.

$$y^2 = x^3 + ax + b$$

수식을 기반으로 하는 타원 곡선의 암호 연산과정은 다음 (그림 3-10)과 같다.

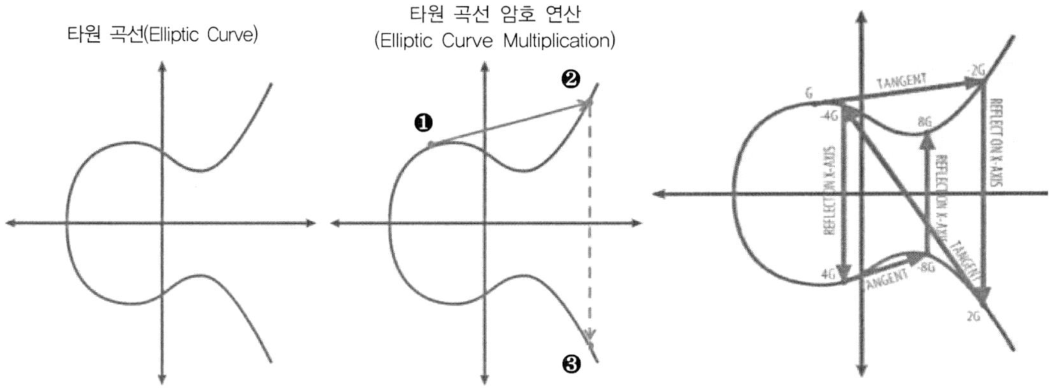

그림 3-10 타원 곡선의 암호 연산과정

타원 곡선 암호의 키 생성과정은 아래와 같다.

❶ 생성 포인트를 시작해서 타원 곡선의 접선을 잇는다.

❷ 타원 곡선과 만나는 점을 찍는다.

❸ ❷번에서의 점과 대칭인 점이 목표점이다.

위의 과정은 반복하기 쉬우나, ❸번 목표점 ❶번의 생성점을 찾긴 매우 어렵다.

다. 타원 곡선을 이용한 암호 시스템

타원 곡선을 활용한 암호 시스템은 기존의 유한체에서의 이산 대수 문제를 대체하여 많이 구현된다. 여기서는, 타원 곡선 이산 대수 문제는 수학적으로 변형되어 적용되는 방법과 각 암호 시스템에서는 개인키와 공개키의 생성과 전송 방법에 대해 자세히 살펴볼 것이다.

❶ ECDH(Elliptic Curve Diffie-Hellman)

ECDH는 DH(Diffie-Hellman) 알고리즘을 타원 곡선 위에 직접 구현한 것으로, 유한체 위의 DH 알고리즘보다 키 크기가 작고 다양한 공격에 강한 특징을 가지고 있다.

Alice와 Bob이라는 사용자가 있다. 서로 동일한 타원곡선 $E(F_q)$, 생성원 $G \in E(F_q)$와 생성원의 위수 n을 미리 알고 있다고 가정한다. 그리고 다음 (그림 3-11)의 과정을 거쳐 키 교환이 이루어진다.

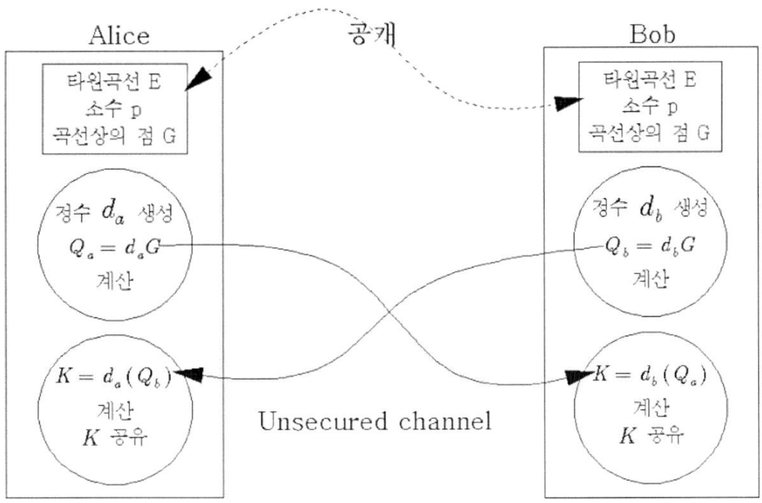

그림 3-11 ECDH 키 교환 모델

단계 1 Alice와 Bob은 각각 자신들의 개인키 $d_a, d_b \in \{2, \cdots, n-2\}$를 생성한다.

단계 2 Alice와 Bob은 각각 공개키 $Q_a = d_a G$, $Q_b = d_b G$를 계산한다.

단계 3 Alice와 Bob은 계산된 공개키를 서로 교환한다.

단계 4 Alice와 Bob은 각각 자신의 개인키와 상대방의 공개키로 공유키(shared secret key) $K = d_a d_b G = (x_k, y_k)$를 공유할 수가 있다.

일반적으로, 세션키는 공유키로부터 유도하게 되는데 K의 x, y 좌표 중에서 $x_k \in F_q$인 x 좌표만을 사용하여 유도하게 된다. 이것은 타원 곡선을 정의하는 Weierstrass 방정식으로부터 x_k가 결정되면 y의 이차방정식이 되므로 y_k의 부호를 제외하고는 x_k로부터 구할 수 있다. 세션키를 유도할 때 y_k를 포함하더라도 세션키의 안전도를 높아지지 않는다. ECDH는 Ephemeral-Ephemeral, Ephemeral-Static, Static-Static, Hybird 등의 다양한 방식들이 각 응용(IPSec, S/MIME, WTLS 등)에 따라서 사용되고 있다.

❷ EC-ElGamal

EC-ElGamal은 ElGamal 암호를 타원 곡선 위에서 구현한 것으로 가장 널리 사용된다. 다음에 기술되는 타원 곡선 위의 ElGamal 암호는 Alice가 메시지 M을 비밀리에 Bob에게 전송하기 위한 암호화와 복호화의 과정이다.

사용자 Alice와 Bob은 타원 곡선 $E(F_q)$, 생성원 $G \in E(F_q)$와 생성원의 위 수 n을 사전에 알고 있다고 가정하며, 이는 공통으로 사용한다. 그리고 다음의 과정을 거쳐 M을 전송한다.

단계 1 Alice와 Bob은 각각 자신들의 개인키 $d_a, d_b \in \{2, \cdots, n-2\}$를 선택한다.

단계 2 Alice와 Bob은 각각 공개키 $Q_a = d_a G$, $Q_b = d_b G$를 계산한다.

단계 3 Alice와 Bob은 공개키를 교환한다.

단계 4 Alice는 랜덤한 정수 k를 선택하고 $(kG, M+k(Q_b))$를 계산해 Bob에게 보낸다.

단계 5 Bob은 $(M+kQ_b)-d_b(kG) = (M+k(d_bG))-d_b(kG) = M$을 수행해 M을 얻는다.

표준화 자료에서는 $M+kQ_b$대신 M과 kQ_b의 x좌표를 F_q상에서 곱한 값을 쓴다.

❸ EC-Massey-Omura

EC-Massey-Omura은 Massey-Omura 암호를 타원 곡선 위에서 구현한 것이다. 다음에 기술되는 내용은 Alice가 Bob에게 메시지 M을 비밀리에 보내기 위한 암호화와 복호화 과정이다.

사용자 Alice와 Bob은 타원곡선 $E(F_q)$, $E(F_q)$의 위수 n을 사전에 알고 있다고 가정하며, 이는 공통으로 사용한다. 그리고 다음의 (그림 3-12) 과정을 거쳐 M을 전송한다.

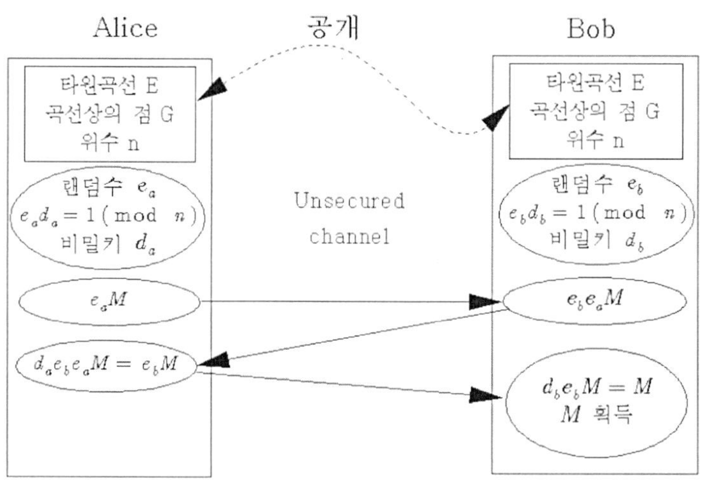

그림 3-12 EC-Massey-Omura 메시지 전송 모델

단계 1 Alice와 Bob은 각각 랜덤수 e_a, e_b를 선택한 후 $e_a d_a = 1 \bmod n$, $e_b d_b = 1 \bmod n$인 d_a, d_b를 구해 비밀키로 한다.

단계 2 Alice는 Bob에게 $e_a M$을 보낸다.

단계 3 Bob은 Alice에게 $e_b e_a M$을 보낸다.

단계 4 Alice는 Bob에게 $d_a e_b e_a M = e_b M$을 보낸다.

단계 5　Bob은 $d_b e_b M = M$을 계산해 M을 구한다.

이 시스템은 공개 정보는 단순하나 통신량이 많다는 단점을 갖고 있다.

라. 기존의 공개키 암호 시스템과의 비교

기존의 공개키 암호 시스템은 RSA와 DSA로 대변된다. RSA는 소인수분해 문제를 기반으로 한 암호 알고리즘이며, DSA는 유한체에서의 이산대수 문제를 기반으로 한 암호 알고리즘이다. 두 암호 알고리즘은 동등한 수준의 보안성을 제공한다. 따라서 동일한 키 길이를 갖는다. 그리고 RSA는 암호화 중심의 알고리즘인 반면, DSA는 전자서명을 위한 알고리즘이다.

RSA는 1978년 Rivest, Shamir, Adleman에 의해 만들어진 것으로 현재 가장 널리 쓰이고 있는 공개키 암호 알고리즘이다. RSA는 소인수분해 문제에 기반하며, 그 기초로 다음의 Euler 정리를 활용한다.

1991년, 미국의 NIST에서 디지털 서명 알고리즘으로 DSA를 표준으로 제안했다. 이것은 해시 함수 SHA-1과 함께 미국 연방 표준인 FIPS-186으로 승인되었다. DSA는 키 생성, 서명 생성, 서명 검증의 과정으로 이루어져 있다.

아래 (그림 3-13)에서와 같이, RSA 및 DSA의 안전도가 증가할수록 키 크기도 급격히 증가하는 반면, ECC는 거의 변화가 없음을 확인할 수 있다.

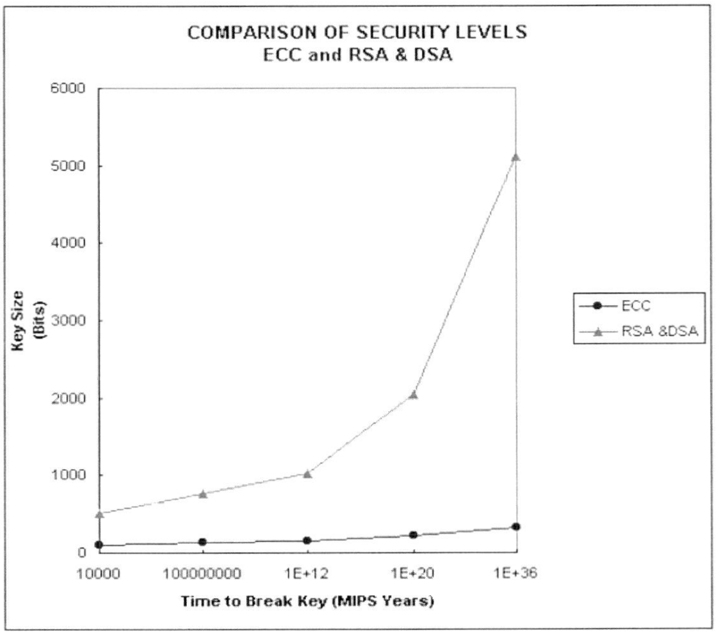

그림 3-13 ECC와 RSA/DSA의 안전도 수준 비교

타원 곡선 암호는 일반적으로 RSA나 DSA와 비교했을 때 뛰어난 보안 효율을 보인다. 그러나 이러한 효율은 현재까지 알려진 공격에 대한 안전성에 한정된 것이며, 실제로는 암호 시스템이 설계될 때 여러 가지 조건을 고려하여 이러한 안전성이 유지되어야 한다.

3.2 전자 서명

1) 전자 서명의 개요

전자 서명은 전자 데이터의 정당성을 입증하는 것이다. 데이터를 송신하는 개체가 서명을 생성하면, 수신하는 측은 해당 서명을 검증하여 데이터가 위조나 변경되지 않았는지 확인할 수 있다.

전자 데이터를 송신하는 과정부터 서명 생성 및 검증까지의 흐름을 간단한 예시를 통해 설명하겠다. (그림 3-14)는 전자서명의 흐름을 보여준다.

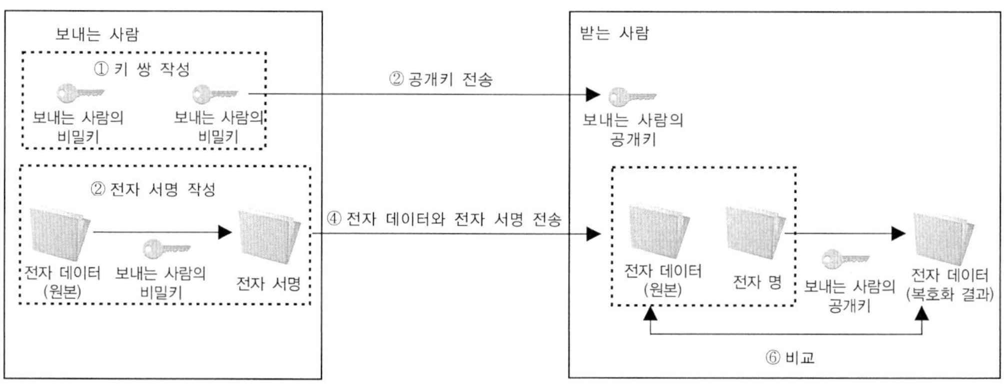

그림 3-14 전자 서명의 생성과 검증의 흐름

❶ 보내는 사람은 '비밀키'와 '공개키'로 이루어진 키 쌍을 생성한다. 비밀키는 서명 생성을 위한 키이고, 공개키는 서명 검증을 위한 키이다.

❷ 보내는 사람은 ❶에서 만든 공개카를 미리 받는 사람에게 전달한다.

❸ 보내는 사람은 ❶에서 생성한 비밀키를 사용하여 전자 데이터를 암호화한다. 이 과정에서 생성된 암호문을 '전자 서명'이라고 한다.

❹ 보내는 사람은 ❸에서 생성한 전자 서명을 전자 데이터에 첨부하여 받는 사람에게 전달한다.

❺ 받는 사람은 ❷에서 받은 공개키를 이용해 ❹에서 받은 전자 서명을 검증하여 복호화

한다. 이를 통해 원본 전자 데이터를 복원한다.

❻ 받는 사람은 ❹에서 받은 전자 데이터와 ❺에서 복호화한 결과를 비교하여 내용이 일치하는지 확인한다. 동일한 결과가 나오면 전자 데이터가 위조나 변조되지 않았음을 확인할 수 있다.

전자 서명은 공개키 암호화 방식의 구조를 응용한 것으로, 공개키 암호화 방식에서 사용되는 키 쌍이 가진 다음과 같은 특성을 활용하고 있다.

- 비밀키로 암호화한 암호문은 공개키로 복호화 가능(반대로 공개키로 암호화한 암호문은 비밀키로 복호화 가능)
- 비밀키는 공개하지 않음
- 공개키는 공개

블록체인은 전자 서명을 통해 트랜잭션의 유효성을 보증한다. 여기서 말하는 '트랜잭션'은 예를 들어 비트코인에서 '미소가 민우에게 10BTC를 송금함'과 같은 거래를 의미하며, 다른 블록체인 기반 기술로 구현한 스마트 계약의 경우에는 계약 조건에 따라 집행할 내용이 된다. 보낸 사람은 자신만 알고 있는 비밀키로 암호문을 생성하므로 해당 암호문은 서명의 역할을 한다. 또한, 해당 서명을 검증하기 위한 공개키는 공개되었기 때문에 누구나 해당 서명을 검증할 수 있다.

2) 블록체인에서 전자 서명

블록체인에서는 각 트랜잭션에 전자 서명이 부여된다. 또한, 이를 검증하기 위한 공개키도 함께 제공된다.

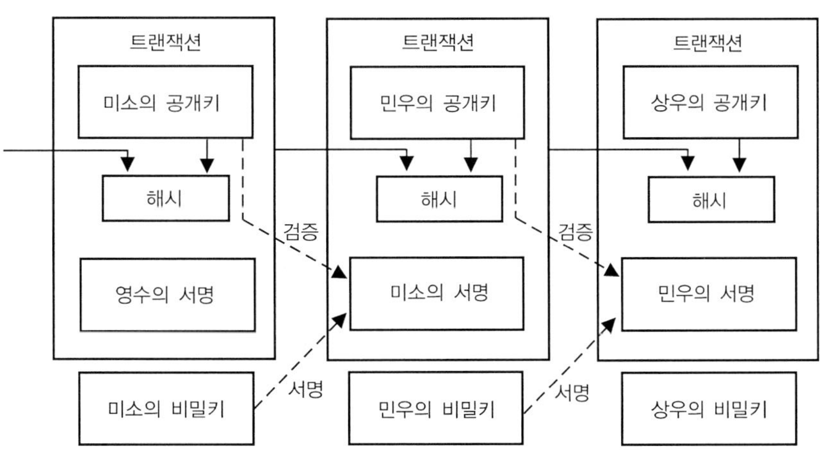

그림 3-15 트랜잭션에서 전자 서명을 이용

다음 (그림 3-15)는 비트코인을 예로 들어 블록체인에서 전자 서명을 활용하는 방법에 대한 설명이다.

블록체인에는 발행된 모든 트랜잭션이 기록되며, 각 트랜잭션에는 전자 서명과 공개키가 함께 기재된다. 이로써 비트코인 네트워크 참가자들은 과거 블록체인에서 수행된 모든 트랜잭션을 순차적으로 검증할 수 있다. 트랜잭션의 전자 서명을 검증함으로써 아래와 같은 내용을 확인할 수 있다.

- 제삼자가 트랜잭션 내용을 위·변조 수행 여부
- 제삼자가 도용 등을 통한 트랜잭션의 수행 여부
- 코인의 정당한 소유자가 올바른 트랜잭션 수행 여부

그리고 트랜잭션을 발행하기 위해 공개키와 비밀키의 키 쌍이 필요하다. 많은 블록체인 기반 기술에서는 타원 곡선 암호(ECDSA) 알고리즘을 사용하여 키 쌍을 생성하며, 일반적으로 256비트 이상의 키 길이를 사용한다. 타원 곡선 암호를 활용하면 RSA나 ElGamal과 같은 다른 방식과 동등한 수준의 암호 강도를 더 짧은 키로 구현할 수 있어서 처리 성능을 향상시킬 수 있다.

비트코인을 출발로 한 블록체인 기술은 혁신적인 기술로서 다음 세대 인터넷을 주도하고 있으며, 이에 많은 산업의 관심이 집중되고 있다.

3) ECDSA(Elliptic Curve DSA)

ECDSA는 DSA를 타원 곡선으로 변환한 것으로, X9.62 표준으로 표준화되었다.

ECDSA의 과정은 키 생성, 서명 생성, 그리고 서명 검증으로 나눌 수 있다. 이들 각각의 과정에 대해 알아보자.

가. 키 생성 과정

여기서는 Alice가 키를 생성한다고 가정한다. 키 생성 과정은 다음과 같다.

단계 1　Z_p에서 정의된 타원 곡선 E를 선택한다. $\#E(Z_p)$는 큰 소수 n에 의해 나누어져야 한다.

단계 2　위수 n인 점 $P \in E(Z_p)$를 선택한다.

단계 3　구간 $[2, n-2]$에서 통계적으로 유일하고 예측 불가능한 정수 d를 선택한다.

단계 4　$Q = dp$를 계산한다.

단계 5　Alice의 공개키는 (E, P, n, Q)이고, 비밀키는 d이다.

나. 서명 생성 과정

여기서는 메시지 m에 A가 서명한다고 가정한다. 서명 생성 과정은 다음과 같다.

단계 1　구간 $[2, n-2]$에서 통계적으로 유일하고 예측 불가능한 정수 k를 선택한다.

단계 2　$kP=(x_1,y_1)$과 $r=x_1(\mathrm{mod}\ n)$을 계산 한다.(x_1은 정수로 간주)

단계 3　$r=0$이면, 단계 1로 되돌아간다.

단계 4　$k-1(\mathrm{mod}\ n)$을 계산한다.

단계 5　$s=k^{-1}\{h(m)+dr\}(\mathrm{mod}\ n)$을 계산한다.

단계 6　메시지 m에 대한 서명은 (r, s)이다.

다. 서명 검증 과정

여기서는 Bob이 Alice의 서명 (r, s)을 검증한다고 가정한다. 서명 검증 과정은 다음과 같다.

단계 1　Alice의 인증된 공개키(E, P, n, Q)를 얻는다.

단계 2　r과 s가 구간 $[1, n-1]$에 있는 지 확인한다.

단계 3　$w=s^{-1}(\mathrm{mod}\ n)$과 $h(m)$을 계산한다.

단계 4　$u_1=h(m)w(\mathrm{mod}\ n)$과 $u_2=rw(\mathrm{mod}\ n)$을 계산한다.

단계 5　$u_1P+u_2Q=(x_0,y_0)$와 $v=x_0(\mathrm{mod}\ n)$을 계산한다.

단계 6　$v=r$을 확인한다.

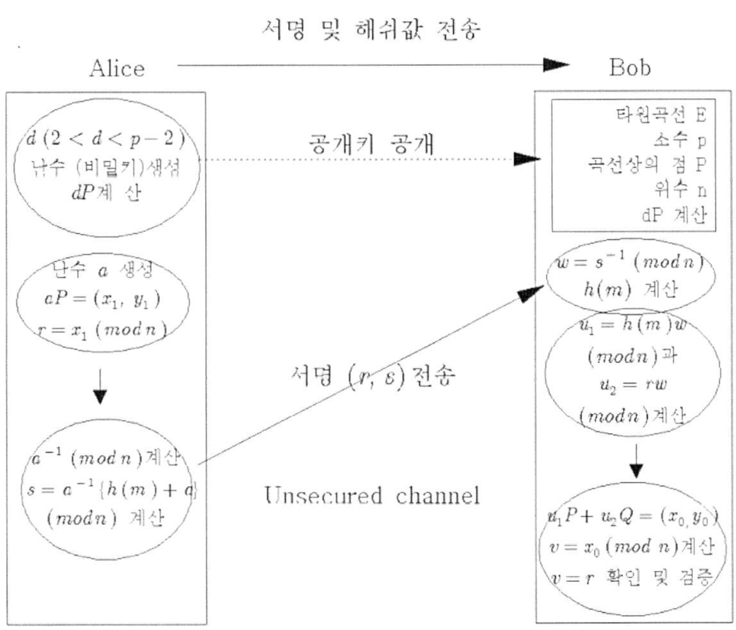

그림 3-16 ECDSA를 이용한 전자 서명 모델

위 (그림 3-16)은 ECDSA를 사용한 서명 생성 및 검증 과정을 보여준다. ECDSA는 기존의 DSA를 타원 곡선을 적용하여 구성한 것으로, DSA보다 효율적이고 빠른 알고리즘이다.

국내에서도 ECDSA와 같은 타원곡선을 이용한 전자 서명 표준이 제정되었다. 이를 EC-KCDSA라 부르며, 기본 개념은 ECDSA와 유사하다.

3.3 해시

1) 해시의 개요

전자 서명과 유사하게, 해시는 전자 데이터로부터 생성되는 값이지만, 생성된 해시는 원래 데이터로 역으로 변환할 수 없다는 점에서 차이가 있다. 따라서 전자 데이터로부터 해시를 생성할 수는 있지만, 해시를 이용하여 원본 전자 데이터를 재구성하는 것은 불가능하다.

게다가 해시는 지문과도 유사하게 비유될 수 있다. 각각의 인간이 고유한 지문을 가지는 것과 마찬가지로, 해시도 전자 데이터의 각 부분마다 고유한 값을 생성한다. 이러한 특성을 이용하여 해시를 비교함으로써 전자 데이터가 위조되거나 변조되었는지 여부를 확인할 수 있다.

해시 함수는 전자 데이터로부터 해시를 생성하며 다음과 같은 특성이 있다.

- 전자 데이터로부터 고유한 해시를 생성
- 전자 데이터의 길이(비트 길이)와 별개로 고정된 크기의 해시를 생성(해시 크기는 사용하는 해시 함수가 결정)
- 전자 데이터가 약간(1비트)이라도 변하면 해시는 완전히 다른 값이 만들어짐(해시는 전자 데이터의 내용에 따라 고유한 값을 가짐)

다음으로 해시의 생성과 비교를 통해 위조 및 변조를 검증하는 내용을 설명한다. (그림 3-17)은 해시의 생성과 비교를 보여준다.

해시끼리 충돌할 확률은 0이 아니다. 이는 해시 함수의 출력 크기에 따라 결정된다. 예를 들어 해시의 크기가 2비트면 4가지 해시 값만 표현할 수 있기 때문에 전자 데이터가 5종류 이상이라면 충돌하게 된다.

하지만 일반적으로 사용되는 해시 함수는 충분한 비트 수로 해시 값을 생성하여 충돌할 확률을 매우 낮게 유지한다. 예를 들어 비트코인에서 채택하고 있는 SHA-2562이리는 해시 함수는 256비트의 해시 값을 생성한다. 256 비트로 표현 가능한 해시 수는 천문학적이기 때문에 해시 값이 충돌할 확률은 무시할 수 있을 만큼 작다.

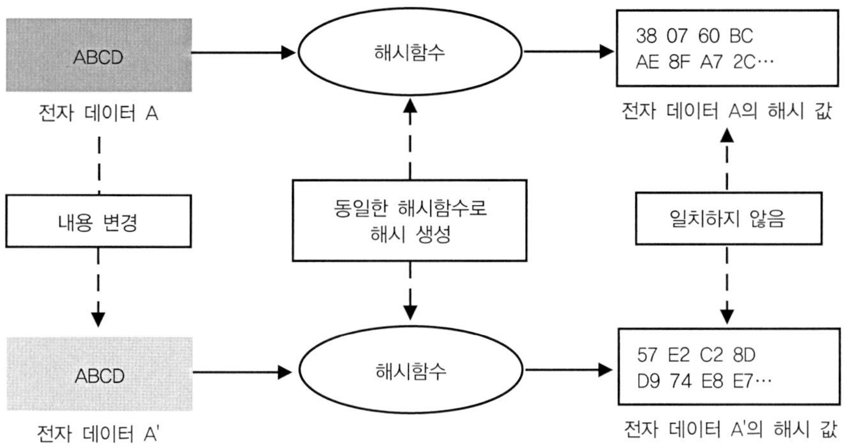

그림 3-17 해시 생성과 비교

2) 블록체인에서 해시

블록체인은 복수의 트랜잭션을 모은 블록을 만들고, 블록에는 이전 블록의 해시를 포함시킨다. 그리고 해시 계산에 사용하는 ^Nonce(해답)이라는 값을 세트로 첨부한다. 다음 (그림 3-18)은 비트코인을 예로 블록체인에서 해시를 이용하는 것을 설명한다.

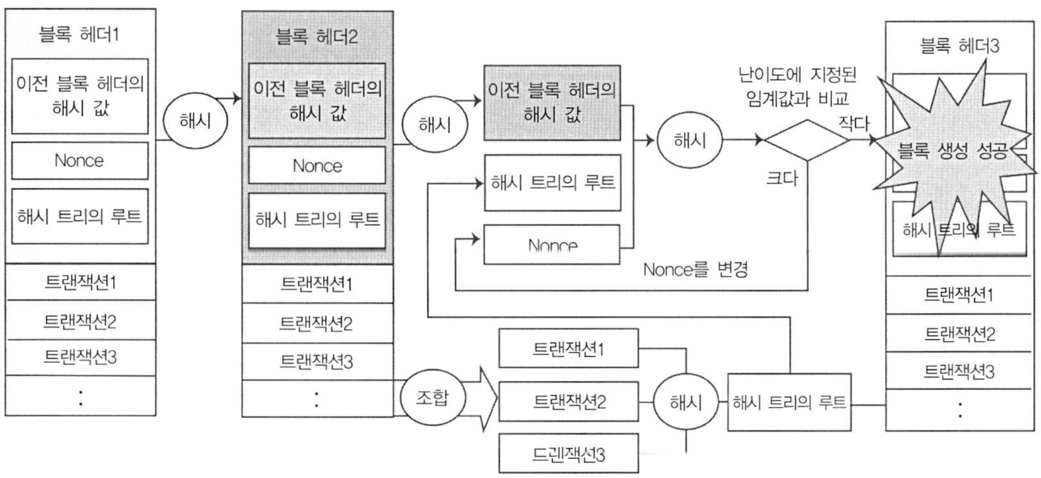

그림 3-18 비트코인에서 해시 이용

비트코인에서 블록은 '블록 헤더+트랜잭션 정보(복수)'로 만들어지며 블록 헤더는 '이전 블록 헤더의 해시 값+Nonce3+트랜잭션의 해시 값4'으로 구성된다. 블록을 생성하려면 1개 앞의 블록 헤더의 정보와 생성한 Nonce 및 그 블록에 포함된 모든 트랜잭션의 해시 값을 포함시켜 해시 함수에 입력한다. 따라서 어떤 블록의 내용을 위조하거나 변조하면, 해당 블록의 해시 값이 변경되어 그 다음 블록부터는 모든 블록의 해시 값이 변경된다. 위조나 변조를 성공시키기 위해서는 이후의 모든 블록에 대한 해시를 다시 계산해야 한다. (그림 3-19)는 위조 및 변조했을 때의 재계산 현상을 보여준다.

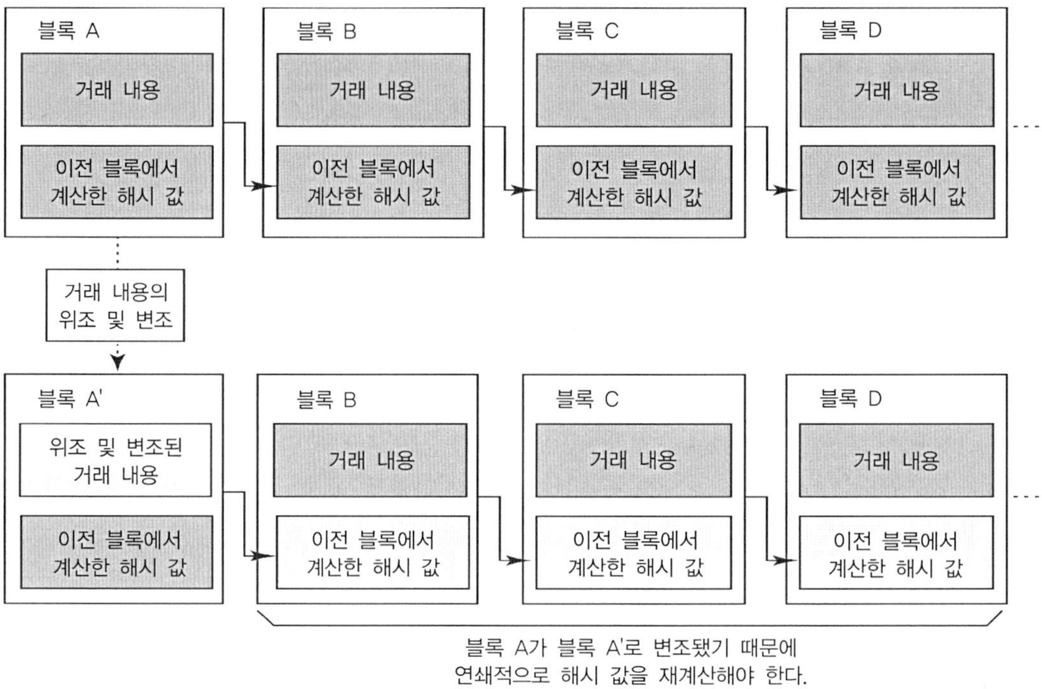

그림 3-19 위조 및 변조했을 때의 해시 재계산

비트코인을 출발로 한 블록체인 기술은 혁신적인 기술로서 차세대 인터넷을 주도하고 있으며, 다양한 산업 분야에서 큰 관심을 받고 있다.

Reference

[1] Bellare, M., & Miner, S. K. (1999, August). A forward-secure digital signature scheme. In Annual international cryptology conference (pp. 431-448). Berlin, Heidelberg: Springer Berlin Heidelberg.

[2] Boneh, D., Ding, X., & Tsudik, G. (2004). Fine-grained control of security capabilities. ACM Transactions on Internet Technology (TOIT), 4(1), 60-82.

[3] Boneh, D., Ding, X., Tsudik, G., & Wong, C. M. (2001). A method for fast revocation of public key certificates and security capabilities. In 10th USENIX Security Symposium (USENIX Security 01).

[4] Cohen, H., Frey, G., Avanzi, R., Doche, C., Lange, T., Nguyen, K., & Vercauteren, F. (Eds.). (2005). Handbook of elliptic and hyperelliptic curve cryptography. CRC press.

[5] Hankerson, D., & Menezes, A. (2021). Elliptic curve cryptography. In Encyclopedia of Cryptography, Security and Privacy (pp. 1-2). Berlin, Heidelberg: Springer Berlin Heidelberg.

[6] Meng, W., Tischhauser, E. W., Wang, Q., Wang, Y., & Han, J. (2018). When intrusion detection meets blockchain technology: a review. Ieee Access, 6, 10179-10188.

[7] Preneel, B. (1993). Analysis and design of cryptographic hash functions (Doctoral dissertation, Katholieke Universiteit te Leuven).

[8] Tsudik, G. (2003). Weak forward security in mediated RSA. In Security in Communication Networks: Third International Conference, SCN 2002 Amalfi, Italy, September 11-13, 2002 Revised Papers 3 (pp. 45-54). Springer Berlin Heidelberg.

[9] 강주성, 김재헌, 박상우, 박춘식, 지성택, 하길찬 & 한재우. 현대암호학. 경문사. 2000.

[10] 김남훈. (2016). 비트코인의 거래 메커니즘과 사설블록체인 활용 동향.

[11] 김도영, 김민재, & 조영득. (2019). 다양한 환경에서 RSA-PSS 와 ECDSA 전자서명 성능 비교. 한국정보통신학회 종합학술대회 논문집, 23(2), 493-494.

[12] 나상호, & 심혜영. (2022). 블록체인에서 Schnorr 디지털서명의 사용 전망에 관한 연구 디지털콘텐츠학회논문지, 23(4), 743-751.

[31] 노지석. (2021). 화이트박스 암호 활용한 블록체인의 ECDSA 키 관리: ECDSA Key Management for Blockchain Using White-box Cryptography.

[14] 민경식, 박진상, 우승훈, 이건우, 이태준, 최윤성 & 이희조. (2023). Web 3.0 시대 핵심 기술, 블록체인 보안 위협 전망 및 분석. KISA Insight. 한국인터넷 진흥원. (2).

[15] 박수영, 최광미, & 정채영. (2004). 메신저에서 ElGamal 방식의 ECC에 MAC을 이용한 전자서명 인증 설계. 한국정보처리학회 학술대회논문집, 11(2), 1255-1258.

[16] 박영호, 박호상, & 정수환. (2002). ECDSA를 적용한 ID 기반의 사용자 인증 및 키 교환 프로토콜. 정보보호학회논문지, 12(1), 3-10.

[17] 양승해, 조인석, & 이병관. (2001). 타원곡선을 이용한 암호화와 전자서명. 한국멀티미디어학회 학술발표논문집, 629-634.

[18] 이동훈, 황효선, & 임채훈. (2001). 타원곡선 암호의 기초와응용. 주) 퓨쳐시스템 암호체계센터, Technical Report, 8, 1.

[19] 이제영, & 우청원. (2018). 블록체인 기술의 전망과 한계 그리고 시사점. Future Horizon, (38), 12-15.

[20] 임명환. (2016). 블록체인 기술의 영향과 문제점 및 시사점. 정보통신기술진흥센터 주간기술동향, 12.

Summary

[1] 공개키 암호는 두 개의 서로 다른 키, 공개키와 비밀키를 사용하여 데이터를 암호화하고 복호화하는 암호화 기술이다. 공개키는 누구나 알 수 있지만, 해당 공개키로 암호화된 데이터는 비밀키로만 해독할 수 있다. 이를 통해 안전한 통신이 가능하다.

- RSA(Rivest-Shamir-Adleman): 대표적인 공개키 암호화 및 복호화 알고리즘이다. 공개키와 개인키를 사용하여 데이터를 암호화하고 복호화한다. 또한, 개인키로 암호화한 데이터를 공개키로 복호화할 수도 있다.
  - 동작 원리: 큰 소수의 곱셈이라는 수학적 원리를 기반으로 한다. 공개키는 모듈러 연산에 사용되는 공개된 지수와 모듈러 값으로 이루어져 있다. 개인키는 이러한 값을 생성할 때 사용되는 비밀된 소수로 이루어져 있다.
- DSA(Digital Signature Algorithm): 디지털 서명을 생성하고 검증하는 알고리즘으로, 데이터의 무결성을 확인하기 위해 사용된다. DSA 서명은 개인키로 생성하고 공개키로 검증된다.
  - 동작 원리: 이산 로그 문제와 관련된 수학적 연산을 기반으로 한다. 서명 생성 시 무작위 숫자를 사용하여 계산하며, 이를 통해 서명이 매번 달라지게 된다.
- ECC(Elliptic Curve Cryptography): 디지털 서명을 생성하고 검증하는 알고리즘으로, 데이터의 무결성을 확인하기 위해 사용된다. DSA 서명은 개인키로 생성하고 공개키로 검증된다.
  - 동작원리: DSA는 이산 로그 문제와 관련된 수학적 연산을 기반으로 한다. 서명 생성 시 무작위 숫자를 사용하여 계산하며, 이를 통해 서명이 매번 달라지게 된다.

[2] 전자서명은 디지털 문서나 데이터의 인증을 위해 사용되는 기술이다. 개인의 공개키로 생성된 전자서명은 해당 개인의 비밀키로만 확인할 수 있어, 데이터의 출처와 무결성을 보장한다. 이는 인터넷 상에서 안전한 거래와 커뮤니케이션을 가능하게 한다.

- RSA 기반의 전자서명: RSA 암호화 알고리즘을 이용하여 서명을 생성하고 검증한다. 서명 생성 시 개인키를 사용하며, 검증 시 공개키를 사용한다. 서명 생성은 해시된 메시지에 대한 서명 값이며, 이를 통해 데이터의 무결성을 확인할 수 있다.
- DSA(Digital Signature Algorithm): RSA와 마찬가지로 디지털 서명을 생성하고 검증한다. 주로 데이터의 무결성을 확인하는 데 사용된다. 이산 로그 문제를 기반으로 하며, 개인키로 서명을 생성하고 공개키로 검증한다.
- ECDSA(Elliptic Curve Digital Signature Algorithm): ECC 암호학 알고리즘을 기반으로 하는 전자서명 알고리즘이다. 더 짧은 키 길이로 높은 보안 수준을 제공한다. 개인키로 서명을 생성하고, 공개키로 검증한다. ECC의 타원 곡선 연산을 이용하여 서명을 생성한다.

[3] 해시는 임의의 길이의 데이터를 고정된 길이의 고유한 값으로 변환하는 함수이다. 같은 데이터에 대해서는 항상 동일한 해시 값이 나오며, 서로 다른 데이터에 대해서는 다른 해시 값이

생성된다. 이를 통해 데이터의 무결성을 확인하거나, 빠르게 데이터를 검색하고 비교할 수 있다.

- MD5(Message Digest Algorithm 5): 128비트의 고정된 길이를 가지는 해시함수이다. 빠르고 간단한 구현이 가능하지만, 현재는 보안성이 취약해 사용을 권장하지 않는다. 데이터 무결성 확인, 간단한 체크섬 생성 등에 사용된다.
- SHA-1(Secure Hash Algorithm 1): 160비트의 해시 값을 가지는 해시함수이다. 더 안전한 해시함수가 필요해져 현재는 사용을 권장되지 않는다. 데이터 무결성 검증, 디지털 서명 등에 사용된다.
- SHA-256(Secure Hash Algorithm 256-bit): 256비트의 해시 값을 가지는 해시 함수이다. 블록체인과 같은 보안 강조 환경에서 널리 상용된다. 블록체인의 트랜잭션의 무결성 검증, 인증서 서명, 데이터 무결성 확인에 사용된다.

Exercises

1. RSA 암호화에서 공개키와 비밀키의 역할 중 올바른 설명은 무엇인가요?

a) 공개키로 암호화하면, 비밀키로 복호화할 수 있습니다.

b) 공개키로 복호화하면, 비밀키로 암호화할 수 있습니다.

c) 공개키와 비밀키는 서로 동일한 기능을 합니다.

d) 공개키와 비밀키는 암호화에는 사용되지 않습니다.

2. RSA 알고리즘에서 두 소수 p와 q가 주어졌을 때, 공개키 n의 값은 얼마인가요? $(p=11,\ q=17)$

a) 187

b) 127

c) 289

d) 221

3. 전자서명의 목적은 무엇인가요?

a) 데이터를 안전하게 저장하기 위함

b) 데이터의 출처와 무결성을 보장하기 위함

c) 데이터를 암호화하여 전송하기 위함

d) 데이터의 압축을 위함

4. RSA 기반의 전자서명에서, 전자서명을 확인하기 위해 필요한 키는 무엇인가요?

a) 공개키

b) 개인키

c) 중간키

d) 해시키

5. 해시 함수의 주요 특징으로 올바르지 않은 것은 무엇인가요?

a) 동일한 입력값에 대해서 항상 동일한 해시 값을 반환합니다.

b) 해시 값을 통해 원래 데이터를 역추적 할 수 있습니다.

c) 작은 변경이라도 입력 데이터의 해시 값은 완전히 다르게 됩니다.

d) 길이가 다른 데이터라도 동일한 길이의 해시 값을 반환합니다.

6. 해시 함수의 무결성이란 무엇인가요?

a) 해시 함수를 역으로 해독하는 것
b) 동일한 입력에 대해 항상 동일한 해시 값을 반환하는 것
c) 해시 값을 변조하지 않고 전송하는 것
d) 입력 데이터의 작은 변경이라도 해시 값이 완전히 달라지는 것

7. 해시 함수의 충돌이 발생하는 경우, 어떤 상황이 일어나는지 설명해주세요.

a) 두 다른 입력이 동일한 해시 값을 가집니다.
b) 해시 함수가 더 강력한 암호학적 특성을 가집니다.
c) 해시 값이 변조되어 전송됩니다.
d) 입력 데이터의 길이가 해시 값의 길이와 다릅니다.

8. 공개키 암호 시스템에서 "공개키"와 "비밀키"의 역할에 대해 자세히 설명해주세요.

9. 공개키 암호화와 대칭키 암호화의 주요 차이점과 각각의 장·단점을 비교해보세요.

10. 전자서명이 왜 중요한지 설명하고, 전자서명의 작동 원리를 간략히 설명해주세요.

11. 전자서명에서 "공개키"와 "개인키"의 사용 방식과 역할을 설명해주세요.

12. 해시 함수의 주요 특징 중 "고유성"과 "압축성"이 무엇을 의미하는지 설명해주세요.

13. 해시 충돌이란 무엇이며, 해시 충돌을 방지하기 위한 방법 중 하나를 설명해주세요.

CHAPTER 04

스마트 컨트랙트

4.1 스마트 컨트랙트의 개요

인더스트리 4.0과 산업 인터넷의 시대에서 우리는 개개인의 역량을 발전시키기 위해 새로운 기술을 학습해야 한다. 요즘 가장 대두되는 것이 블록체인 기술일 것이다. 블록체인은 나카모토 사토시라는 정체를 알 수 없는 사람 혹은 집단이 2008년에 발행한 단 9쪽 자리 논문에서 시작하여 그의 논문에는 중앙은행 없이도 가치가 유지될 수 있는 온라인화폐를 고민하였고, 이 화폐를 유지할 수 있는 수단으로 블록체인 기술을 생각해 냈다. 블록체인은 이름 그대로 블록, 즉 정보들이 체인처럼 엮여있다는 것을 말하는데 이 기술은 모든 정보를 서로 공유하기 때문에 안전하다. 이러한 블록체인을 이용해 대두된 기술이 스마트 컨트랙트이다.

스마트 컨트랙트는 기존의 서면 계약보다 훨씬 합리적이며 효율적이다. 그렇다면 이러한 스마트 컨트랙트는 어디서 등장했으며, 어떤 기술을 사용 중이고, 향후에는 어떠한 방식으로 사용되고 있을까에 대한 이야기를 해보고자 한다.

1) 스마트 컨트랙트의 등장

1994년, 암호학자이자 프로그래머인 닉 자보(Nick Szabo)의 논문 "Formalizing and Securing Relationships on Public Networks"에서 스마트 컨트랙트 개념이 처음으로 소개되었다. 이 논문에서 "스마트 컨트랙트는 프로토콜과 사용자 인터페이스를 통해 계약 프로세스의 모든 단계를 용이하게 만든다. 이는 기존의 서면 계약 방식보다 훨씬 더 기능적인 디지털 계약을 사용할 수 있는 새로운 방법을 제공한다"라고 주장하였다. 이를 통해 스마트 컨트랙트가 거래 비용 등을 줄일 수 있는 새로운 방법을 제공한다고 설명하였다.

2013년, 비탈릭 부테린(Vitalik Buterin)은 비트코인의 블록체인 기술을 기반으로 한 금융 거래 및 모든 종류의 계약을 처리할 수 있는 기능을 확장하는 개념을 소개했다. 부테린은 기존 비트코인의 소스 코드를 수정하여 스마트 컨트랙트 기능을 구현하려고 했지만, 비트코인 커뮤니티에서 이 요구가 받아들여지지 않았다. 대신, 부테린은 새로운 가상화폐인 이더리움(Ethereum)을 만들고 스마트 컨트랙트 기능을 구현했다. 스마트 컨트랙트를 사용하면, 개발자가 계약 조건과 내용을 직접 코딩할 수 있기 때문에, 이더리움 플랫폼을 통해 원칙적으로 인간이 상상할 수 있는 모든 종류의 계약을 구현할 수 있다.

다만, 자바 기반의 프로그래밍 언어인 솔리디티(Solidity)를 알아야 하기 때문에, 프로그래밍을 모르는 일반 사람들은 직접적인 스마트 컨트랙트의 조건과 내용을 생성하는 코딩하기는 어렵기 때문에 계약서를 제작해주는 별도의 프로그래머가 필요하다.

(그림 4-1)은 블록체인 기반의 스마트 컨트랙트를 보여주고 있다.

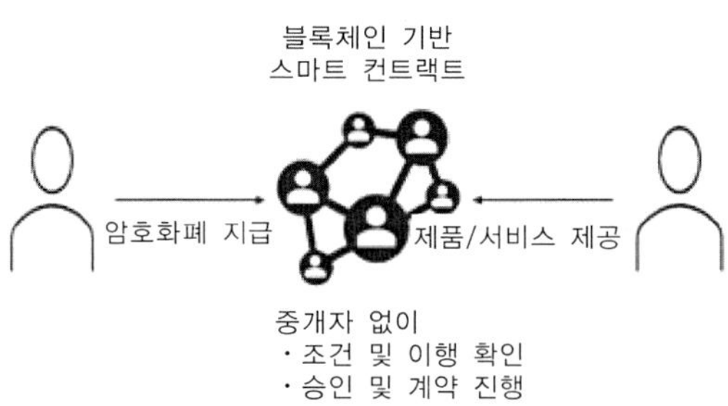

그림 4-1 블록체인 기반 스마트 컨트랙트

미국법상의 스마트 계약 개념에 따르면, 스마트 계약은 일정 조건이 충족되면 자동으로 실행되거나, 다수 당사자 간의 거래에서 재산 이전을 기록하는 공개된 기록을 허용하는 암호화된 약정으로 정의된다. 이러한 스마트 계약은 종종 다중 서명 기술을 활용한다. 또한, 스마트 계약은 분산되고 탈중앙화된 원장에서 작동하며, 원장을 보존하고 자산의 이전을 지시하는 사건에 응한 프로그램으로 작동한다.

스마트 계약에 대한 두 가지 입법은 스마트 계약을 프로그램으로 이해하는 측면에서는 일치하지만, 전자적 자동화와 분산 원장인 블록체인 기술에 중점을 둔다는 점에서 차이가 있다. 그러나 블록체인 기술이 스마트 계약의 필수 요소로 인식되는 것은 합리적이다. 이는 블록체인의 특성이 실행을 자동화하는 데 큰 도움이 되기 때문이다. 따라서 스마트 계약은 분산 원장을 기반으로 하고 블록체인 기술을 활용하여 실행이 자동화되도록 설계된 프로그램 또는 코드로 이해할 수 있다. 일정 조건이 충족되면 거래가 자동으로 실행되도록 프로그래밍된 자동화된 계약 시스템으로 볼 수도 있다. 스마트 계약에 대한 통합된 정의는 없지만, 세 가지 공통된 측면을 찾을 수 있다. 이는 다음과 같다. ❶ 거래가 가상 통화의 단순한 이전을 초과하고 여러 당사자가 관련될 수 있다는 점, ❷ 둘 이상의 당사자가 관련될 수 있다는 점, ❸ 계약이 초기화된 후에는 인간의 개입이 필요하지 않고 자동화되는 실행이 포함된다는 점이다. 스마트 계약은 노드와 마이너의 노력을 통해 블록체인에 코드화되고 전자적으로 기록되는 가상 통화의 이전과 같이 처리된다.

2) 스마트 컨트랙트의 개념 및 목적

가. 스마트 컨트랙트의 개념

블록체인 기반의 거래는 공공거래장부를 통해 암호화폐를 사용한다. 어떤 내용이라도 가능한 백지 계약서를 통해, 계약당사자들의 허락이 있으면 계약이 성사되며, 이후에 계약서 작성시 계약서 전용 언어를 사용, 정해진 양식을 사용한 후 서명한다면 계약 내용이 실행된다. 이 계약이 실행되는 부분에서 백지 계약서를 작성하고 실행하는 단계를 스마트 컨트랙트라 한다. 앞서 말했듯이 새로운 계약을 하기 위해서는 블록체인과 솔리디티 프로그래밍 언어를 이용해 프로그램 코딩이 필요하다. 그렇기 때문에 코딩이 가능한 계발자만 새로운 계약을 만들 수 있다.

블록체인 기반으로 한 스마트 컨트랙트는 중개인이 없다. 그렇기 때문에 중개인이 하던 계약서 작성, 계약서 및 상품과 거래자 정보 확인과 같은 업무를 블록체인이 대신하여 계약실행 시에 블록체인 네트워크를 통해 블록체인 계약 참여자들에게 암호화폐로 수수료 지급한다.

스마트 컨트랙트는 계약을 기록, 이행, 집행하는 컴퓨터 프로그램으로, 전자데이터교환(Electronic Data Interchange, EDI)과는 구별된다. EDI는 데이터 교환을 위한 표준을 제공했지만, 금전 교환에 대한 기술은 갖추고 있지 않았다. 반면 스마트 계약은 블록체인 기반의 보안성과 함께 계약의 이행까지 보장하는 프로그램으로, 이는 기존의 EDI와 확연히 다르다. 비트코인과 블록체인은 이러한 변화를 이끌었다. 구체적으로, 계약 당사자들은 조건을 충족하면 자동으로 계약을 체결하고 비트코인 또는 이더(Ether)와 같은 가상통화를 교환할 수 있게 되었다. 스마트 계약의 핵심 개념을 알아보면, 블록체인 기술을 활용해야 하며, 계약의 실행은 자동화되어야 한다. 이러한 계약은 사실상 프로그램 또는 코드이다. 코드가 실행되면 데이터 단위만큼 가치가 쉽게 이전될 수 있다.

나. 스마트 컨트랙트의 목적

블록체인을 통한 스마트 컨트랙트 거래방식은 암호화폐(가상화폐)를 발행 하여 공공거래장부 작성한다. 그 후에 참여자의 장부 기록을 공유하여 위변조를 제한할 수 있다. (그림 4-2)는 기존의 중앙화 시스템과 탈중앙화 시스템을 비교해서 보여준다.

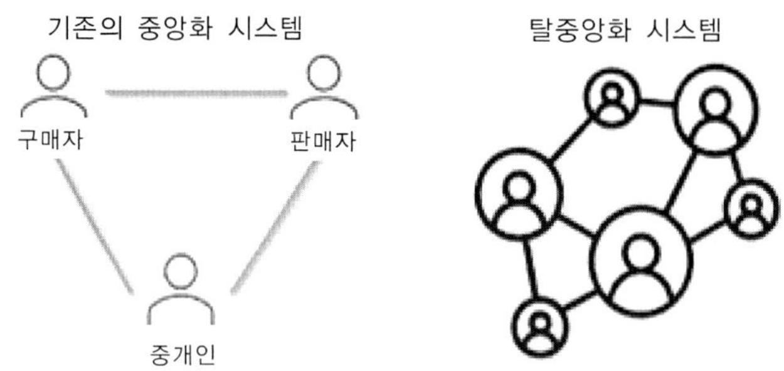

그림 4-2 기존 중앙화 시스템과 탈중앙화 시스템의 비교

예를 들어 스마트 컨트랙트가 없는 부동산 계약을 진행할 때는 중개인, 계약 서류, 승인을 위한 사인, 조건의 이행 여부 확인 등 과 같은 많은 절차가 필요하기 때문에 많은 비용이 소요된다. 또한 전통적인 계약 형태는 서로 대면을 통한 지역적 한계를 벗어나기 힘들다.

물론 인터넷을 통해 계약 체결이 가능하지만, 인터넷을 통한 거래는 많은 단계가 필요하고 소요되는 비용도 커진다.

스마트 컨트랙트는 오프라인 즉 직접 거래 시 판매자가 원하는 지정 장소에 가야 하는 이러한 지역적 장애물을 극복할 수 있고, 인터넷을 통한 거래에서는 서버 구축부터 시작하여 많은 비용이 발생할 수 밖에 없는 단계들의 비용을 감소시킬 수 있는 대안이 될 수 있다.

다. 스마트 컨트랙트의 정의

앞에서 알아본 개념적 요소와 특징을 고려하여 스마트 계약을 정의하면, 스마트 계약은 블록체인 기술을 기반으로 하며 계약의 자동 실행이 보장된 컴퓨터 프로그램 또는 코드이다. 다만 전통적인 계약 이론과 대비되는 이러한 개념을 편의상 "협의의 스마트 계약"이라고 한다. 일반적으로 "스마트 계약"이라고 하면 주로 협의의 스마트 계약을 의미한다. 그러나 협의의 스마트 계약은 당사자 간의 합의가 이루어지지 않았으므로 전통적인 계약 개념과 구별된다. 상대방이 코드가 요구하는 일정한 조건을 충족시킨 경우에만 전통적인 계약과 유사한 구조가 형성된다. 즉, 코드가 상대방의 의사표시와 합치한 경우 이는 청약과 승낙의 구조를 가진 계약과 유사하므로 코드에 따라 상대방의 의사표시가 행해진 것을 논의의 편의상 '광의의 스마트 계약'이라 한다. 이는 협의의 스마트 계약을 법적 계약 개념으로 포괄하는 과정에서 설정된 개념에 지나지 않는다.

라. 스마트 컨트랙트의 진화

스마트 계약이라는 용어는 변호사이자 컴퓨터 프로그래머인 닉 샤보(Nick Szabo)가 1994년에 처음 사용한 것으로 알려져 있다. 당시 스마트 계약의 개념은 계약 조건을 실행하는 컴퓨터화된 거래 프로토콜을 의미했다. 그 일반적인 목적은 흔히 계약 조건(지급 조건, 담보, 익명성,

그리고 집행)을 충족시키는 것이며, 동시에 악의적이거나 우연한 예외적 상황을 최소화하고, 중재자의 필요성을 최소화하는 것이다. 경제적 목적은 사기로 인한 손해, 중재 및 강제 집행 비용, 그리고 기타 거래 비용을 절감하는 것도 포함된다. 스마트 계약을 둘러싼 주요 모호성은 전통적인 법적 이해와 코드의 스마트한 측면 간의 상호 불일치에서 비롯된다. 많은 온라인 활동은 코드에 의해 조정되지만, 법적으로는 적절하게 보이지만 계약 형성 측면이 부족하다.

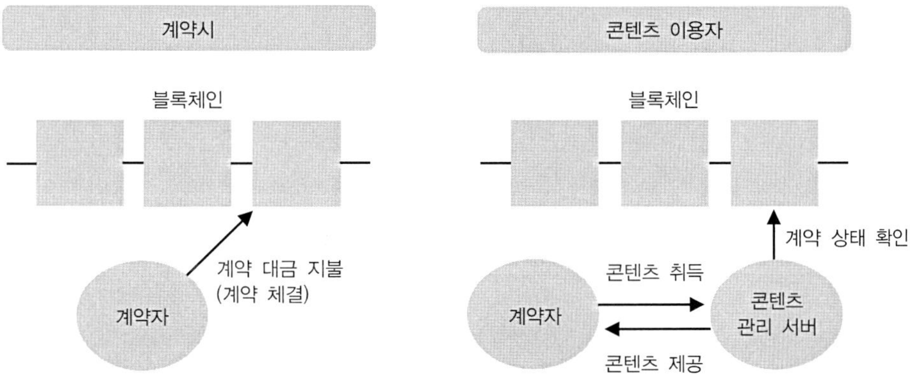

그림 4-3 스마트 컨트랙트를 이용한 DRM 관리

스마트 계약은 합의의 조건을 실행하고 이행할 수 있는 개념에 근거한다. 이러한 계약은 소프트웨어가 당사자의 개입 없이도 조건을 이행할 때 '자가집행성(self-enforcing)'을 갖는다. 이는 당사자들 간의 신뢰가 부족한 경우에도 협의를 이룰 수 있게 한다. Nick Szabo가 스마트 계약을 고안했지만, 1990년대에는 아직 이를 실현하기에는 시기상조였다. 이와 유사하게, 자동으로 실행되는 기능을 갖춘 디지털 권리 관리(Digital Rights Management, DRM) 시스템이 있다. DRM 계약은 사용자가 스마트 계약을 위반하지 못하도록 하여 감시 및 집행 비용을 절약하였다. 영화 렌탈의 경우, 사용자가 시청을 시작하면 '타임 스탬핑(time stamping)'을 통해 시간이 기록된다. 24시간이 지나면 소프트웨어가 사용자의 미디어 접근 권한을 취소한다. 그러나 DRM(스마트) 계약은 사용자가 입력을 하거나 계약 조건을 적용하는 등의 작업을 할 수 없어 권한이 제한된다. 스마트 계약은 이와 달리 블록체인 기술을 활용하여 합의된 조건이 충족되면 기초 자산을 분배할 수 있다. (그림 4-3)은 스마트계약을 이용한 DRM을 보여준다.

❶ 이더리움

이더리움은 스마트 계약을 위해 특별히 고안되었으며, 사용자가 프로그램을 보다 자유롭게 초안할 수 있도록 했다. 스마트 계약을 이더리움에 탑재하는 절차는 비트코인 거래와 유사하다. 그러나 스마트 계약은 일반적인 비트코인 거래처럼 상대방의 주소로 이동하지 않고, 대신 설계자가 네트워크상의 노드들이 스마트 계약을 인식할 수 있는 특별한 주소인 '계약 주소

(contract address)'를 형성한다. 계약 당사자(상대방)는 계약의 실행에 필요한 조건을 충족시키기 위해 스마트 계약에 대한 거래 요청을 보냄으로써 해당 계약을 촉발할 수 있다. 스마트 계약의 발효는 연쇄 반응을 유발할 수 있다. 이로 인해 자동으로 다른 거래 요청이 발생할 수 있으며, 이는 다른 스마트 계약을 활성화시킬 수 있다. 이러한 절차는 이론적으로 무한히 반복될 수 있다. 단일한 조건의 충족은 해당 거래를 조건으로 하는 일련의 스마트 계약을 촉발시킬 수도 있다. 블록체인은 모든 변수를 추적할 수는 없지만, 다중 서명과 데이터베이스는 계약 조건이 충족되면 블록체인을 벗어나 정보를 추적하고 신뢰할 수 있는 서명을 제공하여 이러한 문제를 해결한다.

❷ The DAO

스마트 계약이 사용되고 문제가 된 사례로는 앞서 언급한 The DAO가 있다. The DAO의 법적 지위에 대한 논의는 이 프로젝트가 형성되는 초기부터 크라우드펀딩 참여자들을 중심으로 온라인상에서 매우 활발하게 진행되었다. 커뮤니티 내의 논의를 살펴보면, The DAO에 참여한 많은 사람들이 이 조직을 어떠한 국가의 법적 관할권에도 속하지 않는 조직으로 만들고 싶어 했음을 알 수 있다. DAO의 법적 지위에 대해 논의할 수 있었던 원인은 DAO가 이더리움을 기반으로 하는 스마트 계약에 의해 자유롭게 구현될 수 있기 때문이다. 이더리움이라는 스마트 계약 플랫폼은 누구나 '이더(Ether)'라 불리는 디지털 자산을 사용하여 분산형 어플리케이션과 스마트 계약을 구축하고 실행할 수 있도록 허용하고 있다.

4.2 스마트 컨트랙트의 특징

1) 스마트 컨트랙트의 특징

스마트 계약의 특징 중 하나는 결제 시스템이 내장된 분산된 기술적 환경 속에서 계약 상의 의무를 이행할 수 있다는 점이다. 비트코인의 소유권은 두 가지 요소를 지닌 디지털 주소로 표시된다. 이는 공개키로 사용되는 주소와 이와 연관된 디지털 자산(예 : 비트코인 등의 암호 화폐 또는 토큰)에 배타적인 접근 권한을 부여하는 개인키이다. 소유자는 이러한 개인키를 통해 디지털 자산을 소비할 권리가 있음을 증명한다. 요컨대, 스마트 계약은 컴퓨터 코드를 통해 계약의 성립과 이행이 자동화된 전자 계약으로 간주될 수 있으며, 스마트 계약서는 계약의 내용이 컴퓨터 코드로 프로그래밍되어 계약 당사자가 가독성 있게 만들어진 '전자 문서'로 해석될 수 있다.

2) 스마트 컨트랙트의 장점

첫 번째로는 서류 업무의 자동화가 가능하다는 점이다. 기존의 거래업무 진행 시에는 거래에 기반이 될 모든 복잡한 법률들과 절차들을 처리하는 과정에서 엄청난 서류의 송신 및 확인이 필요하다. 하지만 스마트 컨트랙트를 이용한다면 소수의 개발자가 서류 업무를 자동으로 처리하는 프로그램을 만들고 소수 개발인력으로 서류 업무 자동처리가 가능하여 소수의 인원으로 많은 수익을 얻을 수 있다.

수많은 문서들을 소수의 인원이 확인하는 게 가능할까 의심할 수 있다. 그렇지만, 블록체인 기반의 스마트 컨트랙트는 계약 내용의 회신과 같은 일들을 서로 확인하여 계약조건 일치 여부를 자동으로 확인할 수 있기 때문에 기존의 거래방식보다 더욱 편리하며 서류 업무 자동화를 통해 비용 절감을 할 수 있다.

두 번째는 중개업에 필요한 인력 최소화가 가능하다는 점이다. 블록체인을 기반으로 한 스마트 컨트랙트에서는 계약 내용이 검증 후에 문제가 없다고 판단된다면, 내부적으로 거래하기로 한 계약 정보 및 자산, 암호화폐 등이 문제없이 반복 거래 된다. 즉, 한 번 체결된 신뢰 계약에서는 중개인이 필요하지 않다.

극단적으로 본다면 계약중심의 중개업 인력 축소로 인한 중개업의 분산화가 일어날 수도 있기도 하지만 이렇게 분산화 된 인원들이 모여 새로운 개발에 참여할 수 있기 때문에 적은 인력으로 다양한 시도를 할 수 있다는 가능성이 높다.

이러한 사실들을 통해 스마트 컨트랙트의 장점은 크게 자율성, 신뢰성, 안정성, 효율성 4가지로 나눌 수 있다.

- 자율성 : 스마트 컨트랙트는 거래를 할 때 제3자나 중개자의 개입 없이 계약에 대한 완전한 자율적인 통제권을 유지한다.
- 신뢰성 : 문서는 암호화되어 보안 유지가 되는 공유 원장에 안전하게 저장된다. 이는 상대방을 신뢰할 필요가 없으며, 상대방이 신뢰를 보장할 필요도 없음을 의미한다. 스마트 컨트랙트의 공정한 시스템은 본질적으로 신뢰를 대체하기 때문이다.
- 안정성 : 올바르게 구현된 스마트 컨트랙트는 해킹하기가 매우 어렵다. 게다가, 스마트 컨트랙트를 위한 완벽한 환경은 복잡한 암호화로 보호되어 있으므로 사용자의 문서를 안전하게 보호한다.
- 효율성 : 스마트 컨트랙트를 활용하면 일반적으로 많은 문서들을 수작업으로 처리하거나 특정 장소로 전송하거나 운송하는 데 소요되던 많은 시간을 절약할 수 있다.

3) 비트코인과 이더리움의 비교

이더리움은 분산 어플리케이션(Decentralized Application = dApp)을 이용할 수 있어 비트코인과 다르게 다양하게 이용 가능하다. 넓게 말해보자면 (그림 4-4)와 같이 이더리움은 거대한 가상 컴퓨터, 비트코인은 기능이 한정된 계산기라고 할 수 있다.

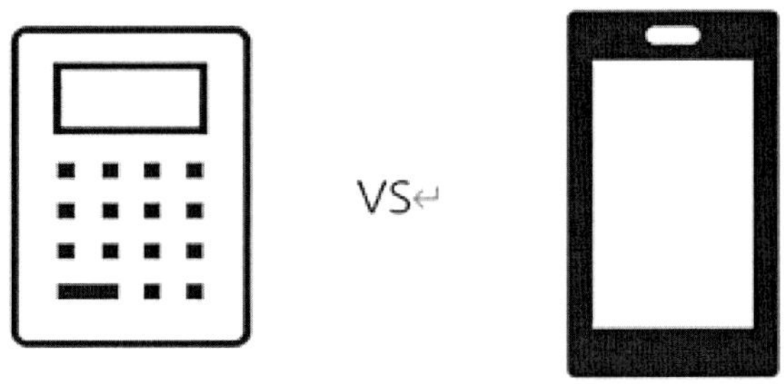

그림 4-4 비트코인(전자계산기) vs. 이더리움(스마트폰)

비트코인의 스크립트 언어는 비교적 단순해서 비트코인이 화폐로만 작동하도록 한다. 다양한 언어가 있지만 비트코인의 스크립팅 언어는 단순하고 표현 방법이 많지 않은 언어라 할 수 있다. 구글 엔지니어링 연구소장이자 미래학자로 알려진 레이 커즈와일(Ray Kurzweil)은 비트코인이 세계적인 디지털 통화가 되기에는 불안정하다고 말했다.

이더리움은 수만 개의 노드가 똑같은 연산을 중복하여 동일한 데이터를 동일한 상태의 합의에 도달한다. 효율성의 측면에서 본다면 동일한 정보가 여러 대의 컴퓨터에 저장되기 때문에 엄청난 낭비가 된다고 할 수 있지만. 이러한 데이터들이 모여 똑같은 연산과 성능으로 같은 데이터를 가지고 합의를 하기 때문에 위 · 변조가 불가능 하며, 하나의 노드를 해킹한다고 해도 전체를 해킹할 수 없기 때문에 신뢰성을 구축한다.

4) 블록체인과 부동산 거래방식의 비교

계약방식의 비교를 (그림 4-5)와 같이 부동산을 기존의 방식과 스마트 컨트랙트를 통한 방식으로 해 보자면, 우선 기존 부동산 거래방식은 구매자가(돈) 판매자의(집)을 교환 하고자 할 때, 개인 대 개인(P2P)으로 거래하기에 서로간의 신뢰가 없어 중개자(부동산)를 통해 거래를 한다. 그렇기 때문에 중개인이라는 제3자의 개입을 통해 거래정보 관리 및 계약을 성사시킨다.

이를 통해 중개인은 양측에게서 수수료를 받는다. 이러한 내용은 부동산 뿐만 아니라 은행과 같은 중앙화 시스템이 일상인 곳에서 사용되는 중앙집중식 거래이다.

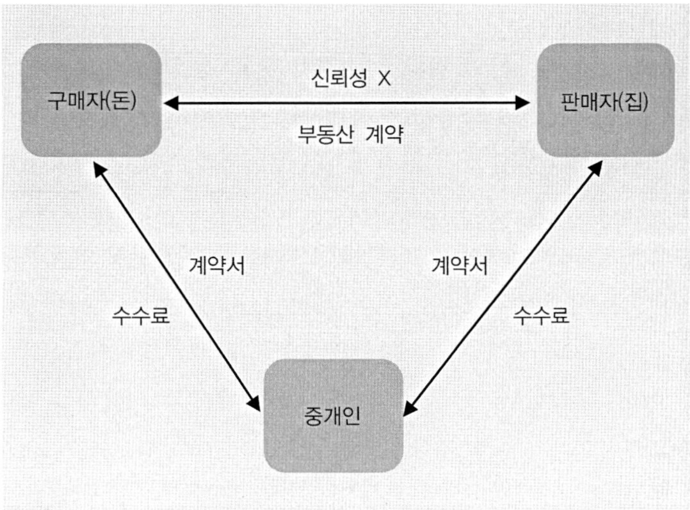

그림 4-5 기존 부동산 거래 방식

4.3 블록체인과 스마트계약의 관계

1) 배경

스마트계약의 개념은 컴퓨터 과학자 닉 자보에 의해 1994년에 처음 소개되었다. 닉 자보는 "Smart Contract"라는 용어를 처음 사용했으며, 인터넷에서 낯선 개인들과 전자상거래 프로토콜을 설계하는 것과 이와 관련된 "고도로 진보된" 관행을 도입하려는 목표를 가지고 있었다. 궁극적으로 스마트 계약은 프로그램 상에서 법적 합의를 성문화하고 컴퓨터가 인간 대신에 그 조항을 해석하고 실행하도록 만드는 것이었다. 그러나 닉 자보가 처음 소개한 스마트 계약은 현실적으로 구현 가능한 기술이 아니었기 때문에 그 시점에서는 아이디어에 불과했다. 블록체인은 이러한 아이디어를 현실로 구현 가능하게 한 기술이다.

블록체인에 계약과 관련된 정보를 기록하면, 제 3자 증명 기관 없이도 위조 우려 없이 계약을 관리하고 실행할 수 있는 시스템을 구축할 수 있다. 보통 계약 성립 여부를 객관적으로 확인하기 위해서는 공증인이나 변호사와 같은 제 3자를 통해 증거를 제시해야 한다. 그러나 블록체인 기술은 본질적으로 제 3자의 확인 없이 거래의 정당성을 입증할 수 있는 특징을 가지고 있다. 예를 들어 비트코인은 통화 거래를 은행과 같은 제3자 증명 기관을 거치지 않고도 구현되고 있다.

계약에 대한 당사자들은 계약 내용을 디지털화하여 블록체인에 기록한다. 그리고 계약 조건이 충족되면 블록체인에 기록된 계약 내용을 참조하여 해당 계약을 자동으로 실행할 수 있다.

2) 블록체인의 확장성

스마트 계약은 블록체인 기술이 발전된 대표적인 응용 사례이다. 다시 말해, 스마트 계약을 구현하기 위해서는 블록체인이 작동하는 플랫폼을 활용해야 하며, 현재와 같은 중앙 집중화된 데이터베이스 관리 시스템을 가진 환경에서는 구현하기 어렵다. 블록체인은 프로그래밍된 계약이 중단되지 않고 지속적으로 실행되도록 하며, 외부의 개입 없이도 디지털 자산을 직접 이동시킬 수 있도록 계약에 힘을 부여한다. 스마트 계약을 운용하는 주요 플랫폼으로는 이더리움(Ethereum)이 널리 알려져 있다. 이더리움은 스마트 계약을 위해 최초로 개발된 블록체인 플랫폼으로, 비탈리크 부테린(Vitalik Buterin)이 초기에 개발하였으며, 이더리움 파운데이션(Ethereum Foundation)을 통해 스위스에서 설립된 후에도 계속해서 업데이트와 개발이 진행되고 있는 오픈소스 프로젝트이다. 비탈리크 부테린은 블록체인의 핵심 기술을 비트코인에서 착안하여, 화폐 거래 기록뿐만 아니라 계약서 등의 추가 정보를 기록할 수 있는 분산 네트워크를 만들었다. 이를 통해 전 세계의 다양한 사용자들이 보유한 컴퓨팅 자원을 활용하여 SNS, 이메일, 전자투표 등 다양한 정보를 기록하는 시스템을 개발하였다. 이더리움은 C++, 자바, 파이썬, GO 등 주요 프로그래밍 언어를 지원한다.

비트코인 블록체인이 주로 암호화 화폐에 초점을 맞추었다면, 이더리움 플랫폼을 기반으로 한 블록체인은 스마트 계약을 기록하고 관리하는 데 중점을 두고 있다. 초기의 비트코인 블록체인은 스크립트(script)를 사용하여 비트코인의 잔고증명과 트랜잭션을 발송한 사람의 서명을 확인하는 데 주로 사용되었다. 이와는 달리 이더리움 블록체인은 솔리디티(Solidity)라는 자체 프로그래밍 언어를 사용하며, 이를 통해 블록체인에 저장된 소프트웨어 코드를 실행하여 프로그램을 구현할 수 있다. 솔리디티는 비트코인의 스크립트 언어가 제공하는 것보다 훨씬 강력한 기능을 제공하는데, 이는 튜링 완전성(Turing-completeness), 가치 인지능력(value-awareness), 블록체인 인지능력(blockchain-awareness), 상태(state) 개념 등을 포함한다.

3) 분산화 어플리케이션

현재 진행되고 있는 분산화 어플리케이션(Decentralized Applications, DApps) 프로젝트들은 State of the DAPPS 웹사이트에서 확인이 가능하다. 웹사이트에 게시된 분산 어플리케이션은 주로 이더리움 블록체인 플랫폼에서 운영된다. 사실상 스마트 계약은 분산화된 어플리케이션의 한 형태로 간주된다. 즉, 스마트 계약은 블록체인에 저장되어 특정 조건이 충족되면 사전에 합의된 사항이 자동으로 실행되는 탈중앙화된 어플리케이션으로 볼 수 있다. 이더리움과 비트코인은 내장된 암호 화폐를 갖고 있다. 일반적으로 스마트 계약은 최종 결제를 위해 이더리움이나 비트코인을 사용한다. 스마트 계약은 전통적인 수단인 페이팔의 신용카드와 같은 결제 수단을 사용하여도 작동할 수 있다. 그러나 이 두 가지 방법의 의미는 항상 같지 않다. 스마트 계약의 실질적인 힘은 디지털 자산이 직접 전송될 때 나타난다. 이는 스마트 계약이 한 번 실행되면 시스템을 중단시키는 것이 거의 불가능하기 때문이다.

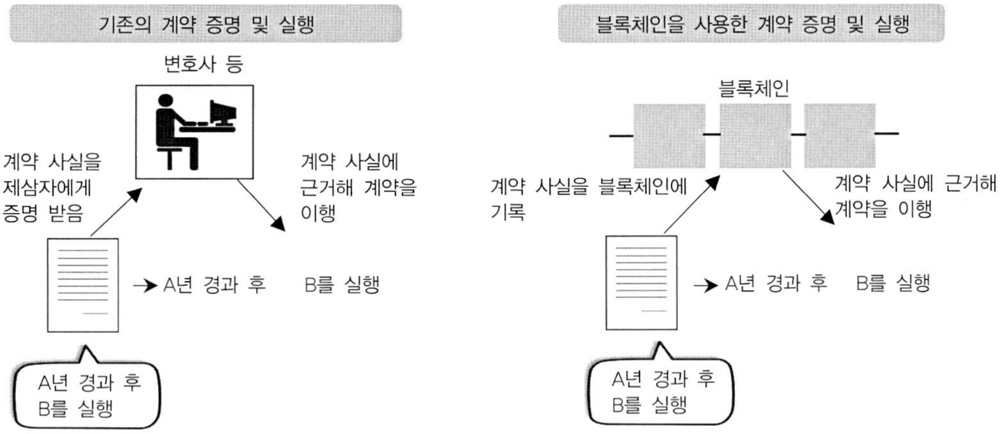

그림 4-6 블록체인을 사용한 계약 관리

4) 스마트계약의 연계

(그림 4-6)은 블록체인을 사용한 계약관리를 보여주고 있다.

가. 블록체인과 스마트계약의 관계

블록체인은 단순히 거래를 기록하는 것에 국한되므로 스마트계약을 직접적으로 지원하지는 않는다. 그러나 블록체인 기술은 계약을 형성하고 이행하며 법률 시스템에 의존하지 않고도 완전히 자동으로 이를 실행할 수 있는 프로그램에 응용될 수 있다. 특히 각 당사자가 암호화폐와 같은 블록체인에 의해 지원되는 급부를 포함한 거래를 할 경우, 판매자는 블록체인에 청약을 등록하고 구매자는 승낙을 보내면 거래가 자동으로 이루어질 수 있다. 계약의 조건이 코드화되면 각 당사자의 이행 또는 불이행에 대한 결과가 자동으로 이뤄지며, 이에 따라 법원이나 타당한 당사자에게 의존할 필요가 없어진다.

나. 다른 스마트계약과의 관계

비트코인 거래와 스마트계약의 과정은 상당 부분 유사하지만, 상대방의 주소로 직접 향하는 대신 네트워크의 노드가 스마트계약을 감지하고 해당 계약을 위한 특별한 주소를 생성한다. 이를 통해 당사자는 스마트계약의 주소로 거래 조건을 이행하는 요구를 전송하여 스마트계약을 활성화한다. 스마트계약의 활성화는 연쇄적 반응을 초래할 수 있으며, 다른 거래 요청으로 연결될 수 있고, 이는 다른 스마트계약을 다시 활성화시킬 수 있으며, 이러한 과정은 이론적으로 무한히 반복될 수 있다. 따라서 하나의 조건을 충족시키는 것은 해당 의무에 연결된 일련의 스마트계약을 활성화할 수 있다는 것을 의미한다.

다. 오라클과 다중서명

다른 스마트계약과 연관된 스마트계약의 모든 조건을 블록체인이 추적할 수 있는 것은 아니다. 이러한 문제를 해결하기 위해 블록체인 대신 다중서명과 오라클이 블록체인을 벗어난 정보를 추적하고, 계약 조건이 충족되면 신뢰할 수 있는 서명을 제공한다. 다중서명은 두 당사자 이외의 당사자가 하나의 계약에 참여할 수 있도록 허용한다. 오라클은 외부 정보를 블록체인에 입력하기 위해 다중서명을 활용한다. 이러한 오라클은 블록체인으로 추적되지 않는 정보를 입증하는 부가적인 서명자 역할을 한다. 또한, 오라클은 합의된 데이터 소스를 참고하여 실제 세계의 이행을 조건으로 하는 거래에 대한 부가적인 서명을 제공할 수 있다.

요구하는 조건이 충족되면, 오라클은 거래를 유효하게 만들기 위해 개인키로 거래를 서명한다. 오라클은 다른 블록체인에 의해 추적되는 다양한 자산에 의존하는 거래 시스템에서, 요구된 조건을 충족하는 것을 조건으로 한 지급을 가능하게 할 수 있다.

4.4 스마트 컨트랙트의 구조

스마트 컨트랙트 기능을 가진 블록체인에 개발자가 계약조건을 블록체인을 통해 등록한 후 계약희망자 즉 계약조건에 부합하는 자들이 계약을 한다.

(그림 4-7)은 스마트 컨트랙트의 구조를 보여준다.

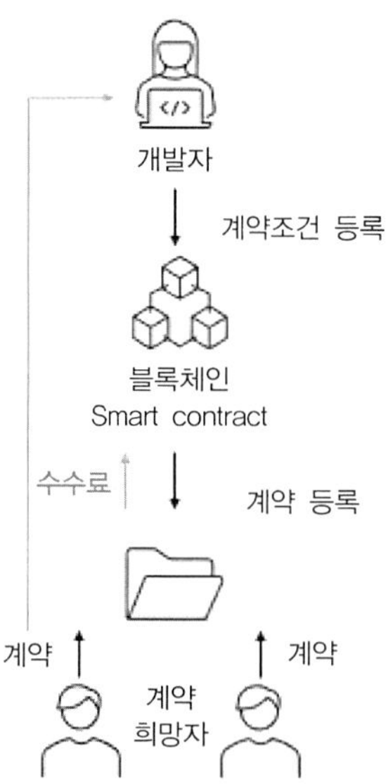

그림 4-7 스마트 컨트랙트의 구조

중개인이 없는 스마트 컨트랙트 구조에서는 중개인이 하던 일인 계약서 작성, 계약서 및 상품 확인 거래자 정보 확인을 블록체인이 중개업무를 대신하며, 개인이 은행 대신 발행, 이체, 장부 관리, 위변조방지와 같은 업무를 블록체인을 통해 은행 없이 서비스할 수 있다.

계약성사시에는 어플리케이션을 등록한 개발자와 블록체인에 컴퓨터 연산력을 제공한 블록체인 네트워크 참여자들에게 수수료가 지급된다.

즉, 블록체인은 프로그래밍으로 계약서가 실행될 때 마다 참여자들이 제공하는 컴퓨터 연산력에 대해 암호화폐를 수수료로 제공하며 계약서를 제작하는 사람에게도 제작료 수수료를 제공하고, 계약서의 양식 제작하는 계발자에게도 수수료 일부를 제공한다.

스마트 컨트랙트 거래를 간략하게 5단계로 설명해 보자면

1 단계　소스 코드를 작성한다.

2 단계　소스 코드를 컴파일하여 바이트코드를 트랜잭션으로 전송한다.

3 단계　마이너는 트랜잭션의 유효성을 검토하면, 블록을 생성하여 배포한다.

4 단계　가상머신은 컨트랙트 주소로 메시지를 전송하여 블록체인에 저장된 코드를 호출하며, 상태의 변경을 지속적으로 확인한다.

5 단계　조건에 따른 상태 변경이 발생할 때, 실행 비용인 gas를 계산하고 상태 변경 트랜잭션을 생성한다. 스마트 컨트랙트는 이더리움의 복수의 참가자들에 의해 실행되기 때문에 개별적인 통제에서 벗어나 자유롭게 운영될 수 있으며, 일정한 조건이 성취되는 경우 자동실행(self-execution)되는 특징을 가진다.

이러한 다섯 가지 단계들을 통해 스마트 컨트랙트를 이더리움을 이용하여 프로그래밍이 가능한 누구든지 블록체인 기반의 네트워크를 통하여 스마트 컨트랙트, 스마트 컨트랙트의 필요한 계약서를 작성, 저장, 실행할 수 있다.

1) 이더리움

이더리움에서 스마트계약은 주로 솔리디티(Solidity)와 같은 프로그래밍 언어를 사용하여 작성된다. 이러한 코드는 컴퓨터가 처리할 수 있는 0과 1로 이루어진 이진 코드로 변환되며, 이더리움 지갑(Wallet) 프로그램 내에 내장된 EVM(Ethereum Virtual Machine)에서 실행된다. 솔리디티로 작성된 코드는 운영체제에 독립적인 EVM에서 작동하므로, 자바 가상머신과 유사한 환경에서 동작한다. EVM은 소프트웨어 개발자의 관점에서는 네트워크에서 실행되는 작은 프로그램의 런타임 환경으로 간주된다.

이더리움에서 스마트계약은 계정사이에서 이루어지는 계약으로, 특정 조건이 충족될 때 이더(Ether)의 전송 역할을 한다. 이 계약은 시스템에 의해 실행되며, 이더 또는 토큰이 자동으로

이동되는 특성을 가지고 있다. 스마트계약은 네트워크가 지속적으로 운영되고, 작성된 후 수백 년이 지나도 효력을 발휘할 수 있다는 가정하에 설계된다. 악의적인 행위자가 접근하더라도 EVM은 샌드박스화되어 있어서 간섭을 막는다. 또한, 다른 네트워크와 분리되어 당사자가 스마트계약을 탈출하는 것을 방지한다. 계약 조건이 충족되면 스마트계약이 에스크로우에 자산(이더 또는 토큰)을 보유하고 이동시킬 수 있는 권한이 주어진다.

지갑 프로그램은 P2P 네트워크 기반의 블록체인을 형성하는 노드와 클라이언트 역할을 수행한다. 노드는 백그라운드에서 실행되어 트랜잭션을 승인하고 보관하며 분산 합의를 달성하는 역할을 하며, 클라이언트는 트랜잭션을 생성하고 사용자 인터페이스를 제공하여 거래 내역을 확인할 수 있도록 한다. 이 클라이언트를 통해 가상 통화인 이더를 전송하고, 스마트 계약 프로그래밍을 완료한 후 프로그램을 블록체인에 배치할 수 있다.

(그림 4-8)은 이더리움에서 실행되는 스마트계약 프로그램의 구조를 보여준다.

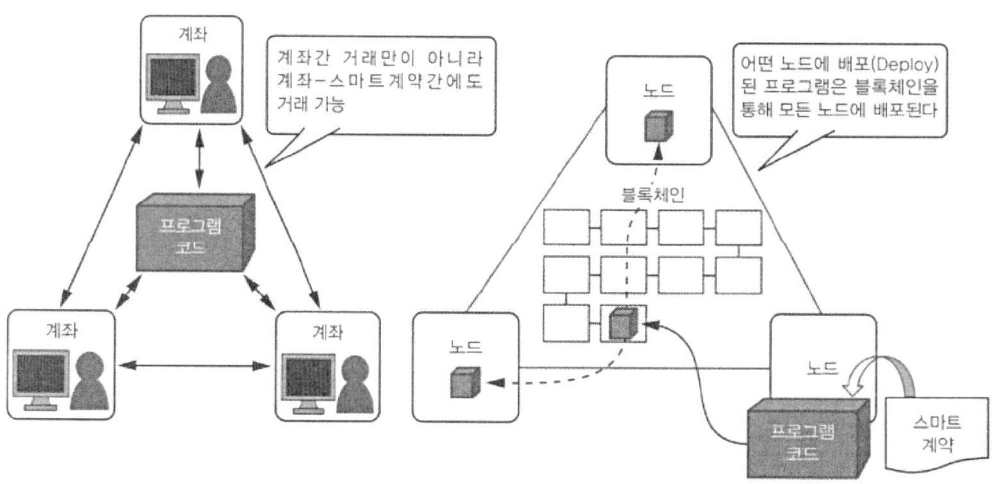

그림 4-8 이더리움에서 실행되는 스마트계약 프로그램 실행 구조

스마트 계약 프로그램은 지갑 주소로 트랜잭션을 발행하여 다양한 동작을 처리한다. 이 주소는 일반 계좌와 대기계좌로 나뉜다. 일반 계좌는 비밀키를 소유하고 트랜잭션을 발행할 수 있는 주소이다. 대기계좌는 스마트 계약에서 요청을 접수하는 것을 대기하는 주소이다.

스마트 계약이 실행하는 코드와 결과는 트랜잭션에 포함되어 블록체인에 저장된다. 이 데이터는 데이터베이스 형태로 유지되어 모든 노드가 동일한 정보를 공유하고 유지하며, 수정되지 않고 추가만 가능하다. 지갑 주소는 블록체인에서 참여자를 식별하는 데 사용된다. 이러한 주소는 공개키 암호화 방식으로 생성되며, 계약을 체결하고 실행할 때 개인키와 함께 전자서명을 하는 데 사용된다.

(그림 4-9)는 이더리움의 구성을 보여준다.

보통 스마트 계약을 실행하기 위해서는 다음과 같은 절차를 따릅니다.

- 스마트계약 프로그래밍 코드를 작성한다.
- 코드를 서명하여 블록체인에 저장한다.
- 스마트 계약 주소로 메시지를 전송하여 블록체인에 저장된 코드를 호출한다.

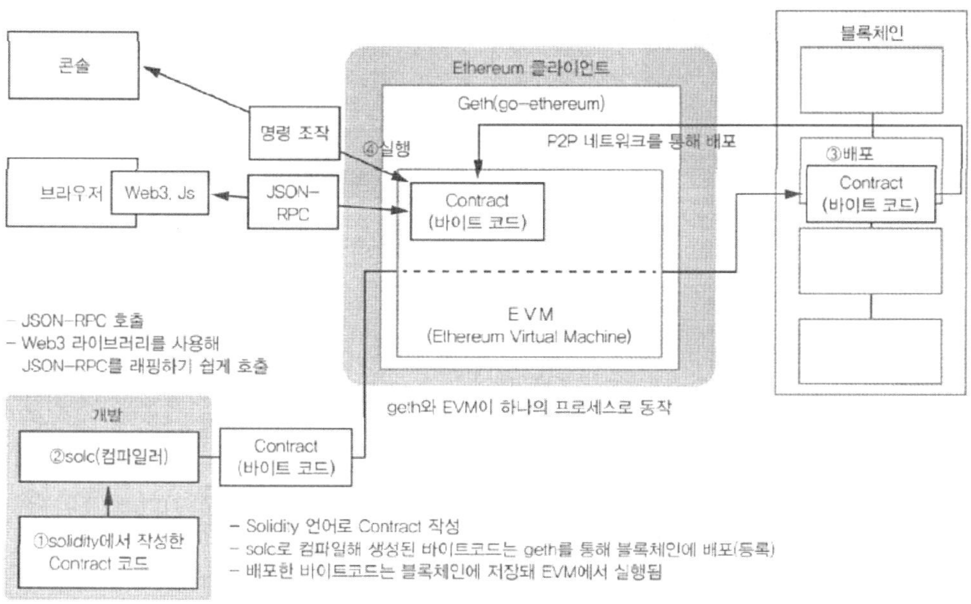

그림 4-9 이더리움의 구성

2) Hyperledger Fabric

하이퍼레저 패브릭은 기업을 대상으로 하는 블록체인 소프트웨어로, 하이퍼레저 프로젝트가 개발하고 있다. 하이퍼레저 프로젝트는 기업에서 사용할 수 있는 분산원장 프레임워크를 개발하기 위한 오픈소스 프로젝트로, 2015년 12월에 Linux Foundation에서 협업 프로젝트의 하나로 발표되었다. IBM, 시스코, 인텔, 아메리칸 익스프레스, JP모건 등의 글로벌 대기업들이 참여하고 있으며, 2017년 8월 기준으로 한국에서는 코인플러그, 한국거래소(KRX), 코스콤, 한국예탁결제원, 삼성 SDS가 참가하고 있다.

이 프로젝트의 목적은 블록체인 및 분산원장을 개발하여 업계 간 협력을 발전시키는 것이라고 한다. 이를 통해 시스템의 성능 및 안정성을 향상시키며, 글로벌 금융 및 공급망 회사의 비즈니스 트랜잭션을 지원할 수 있다. 해당 프로젝트는 자체적인 합의 알고리즘과 저장 루틴을 포함하여 엄격한 권한관리, 접근제어 및 스마트계약을 위한 서비스를 제공한다.

Hyperledger의 초기에는 자체적인 비트코인 유형의 암호 화폐를 개발할 것이라는 혼란이 있었다. 그러나 Behlendorf는 Hyperledger 프로젝트가 결코 비트코인 유형의 암호 화폐를 만들지 않을 것이라고 명시적으로 밝혔다. 2017년 7월 12일, Hyperledger Fabric 1.0을 공식 발표했다.

Hyperledger Fabric은 인큐베이션 프로젝트 중 하나이다. 인큐베이션은 프로젝트가 아직 미성숙한 상태임을 의미한다. Hyperledger Project에서는 프로젝트가 제안되고 승인을 받으면 인큐베이션 단계에 진입하고, 해당 프로젝트가 충분히 기능을 갖췄다고 판단되면 성숙 단계로 이동한다. Hyperledger Fabric은 공개형 네트워크가 아닌 '권한형 네트워크'를 전제로 하고 있다. 이는 네트워크 참여자가 사전에 승인되어야 함을 의미한다. Hyperledger Fabric은 '권한형 네트워크'로, 누구나 네트워크에 참여할 수 있는 것은 아니다. 네트워크에 참여하는 노드나 데이터 처리를 요청하는 사용자는 미리 등록되어 있어야 한다. 이를 관리하기 위해 Hyperledger Fabric은 멤버십 서비스를 제공한다. 이 서비스는 사용자 등록 뿐만 아니라 참여 기관의 인증서를 인증하고, 거래의 익명성을 보장하기 위한 거래 인증서를 발급하며, 통신 암호화에 사용되는 TLS 인증서를 발행한다.

Hyperledger Fabric의 데이터는 원장(ledger)으로 알려져 있다. 비트코인이나 이더리움과는 다르게, 원장에는 블록체인뿐만 아니라 '월드 스테이트'라고 불리는 데이터베이스의 일부가 포함된다. 월드 스테이트는 키 밸류 스토어로써, 트랜잭션 처리 결과를 저장한다. Hyperledger Fabric은 어떤 거래가 완료된 시점의 상태를 월드 스테이트에 기록한다. 예를 들어, A가 B에게 송금한다면 A의 잔고를 감소시키고 B의 잔고를 증가시켜 이러한 변경 사항을 월드 스테이트에 저장한다.

Hyperledger Fabric은 '체인코드(Chaincode)'라는 프로그램을 활용하여 스마트 계약을 구현한다. 이는 비트코인이나 이더리움과는 달리, 코인 거래를 처리하는 기본 기능이 없기 때문에 모든 거래에 체인코드가 필요하다. 현재 체인코드는 Go 언어나 자바로 작성될 수 있다.

(그림 4-10)에서 체인코드는 Init(초기화), Invoke(거래 실행), Query(조회)의 3가지 처리를 구현한다. 이 처리는 Hyperledger Fabric 네트워크에서 다양한 체인코드를 배포할 수 있도록 하는 Chaincode 인터페이스에 따른다. Init과 Invoke는 월드 스테이트를 갱신하며, 실행 결과는 블록에 기록된다. 반면에 Query는 월드 스테이트의 상태 등을 참고할 뿐 정보를 갱신하지 않으므로 Query와 관련된 블록은 생성되지 않는다. 트랜잭션을 실행할 때 체인코드 ID를 지정하여 체인코드를 식별한다. 이 체인코드 ID는 체인코드를 배포할 때 생성된다.

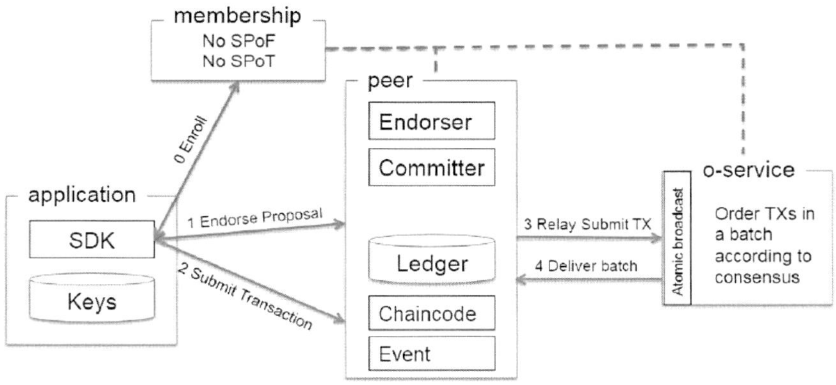

그림 4-10 Hyperledger Fabric 1.0 아키텍처

4.5 스마트 컨트랙트의 사례

1) 활용 사례

다양한 스마트 컨트랙트의 사례를 이야기해 보자면, 미국 증권업계에서는 나스닥의 전문투자자용 장외시장 거래에 스마트 컨트랙트를 적용해 자동화를 이뤄나가고 있다. 또 다른 사례로는 미국 차량 공유업체 리프트(Lyft)와 GM은 IoT 기반으로 차량을 등록하고 차량 유치권, 이전, 압류 등의 추적을 스마트 컨트랙트를 통해 자동화하고 있다. 또한 무역업에서는 수백 종류의 문서를 주고받았어야 했지만 블록체인 기반의 스마트 컨트랙트를 도입함으로써 많은 문서를 실시간으로 공유할 수 있어 시간적, 비용적으로 효율성을 높여 나가고 있다.

추가로 은행의 스마트 계약 사례로는 증권예탁결제원(DTCC)과 4대 은행(뱅크오브아메리카 메릴린치, 씨티은행, 크레딧 스위스 및 J.P.모건)이 액소니(Axoni)가 개발한 블록체인에서 스마트 계약을 활용하여 신용부도스왑(CDS)을 성공적으로 거래했다. 해당 거래에 사용된 스마트 계약에는 개별 거래의 세부 사항과 거래 상대방의 위험 지표 등의 정보가 포함되어 있으며, 이는 보도 자료에 따르면 파트너 및 규제 당국에게 새로운 수준의 투명성을 제공한다고 한다.

스마트 계약을 활용한 대표적인 사례로는 앞서 언급한 2016년 5월에 1억5천만 달러 규모의 크라우드 펀딩(Crowdfunding)으로 시작된 The DAO를 들 수 있다. 이 프로젝트는 벤처 캐피탈 펀드를 목적으로 설립되었으며, 이더리움 블록체인 상에서 스마트 계약을 기반으로 한 탈중앙화된 자율 조직(Decentralized autonomous organization, DAO) 형태로 출범하였다. The DAO의 자본금은 스마트 계약을 통해 제 3자에게 투자할 수 있도록 코드화되어 있었다. 그러나 The DAO 프로젝트는 출범 후 약 3주 만에 해킹되어 약 5천만 달러의 암호 화폐가 해킹되는 사고가 발생했다. 결과적으로 이로 인해 실행이 예상되던 스마트 계약 코드의 실현이 불가능해지고 The DAO 프로젝트 역시 중단되었다.

이외에도 온라인 투표, 사물인터넷(IoT) 및 M2M(Machine to Machine)의 구현, 차량 금융계약 등 다양한 분야에서 활용되고 있다. 스마트 계약은 중앙 관리 서버 없이 각 기기가 설정한 규칙에 따라 사람의 개입 없이 업무를 처리할 수 있다. 이를 통해 스마트 기기 간 상호 작용의 자동화를 실현할 수 있다.

삼성과 IBM이 사물인터넷 구현을 위해 제작한 ADEPT(Autonomous Decentralized Peer-to-Peer Telemetry)는 대표적인 프로젝트이다. ADEPT에 의해 세탁기가 세제가 부족함을 감지하면, 평소 이용하던 슈퍼마켓에 자동으로 주문을 하여 소모품을 구매할 수 있다. 가상화폐로 세제 값을 계산하거나, 세탁기가 고장 나면 보증 기간을 확인하고 서비스센터를 검색하여 수리를 예약할 수 있다. 보증 기간이 만료된 경우 주인에게 보증 기간 연장 계약을 맺어야 함을 알리며, 서비스센터에 수리비용에 대한 견적을 문의할 수 있다.

가. 금융 산업

디지털 통화 및 분산 원장에 가치를 저장하는 것 외에도, 블록체인 기술은 다양한 방법으로 활용될 수 있다. 비트코인의 개발 초기부터 디지털 통화 문제를 해결하기 위해 블록체인 기술이 발전해왔다는 점을 고려할 때, 이러한 활용 사례는 놀라운 것이 아니다. 비트코인은 종종 은행의 종말로 여겨졌지만, 실제로 블록체인 기술은 금융 기관의 투자를 폭발적으로 증가시켰다. 은행, 보험 회사, 증권 거래소 및 기타 금융 기관은 분산 원장이 기존의 중앙 집중형 시스템에 비해 제공하는 비용 절감, 효율성 및 경쟁 우위를 활용하기 위해 노력하고 있다. 금융 업계의 활용 사례는 단순한 지불 방법을 넘어섰다.

공인된 원장과 개방형 원장 간의 논쟁은 다른 산업에서도 매우 중요한 문제이다. 금융 기관에서는 개방형 분산원장에 대한 두 가지 주요 우려가 있다. 첫째, 고객의 민감한 재무 정보와 독점 정보(예: 거래 정보)를 다룬다. 둘째, 자금 세탁 방지(Anti-Money Laundering, AML) 요구 사항은 은행이 익명의 개인이 검증을 수행하는 결제나 결제 플랫폼에 의존하는 것을 거의 불가능하게 만든다. 암호화는 개인 정보 보호 문제를 완화할 수 있지만 AML 문제를 해결할 수는 없다. 결과적으로 금융 업계의 초점이 당분간 허가된 원장에 계속 남을 것으로 예상된다.

❶ 은행업

은행 부문에서는 Barclays와 Santander Innoventures가 개념적 프로토타입의 증명과 추가적인 블록체인 연구를 위한 재정 지원에 관한 뉴스를 자주 접한다. 2015년에 발표된 CoinDesk의 은행과 블록체인 보고서에 따르면, UBS, BNY Mellon, Royal Bank of Scotland, Citibank,

Goldman Sachs 등 다수의 은행이 블록체인 기술의 연구 개발이나 지원에 참여했다. 이러한 다양한 관심사는 블록체인 기술에 도움이 되지만, 금융 부문에서 가장 큰 도전 과제 중 하나인 균일성이 강조되고 있다. 협업의 필요성은 R3 컨소시엄이 은행 업계와 함께 집단적으로 협력하려는 노력에 도움이 될 것이다. 이는 궁극적으로 금융 기관 간의 효율적인 상호 운용성을 위해 필수적인 핵심 프로토콜이기 때문이다. 개별 기관은 여전히 내부 시스템을 위한 다양한 생태계를 자유롭게 개발할 수 있으며, 실제로 그러한 혁신을 장려해야 한다.

❷ 금융투자업

나스닥은 분산 교환 플랫폼 개발에 상당한 자원을 투자하고 회사 내에 블록체인 이노베이션(Blockchain Innovation) 그룹을 설립했다. 현재 나스닥의 가장 중요한 공헌은 자사가 거래할 수 있는 디지털 방식의 주식을 개발할 수 있게 해주는 Linq 시스템이다. 이러한 노력은 2016년 5월 델라웨어 주에 의해 발표된 새로운 계획을 훌륭하게 활용하여 델라웨어 주에 본사를 두고 있는 기업들의 주식 발행을 촉진하는데 초점을 맞출 것이다. 증가된 속도와 거래 비용 감소 이외에도, 블록체인으로 거래되는 주식은 보다 효율적이고 투명한 대리 투표와 주주들에게 정보 보급의 혜택을 얻는다.

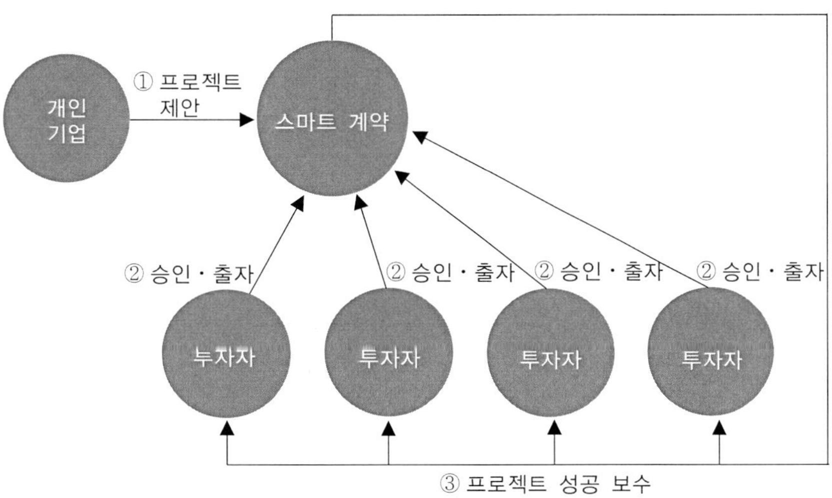

그림 4-11 스마트 컨트랙트를 이용한 크라우드 펀딩

위 (그림 4-11)과 같은 블록체인 기술을 활용한 크라우드 펀딩은 자금조달의 한 방법이다. 사업가나 크리에이터가 자금을 조달하는 방법으로 주목받고 있다. 크라우드 펀딩의 장점은 제품이나 서비스의 아이디어를 구현하는 개인이나 기업의 자금을 조달하기 위해 인터넷에서 공모하면 되고, 출자자도 소액으로 부담 없이 참가할 수 있다는 점이다. 개인과 개인이 직접 연결되므로 중개인을 통하지 않으며, 이는 블록체인의 특징과도 잘 어울린다. 최근 널리 활용되는 ICO(Initial Coin Offering)에서는 자금 조달을 위한 프로젝트 정보를 스마트 컨트랙트로

제작하여 출자자를 모집한다. 개인 및 기업은 이를 통해 가상통화로 자금을 제공할 수 있다. 성공 시, 출자한 프로젝트는 이익을 가상통화로 배당한다. The DAO는 독일 스타트업인 Slock.it이 개발한 이더리움 기반 스마트계약을 활용한 크라우드 펀딩 서비스로, 펀드매니저 없이 자율적인 시스템을 구현하는 것을 목표로 했다.

❸ 보험업

핀테크는 통신 및 자동차 기술을 비롯한 다양한 기술들과 함께 사회보험, 착용기기(wearable devices) 등과 같은 분야에서 보험에 큰 영향을 미치고 있다. 자동차, 주택, 휴대폰 보험은 보험료 할인을 위해 그룹으로 판매될 수 있다. 전산화는 스마트계약 형태로 증권이 발행되어 보험 분야가 확장될 수 있다. 전자계약은 계약 내용과 합의된 조건에 따라 보험료를 징수할 수 있다. 일련의 표준계약서는 분산원장이나 블록체인 형태로 발행될 수 있어 재보험이나 보험 이전이 전자적으로 실행될 수 있다. 유럽위원회는 2015년에 금융서비스와 보험에 관한 시안(Green Paper)을 발표했다.

미국 보험 시장도 변화가 거의 임박하며, 보험은 핀테크의 다음 영역으로 언급되고 있다. 하지만 미국은 2010년에 환자보호와 간호법(Patient Protection and Affordable Care Act: PPACA)법을 제정한 것 외에는 보험 영역에서는 큰 변화가 아직 없다.

❹ 전자지급결제

블록체인 기술은 재무 거래와의 논리적 연관 외에도 핀테크 투자가 급증함에 따라 큰 이익을 얻었다. 뉴욕이나 런던과 같은 금융 중심지는 금융 시스템을 면밀히 검토하고, 현재의 현대적인 지불 시스템 및 뱅킹 서비스에 접근할 수 없는 수억 명의 사람들에게 접근하는 차세대 기술을 개발하고 있다. 블록체인은 국제 거래 및 안정적인 통화가 부족한 국가에 맞는 가치를 제안하며, 국경을 넘어서는 플랫폼 덕분에 핀테크 커뮤니티에서 상당한 관심을 끌고 있다.

세계적인 결제 서비스 업체인 VISA는 2015년에 전자서명을 관리하는 회사인 DocuSign과 협력하여 자동차 리스 및 자동차 보험과 관련된 계약을 블록체인으로 관리하는 실증 실험을 발표했다. 이 실험에서 사용자는 차내의 터치 패널형 단말을 조작하여 자동차 리스 및 자동차 보험 계약을 종이 없이 완료할 수 있으며, 이러한 계약은 블록체인에 기록된다.

1 단계 차량 사용자는 차량 내에 설치된 터치패널 단말기를 사용하여 자동차 리스 또는 보험 계약을 선택한다.

2 단계 사용자는 터치패널에 서명하여 계약을 최종적으로 확정한다.

3 단계 확정된 계약 정보는 블록체인에 기록된다.

4 단계 계약이 완료되면 해당 차량은 블록체인에 저장된 정보를 기반으로 리스 만료 또는 보상을 처리한다.

현재, 자동차 구매자가 할부금을 제때 납부하지 않을 경우, 금융회사가 자동차의 소유권과 물리적 점유를 회수하는 데 많은 비용과 시간이 소요된다. 이는 변호사와 담보 회수 대행업체 등의 비용이 발생할 수 있으며, 가장 나쁜 경우에는 미납 금액을 회수하기 위해 법적 절차가 필요할 수 있다. 그러나 스마트 컨트랙트 하에서는 할부금 지불이 일정 횟수로 연체되면 디지털화된 소유권이 자동으로 금융회사의 디지털 지갑으로 이전된다. 또한, 자동차 시동을 켤 때 특별한 원격 디지털 '키'를 요구하는 온라인 암호화 시스템을 무선으로 쌍을 이룰 수 있다. 연체가 발생하면 이 시스템은 해당 키를 비활성화하고 차량에 대한 액세스를 차단할 수 있다. 이는 극단적인 처벌처럼 보일 수 있지만, 실제로는 시스템의 효율성과 비용 절감에 큰 이점이 있다. 이러한 자동화된 접근은 자산 몰수로 인한 관련된 비용과 복잡성을 제거하여 금융 조달 비용을 크게 줄일 수 있다.

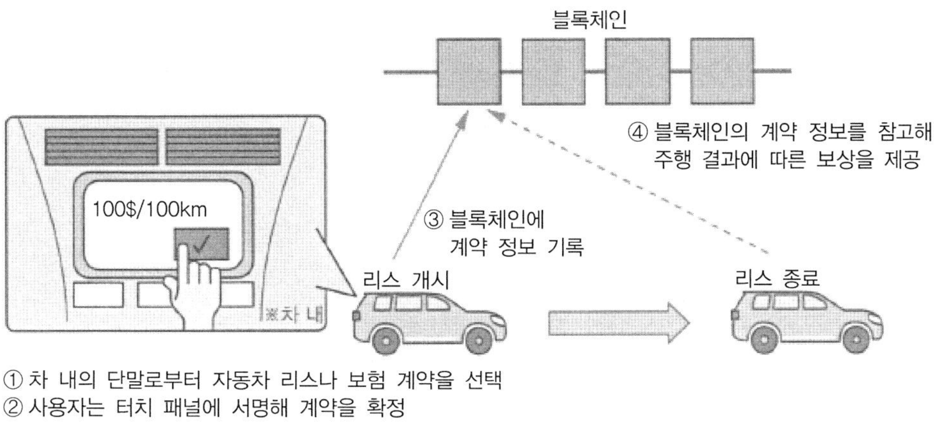

그림 4-12 VISA사와 DocuSign사의 실증 실험

나. 전문직 산입

❶ 법률 산업

법률 산업에서의 스마트계약 사용은 계약 자동화와 밀접한 관련이 있다. 그러나 계약 자동화는 역사적으로 로펌 내부에서 채택률이 낮았다. 이는 여러 이유로 인해 합법적인 문서 생성을 자동화하는 데 도움이 되는 템플릿 엔진을 만드는 다양한 시도가 의미 있는 방식으로 적용되지 않았기 때문이다. 이러한 과거의 실패는 로펌에서 스마트계약을 채택하는 데 어려움을 나타낸다. 그러나 스마트계약을 맺은 경험이 다를 것이라는 희망을 가질 만한 몇 가지 이유가 있다. 첫째로, 경제적 요인이 변화했다. 로펌들은 수년간 서비스 수요가 평탄해졌으며 조만간 증가할 조짐이 보이지 않는 법률 시장에서 법률회사 이익을 증대시키는 데 어려움을 겪고 있다. 따라서 비용 절감 및 효율성 향상(즉, 입력 비용 절감)을 촉진하는 제품 및 서비스는 그 어느 때보다 매력적이다. 둘째로, 고객이 블록체인 기술을 채택하기 시작하면 로펌은

동일한 도구를 채택하는데 거의 선택의 여지가 없다. 1990년대에 전자메일을 채택하지 않기로 결정한 법률회사를 유추할 수 있다. 특정 팩스 기술이 훨씬 뛰어났기 때문이다.

변호사는 공급망 관리나 기업 지배구조와 관련하여 대부분의 비즈니스 및 거래에 관여한다. 이러한 모든 영역은 합법 산업으로 분류될 수 있다. 법률 산업이 이러한 변화에 어떻게 대응하는지가 중요한다. 계약서 작성 방법과 당사자 간 계약 관계 논리를 포함한 일련의 프로세스에 상당한 변화가 있을 것으로 예상된다.

역사적으로 변호사들은 신기술을 채택하는 데 시간이 많이 걸렸지만 블록체인은 다르게 보인다. 법률 산업에서 블록체인 기술에 대한 관심은 Cardozo School of School의 교수인 Aaron Wright와 같은 학계에서부터 시작하여 정책 및 블록체인 기술에 대한 토론을 주도하고 스마트계약 기술을 개발하는데 적극적으로 참여한 사람들을 포함하여 광범위하게 진행되었다. 법적인 직업 자체에서, 일단 코딩에 애정을 갖고 있던 많은 변호사들은 이제 스마트계약 기술에 주목하고 있다. 이는 한편으로는 법률 이론과 정책에 대한 관심을 유지하면서도, 다른 한편으로는 기술과 소프트웨어 공학의 교차점을 탐구할 수 있는 완벽한 기회를 제공한다. 결국, 블록체인과 스마트계약은 많은 변호사들에게 꿈의 분야가 되고 있다.

학자 및 실무자 외에도 전 세계의 기술자 및 소프트웨어 엔지니어가 스마트계약 기술을 발전시키고 실제 계약 구성 요소와 융합시키는 데 협력하고 있다. 예를 들어, David Roon은 스마트계약 구성 요소와 기존의 법적 계약을 허용하는 소프트웨어 라이브러리를 개발하고 있다. Legalese는 도메인 관련 프로그래밍 언어를 활용하여 변호사나 비 변호사가 계약 초안을 효율적으로 작성할 수 있는 혁신적인 방법을 개발하고 있다. 이러한 방식으로 법적 계약이 기계가 이해할 수 있는 코드로 축소되면, 소프트웨어 엔지니어가 코드를 개발하는 데 사용하는 다양한 도구를 법률 계약에 적용할 수 있다. 이는 계약 생성 속도를 높이고 오류 및 모호성을 줄이는 잠재력을 가지고 있으며, 테스트와 코드 재사용을 포함한 다양한 이점을 제공한다.

다시 말해, 법적 계약을 개발하는 데 엔지니어링 원칙을 적용하는 것이 중요하다. 이를 위해 특정 쟁점과 개념에 더 많은 시간을 할애해야 한다. 더욱이, 예전과는 달리 우리는 컴퓨터 워드프로세서로의 단순한 변화가 아니라 더 큰 패러다임 변화를 경험하고 있다. 이는 변호사가 단순히 타자기를 워드프로세서로 대체하는 것이 아니라, 오히려 특정 거래의 매개변수를 입력한 후 법적 계약을 편집하는 방식 자체가 매우 다를 것이라는 것을 의미한다.

❷ 회계 산업

감사 관점에서, 블록체인 기술은 실시간 '트리플 엔트리(triple-entry)' 회계를 가능하게 한다. 이는 이중 등록 회계를 기반으로 한 전통적인 회계 원장에 암호를 도입하여 구현된다. 구체적으로 말하자면, 블록체인을 이용하면 암호키를 사용하여 다른 당사자가 회계 원장에 항목을 추가할 수 있다. 이 원장은 서로 다른 당사자 간의 거래를 추적하고 각 거래가 완료되면 각 당사자의 원장을 업데이트할 수 있다. 이를 통해 한 원장에서의 차변과 다른 원장에서의 차액 간의 불일치를 쉽게 감지할 수 있다. 게다가, 블록체인의 불변성으로 인해 사실을 왜곡하거나 장부를 조작하는 것이 불가능하다. 또한, 승인된 거래 당사자들만 거래에 필요한 개인키를 보유하고 있기 때문에 외부 감사 또는 정부 공무원은 원장에 기록된 거래의 신뢰성에 대한 신뢰를 가질 수 있다. 공통 블록체인 회계 장부가 없는 경우, 비즈니스를 처리한 여러 회사의 장부와 기록을 비교하여 일치 여부를 결정하는 것은 사실상 불가능하다. 이는 분산원장과 같은 블록체인에서만 가능한 암호화 솔루션을 사용함으로써 해결될 수 있다.

이러한 기술은 궁극적으로 개인(예 : 투자자, 신용평가기관) 및 정부(예 : 세무당국 및 규제기관)가 이러한 기술을 활용하여 유지되는 재무기록의 진실성과 정확성에 대한 신뢰를 증가시키므로 효율성이 향상된다. 이는 민간 및 공공 시장에서 규제 준수를 보장하고 부채 및 지분 거래와 관련된 거래 비용을 줄이는 것으로 이해될 수 있다. 이러한 절감은 이 분야의 블록체인 기술 구현 비용을 쉽게 지불할 것으로 예상된다. 이러한 시스템은 준승인 시스템에서 구현될 수 있을 뿐만 아니라 공개 블록체인에서도 가능하다는 점에 유의해야 한다. 민감한 재무 정보를 암호화하여 개인키에 액세스할 수 있는 사람만 정보를 해독할 수 있다. 다시 말하면, 유효성 검사 노드는 합의에 도달하고 분산원장을 정확하게 업데이트하기 위해 암호화된 데이터를 볼 필요가 없다.

다. 상품/서비스 시장

❶ 예측시장 등

분산원장으로 개선할 수 있는 또 다른 영역은 예측시장이다. 미래의 결과를 예측하기 위해 마켓 플레이스나 교환형 플랫폼을 사용하는 것은 새로운 것이 아니다. 사실 예측시장은 수년 동안 한 가지 형태로 사용되어 왔다. 그러나 규제에 대한 우려로 인해 이 분야의 민간 혁신을 방해하고 있다. 현재 미국에서 운영되거나 참여를 허용하는 대부분의 예측시장은 대학이나 대학 연구 프로그램과 협력하거나 그렇지 않으면 정부의 허가를 받아야 한다. 사적 예측시장으로 유명한 인트레이드(Intrade)는 참가자들이 대통령 선거를 포함한 모든 결과에 대한 이해관계(선물 계약과 유사)를 구입할 수 있는 인기 있는 예측시장이었다. 그러나 Intrade는 궁극적으로 미국 법을 위반하여 미국 선물거래위원회(CFTC)의 등록 거래소에서의 옵션거래를 중단해야 했다. CFTC에 대한 라이센스 및 규정 준수는 비용이 많이 들고 번거롭기 때문에 이 분야의 민간 혁신은 제한되었다.

중앙 집중식 시스템과는 달리 분산형 예측시장은 특정 관할권에서 운영되지 않으며 설립된 후에는 특정 중앙기관과 독립적으로 운영된다. 이는 시스템을 종료할 수 없으며 운영 책임자를 식별할 수 없기 때문에 시행 조치를 어렵게 만든다. 아직 완전히 개시되지 않은 Augur의 독특한 잠재력 중 하나는 개인이 관심 있는 결과에 대한 예측시장을 스스로 창출할 수 있는 능력이다. 예를 들어, 2018 슈퍼볼에서 누가 우승할 것인지에 관심이 있다면, Augur와 함께 자신의 옵션계약 마켓 플레이스를 만들 수 있으며 다른 사람들은 암호 화폐 기반의 디지털 토큰을 사용하여 '옵션'을 구입할 수 있다. 결과를 정확하게 예측한 경우에만 실제 보상이 이루어진다. 이러한 예측 시장에서 실제 통화 정책은 중요한 역할을 한다. 사람들이 결과를 예측하는 방법은 재무적 위험 여부와 관련이 있을 수 있다.

❷ 공급망 관리

금융 산업 외에도 공급망 관리는 블록체인 기술이 가장 큰 영향을 줄 수 있는 다음 분야 중 하나일 수 있다. 공급망은 역사적으로 문서, 공식 및 비공식 인증, 그리고 세관 및 관련 법률 및 규정을 엄격히 준수해야 하며, 각 지역의 다양한 규정을 준수해야 한다. 금융 거래에 더해 혼합 금융을 포함시키면 종이 문서, 상인의 신용장, 선하증권 또는 소유권 문서와 같은 다양한 거래로 인해 상황이 더욱 복잡해진다. 블록체인 기술은 이러한 오래된 시스템을 보다 효율적이고 견고한 플랫폼으로 대체할 수 있는 능력을 갖추고 있다. 다른 기술과 결합될 때, 특히 사물인터넷과 결합될 때, 그 가능성은 매우 뚜렷하다.

근거리 무선 통신이나 마이크로프로세서에 고유 식별자가 있는 경우, 제품이 목적지 창고에 도착하면 자동으로 트리거 되는 지급 메커니즘을 상상할 수 있다. 예를 들어, 해상 운송 선박에 무인 차량 기술이 적용된다면, 제품이 바다를 건너며 인간 개입 없이 창고로 운반되는 날이 빠르게 다가올 수 있다. 이는 지리적 경계가 없는 디지털 통화를 통해 자동 결제할 수 있는 기능과 함께 제품을 공급망 전체에서 안정적으로 추적할 수 있는 능력으로 가능해질 것이다.

블록체인 기술을 공급망에 적용하는 일은 현재 지속적으로 진행되고 있다. Skuchain은 Data LC, Blockchain Based Obligation(BBO), Deep Tier Financing, 그리고 Cash Flow Strips와 같은 제품을 개발했다. 이러한 제품은 전통적인 무역 금융 도구(예 : 신용장, 은행가 인수)를 반영하면서도 블록체인에서 작동한다. 따라서 거의 즉각적이고, 믿을 수 있는 실행 환경의 이점을 누릴 수 있다. 이러한 모든 도구를 구현하기 위해 이더리움의 솔리디티에 초안을 작성한 스마트 계약 또는 비트코인 원장에 데이터를 임베드하기 위해 OP_RETURN 함수를 사용하여 명목상 트랜잭션을 통해 비트코인 스크립팅 언어(Bitcoin Transaction Script language)를 사용할 수 있다.

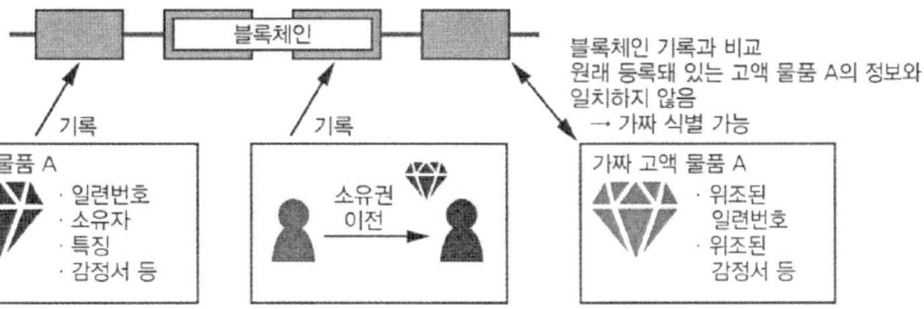

그림 4-13 블록체인을 통한 고액물품 거래 추적성 확보 개념도

(그림 4-13)은 고액 물품의 거래를 추적하기 위한 블록체인 구조를 보여준다.

Everledger는 공급망 문제를 해결하기 위해 이미 블록체인 기술을 적용한 회사 중 하나이다. 이 회사는 무역 금융보다는 충돌 다이아몬드가 공급 망에 전혀 들어가지 않도록 보장한다. 블록체인을 활용하여 다이아몬드와 관련된 고유 식별자를 기록함으로써 Everledger는 악의적인 행위자가 공급망을 통해 이동하는 다이아몬드에 대한 위조 인증서를 생성하지 못하도록 한다. 결과적으로, Everledger는 충돌 다이아몬드의 수를 줄이는 데 기여한다. 또한, 이 회사는 다이아몬드 시장에서 도난을 줄이는 방법으로도 활용될 수 있다. Everledger와 Skuchain은 이미 혁신적인 블록체인 어플리케이션을 갖춘 공급망 분야에 진출한 회사의 샘플일 뿐이다.

Provenance는 공급체인의 투명성을 강조하는 다른 블록체인 창업 기업이다. 이 회사는 "인증 정보의 확실한 추적 및 기타 주요 정보"를 제공하기 위해 블록체인 기술을 활용한다. 이를 통해 소비자들은 구매하는 제품의 신뢰성에 대한 신뢰도를 높일 수 있다. Provenance는 BBC를 인용하여, 판매된 약 5만 톤의 쇠고기가 나중에 말 DNA를 포함하고 있다고 발표했다. 블록체인을 활용하면 사실상 모든 항목에 디지털 식별자(고유 식별자 포함)를 부여할 수 있으며, 공급 망을 통해 이동하는 동안 항목에 대한 정보를 안전하게 추적할 수 있다. 예를 들어, 소비자가 고가의 지갑을 구매하는 경우, 해당 지갑에는 일종의 인증서나 진위성 증명이 포함될 것이다. 그러나 현재의 시스템에서는 이러한 인증서를 비교적 쉽게 위조할 수 있다. 종이 인증서 대신에, 각 제품에는 고유 ID(UID)가 블록체인 원장에 생성되고 추적된다. 이를 통해 고객은 구매한 제품의 신뢰성을 확인하기 위해 블록체인에 기록된 정보와 UID를 비교하고 검증할 수 있다.

❸ 부동산

가장 야심찬 블록체인 어플리케이션 중 하나는 부동산과 관련이 있다. 분산원장 기술은 토큰화된 자산의 소유권 기록을 유지하고 관리하는 데 특히 유용하다. 이는 블록체인을 부동산 기록 유지에 이상적인 솔루션으로 만든다. 부동산 소유권과 법률은 각 국가마다 매우 다양하며, 블록체인 기술은 토지 소유권을 결정하고 기록하는 데 도움이 된다.

세계의 대부분은 토렌스 기반 시스템을 사용한다. 이 시스템은 정부의 개입 없이 소유권을 증명하는데 중점을 두며, 미국에서 사용되는 관습법 시스템과는 달리 정부의 개입이 없다. 또한 군주가 토지 소유권을 결정하는 군주권 시스템도 있다. 이러한 거버넌스 시스템은 일반적으로 토지를 제어하는 국가에서 가장 중요한 자원으로 간주된다. 이러한 시스템은 각각 장단점을 가지고 있다. 정부의 개입은 사기를 방지할 수 있지만, 거래 비용을 증가시킬 수 있다. 반면에 미국의 시스템은 외환 거래의 일환으로 정부 절차를 제거하여 표면적으로 비용을 절감할 수 있지만, 구매자는 소유권 보험에 가입해야 하므로 실제로 큰 비용 절감이 없을 수 있다.

블록체인 솔루션은 사기와 거래 비용을 줄여주는 데 효과적이다. 그러나 선진국에서 오랜 기간 사용된 시스템의 역사는 공정한 변화를 달성하기를 어렵게 만들 수 있다. 역설적으로, 이 분야에서 선두를 달리는 국가들 중 일부는 세 번째 범주에 속한다. 예를 들어, 온두라스, 에스토니아, 그루지야 등의 국가들은 부동산 기록 관리를 위해 블록체인을 채택하는 것으로 알려져 있다. 예를 들어, 온두라스는 부동산 소유와 관련된 기록 보존에 있어 오랫동안 어려움을 겪어왔다. 이러한 상황에서는 분산원장 기술의 혜택을 빨리 경험할 수 있으며, 따라서 혁신에 대한 수용이 빠르다. Factom과 같은 기업은 블록체인 기반의 솔루션을 통해 이 문제를 해결할 준비가 되어 있다.

분산원장이 개발도상국에서 성공적으로 구현되면, 이러한 사례는 선진국에서도 활용될 수 있다. 미국과 같은 국가에서는 블록체인 사용을 점진적으로 조정할 수 있다. 예를 들어, 부동산의 개별 지적 재산권을 유지하기 위해 특수목적법인(Special Purpose Vehicle: SPV)을 만들 수 있다. 한 번 SPV에 소속된 재산이 등록되면, SPV의 소유권은 분산원장에서 교환될 수 있다. 블록체인은 소유권뿐만 아니라 주택 담보 대출, 부동산 융자, 현재 공공 토지 등록 기관에서 유지되는 기타 정보와 같은 부동산에 대한 권리 포기를 쉽게 처리할 수 있다. 블록체인을 통해 부동산 소유권을 이전하는 것은 스마트폰으로 피자를 주문하는 것과 같은 간편성을 가질 수 있다. 비트코인 블록체인이나 이더리움과 같은 플랫폼에 구축된 스마트 계약 또는 Hyperledger와 같은 도구를 사용하여 부동산 블록을 특수 원장에 구현할 수 있다. 이러한 기술은 부동산 거래를 간소화하고 투명성을 높여 새로운 수준의 효율성을 제공할 수 있다.

❹ 개인자산 및 부동산 계획

유언 전송은 수세기 전의 원칙과 관습에 기반을 두고 미국 및 기타 여러 국가에서 이루어졌다. 유효한 유언 검안서를 시행하기 위한 고도의 기술적 요구 사항으로 인해 사망한 사람의 재산과 자산에 대한 정당한 상속인에 관한 수많은 법적 문제가 발생하였다. 블록체인의 불변성은 중요한 정보를 기록하는데 있어 환상적인 도구로 작용한다. 블록체인에 통합된 암호화 기술은 부동산 계획을 위한 안전한 환경을 제공한다. 위조가 더 어렵기 때문에 암호화 서명은 전통적인 '습식(wet)' 서명보다 안전하다.

우리가 보유한 자산 중 많은 부분이 점차적으로 디지털화되고 있는 것이 중요하다. 이는 디지털 사진, 암호화된 데이터 보관 및 클라우드 솔루션인 Dropbox와 같은 기타 정보와 같은 디지털 자산의 확산으로 이어졌다. 이러한 변화는 전통적인 자산 및 신탁 법률에 새로운 도전을 제기한다. 이러한 디지털 자산을 확인하고 식별하는 것은 어려울 뿐만 아니라, 발견된 경우에도 해당 정보에 액세스하고 제어하기 위한 필요한 정보를 보유해야 하는 문제가 있다. 블록체인 기술은 스마트 계약을 통해 사망한 사람에게 정보를 자동으로 공개하는 것으로써 이러한 문제에 대한 완벽한 솔루션을 제공한다(단, 사망 시에만 해당된다). 스마트 계약과 외부 정보 간의 상호 작용을 가능하게 함으로써 사망자의 중요한 통계 정보 등을 처리할 수도 있다.

시간이 흐름에 따라 이러한 도구들은 더욱 세련되고 유용성이 더욱 분명해질 것으로 기대된다. 희망적으로는 법률이 이 기술의 완전한 활용을 가능하게 할 것으로 예상된다. 그러나 유족 양도는 전통적인 '습식' 서명 요건의 적용을 받으며 ESIGN과 UETA와 같은 보다 진보적인 입법에서 면제된다. 블록체인은 가까운 검역기간과 긴급한 부동산 관리를 줄이고 사망자의 최종 의지가 실현되었음을 즉시 확인할 수 있는 장점을 제공한다. 이는 부당한 영향력이나 유언 결정 시 역량이 부족한 개인을 보호하는 안전장치를 유지하면서 달성될 수 있다.

라. 공익적 산업

❶ 의료

Affordable Care Act의 위임 사항에 따라 공공 정책은 종이 기반 시스템에서 디지털 의료 기록으로의 전환을 촉진한다. 연구 결과는 의료 기록이 디지털 형식으로 유지될 때 더 나은 결과를 얻을 수 있음을 입증한다. 이것은 올바른 방향으로의 중요한 진전이지만, 현재 의료 기록 시스템은 최적의 상태라고 할 수 없다. 환자가 자신의 의료 기록에 대한 접근 및 제어가 거의 없는 것이 한 가지 문제이다. 또한 의료 기록을 한 의료 기관에서 다른 기관으로 전송하는 것이 현저히 어려워지고 있다.

블록체인 기술은 암호화의 원칙을 바탕으로 하여 개인 기록을 처리하는 데 특히 적합하다. 공공 블록체인에서 환자와 의사는 다른 사람의 개입 없이 의료 기록을 손쉽게 전달할 수 있다. 예를 들어, 환자는 특정 의료 기록(예 : 엑스레이 세트)을 잠금 해제할 수 있는 고유한 개인키를 생성할 수 있다. 그런 다음 이러한 개인키를 안전하게 의료 공급자에게 전달하여 의료 공급자가 필요한 정보에 대한 접근을 얻을 수 있도록 한다. 이러한 개인키는 만료일이 있을 수 있어서 특정 기간 동안만 유효하며, 이로써 개인키의 도난 또는 해킹 위험이 줄어든다.

의료 기록에 대한 블록체인의 또 다른 흥미로운 가능성은 전체 의료 기록에 대한 알고리즘 또는 인공지능(AI) 솔루션을 실행할 수 있는 능력이다. 인공지능 플랫폼이 전체 의료 기록을 분석함으로써 몇 년 전의 질병을 진단할 수 있는 가능성을 열어준다. 이러한 솔루션은 의료 기록을 고유한 디지털 식별자에 태그할 수 있는 능력을 블록체인에서 제공할 수 있다. 예를 들어, 공개키는 건강 보험 카드에 인쇄되어 방문하는 각 의료 서비스 제공자가 스캔할 수 있다. 해당 제공자가 생성한 모든 의료 기록은 디지털 형식으로 유지되고 공개키를 사용하여 암호화된 다음 블록체인으로 업로드 된다. 그런 다음 개인키 보유자(사용자)만이 해당 레코드를 검색하고 해독할 수 있다.

❷ 정부

블록체인 기술은 정부의 여러 측면에서 사용될 수 있는 잠재력을 가지고 있다. 이는 법 집행 및 시민 서비스 제공의 효율성을 향상시키는 것을 포함하여 정보의 특이한 역동성으로 인해 각각의 경우 비용 절감 및 서비스 개선의 기회가 있다. 블록체인 기술의 채택은 민간 부문과 동일한 어려움을 겪을 것으로 예상되지만, 작은 예산 규모로 솔루션을 구현하기 위해 추가적인 노력이 필요할 수 있다. 예를 들어, 대부분의 지방 정부의 IT 부서는 일반적으로 최신 기술을 적용하여 운영되고 있다. 따라서 블록체인 솔루션을 구현하려면 연방 정부보다는 일반적으로 장비가 오래된 지방 정부에서 더 많은 업그레이드가 필요할 것이다.

그러나 장기적인 비용 절감은 기술 투자를 다시 시작하는 데 시간이 필요할 것으로 예상된다. 혁신 분야인 에너지 효율 그리드와 같은 분야는 탄소 배출 감소와 같은 중요한 정책 목표를 달성하는 데 도움이 될 것이다. 특히 에너지 부문에서의 혜택은 개발도상국에서 더욱 중요할 수 있다. 이 분야의 혁신적인 블록체인 기반 솔루션의 예로는 다양한 전력 생산 시설 및 가정용 발전기를 보다 효율적으로 연결할 수 있는 분산형 에너지 네트워크의 프로토타입이 있다. 이 프로젝트는 Hyperledger 블록체인 플랫폼과 IBM의 Bluemix 클라우드 서비스를 기반으로 하고 있다.

2016년 6월, 스웨덴 국토조사국은 크로마웨이(Chromaway)와 함께 협력하여 블록체인 기반의 토지 관리 시스템을 실험 중이라고 발표했다. 이 실험적인 토지 관리 시스템은 단순한 토지 등록 과정을 넘어서 스마트 계약을 기반으로 한 자동화된 거래 프로세스를 구축하는 것을 목표로 한다. 스웨덴 국토조사국은 스마트 계약 기술을 활용하여 토지 소유자, 구매자, 부동산 중개인, 은행 및 토지 등기소와의 상호 연동을 한 번에 처리하는 서비스를 구축하고자 한다. 따라서 토지를 즉시 거래하고 잔금 이체가 완료되면 등기 이전까지 한 번에 처리할 수 있는 자동화 시스템을 구축하려는 것이 목표이다. 현재 토지나 주택을 구매하는 과정은 모든 것이 원활하게 진행되더라도 최소한 수일 정도의 시간이 소요된다. 그러나 이 시스템이 구축된다면 토지나 주택을 거래하는 시간이 하루 정도로 단축될 것으로 예상된다. 스웨덴의 이 사례는 세계에서 처음으로 스마트 계약이 구현된 행정 처리 시스템을 테스트하는 것으로, 주목할 가치가 있다.

블록체인 기술은 정부가 비용을 통제하면서 서비스를 개선할 수 있는 다양한 방법을 모색하는 데 중요한 역할을 할 것으로 인식된다. 정부는 이 분야에서의 혁신을 촉진하고 블록체인 기술의 성장을 기대하고 있다. 기술을 차단하는 정부는 다른 산업보다 더 큰 중요성을 가질 수 있다. 현재는 규제를 조정하거나 일부 요구 사항을 완화하는 의지가 아직 뚜렷하지 않다. 그러나 일반적으로 혁신이 일어나는 경우, 일부 지역은 단순히 촉진 환경을 제공함으로써 다른 지역보다 더 많은 이익을 얻을 수 있다.

마. 사물인터넷

사물인터넷(Internet of Things)은 종종 제4차 산업혁명의 중요한 기둥 중 하나로 인용된다. 사실, 유명한 벤처 캐피탈리스트 Marc Andreessen은 "최종 상태는 매우 분명하다. 모든 빛, 모든 문 손잡이는 인터넷에 연결된다. 웹 자체와 마찬가지로 수 천 개의 활용 사례가 있을 것이다"고 말했다. 사물인터넷(IoT)는 더 많은 물리적 장치가 인터넷에 연결되는 개념을 의미한다. 몇 년 전까지만 해도 컴퓨터가 인터넷에 연결된 주요 하드웨어였다. 그 이후로는 스마트폰과 같은 장치가 WiFi 및 셀룰러 데이터 통신을 통해 인터넷에 연결되었다. 그러나 오늘날에는 소비자 및 산업 제품에서 인터넷에 연결되는 장치의 종류가 기하급수적으로 증가하고 있다. 예를 들어, 건강 추적장치와 같이 사람들이 자신의 운동 및 생체 신호를 추적하기 위해 착용할 수 있는 장치들이 많이 있다. 이러한 장치들 대부분은 이제 네트워크에 연결되어 센서의 정보를 인터넷으로 자동 전송한다. 또한 산업 분야에서는 태양광 생산 시설을 포함한 많은 생산 시스템이 인터넷에 연결되어 측정 기준을 보다 효과적으로 모니터링할 수 있다.

이러한 동향은 앞으로 몇 년 동안 계속될 것으로 예상되며, 사실상 모든 물리적 물체가 인터넷에 연결될 수 있게 될 것으로 전망된다. 이러한 연결은 주로 두 가지 방식으로 작동한다. 첫째, 물리적 객체는 내부 상태 및 환경 요소(예 : 온도, 습도)에 대한 정보를 전송한다. 많은 객체에는 물리적 액추에이터(예 : 모터, 서버, LED와 같은 물리적 세계와 상호 작용하는 요소)가 함께 포함되어 있다. 센서와 결합하여, 이는 많은 물리적 객체가 인터넷을 통해 정보를 전송하고 해당 데이터를 분석한 후 명령을 실제 장치로 보내어 물리 세계와 상호 작용할 수 있다는 것을 의미한다. 예를 들어, 모터의 내부 온도가 너무 높으면 이 정보를 모니터링하는 애플리케이션을 트리거하여 모터의 RPM 속도를 낮추어 모터를 냉각시키는 등의 조치를 취할 수 있다.

또한, 사물인터넷(IoT)은 경제 공유에도 중요한 영향을 미친다. IoT는 유틸리티가 공유될 수 있는 물리적 장치가 공유경제의 대상이 될 수 있는 거의 모든 물리적 장치를 가능하게 한다. 예를 들어, 3D 프린터 및 부품 제조에 유용한 기타 장비로 가득 찬 창고를 상상해 보면,

사용자는 전통적인 방식으로 이러한 사용료를 지불하는 대신 스마트폰 애플리케이션을 통해 3D 프린터의 잠금을 해제할 디지털 키를 얻을 수 있다. 또한, 도시 주변을 무작위로 떠난 스마트 자동차를 상상해 보면 각 스마트 자동차는 스마트폰 앱을 통해 비슷한 방식으로 사용할 수 있다. 이러한 상황에서 무인 자동차의 발전에 대한 고려는 거의 상상할 수 없는 것이다.

블록체인 기술은 IoT를 강화하는 몇 가지 긍정적인 방법이 있다. 첫째, 블록체인에 내장된 암호화 지불 레일은 특히 마이크로 서비스의 맥락에서 공유경제와 상호 작용하기에 적합하다. 둘째, 아마도 더 중요한 것은, 블록체인이 기존 다른 기술이 제공하지 못하는 수준의 보안을 추가할 수 있다는 것이다. 분산원장은 사용 권한이 적절하게 추적되도록 하는 데 적합하다. 또한, 공개/개인키 생성은 권한이 부여된 사용자만 공유된 차량을 임대할 수 있도록 보장하기에 적합하다. 이러한 이점은 에너지 부문을 포함한 산업계에서도 동일하게 적용된다. 예를 들어, 재생 가능 에너지의 원천을 가지고 있으며, 재생 가능 에너지를 생성하는 데 관련된 사람들에게 크레디트를 생성한다고 가정하면, 블록체인은 불변의 기록 보관을 허용하고 그러한 크레디트가 이중으로 소비되지 않으며 전반적인 정권이 남용되지 않도록 보장한다.

IoT와 블록체인 간의 자연스러운 시너지 효과는 최근 탐구 중에 있지만, 몇몇 신생 기업은 이미 이 분야에서 경쟁하고 있다. 특히 독일의 신생 기업인 Slock.it은 이에 대표적인 사례이다. Slock.it은 블록체인과 스마트 계약을 활용하여 제 3자 중개 없이 다양한 서비스를 '임대/판매/공유'하는 데 초점을 맞추고 있다.

2) 한계점

스마트 컨트랙트를 통해 계약을 하고 짚고 넘어가야 할 부분이 있다. 전산화된 정보는 상품 라벨에 적힌 숫자이며 블록체인은 전산화된 정보만 검증이 가능하기 때문에 실제 상품에 대한 물리적 검증은 불가능하다. 즉, 실물자산을 거래할 때는 물리적인 확인이 불가능하다.

그렇기 때문에 한계를 극복하기 위해서는 예를 들어 스마트 컨트랙트를 통한 토지거래 플랫폼을 만들 때는 토지나 건물거래 시에 부동산에 필히 방문하여 실물 확인해야 하며, 실물 확인을 하라 같은 경고 문구를 작동하도록 설정해야 하며, 큰 불상사를 없애기 위해 부동산 직접 방문 후 물리적으로 확인했다는 구매자의 확인을 받을 수 있도록 만들어야 할 것이다.

결론적으로, 스마트 컨트랙트는 상대적으로 최근에 개발된 기술이다. 그 전망은 매우 밝지만 아직은 다양한 문제점을 해결해야 할 것으로 예상된다.

블록체인의 주요 장점 중 하나는 위변조가 불가능하다는 것이며, 이는 높은 신뢰성을 제공한다. 그러나 이로 인해 스마트 컨트랙트를 구성하는 코드는 완벽하고 버그가 없어야 한다. 그렇지 않으면 심각한 문제가 발생할 수 있으며 때로는 이러한 버그가 사기꾼들에게 악용될 수도 있다. The DAO의 해킹 사례에서 볼 수 있었듯이, 잘못된 코드가 있는 스마트 계약에 자금을 투자할 경우 도난당할 수도 있다. 이러한 이유로 스마트 컨트랙트를 작성할 때 신중하고 완벽한 코드를 작성하는 것이 매우 중요하다.

더불어 이 기술의 새로운 측면으로 인해 여전히 많은 의문이 제기되고 있다. 정부는 이러한 계약을 어떻게 규제할지, 세금을 어떻게 부과할지 등에 대한 해답을 찾고 있다. 또한, 이 계약이 합의 주제에 접근할 수 없거나 계약에 예상치 못한 사태가 발생할 경우 어떻게 처리할지에 대한 논의가 필요하다. 전통적인 계약에서는 이러한 사태가 발생할 경우 법적으로 취소될 수 있지만, 블록체인은'코드가 법(Code is Law)'이라는 원칙에 따라 계약이 이행되도록 만든다. 따라서 스마트 컨트랙트가 널리 사용되기 위해서는 법적 제도와 같은 다양한 분야에서의 논의가 필요할 것으로 보인다.

Reference

[1] Allessie, D., Sobolewski, M., Vaccari, L., & Pignatelli, F. (2019). Blockchain for digital government. Luxembourg: Publications Office of the European Union, 8-10.

[2] Butain, V. Ethereum White paper. Ethereum Community,(https://github. com/ethereum/wiki/wiki/White-Paper).

[3] CISION PR Newswire, Governor Markell Launches Delaware Blockchain Initiative, (May 02, 2016). available at http://www.prnewswire.com/news-releases/governor-markell-launches-delaware-blockchain-initiative-300260672.html (last visited at 2023.9.)

[4] CoinDesk, "Banks and the Blockchain Report", (Dec. 21, 2015). available at https://www.coindesk.com/research/banks-blockchain-report/ (last visited at 2017.7.16.)

[5] Dannen, C. (2017). Introducing Ethereum and solidity (Vol. 1, pp. 159-160). Berkeley: Apress.

[6] Diedrich, H. (2016). Ethereum: Blockchains, digital assets, smart contracts, decentralized autonomous organizations (p. 166). Sydney, Australia: Wildfire publishing.

[7] Diedrich, H. (2016). Ethereum: Blockchains, digital assets, smart contracts, decentralized autonomous organizations (p. 167). Sydney, Australia: Wildfire publishing.

[8] European Commission, "Green Paper on Retail Financial Services", COM(2015) 630 final (Dec. 12, 2015). available at https://ec.europa.eu/finance/consultations/2015/retail-financial-services/index_en.htm (last visited at 2023.09.)

[9] John Camdir, "Sweden Conducts Trials of a Blockchain Smart Contracts Technology for Land Registry", Bitcoin Magazine, Jun 23, 2016, https://bitcoinmagazine.com/technical/sweden-conducts-trials-of-a-blockchain-smart-contracts-technology-for-land-registry-1466703935 (last visited at 2023.09.)

[10] Mäkivaara, S. Blockchain in Energy Transfer Management. structure, 10, 18.

[11] Panikkar, S. (2015). IBM ADEPT: An IoT Practitioner Perspective-Draft Copy for Advance Review. available at https://static1.squarespace.com/static/55f73743e4b051cfcc0b02cf/55f73e5ee4b09b2bff5b2eca/55f73e72e4b09b2bff5b3267/1442266738638/IBM-ADEPT-Practitioner-Perspective-Pre-Publication-Draft-7-Jan-2015.pdf?format=original(last visited at 2023.09.)

[12] Szabo, N. (1997). Formalizing and securing relationships on public networks. First monday.

[13] Tapscott, D., & Tapscott, A. (2016). Blockchain revolution: how the technology behind bitcoin is changing money, business, and the world. Penguin.

[14] Walker, G. (2017). Financial technology law–a new beginning and a new future. The International Lawyer, 50(1), 137-216.

[15] 마이클J, & 케이시. (2017). 비트코인 현상, 블록체인 2.0: 가상화폐, 금융혁명 그 이상을 꿈꾸다. [KIIP] 한국지식재산연구원 도서 DB.

[16] 백명훈, & 이규옥. (2017). 블록체인을 활용한 ICO 의 이해와 금융법상 쟁점. 금융법연구, 14(2), 73-118.

[17] 양영식, & 송인방. (2018). 블록체인 스마트계약의 상용화 대비를 위한 법적 과제. 법학연구, 18(2), 105-130.

[18] 이상일, "블로코. (2017). 온라인 투표"에 블록체인 스마트컨트랙트 '첫 상용화'. 디지털데일리.

[19] 전명산. (2017). 블록체인의 거번먼트-4차 산업혁명의 물결. 알마출판사.

Summary

[1] 스마트 컨트랙트는 조건이 충족되면 자동으로 실행되며, 실행 결과는 블록체인에 기록된다. 스마트 컨트랙트는 중간자의 개입 없이 신뢰성 있고 투명한 거래를 가능케 하며, 특히 블록체인에서 암호화폐를 다루는 데 많이 사용된다. 스마트 컨트랙트는 프로그래밍 가능한 코드로 작성되기 때문에, 다양한 비즈니스 로직을 자동으로 수행할 수 있다.

[2] 스마트 컨트랙트는 불변성을 가지며 한 번 배포되면 수정이 불가능하며, 투명하게 기록되어 누구나 확인 가능하다. 중간자 없이 거래를 처리하므로 더 높은 신뢰성을 제공하며, 코드로 작성되어 다양한 비즈니스 로직을 자동으로 수행한다. 또한 블록체인과 연동되어 암호화폐 거래 등에 활용된다. 이는 안전하고 효율적인 거래를 가능케 하며, 신뢰성 있는 계약을 보장한다.

[3] 블록체인은 거래 기록을 안전하게 저장하고 관리하는 분산 원장 기술이며, 스마트 컨트랙트는 자동으로 실행되는 프로그램이다. 블록체인은 스마트 컨트랙트를 위한 기반으로 동작하며, 스마트 컨트랙트는 블록체인 상에서 조건이 충족되면 자동으로 실행되어 계약을 이행하고 결과를 기록한다. 이를 통해 중간자 없이 신뢰성 있고 투명한 거래와 계약을 가능케 한다. 블록체인과 스마트 컨트랙트는 분산 원장 기술과 자동화된 계약 관리를 결합하여 혁신적인 비즈니스 모델을 구축하는 데 활용된다.

[4] 스마트 컨트랙트는 이는 상태 변수로 데이터를 저장하고, 이 변수들은 계약의 현재 상태를 나타내며, 블록체인에 저장된다. 함수로 동작을 정의하며, 이 함수들은 계약이 호출될 때 실행되며, 상태 변수를 업데이트하거나 다른 계약을 호출할 수 있다. 이벤트로 상태 변화를 기록한다. 이벤트는 블록체인에 저장되지는 않지만, 블록체인 상에서 발생한 중요한 사건을 기록하는 데 사용된다.

[5] 스마트 컨트랙트는 다양한 분야에서 활용된다. 예를 들어, 금융 업계에서는 송금 및 결제 시스템을 자동화하고, 보험 분야에서는 보상 지급을 자동으로 처리한다. 또한 부동산 거래에서는 중개인 없이 계약을 체결하고, 공급망 관리에서는 제품의 원산지 추적을 가능케 한다. 게임 산업에서도 디지털 자산 거래를 보장하고, 예술 시장에서는 작품의 소유권을 추적한다.

Exercises

1. 스마트 컨트랙트는 무엇인가요?

a) 블록체인 기술을 사용하지 않는 계약서
b) 블록체인에서 실행되는 자동화된 계약
c) 중앙 집중식 데이터베이스에 기록된 계약
d) 암호화폐의 거래소

2. 스마트 컨트랙트의 불변성이란 무엇을 의미하나요?

a) 한 번 실행되면 수정이 불가능하다.
b) 실행 결과를 확인할 수 없다.
c) 누구나 실행할 수 있다.
d) 코드가 복잡하다.

3. 스마트 어떤 환경에서 실행되나요?

a) 중앙 서버
b) 블록체인 네트워크
c) 클라우드 컴퓨터
d) 개인 컴퓨터

4. 블록체인과 스마트 계약의 관계에 대한 설명으로 옳지 않은 것은 무엇인가요?

a) 스마트 계약은 블록체인 상에서 실행된다.
b) 블록체인은 스마트 계약의 기반이 된다.
c) 블록체인과 스마트 계약은 독립적인 기술이다.
d) 스마트 계약은 조건이 충족되면 자동으로 실행된다.

5. 스마트 계약의 특징 중 하나가 아닌 것은 무엇인가요?

a) 불변성
b) 자동 실행
c) 중앙 집중식 저장
d) 분산원장

6. 스마트 계약의 투명성이 의미하는 것은 무엇인가요?

a) 계약 내용이 블록체인에 공개되어 누구나 확인 가능하다.
b) 계약이 실행될 때마다 수수료가 발생한다.
c) 스마트 계약은 불변성을 가진다.
d) 스마트 계약은 중앙 집중식이다.

7. 스마트 컨트랙트의 구성 요소로 옳은 것은 무엇인가요?

a) 암호화 알고리즘
b) 상태 변수, 함수, 이벤트
c) 네트워크 프로토콜
d) 데이터베이스 테이블

8. 스마트 컨트랙트의 상태 변수에 대한 설명으로 옳은 것은 무엇인가요?

a) 블록체인에 기록되지 않는다.
b) 계약의 현재 상태를 저장한다.
c) 함수가 실행될 때마다 초기화된다.
d) 외부에서 수정 가능하다.

9. 다음 중 스마트 컨트랙트가 활용되는 사례는 무엇인가요?

a) 운전 면허 발급
b) 증권 거래
c) 식료품 구매
d) 일기 예보

10. 다음 중 스마트 컨트랙트가 적용되는 예시로 올바른 것은 무엇인가요?

a) 음악 스트리밍 서비스 이용
b) 지하철 운행 정보 확인
c) 부동산 거래 계약 체결
d) 레스토랑 메뉴 조회

11. 스마트 컨트랙트의 중요한 장점 두 가지를 설명해주세요.

12. 스마트 컨트랙트가 가진 한계점에 대해 설명해주세요.

13. 스마트 컨트랙트의 투명성이 왜 중요한가요?

14. 스마트 컨트랙트의 실행 과정을 간략히 설명해주세요.

15. 블록체인과 스마트 계약이 결합하여 어떤 혁신을 이룰 수 있는지 예를 들어 설명해주세요.

16. 스마트 계약의 불변성이 왜 중요한가요?

17. 스마트 컨트랙트의 이벤트는 어떤 역할을 하나요?

18. 스마트 컨트랙트의 함수가 어떤 역할을 하는지 설명해주세요.

19. 스마트 컨트랙트가 적용된 예시를 한 가지 들어주세요.

20. 스마트 컨트랙트의 활용이 어떻게 중간자 없는 거래를 가능케 하나요?

CHAPTER 05

마이닝(채굴)

5.1 마이닝(채굴)의 개념

1) 마이닝의 정의

블록체인에서 마이닝의 의미를 2가지로 해석을 할 수 있다. 하나는 '코인을 캐내서 얻는다'는 것이다. 또 하나는 '의미있는 값을 찾아낸다'라는 뜻의 마이닝이라는 의미가 있다. 전자는 일반적인 사전적인 용어이고, 후자는 데이터 마이닝, 데이터 분석 분야에서 쓰이는 용어이다.

전자 혹은 후자로 해석을 하는 경우가 있지만, 굳이 나눌 필요 없이 보상의 '리워드'와 올바른 답을 찾아내는 과정의 '마이닝'이 모두 포함된다고 해석하는 것이 좋다.

마이닝은 거래를 승인하고 블록체인에 추가하기 위한 과정이다. '채굴'이라고 불리는 이유는 한정된 자원(암호화폐)을 발견하기 위해 최첨단 기계를 사용하기 때문이다. '채굴'이라는 용어는 암호화폐를 얻는 행위를 땅을 파서 광물 따위를 캐내는 행위에서 유래한 것이다. 블록체인에 대입해서 보면 땅은 블록, 광물은 암호화폐, 캐는 도구는 컴퓨터 연산력으로 비유할 수 있다.

그리고 많은 의미로 정의될 수 있는데 기본적으로 블록체인 참여자로써 공공거래장부 검증에 참여해 암호화폐를 얻는 것이다. 일반적으로 마이닝을 수학문제를 푸는 것이라 설명을 하고 있다. 하지만 보다 정확히 얘기하면 마이닝은 컴퓨터가 '해시'라는 작업을 원하는 결과값이 나올 때까지 계속 반복하는 것이다. 해시를 입력 값으로 넣고 결과 값을 보는 것이고 일일이 그 값을 다 대입하는 것이다. 즉, 원하는 결과 값을 얻을 때까지 입력 값을 다르게 넣어보는 과정을 계속 반복하는 것이다. 즉, 새로운 블록이 블록체인에 추가되는 프로세스이다. 트랜잭션들을 포함한 블록은 비트코인 네트워크 상의 '마이닝 노드'의 마이닝 프로세스로 통해서 인증된다. 마이닝되고 검증된 블록은 블록체인에 추가되며 블록체인의 크기는 계속 커진다.

기본적으로 마이닝의 과정은 2가지 부분으로 나뉜다. 첫 번째는 복잡한 수학 문제를 풀어 특정한 블록 내에 있는 거래를 검증하는 것이다. 두 번째는 블록을 블록체인에 추가하고 보상을 받는 것이다.

수천가지의 암호화폐가 존재하지만 모든 암호화폐를 마이닝할 수 있는 것은 아니다. 대다수 암호화폐는 여러 가지 마이닝 방식 중 하나에 기반하고 있으며 특수한 기계를 통해 마이닝한다.

이 프로세스는 PoW 요구사항으로 인해 자원을 많이 사용하게 된다. PoW의 요구사항으로 인해 마이너들은 네트워크 상의 타겟 난이도(difficulty target)보다 작은 숫자를 찾기 위해 서로 컴퓨팅 경쟁을 해야 하기 때문이다. 정확한 값을 찾아야 하는 이 난이도는 새롭게 추가되는 블록이 허용되기 전에 마이너들이 요구되는 자원을 소비하도록 만든다.

2) 마이닝의 필요성

마이닝에서는 해시가 중요한 기술이다. 해시는 어떠한 문장이 와도 일정한 길이의 나수값으로 만드는 기술로 설명할 수 있다.

블록체인은 탈중앙화 방식이다. 탈중앙화 방식은 개개인의 컴퓨터가 거미줄처럼 엮여 있으면서 데이터를 분산해서 저장하고 활용하는 것이다. 이는 서로간의 감시를 통해 장부를 기록하게 된다. 이런 것을 퍼블릭 블록체인이라고 한다. 이때, 과연 누가 자신의 컴퓨터를 전기세를 감안하고 네트워크에서의 노드로 유지하려 하는 지 궁금할 것이다.

예를 들어, 파일 공유 서비스인 토렌트에서 시드를 계속 유지하는 사람들 중에는 어떤 데이터를 받는 과정이어서 유지를 하거나, 정말 공유하는 마음으로 유지하는 사람이 있다. 하지만 대다수는 파일의 다운로드가 완료되는 순간 시드를 삭제한다.

이러한 상황을 탈피하고자 도입한 아이디어가 보상이다. 블록체인에서는 네트워크에서 노드를 유지하면 보상을 받는다. 즉, 마이닝을 통해 보상을 받게 된다.

5.2 마이닝의 원리

마이닝의 원리는 우선 공공 장부의 거래내역 검증은 참여자들의 대조와 과반수의 보유 블록을 통해 공공거래 장부의 거래내역을 검증하는 것이다. 이때 참여자들로부터 컴퓨터 연산력을 할애 받아 검증을 성공했을 때 암호화폐를 보상 받는데 이것을 마이닝에 성공했다고 하는 것이다. 컴퓨터 연산력이라는 도구로 곡괭이 짓을 많이 했더라도 다른 참여자가 가져갔다면 마이닝에 실패한 것이다.

합의 프로토콜의 과정은 첫 번째로 규칙에 따른 정보전송을 확인완료하고 두 번째로 모든 참여자가 규칙대로 확인을 했는지 확인을 한다. 마지막으로 검증완료에 따라 암호화폐를 발행한다. 여기서 검증이란 정해진 규칙대로 지켜졌는지 확인하는 것이다. 그리고 프로토콜은 컴퓨터가 통신할 때 사용하는 규칙을 의미한다. 합의 프로토콜은 규칙에 따라 다양한 방식이 존재 컴퓨터 연산력에 의한 검증 방식이 다르다. 합의 프로토콜에서 작업증명이 가장 대표적이다. 위에서 작업은 검증을 의미하고 작업증명은 검증 완료를 의미한다. 마이닝의 원리는 작업증명을 통해 암호화폐를 얻는 것이다.

작업증명(PoW)은 트랜잭션 블록을 검증하고 블록체인의 영구원장에 추가하는데 사용되는 계산 절차이다. 블록체인에서 마이너라고 하는 특수 네트워크의 노드는 트랜잭션을 패킷이나 블록으로 수집한 다음 컴퓨터의 파워를 사용하여 블록을 검증한다. 확인된 블록은 블록체인에 영구적으로 추가된다.

1) 마이닝 과정

마이닝 과정은 기계('마이너'라고 부르는 컴퓨터)와 연관되어 있으며 특정한 암호화 형식 내에 있는 무작위의 숫자를 추측하기 위해 경쟁한다. 이것은 복권에 당첨되는 것과 비슷하다. 즉, 더 많은 복권을 사는 사람이 당첨될 가능성이 훨씬 높은 것처럼 더 좋은 장비일수록 초당 더 많은 수를 추측할 수 있으므로 성공 가능성이 더 높아진다.

마이닝과 블록체인은 암호화폐의 핵심이라 할 수 있다. 해당 과정은 비트코인 개발 초기에 개략적으로 설명되었으며 연관된 모든 사람에게 가능한 한 공정하게 적용되도록 설계되었다.

마이닝 과정은 다음과 같다.

❶ 마이너가 올바른 추측을 하려고 시도한다.

❷ 성공했을 경우, 보류 중인 거래가 선택되어 그룹화 된다.

❸ 성공한 마이너가 블록체인을 업데이트한다.

❹ 새로운 블록이 네트워크로 전송된다.

❺ 다른 마이너들이 새로운 블록을 검증한다.

❻ 검증 과정에 연관된 모든 마이너가 해당 거래의 사본을 업데이트한다.

처음에 모든 것은 미확인 거래 상태가 된다. 예를 들어, 두 명의 사용자가 블록체인에서 거래를 할 때 한 사람이 다른 사람에게 암호화폐를 보내면 네트워크에서 확인되지 않은 새로운 거래가 생성된다. 트랜잭션에는 보낸 사람 주소, 받는 사람 주소 및 보낸 금액과 같은 주요 정보가 포함된다. 트랜잭션은 네트워크 전체에 브로드캐스트 된다.

마이너들은 네트워크에서 새로운 활동을 지속적으로 모니터링하고 있다. 각 마이너는 네트워크에 확인되지 않은 트랜잭션이 나타난 후 자신의 컴퓨터에 임시 영역으로 이 정보를 가지고 있다. 이 임시 영역을 mempool(메모리 풀)이라고 한다. 일반적으로 생각하는 것과는 달리 네트워크에는 단일 메모리 풀이 있다. 각 마이너에는 자체 메모리풀이 있다. 기본 메모리 풀 크기는 보통 300MB를 초과할 수 없지만 각 노드가 다르게 구축되고 확인되지 않은 트랜잭션을 다른 시간에 수신하기 때문에 두 마이너의 메모리 풀은 약간 다를 수 있다.

마이너는 정기적으로 메모리 풀에서 트랜잭션을 선택하고 "후보 블록"으로 묶는다. 비트코인에는 평균 후보 블록의 크기가 약 2MB이며 약 2,000개의 트랜잭션을 보유한다. 마이너의 메모리 풀의 내용이 약간 다를 수 있으므로 후보 블록의 구성은 마이너 마다 다르다.

실제 PoW 프로세스는 이제부터 시작이다. 후보 블록을 압축한 후 각 마이너는 기계를 사용하여 네트워크 소프트웨어에서 생성된 다른 숫자에 nonce라고 하는 작은 숫자를 반복적으로 추가한다. 결과 숫자는 SHA-256이라는 해싱 알고리즘을 통해 입력된다. 해싱 알고리즘은 입력 데이터를 암호화 방식으로 수정하고 수정된 출력 값을 얻도록 설계되었다. 이 출력 값은 블록체인 코드에 의해 지속적으로 업데이트되는 특정 시스템의 생성된 목표 값과 같거나 작아야 한다. 이런 일이 발생하면 후보 블록은 "해결"된 것으로 간주된다. 그 상태는 후보에서 완전히 검증된 블록으로 이동한다.

검증된 블록은 원장의 다음 항목으로 블록체인에 추가된다. 블록을 해결한 마이너는 보상을 받는다. 각 마이너는 목표 값을 가잔 먼저 맞추고 자신의 블록을 승자로 만들기 위해 경쟁한다. 이를 위해 마이너 또는 컴퓨터는 nonce 값을 추가하는 프로세스를 가능한 한 빨리 수행하려고 엄청난 횟수로 반복한다. 초당 nonce가 많을수록 당첨 확률이 높아진다.

체인의 다음 블록을 해결하기 위한 이 경쟁은 비트코인의 경우 10분마다 반복된다. 승리한 블록이 나타나면 마이너는 현재 후보 블록을 해결하는 시도를 신속하게 중지하고, 확인된 트랜잭션을 제거하기 위해 메모리 풀을 업데이트하고, 사용 가능한 미확인 트랜잭션에서 다른 후보 블록을 수집하고, 다음 블록을 가장 먼저 추가하기 위한 경쟁을 다시 시작한다.

기술적으로 마이닝 알고리즘을 설명하는 다음과 같다.

❶ 네트워크로부터 이전 블록의 헤더를 얻는다.

❷ 네트워크 상에서의 트랜잭션 브로드캐스트 세트를 제안할 블록에 넣어서 합친다.

❸ 이전 블록 헤더 값의 double 해시를 계산하고 nonce와 새롭게 제안된 블록을 SHA256 알고리즘을 사용해 결합한다.

❹ 결과 해시 값이 현재의 타겟 난이도보다 낮은지 체크하고, 낮다면 PoW를 푼 것이다. PoW의 성공하면 발견된 블록은 네트워크에 브로드캐스트하고 보상을 받는다.

❺ 결과 해시 값이 현재의 타겟 난이도보다 낮지 않으면 위 과정을 반복하고 nonce 값을 증가시킨다.

네트워크의 해시율이 올라가면서 32비트 nonce의 총량이 거의 소진되었다. 이러한 이슈를 해결하기 위해 추가 nonce 솔루션이 아래 (그림 5-1)과 같이 구현되었다.

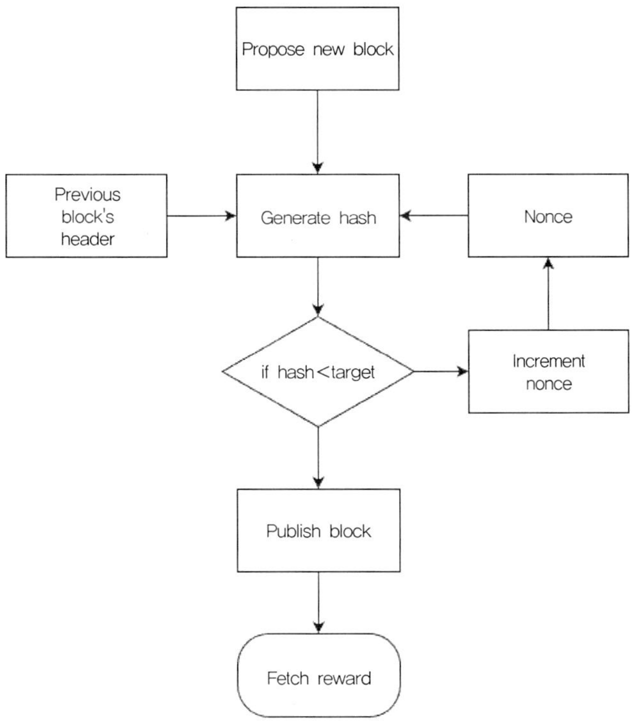

그림 5-1 마이닝 알고리즘

마이닝의 난이도는 시간이 지나면 증가하고 한때 단일 CPU인 노트북 컴퓨터로 마이닝이 가능했지만 이제는 PoW를 위해 특별한 마이닝 센터를 필요로 하게 되었다. 현재 난이도 레벨은 비트코인의 경우 비트코인 CLI를 통해 확인할 수 있다. 조회되는 숫자는 비트코인 네트워크 상의 난이도를 나타낸다. 타겟 난이도보다 낮은 해시 값을 찾는 것에 대한 어려움을 알 수 있다. 이 숫자는 주기적으로 새로운 블록이 발생하도록 조정하기 위해 변경된다. 아래 (그림 5-2)는 비트코인의 난이도를 보여준다.

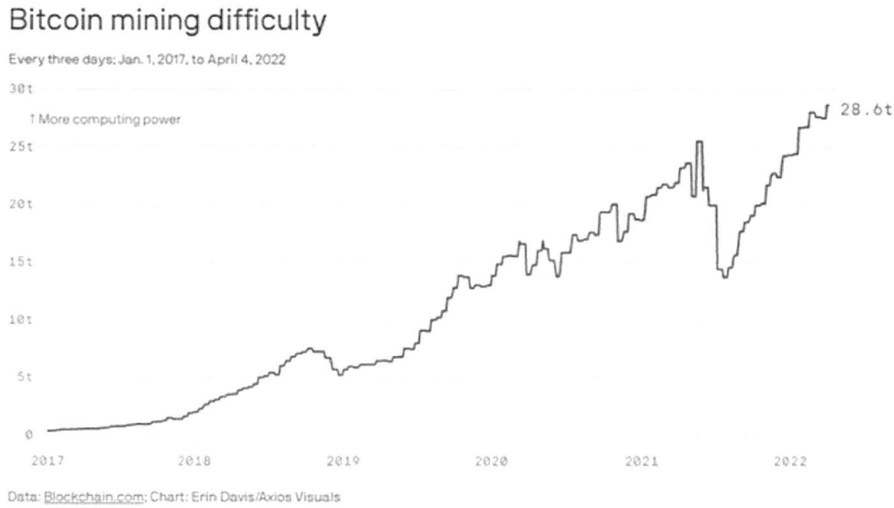

그림 5-2 비트코인 네트워크의 난이도 변화

출처 blockchain.com

마이닝의 과정을 보다 쉽게 예를 들어서 설명을 하자면 상자 안에 탁구공이 많이 들어있다고 가정을 한다. 탁구공에는 번호가 다 적혀 있고 그 안에 탁구공을 뽑아서 만이상의 숫자를 찾을 때 까지 시도한다. 탁구공을 뽑을 때 탁구공에 적혀있는 숫자가 만이상이면 마이닝에 성공한 것이다. SHA 256의 경우 16^{64}개의 탁구공을 가지고 있다. 이러한 단순 반복 작업은 작업을 빨리 하는 소수의 사람보다 보통의 여러 사람이 하는 것이 효율적이다 즉, 엄청난 컴퓨터 연산력 보다는 보통의 연산력의 컴퓨터가 많은 것이 유리하다. 즉, 규모가 커져야 마이닝이 성공한다. 만일 16^{64}개의 결과 값 중에서 특정 한 개의 숫자를 찾으려고 한다면 난이도가 너무 높다. 이 말은 언제 마이닝에 성공할지 모른다는 것을 의미한다. 다시 말해 장부검증을 언제 할지 모른다는 것이다. 그래서 특정한 값을 찾는 것이 아니라 특정한 범위의 값을 찾는 것이다. 이를 타겟 값 이라고 한다. 타겟 값이 hash 결과 값보다 크면 마이닝에 성공한 것이다. 해시에는 난수, previous hash, 트랜젝션이 있다. previous hash와 트랜젝션의 값은 이미 정해져 있기 때문에 임의의 난수를 대입해 가면서 블록의 해시 값이 난이도보다 작다는 조건을 만족하는 경우를 찾는 것이다. 그리고 이를 컴퓨터가 작업을 하게 된다. 이러한 과정을 작업증명 알고리즘이라고 한다.

2) 마이너의 업무

마이너는 네트워크에 노드가 연결된 이후에 다음의 작업을 수행한다.

가. 네트워크와의 동기화

네트워크에 새로운 노드가 참여하게 되면, 새로운 노드는 다른 노드에 블록 히스토리를 요청하여 블록체인을 다운로드 받는다. 이러한 다운로드는 마이너만 수행하는 것은 아니다.

나. 트랜잭션 인증

네트워크 상의 트랜잭션 브로드캐스트를 풀 노드에 의해 서명과 아웃풋을 검증하여 인증된다.

다. 블록 인증

마이너와 풀 노드는 특정 규칙에 대한 검증을 수행하여 받은 블록에 대한 인증을 수행한다. 이 과정은 nonce 값을 확인하는 것과 블록 내의 각 트랜잭션을 검증하는 것으로 구성된다.

라. 새로운 블록 생성

마이너는 새로운 블록을 인증한 이후에 트랜잭션 브로드캐스트를 결합해서 네트워크 상에 새로운 블록을 제안한다.

마. PoW 수행

이 작업은 마이닝 과정의 핵심이며 컴퓨팅적인 문제를 풀어서 마이너가 새로운 유효한 블록을 찾는 방식이다. 블록의 헤더는 32비트 nonce 필드를 가지고 있다. 마이너는 결과 해시 값이 사전에 정의된 타겟 난이도보다 적을 때까지 반복적으로 nonce 값을 변경해야 한다.

바. 보상 수령

노드가 PoW를 해결하면 해당 노드는 즉각 그 결과를 브로드 캐스트하고 다른 노드들은 그것을 검증한 후 수용하게 된다. 아주 낮은 확률로 거의 동시에 다른 노드가 블록을 발견하면 블록이 네트워크 상에서 받아 들여지지 않는 경우가 존재한다. 하지만, 일단 블록이 수용되면 마이너는 수수료를 보상으로 받게 된다.

비트코인의 경우 새로운 블록이 10분마다 생성된다. 새로운 비트코인의 생성율은 매 210,000 블록마다 50%씩 줄어들게 된다. 이는 대략 4년 주기이다. 2009년 비트코인이 시작할 때 마이닝 보상은 50 비트코인이었다. 210,000 블록 이후에 블록 보상은 반으로 줄었다. 2012년 11월에 25 비트코인으로 줄었고 2020년 5월에 블록 당 6.25 비트코인으로 줄었다. 이 기술은 비트코인에 하드코딩되어서 인플레이션을 조절하고 비트코인 공급을 제한한다.

3) 마이닝의 예

마이닝은 문제를 가장 빨리 맞힌 사람이 보상으로 코인을 받고, 블록의 생성 권한까지 받게 된다. 사람들은 비트코인이라는 보상을 얻기 위해 자신의 컴퓨터 성능과 전기세를 들여 마이닝하게 된다.

노드를 유지하고 마이닝하면서 사람들은 장부의 조작을 감시하고 문제를 푸는 작업을 수행한다. 아래는 (그림 5-3)은 문제의 방식을 쉽게 설명하기 위한 그림이다.

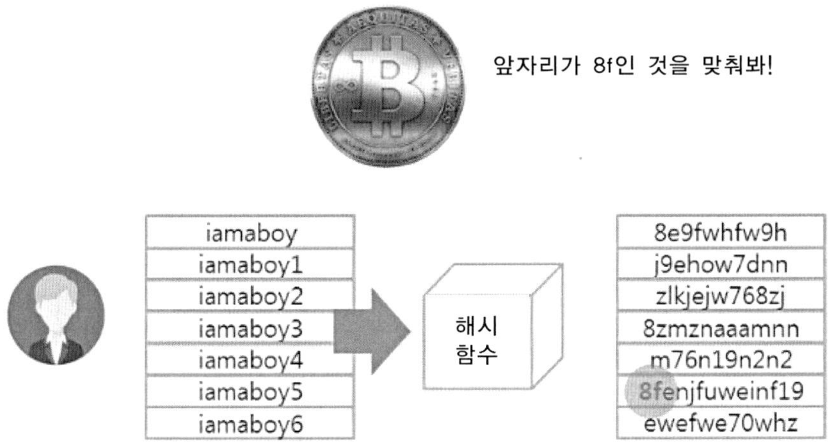

그림 5-3 마이닝의 간단한 예

위 그림에서는 비트코인재단에서 앞자리가 "8f"인 해시 값을 찾으라고 문제를 제시했다. 사용자는 저 문제를 맞추기 위해 무작위로 문자열을 생성해서 해시함수를 통해 해시 값을 생성해본다. 그림에서는 처음에 'iamaboy'를 해시함수에 넣어 "8e"로 시작하는 해시 값을 얻었다.

정답이 틀렸으므로 문자열을 바꿔본다. 그리고 다시 해시함수에 넣어 결과 값을 정답과 비교한다. 이렇게 문자열을 계속 변경하면서 해시 값과 정답을 비교하는 과정을 반복한다. 사용자들 중에서 가장 먼저 정답에 해당하는 해시 값을 생성하면 블록을 생성할 권한을 받게 된다.

4) 난이도 변경 방법

초창기의 비트코인은 개인의 노트북으로도 충분히 많은 양의 마이닝을 할 수 있었다. 문제를 푸는 사람도 없었을 뿐더러 문제의 난이도가 매우 쉬웠기 때문이다. 초창기의 비트코인의 문제처럼 내게 되면, 매우 빠른 시간 내에 비트코인은 모두 발행되게 된다. 이를 방지하기 위해 다양한 방식으로 난이도를 올리는 방식을 사용한다.

여기에서는 몇 가지 난이도를 변경하는 방법을 알아본다.

만약 위의 문제에서 "8f"가 아닌 앞자리가 100이하인 숫자를 찾으라는 것이 문제라는 것을 가정해보자. 그러면 000에서 100까지 정답이 나올 수 있다. 문제의 난이도를 높이기 위해 문제를 "100이하의 숫자 중 짝수를 찾아라"라고 문제를 제시할 수 있다.

또 다른 예를 들어보자.

000 ~ 999의 숫자 중에서 0이 1개 이상인 수를 뽑을 확률은 1/10 이고 0이 2개 이상인 수를 뽑을 확률은 1/100이다. 이는 난이도가 더 올라간 것이다. 이런 방식으로 타겟 값을 조정해 난이도를 조절하게 되는 것이다. 비트코인의 경우 10분의 간격으로 블록이 생성되는데 이 간격을

난이도로 조정하게 된다. 이번 블록 생성 시간이 1분밖에 안됐다면 다음 블록생성 할 때는 난이도를 높인다. 그러면 답을 찾기 까지가 시간이 많이 걸리니까 그래서 15분이 걸렸다. 그러면 평균이 10분정도로 맞춰질 수 있도록 난이도를 조절하는 것이다. 실제로는 비트코인의 난이도 조정 기준이 20160개의 블록이다.

20160 = 10분 * 6(1시간은 60분) * 24(시간) * 14(일)

즉, 2주 정도의 기간 동안 난이도를 평가하여 다음 블록의 난이도를 설정하게 된다.

다른 방식으로 퀴즈를 어렵게 내는 것을 떠나서 블록의 생성주기를 늦게 하여 보상에 대한 획득 수를 조절할 수도 있다. 예를 들어 보상을 5분마다 했었는데, 이 시간을 10분으로 늦춘다면 아무리 문제를 빨리 맞혀도 하루 동안 받는 비트코인의 개수는 어쩔 수 없이 줄어들게 될 것이다.

5) 블록보상이란?

각 올바른 추측에 대해 마이너는 블록 보상(평균 10분 마다 할당됨)을 비롯해 블록 내의 거래를 위해 지불한 총 비용을 지급받는다. 솔루션을 가장 빠르게 추측한 마이너가 보상을 받게 된다. 비트코인의 블록 보상은 6.25 BTC에 이른다. 이는 2009년 50 TC로 시작했다. 올바른 추측을 한 모든 마이너가 6.25 BTC와 블록 내의 거래 비용을 받게 된다. 21만 개의 블록이 마이닝될 때마다 비트코인 보상은 반으로 줄어든다. 마지막 비트코인은 2140년에 마이닝될 것으로 예측된다.

아래 (표 5-1)은 블록 보상의 반감정도를 보여준다.

[표 5-1] 블록 보상의 반감

날짜	BTC 반감기	날짜	BTCV 보상 감소
2012년 11월	50에서 25	2020년 5월	175에서 150
2016년 7월	25에서 12.5	~2020년 11월	150에서 125
2020년 5월	12.5에서 6.25	~2021년 5월	125에서 100
2024	6.25에서 3.125	~2022년 11월	100에서 75
2028	3.125에서 1.5625	~2022년 5월	75에서 50
2032	1.5625에서 0.78125	~2022년 11월	50에서 25
2036	0.78125에서 0.390625	~2023년 5월	25에서 12.5
2040	0.390625에서 0.1953125	~2023년 11월	12.5에서 3.25

5.3 마이닝과 관련된 용어들

1) 마이닝 팜

마이닝을 해서 보상을 받게 되어 서로 경쟁을 해서 난이도가 계속 높아지면서 많은 컴퓨터를 가지고 와서 참여를 해야 이길 수 있다. 이는 엄청난 규모의 컴퓨팅을 필요로 하게 된다. 그래서 여러 기업에서 마이닝 팜 이라 불리는 작업장을 확보하고 있게 된다. 아래 (그림 5-4)는 마이닝 팜을 보여준다.

그림 5-4 마이닝 팜의 예

마이닝 팜에서는 ASIC(Application Specific Integrated Circuit)라 불리는 마이닝기기를 사용하고 있다. ASIC는 특정한 용도로 쓰려고 특별히 주문제작한 CPU이다. 마이닝장의 ASIC는 마이닝용도 외에 다른 용도로 전혀 쓰지 못한다. 오로지 마이닝 해시만 엄청나게 잘하고 다른 연산 작업은 할 줄 모른다. 이런 장비를 동원해 마이닝을 하게 된다. 그래서 일반 데스크탑으로는 1년 내내 작업을 돌려도 하나도 얻기 힘들다. 불가능하다고 보는 게 더 맞다.

2) 마이닝 풀

세계 전역에서 수많은 마이너들이 경쟁하고 있다. 그러므로 개인이 올바른 추측을 만드는 데 대한 수익성은 매우 낮다. 이러한 이유로 사람들은 각자의 연산 능력을 합쳐 마이닝 풀을 형성했다. 마이닝 풀에서는 여러 마이너들이 마이닝을 위해 연산 능력을 합친다. 특정한 풀이 성공할 경우, 받은 보상은 기여한 마이너들 간에 분배된다. 보상은 비례 원칙에 따라 공유된다. 마치 사람들이 회사의 주식을 구매하는 것과 같다고 생각하면 된다. 해당 회사가 매각되면 모든 주주들은 약간의 수익을 받게 된다. 이는 원래 투자한 금액이 얼마인가에 따라 다르다. 더 많은 해시 값 계산에 기여할수록 더 많은 보상을 받게 된다.

3) 마이닝 시티

마이닝은 기술적으로 진보된 활동으로 전문적인 장비가 필요하다. 이러한 장비는 쉽게 고장나고 유지보수가 복잡하여 전문가만이 다룰 수 있는 장치이다. 따라서 많은 에너지와 헌신적인 지원이 필요하다.

마이닝 시티(Mining City)는 마이닝을 경험해보고 싶지만, 암호화폐 마이닝에 동반되는 번거로운 일을 처리하고 싶지 않은 사람들을 위해 서비스를 제공하고 있다.

마이닝 시티의 인기가 높아짐에 따라 더 많은 사람이 매일 커뮤니티에 참여하고 있다. 이로 인해 마이닝기가 받는 블록 보상이 변경되지는 않는다. 이것은 매일 받는 블록 보상을 모든 플랜 보유자가 나눠야 함을 의미한다. 전기 요금이 일정하다면 더 많은 사람이 마이닝 플랜을 보유할수록 각 플랜 보유자가 받는 금액은 줄어들게 된다.

4) PoW(Proof of Work)

PoW는 유효한 블록을 만들기 위해 충분한 컴퓨팅 자원이 사용되었음에 대한 증명이다. 매번 새로운 블록을 생성하기 위해 랜덤노드가 선택된다는 아이디어에 기반한다. 이 모델에서, 노드들은 선택되기 위해 서로 컴퓨팅적 능력을 경쟁한다. 아래 공식은 비트코인에서의 PoW 요구사항을 합산한다.

$$H(N \,||\, P\_hash \,||\, Tx \,||\, Tx \ldots Tx) < Target$$

여기서 N은 nonce이고, P_hash는 이전 블록의 해시 값이다. Tx는 블록의 트랜잭션을 나타내고, Target은 타겟 네트워크 난이도 값이다. 이것은 필드의 해시 값이 타겟 해시 값보다 작아야 한다는 의미이다.

이러한 조건을 만족하는 nonce를 찾는 방법은 brute force 방법 밖에 없다. 마이너는 이러한 nonce를 발견하면, 그 블록은 즉시 브로드캐스트되고 다른 마이너에 의해 인증된다.

인기 있는 PoW 기반 블록체인에는 Bitcoin, Ethereum, Dogecoin(DOGE), Ethereum Classic (ETC), Litecoin(LTC), Bitcoin Cash(BCH) 및 Monero(XMR)가 포함된다.

5) 지분증명(PoS)

PoS는 블록체인에서 트랜잭션을 확인하기 위한 PoW의 주요 대안이다. PoS 모델에서는 트랜잭션 블록을 해결하기 위한 컴퓨팅 경쟁이 없다. 네트워크의 각각의 새로운 원시 블록은 유효성 검사기 노드에 할당되며 유효성을 검사하고 블록을 체인에 추가한다.

가장 기본적인 PoS 모델에 따르면 유효성 검사기 노드에 대한 이 분포는 무작위이며 유효성 검사기가 처리할 다음 블록을 받을 확률은 이 노드가 소유하거나 스테이킹한 체인의 기본 암호화폐 점유율에 직접적으로 의존한다.

예를 들어 네트워크에 있는 모든 암호화폐의 3%를 소유하고 있다면 전체 블록의 약 3%를 확인할 기회를 얻게 된다.

PoW와 달리 PoS는 상당한 전력 소비가 필요하지 않으며 네트워크 속도를 저하시키지 않는다. PoS를 사용하는 인기 있는 블록체인으로는 Binance Chain(BNB), Cardano(ADA), Solana(SOL), Tron(TRX) 및 Avalanche(AVAX)가 있다.

6) 해시율(Hash Rate)

해시율은 기본적으로 초당 해시 계산 개수 비율을 나타낸다. 다른 표현으로 블록을 찾기 위해 비트코인 네트워크 상의 마이너들이 해시를 계산하는 속도이다. 비트코인 초기에 이 값은 CPU가 사용되었기 때문에 낮았다. 그러나 전문 마이닝 풀과 ASICs(Application Specific Integrated Circuits)가 도입되면서 해시율은 기하급수적으로 증가했다. 이 결과 비트코인 난이도도 급격하게 증가했다.

아래 (그림 5-5)는 초당 TH(Tera Hash)의 변화를 보여준다. 150m TH/s는 15,000,000,000,000,000,000개의 해시 값이 초마다 계산됨을 의미한다.

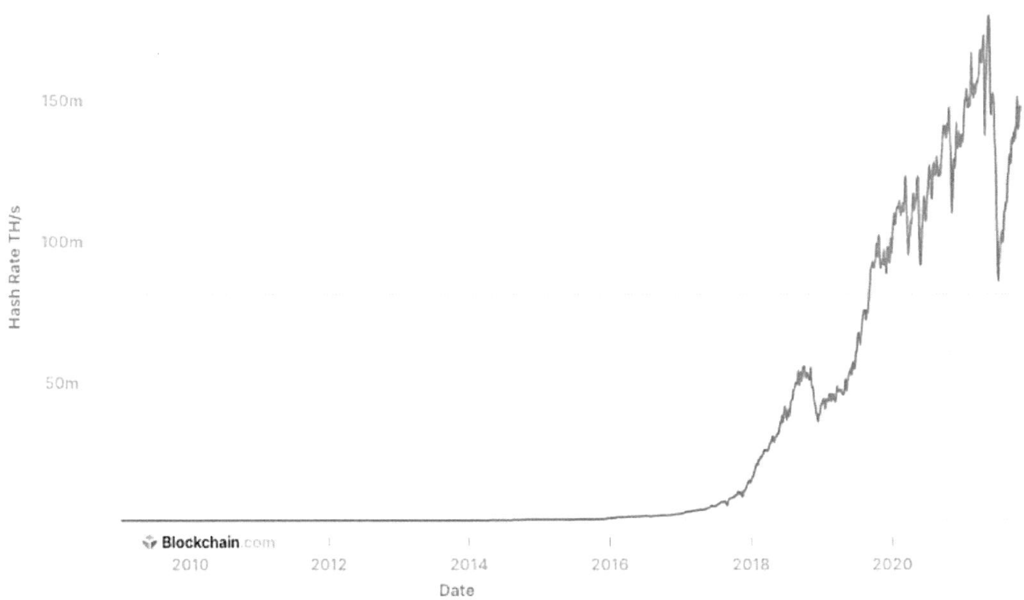

그림 5-5 년간 수행된 hash 수

5.4 암호화폐의 마이닝 방법들

거래를 확인하고 그 과정에서 암호화폐 보상을 얻기 위한 세 가지 주요 암호화폐 마이닝 방법이 있다. 단일 마이닝, 병합 마이닝, 클라우드 마이닝이 그것이다.

1) 단일 마이닝(단일 채굴 또는 솔로 마이닝)

단일 마이닝은 이름에서 알 수 있듯이 필요한 마이닝 장비를 구입하고, 블록체인 네트워크에 노드로 가입하고, 필요한 소프트웨어를 다운로드하고, 블록을 직접 마이닝한다. 블록 마이닝에 성공하면 다른 네트워크 구성원과 공유하지 않고도 마이닝 보상을 받는다.

컴퓨터의 CPU나 GPU를 사용하여 암호화폐를 마이닝할 수 있지만, 이는 PoW 체인에서 마이너들 간의 치열한 경쟁을 고려할 때 이미 비실용적이고 수익성이 없다. 비트코인처럼 인기 있는 체인에서는 강력한 ASIC 머신을 사용해도 단일 마이닝이 마이닝 풀과의 경쟁으로 인해 어려울 수 있다. 이들은 마이닝 활동을 지배하기 위해 많은 개별 마이너의 자원을 모으는 네트워크 참여자 그룹이다.

2) 마이닝 풀(공동 채굴)

마이닝 풀은 체인의 다음 블록을 크랙할 가능성을 높이기 위해 컴퓨팅 리소스를 모으는 대규모 개별 마이너 그룹이다. 대규모 마이닝 풀에는 공동 작업에 해시 파워를 투입하는 수천 명의 사람들이 있을 수 있다.

풀의 구성원이 블록을 해결하면 마이닝 보상은 해시 파워에 대한 기여도에 비례하여 풀의 모든 구성원에게 분배된다. 많은 수의 컴퓨터 리소스를 풀링함으로써 마이닝 풀은 단일 마이너보다 블록을 해결할 가능성이 훨씬 더 높다.

비트코인 또는 Dogecoin 및 Litecoin과 같은 기타 인기 있는 암호화폐를 마이닝하려는 경우 혼자 작업하기보다는 충분히 큰 온라인 암호화폐 마이닝 풀에 가입하는 것이 유리하다. 반대로, 혼자 마이닝하는 경우 주요 PoW 체인의 치열한 경쟁으로 인해 보상이 매우 드물게 발생하거나 전혀 발생하지 않을 수 있다.

3) 클라우드 마이닝

단일 마이닝과 마이닝 풀은 자체 마이닝 장비가 필요하다. 하드웨어를 구매하는 대신 클라우드 마이닝 플랫폼에 가입하여 마이닝에 참여할 수 있다. 클라우드 마이닝 플랫폼은 사용자에게 내부 마이닝 하드웨어 리소스를 임대할 수 있는 월별 또는 연간 요금을 청구한다. 수수료를 받는 대가로 클라우드 플랫폼은 자신을 대신하여 블록체인 네트워크에서 마이닝 작업을 수행한다. 마이닝의 결과로 받은 모든 보상은 공유된다. 수수료가 높을수록 더 많은 해시 파워를 빌릴 수 있으므로 보상도 높아진다.

4) 문제점

암호 화폐 마이닝에는 특정 단점과 관련된 위험이 있다. 그 중 하나는 마이닝 수익성의 변동성이다. 주요 PoW 플랫폼의 마이너 간의 경쟁은 매우 치열하여 가상화폐 마이닝을 수익성 측면에서 불확실하고 변덕스러운 활동으로 만든다. 오늘은 이익을 낼 수 있지만 네트워크의 경쟁이 갑자기 심화되면 내일은 적자를 보게 될 수도 있다.

또 다른 단점은 암호화폐 마이닝에 참여하기 위한 장비의 초기 비용이다. 수익성 있는 암호화폐 마이닝의 좋은 기회를 제공할 수 있는 강력한 ASIC 장비는 최소 $3,000의 비용이 들며 이는 일반 PC 비용보다 훨씬 비싸다. 마이닝 장비에 지불하는 가격에 관계없이 수익성은 변동될 수 있으며 강력한 기계를 사용하더라도 수익을 보장할 수 없다

위와 같이 엄청난 컴퓨터의 양을 돌리기 위해서는 많은 전기를 사용하게 된다. 그래서 전기에너지 낭비가 너무 심하게 된 것이다. 마이닝에 사용되는 전기에너지 소비양은 사용중인 마이닝 하드웨어를 해시하기 위한 에너지 효율성을 기반으로 네트워크가 이러한 해시를 수행하는 데 사용하는 전력의 양을 추정 할 수 있다. 그래서 Digiconomist의 비트 코인 에너지 소비 추적기에 따르면 마이닝은 현재 소비 77.78 연간 테라 와트시 정도 나온다고 한다. 이는 네덜란드 및 체코와 같은 국가의 총 에너지 소비량과 비슷하다. 한 국가의 에너지 소비량과 비슷한 수준으로 전력을 사용할 정도로 현재 너무 많은 전력이 낭비되고 있는 것이다.

(그림 5-6)과 (그림 5-7)은 마이닝으로 인한 에너지 소비와 그에 따른 환경변화를 보여준다.

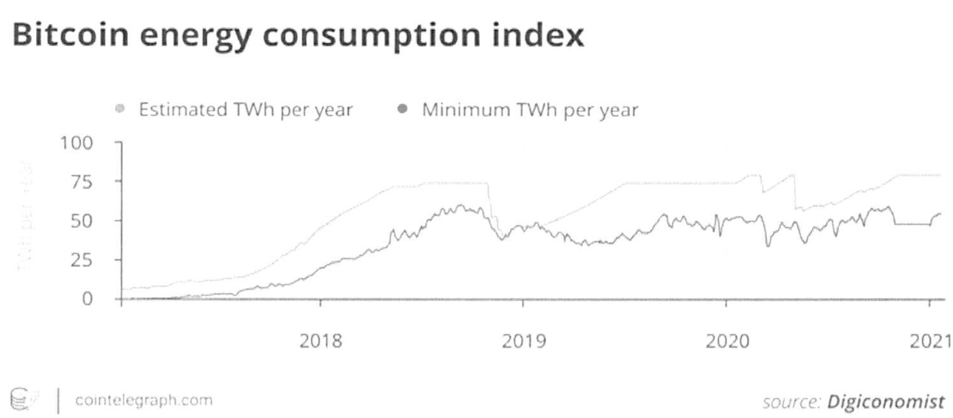

그림 5-6 비트코인 에너지 소비량

온도가 낮은, 아이슬란드 국가에 채굴업체들이 진출하게 되면서 가정용 전기세보다 비트코인 채굴에 쓰이는 전기세가 더 많아지는 기이한 현상이 발생하였다.

그림 5-7 마이닝으로 인한 환경변화

Reference

[1] Buterin, V. (2014). A next-generation smart contract and decentralized application platform. white paper, 3(37), 2-1.

[2] Huh, J. H., & Kim, S. K. (2019). The blockchain consensus algorithm for viable management of new and renewable energies. Sustainability, 11(11), 3184.

[3] Kim, S. K., Kim, U. M., & Huh, J. H. (2019). A study on improvement of blockchain application to overcome vulnerability of IoT multiplatform security. Energies, 12(3), 402.

[4] Nakamoto, S. (2008). Bitcoin: A peer-to-peer electronic cash system. Decentralized business review.

[5] snowdeer's Code Holic, "블록체인과 P2P 통신", (2017.07.04.) available at https://snowdeer.github.io/blockchain/2017/07/04/blockchain-and-p2p/(last visited at 2023.09)

[6] Szabo, N. (1997). Formalizing and securing relationships on public networks. First monday.

[7] Youtube, nonce, 이더리움이 뭔가요?, https://youtu.be/uUC3hELa-Oo, 2017

[8] Youtube, 창업에듀, 03. 스마트컨트랙트(Smart Contract), https://youtu.be/jWPzmNx8Yrc, 2019

[9] 김현수, 스마트 컨트랙트와 계약법, 한국인터넷진흥원, 2020

[10] 노윤주, 디지털 화폐 주목하는 美 연준...암호화폐 시장에 파장 예상, 서울경제, 2021

[11] 상성반도체 뉴스룸, "[시사 IT용어] 가상화폐의 주역, 블록체인 기술이란?", (2020.04.27.), available at https://news.samsungsemiconductor.com/kr/ (last visited at 2023.09.)

[12] 생활코딩, "인터넷을 여는 열쇠: 서버와 클라이언트", (2017.12.02.), available at https://opentutorials.org/course/3084/18890 (last visited at 2023.09.)

[13] 송유진 양호경 차현종, 사물인터넷을 위한 블록체인 개론, 도서출판 홍릉, 2021

[14] 우경희, "특집 블록체인", TTA Journal, 177, 2018, pp.10-15.

[15] 임종철, 유현경, 곽지영, & 김선미. (2018). 블록체인과 합의 알고리즘. [ETRI] 전자통신동향분석, 33(1), pp.15-20.

Summary

[1] 마이닝은 블록체인에서 새로운 거래를 검증하고 블록을 생성하는 과정을 말한다. 이 과정에서 컴퓨터들은 복잡한 수학적 문제를 해결하고, 그 결과를 블록체인 네트워크에 제출한다. 이를 통해 새로운 블록이 생성되고, 이 블록에는 검증된 거래 내역이 기록된다. 마이닝은 네트워크의 분산된 노드들이 함께 작업하여 블록을 만들어내는 과정으로, 이를 통해 블록체인의 무결성과 안전성을 유지한다. 마이너(마이닝 참여자)들은 이 과정에서 일정량의 암호화폐를 보상으로 받게 된다.

[2] 마이닝은 트랜잭션 수집과 검증, 블록생성, 작업증명, 블록검증, 보상과 블록 추가, 트랜잭션 실행, 새로운 트랜잭션 수집의 단계를 거친다. 즉, 모든 노드에서 발생하는 거래 정보를 수집 후 정보들의 유효성을 검증한다. 이후 하나의 블록으로 생성한다. 블록을 추가하기 위해 암호학적 문제를 해결한다. 해결된 블록을 브로드캐스트하여 검증 받는다. 검증되면 보상을 받고 블록을 추가한다. 트랜잭션을 실행하고, 새로운 트랜잭션을 수집한다.

[3] 마이닝과 관련된 용어들은 다음과 같이 요약할 수 있다.

- 마이닝(Mining): 블록체인에서 새로운 거래를 검증하고 블록을 생성하는 과정이다. 컴퓨터들이 수학적 문제를 해결하고 그 결과를 블록체인 네트워크에 제출한다.
- 작업 증명(Proof of Work, PoW): 마이닝 과정에서 사용되는 암호학적 문제 해결 방식으로, 블록의 무결성을 보장한다. 컴퓨터가 무작위로 생성한 값과 이전 블록의 해시 값을 이용해 문제를 푼다.
- 마이너(Miner): 마이닝에 참여하는 개인 또는 그룹을 가리키며, 블록을 생성하고 거래를 검증하는 역할을 한다.
- 블록 보상 (Block Reward): 마이너가 새로운 블록을 만들어 블록체인에 추가할 때 받는 보상으로, 일반적으로 암호화폐의 일정량이 지급된다.
- 암호학적 해시 함수(Cryptographic Hash Function): 무작위 길이의 데이터를 고정된 길이의 해시 값으로 변환하는 함수로, 무결성을 보장하는 데 사용된다.
- 넌스(Nonce): 작업 증명에서 사용되는 임의의 값으로, 블록 해시를 생성하기 위해 반복적으로 조정된다.
- 난이도(Difficulty): 작업 증명에서 문제를 해결하는데 필요한 노력의 양을 나타내는 값으로, 네트워크의 전체 해시 속도에 따라 조질된다.
- 블록 해시(Block Hash): 블록의 모든 내용을 포함한 고유한 식별자로, 블록의 무결성을 검증한다.

[4] 마이닝에는 높은 에너지 소비, 중앙화 경향, 채굴 난이도 조정의 한계, 보안 위협(51% 공격), 자원 소모와 비용, 환경 영향. 이로 인해 환경 부담과 보안 위험이 발생하며, 에너지 소모가 늘어나는 문제가 있다.

Exercises

1. 마이닝의 주요 목적은 무엇인가요?

a) 새로운 블록을 생성하고 검증하는 것
b) 블록체인을 암호화하는 것
c) 거래 내역을 숨기는 것
d) 블록체인을 삭제하는 것

2. 마이닝을 통해 보상으로 받는 것은 무엇인가요?

a) 컴퓨터 하드웨어
b) 암호화된 데이터
c) 암호화폐
d) 블록체인 소프트웨어

3. 마이닝 과정에서 가장 먼저 일어나는 단계는 무엇인가요?

a) 블록 생성
b) 트랜잭션 수집
c) 작업 증명
d) 블록 검증

4. 마이닝에서 사용되는 작업 증명(Proof of Work)의 목적은 무엇인가요?

a) 거래 유효성 검사
b) 블록 생성
c) 무결성 유지
d) 암호화 해독

5. 다음 중 마이닝 과정에서 사용되는 암호학적 문제 해결 방식은 무엇인가요?

a) 작업 증명(Proof of Work)
b) 블록 보상(Block Reward)
c) 암호 해독(Decryption)
d) 블록 검증(Block Verification)

6. 마이너가 새로운 블록을 생성하고 블록체인에 추가할 때 받는 것은 무엇인가요?

a) 암호화폐 보상
b) 작업 증명
c) 블록 해시
d) 트랜잭션 수수료

7. 마이닝의 주요 문제점 중 하나는 무엇인가요?

a) 블록 해시 생성 오류
b) 과도한 트랜잭션 수수료
c) 높은 에너지 소비
d) 중복된 거래 정보

8. 51% 공격은 어떤 상황에서 발생할 수 있는 보안 위협인가요?

a) 채굴 난이도 조정이 어려운 경우
b) 블록 생성 속도가 느린 경우
c) 마이너들 간의 경쟁이 치열한 경우
d) 트랜잭션 수수료가 높은 경우

9. 마이닝의 역할에 대해 간단히 설명해주세요.

10. 마이닝 과정에서 사용되는 암호학적 해시 함수에 대해 간단히 설명해주세요.

11. 작업 증명(Proof of Work)이 무엇이고 왜 중요한가요?

12. 마이닝 과정에서 블록이 검증되고 추가되는 단계를 설명해주세요.

13. 암호학적 해시 함수가 마이닝에서 어떻게 사용되나요?

14. 난이도가 높아질 경우 마이닝의 어떤 측면이 영향을 받나요?

15. 환경에 부담을 주는 마이닝의 문제를 어떻게 해결할 수 있을까요?

16. 중앙화된 마이닝 팜들이 블록체인 네트워크에 어떤 영향을 미칠 수 있나요?

CHAPTER 06

P2P 네트워크

6.1 네트워크의 개요

P2P는 'Peer-to-Peer'라는 뜻으로 중앙의 서버가 없이 각 단말기들이 서로 비슷한 입장에서 통신을 하는 네트워크를 뜻한다. 각 단말은 서버이면서 동시에 클라이언트의 역학을 한다. 대표적인 P2P 서비스로는 2000년대 초반에 유행하던 '소리바다', '당나귀' 등이 있으며, 최근에는 비트토렌트(BitTorrent)를 들 수 있다. '소리바다'는 개인의 PC들끼리 직접 연결시켜서 MP3 파일을 공유하던 서비스이다.

이와 반대되는 개념이 CS구조 네트워크이다. CS(Client-Server)구조는 한 개의 서버에 여러 개의 클라이언트가 붙어서 서비스를 이용하는 구조이다. 일반적인 인터넷의 대부분의 네트워크 구조는 CS 구조를 갖는다. P2P와 CS구조의 차이는 (그림 6-1)에서 보여준다.

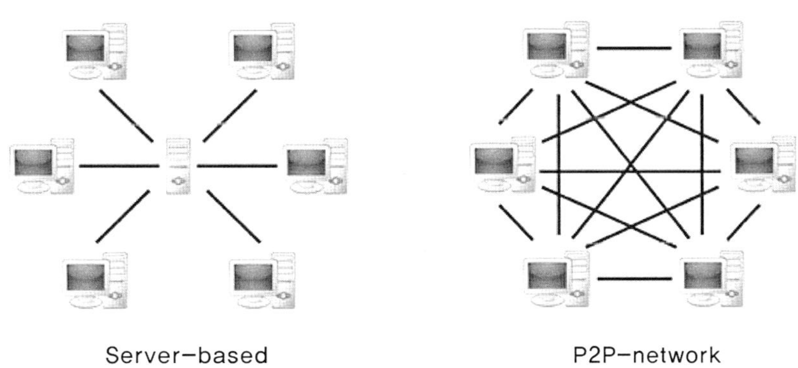

그림 6-1 CS와 P2P 네트워크 구조

블록체인은 P2P 형태로 이루어진 탈중앙화 네트워크라고 한다. 따라서 P2P 네트워크가 갖고 있는 특징 및 장·단점을 그대로 갖는다고 볼 수 있다.

P2P 는 참여자들이 프로세싱 파워, 저장 용량, 네트워크 링크 용량, 프린터 등과 같은 자신의 하드웨어 자원을 서로 공유하는 분산 네트워크 아키텍처의 일종이다. 그리고 여기서 공유된 자원들은 파일공유, 작업 공간 공유 등과 같이 P2P 네트워크에서 제공되는 서비스와 콘텐츠를 공급하는데 사용된다. P2P 네트워크에서는 중앙 서버 없이 각 노드가 서버와 클라이언트의 역할을 동시에 수행하며, 직접적인 교환을 통해 디지털 자원을 공유한다.

P2P와 관련된 용어로는 오버레이 네트워크와 DHT(Distributed Hash Table)가 있다. 오버레이 네트워크(Overlay Network)는 기존의 네트워크에서 제공되지 않는 서비스를 수행하기 위해 설정된 노드들과 논리적인 링크들로 이루어진 가상 네트워크를 의미한다. 그래서 오버레이 네트워크에서 이웃 노드들은 물리적인 이웃이 아니라 논리적인 이웃으로 존재한다.

DHT는 안전한 조회 메커니즘을 제공하기 위해 분산 컴퓨팅을 위해 해시 테이블을 분산된 위치에 저장하는 기술이다. 1990년대 중반에는 주로 LAN에서 사용되었지만, 현재는 인터넷 상의 구조화 P2P 네트워크를 구성하는 데 사용된다.

1) P2P 네트워크의 종류

P2P 네트워크는 크게 두 가지 유형으로 나뉜다. 첫 번째는 중앙집중형(Centralized) P2P 방식으로, 이 방식에서는 서버에 먼저 접속해야만 다른 피어와 접속이 가능하다. 두 번째는 분산형(Distributed) P2P 방식으로, 이 방식에서는 서버의 도움 없이 피어들이 서로 IP 주소 등의 정보를 공유함으로써 피어간 직접 연결이 가능하다. 중앙집중형 P2P 방식은 일단 서버의 도움으로 접속과 검색이 이루어진 후에는 분산형 P2P 방식과 마찬가지로 피어들끼리 직접 통신하여 자료를 공유한다. 또한 P2P 네트워크는 노드 간 연결 구조 방식에 따라 분류될 수 있다. 노드 간의 임의적인 연결에 의해 구성되는 비구조적(Unstructured) 방식과 정의된 방식에 따라 체계적이고 규칙적으로 형성되는 구조적(Structured) 방식으로 나뉜다. 기존의 P2P 네트워크들을 구조적/비구조적 방식에 따른 분류 방법으로 살펴보겠다.

가. 비구조적 방식

비구조적인 방식은 각 노드를 이웃들의 애드혹 목록을 유지한다. 결과 오버레이는 랜덤 그래프와 유사하다. 여기서 애드혹은 독립 말단끼리 외부의 도움 없이 자기들만으로 자율적인 임시적 망을 구성함을 뜻한다. 노드가 조인할 때 종종 노드와 접속하여 시스템에 있는 다른 피어들의 시작 목록을 얻으려 한다. 이 목록은 피어들을 찾는데 사용되며 다른 것들은 무시한다. 실제로 노드의 로컬 목록은 수시로 변한다. 그래서 비구조적 P2P 시스템은 데이터 검색에 의존한다. 비구조적 방식은 Flooding과 Random Walk로 나뉠 수 있다.

Flooding은 요청 메시지를 모든 이웃에게 전달해서 공유를 시작한다. 예를 들어 소스노드는 데이터를 모든 이웃들에게 요청한다. 수신한 노드가 이전에 아이템을 본적 있다면, 전달은 무시된다. 그렇지 않으면 지역적으로 요청된 자료를 찾는다. 필요한 자료를 가지고 있다면 소스노드에게 직접적으로 반응하거나 원래 전달자에게 반송한다. 만약 자료를 가지고 있지 않다면, 요청을 이웃들 모두에게 전달한다. 이 방식의 네트워크에는 초기의 Gnutella, 초기의 KaZaA, BitTorrent가 여기에 해당된다.

Random Walk는 요청 메시지를 랜덤하게 선택된 이웃에게 전달해서 공유를 시작한다. 예를 들어, 소스노드는 랜덤하게 선택된 이웃에게 요청한다. 이웃노드가 데이터를 갖고 있지 않으면, 요청을 랜덤하게 선택된 이웃에게 전달한다. 이 결과를 random walk라 한다. 이 기술은 네트워크 트래픽에 부하가 덜 가지만, 요청 데이터가 있는 노드에 도달하는데 시간이 더 걸릴 수 있다. 대기 시간을 줄이기 위해 소스노드는 n 랜덤 워크를 동시에 시작한다. 이 방식의 네트워크에는 최근의 Gnutella, 최근의 KaZaA, LMS가 여기에 해당된다.

나. 구조적 방식

구조적 방식은 노드들이 링형, 트리형, 그리드 형과 같은 오버레이를 구성한다. 이 시스템은 시스템에 의해 유지되는 각 데이터 아이템이 특별하게 키와 연관되어 있고, 이 키는 결과적으로 인덱스로 쓰인다. 마지막에 가서 해시 기능을 사용하는 것이 일반적이다. 그래서 key (데이터 아이템) = hash(데이터 아이템의 값)을 얻는다. P2P 시스템은 전반적으로(key, value) 쌍을 담당한다. 이 시스템은 분산 해시 테이블을 구현하고 DHT로 축약된다.

구조적 방식은 Routing과 Topology에 따라 분류할 수 있다.

Routing에 따른 분류에는 2개 이상의 멀티 홉, 1홉, 가변 홉으로 라우팅 설정되는 네트워크로 구분할 수 있다. 2개 이상의 멀티 홉의 경우에는 Chord, Pastry, CAN, Tapestry, Kademlia가 해당된다. 또한 1홉의 경우 Epichord가 해당된다. 가변적인 홉의 경우 Accordian이 해당된다.

Topology는 Flat, Super Node, Hierarchical & Multi-Ring으로 나뉠 수 있다. Flat에는 Chord, Pastry, CAN, Tapestry, Kademlia, Epichord, Accordian가 해당된다. Super Node 형태에는 JXTA가 해당되고, Hierarchical & Multi-Ring 형태에는 TOPLUS가 해당된다.

또한 서비스의 목적에 따라서 Instant Messaging, Distributed Computing File Sharing 등으로 나뉠 수 있다. Instant Messaging는 MSN Messenger, ICQ, JPPP가 해당된다. Distributed Computing에는 SETI, Groove(Virtual Office), KOREA@Home가 해당된다. File Sharing에는 Gnutella, Napster, eDonkey, 소리바다가 해당된다.

2) P2P의 구분

P2P 네트워크는 하이브리드 P2P와 퓨어 P2P로 나뉠 수 있다. 하이브리드 P2P는 각 노드들을 발견하고 탐색하기 위한 인덱스 서버를 사용한다. 퓨어 P2P는 노드들만 존재하고, 노드 탐색 등의 기능도 노드들이 알아서 수행한다.

가. 하이브리드 P2P

(그림 6-2)는 하이브리드 P2P의 구조를 보여준다.

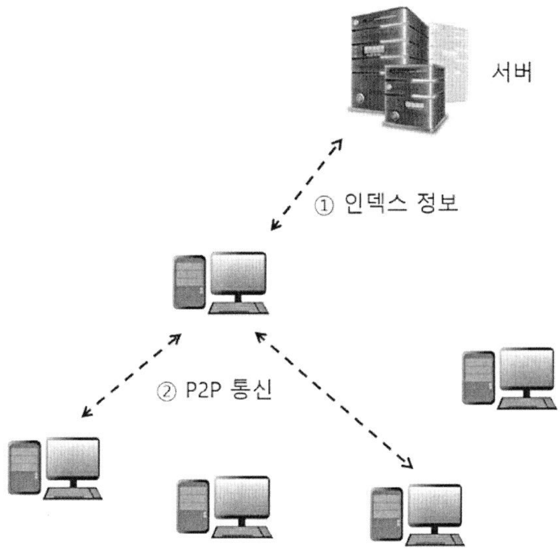

그림 6-2 하이브리드 P2P의 구조

하이브리드 P2P는 각 노드의 정보들이 인덱스 서버에 기록이 된다. 각 노드들간 데이터를 주고 받는 방식은 P2P로 이루어지지만, 노드들의 검색 및 발견 등은 인덱스 서버를 통해서 이루어진다. 마치 서버/클라이언트 구조처럼 설계와 관리가 용이하지만 확장성이 떨어지는 단점이 있다. 온라인에서 실행되는 많은 대전 게임들이 하이브리드 P2P 방식을 사용하고 있다. 게임상의 높은 네트워크 성능을 위해 유저간 직접 연결하는 P2P 통신을 사용하지만, 서로 방을 만들고 검색, 조인하기 위해서는 인덱스 서버를 활용한다.

나. 퓨어 P2P

(그림 6-3)은 퓨어 P2P의 구조를 보여준다.

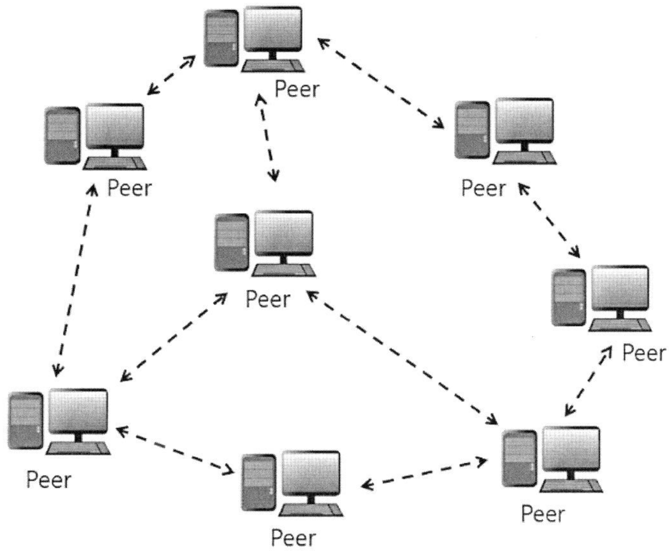

그림 6-3 퓨어 P2P의 구조

퓨어 P2P는 모든 노드가 동등한 입장으로 네트워크에 연결되어 있다. 즉, 새로운 노드가 추가되는 등의 확장성은 높으나 시스템 전반을 설계하고 관리하기가 어렵다는 단점이 있다. 또한 각 노드들이 자율적으로 다른 노드들을 발견하고 탐색할 수 있도록 하는 알고리즘을 구현해야 하는 문제점이 있다.

3) P2P와 클라우드 컴퓨팅

중앙화의 대표적인 기술이 클라우드 컴퓨팅이다. 그 반대인 탈 중앙화의 대표적인 기술이 P2P 네트워크이다. 이런 두 기술이 네트워크가 곧 하나의 컴퓨터로 활용하는 것을 구현하고 있다.

클라우드 컴퓨팅은 서비스 회사에서 병렬 분산 컴퓨터로 구성된 데이터베이스에 사람들이 생성한 데이터를 저장하고 이용할 수 있도록 제공한다. 사용자들은 인터넷에 연결되어 언제 어디서나 클라우드 컴퓨팅에 저장한 데이터에 접근하여 사용하고 이것을 타인과 협업을 진행한다. P2P 네트워크는 사용자들이 자신의 컴퓨터에 저장된 데이터를 공유하기 위해 사용한다. 경제적인 측면에서 보면 클라우드 컴퓨팅은 상업화의 대표라 할 수 있고, P2P는 탈상업화의 대표라 할 수 있다.

빅데이터는 사용자들이 생성한 데이터가 모여 형성된다. 이러한 사용자들이 생성한 데이터는 인터넷 서비스 회사의 빅데이터 생산 및 축적 시스템을 통해 이뤄지기도 하지만 P2P 네트워크를 통해 연결되고 공유되기도 한다. 구글, 애플, 아마존과 같은 기업들은 클라우드 컴퓨팅을 통해 사용자들이 생성한 데이터를 데이터센터에 집중화하고자 한다. 반면, 비트토렌트와 같은 공유 사이트는 P2P를 통한 더 많은 데이터의 공유를 지향한다.

P2P 기술을 활용한 컴퓨터 자원의 활용은 다양한 방식으로 이루어지고 있다. 구글은 빠른 검색을 효율적으로 진행하기 위해 수많은 컴퓨터를 병렬로 연결해 처리하는 시스템을 갖추고 있다. 전 세계에 100만 대가 넘는 컴퓨터를 연결해 자신들의 서비스를 처리하고 있다. 이러한 분산병렬 컴퓨팅의 기본에는 P2P 기술이 깔려 있다

4) P2P 기술의 장·단점

가. 장점

P2P 네트워크의 장점으로는 서버를 준비할 필요가 없으며, 각 노드들이 트래픽과 자원을 할당해 부하를 분산시켜준다. 따라서, 노드가 증가하더라도 서비스를 유지할 수 있는 높은 확장성을 갖고 있다. 또한 서버를 유지하기 위해 비용을 들이지 않다고 된다. 네트워크 유지하는 대신 일정 보상이 있다면, P2P 네트워크에서 참여해서 서로 서버의 역할을 할 수 있다.

P2P의 가장 큰 장점은 보안이다. 즉, 네트워크에 참여하는 모든 PC가 서로 감시하는 역할을 한다. CS 구조는 서버의 정보가 무조건 옳은 정보로 취급하지만 P2P는 모든 컴퓨터가 서버-클라이언트 역할을 하게 된다. 그래서 상대방의 컴퓨터를 감시하고 올바른 결론을 도출한다. 예를 들어, 누군가의 컴퓨터가 해킹되어 잘못된 연산을 해도 나머지 대부분의 컴퓨터가 올바른 판단을 내리면 해킹된 컴퓨터의 잘못된 연산은 무시된다. 이러한 기능으로 인해 블록체인은 탈중앙화 방식으로 실행된다.

또한 하나의 노드에 장애가 발생되어도 전체 서비스에는 크게 지장을 주지 않는 특징을 가진다. CS 구조는 서버에 장애가 발생되면 전체 서비스가 마비되어 이용할 수 없다. 이러한 구조를 SPOF(Single Point of Failure) 구조라고 한다. 이러한 문제를 해결하기 위해 서버를 분산하여 구성하지만 비용이 많이 든다.

나. 단점

P2P의 개인이 모여서 네트워크를 구성하는 장점이 단점으로 바뀔 수도 있다. CS 구조는 서버가 존재한다면 언제 어디서든지 서비스를 이용할 수 있다. 또한 서버의 검증된 데이터를 사용할 수 있다. 하지만 P2P의 경우 서버의 역할을 하는 컴퓨터가 별도로 지정되지 않기 때문에 서버 역할을 해줄 컴퓨터가 없다면 서비스를 이용할 수 없다. 또한 네트워크에 속해서 서비스를 이용하는 만큼 댓가를 지불하는 구조이기 때문에 댓가를 지불하기 싫은 컴퓨터가 많아질수록 네트워크 서비스의 품질이 나빠진다.

또한 새로운 기능을 추가하거나 업데이트를 할 경우에 관리가 어렵다. 또한 네트워크 전송 시간 때문에 노드 간에 정보가 불일치 될 수 있다. 즉, 모든 노드의 속도가 같지 않다. 속도가 느린 노드가 존재한다면 전체 네트워크의 속도가 함께 저하된다. 이는 서비스의 성능 저하가 발생하기 쉽다. 반면, CS 구조는 클라이언트의 속도만 보장된다면 빠른 서비스를 이용할 수 있다.

6.2 P2P의 역사

P2P는 1980년대 Usenet이라는 서비스가 시초이다. 1990년대 Napster 서비스가 시작되면서 본격적으로 사용되기 시작했다. 이후 Gnutella, 소리바다, KaZaA, edonkey 서비스로 활성화되었다. 2005년에 저작권 관련 법률이 강화되면서 거의 사라지고, 2009년에 BitTorrent가 유행하면서 서비스되고 있다. 이러한 P2P 서비스에 대한 역사를 살펴보자.

1) 1세대 – 냅스터(Napster)

냅스터는 P2P의 가장 초기 모델로 볼 수 있다. 패닝 형제(Shawn & John Fanning)와 션 파커(Sean Parker)가 만든 온라인 음악 파일 공유 서비스이다. 패닝의 가명을 따서 냅스터라고 이름을 붙였다고 한다. 1999년 6월부터 2001년 7월까지 서비스를 제공했다. 특히, 대학생들을 중심으로 유행했으며 인터넷을 사용하는 방식에 큰 영향을 주었다. 국내에서 서비스한 "소리바다"의 원형이 냅스터이다.

서버는 사용자가 서버에 접속하면 PC의 음악파일을 서버에 전송해 이것을 목록화하는 서버통제형방식이다. 서버에 접속한 사용자의 파일은 중앙 서버에 모두 데이터화되고, 파일을 다운로드 받고자 하는 컴퓨터와 제공하는 컴퓨터를 연결하여 파일을 전송하게 된다.

기술은 MPEG-3 포맷의 음악파일을 다른 사람과 공유할 수 있도록 하여 음악 산업의 저작권 침해 문제가 거론되기 시작하였다. 저작권 관련 분쟁으로 인해 2001년에 서비스를 종료하게 되었다.

냅스터의 동작 방식은 다음과 같다.

❶ 중앙에 서버를 하나 둔다.

❷ 어느 Peer가 어떤 파일을 원하는지 서버가 파악한다.

❸ 서버가 해당 파일을 가지고 있는 Peer를 파악해서 매칭해준다.

❹ 매칭된 Peer끼리 직접 파일을 주고 받는다.

파일을 주고받을 때는 P2P형식으로 주고받지만, 중앙 서버가 '피어 매칭'이라는 핵심적인 기능을 수행하므로 서버가 고장 나면 전체 서비스를 이용하기 어렵다.

2) 2세대 – 그누텔라(Gnutella)

그누텔라는 GNU(GNU is no Unix) + Nutella의 합성어이다. 2000년 초에 아메리카온라인(AOL)의 자회사인 널소프트(NullSoft)의 저스틴 프랑켈(Justin Frankel)과 톰 페퍼(Tom Pepper)가 누텔라(Nutella)를 개발했다. 널소프트에서는 하루 만에 프로그램 오픈을 막았지만, 공개된 코드를 기반으로 새로운 기능을 덧붙이거나 개선하여 유사 소프트웨어들이 등장했다. 그노텔라(Gnotella), 뉴텔라(Newtella), 그넛(Gnut), 라임와이어(LimeWire), 토드노드(ToadNode) 등 약 10여 종 이상의 그누텔라들이 무료로 배포됐다. 프랑켈과 페퍼가 평소 좋아하는 누텔라의 이름과 소스를 GNU GPL 라이선스 하에 배포해서 "Gnutella"라는 이름이 탄생했다. 누텔라는 GNU 프로젝트와는 연관이 없다. 국내에서 사용되었던 "구루구루"라는 서비스의 원형이 그누텔라이다. 2008년에 들어서 다시 최근에 일본에서 우타타네(うたたね)로 서비스되었었다.

1세대가 중앙형이라면 그누텔라는 분산형 서비스이다. 냅스터와 달리 중앙에서 개입하는 부분이 없다. 냅스터의 법정공방으로 인해 P2P 네트워크가 유명해졌고 누텔라의 사용자도 증가다. 하지만 사용자가 많아질수록 다운로드가 어려워지는 초기 프로토콜의 확장성 문제가 발견된다. 개발자들이 확장성 문제를 극복하는 새로운 누텔라를 개발하게 된다. 새로운 피어 간 경로 설정 기법인 "ultrapeers" 개념이 제시되었다. "누텔라"는 특정한 프로젝트나 프로그램 이름으로 고정되지 않고, 여러 클라이언트에게 사용되는 일반적인 프로토콜의 의미도 갖는다. 또한 서로 다른 그룹에 의한 클라이언트와 유사한 개발은 오늘날 그누텔라 개발의 방법론으로 남아있다.

그누텔라는 냅스터처럼 하나의 서버가 모든 것을 알기보다 하나의 Peer가 몇 개의 Peer들이 가진 파일을 알고 있고, 그 Peer들도 몇 개의 Peer들이 가진 파일을 아는 구조이다. 즉, 다단계처럼 뻗어나가 결국 모든 Peer들이 연결되는 형태이다. 동작방식은 다음과 같다.

❶ 어느 Peer가 어떤 파일을 원하면 자신이 알고 있는 Peer에게 쿼리를 보낸다.

❷ 쿼리를 받은 Peer는 자기가 해당 파일을 가지고 있으면 쿼리를 날린 Peer에게 알려주고, 자기가 해당 파일이 없으면 자신이 알고 있는 Peer에게 또다시 쿼리를 보낸다.

❸ 반복되어 어느 Peer가 파일을 가지고 있는지 알게 되면, 그 중 하나의 Peer를 선택해서 파일을 받는다.

❹ 파일 전송세는 HTTP 프로토콜 중 GET 메소드가 사용된다.

3) 3세대 – eDonkey2000 Network

가. eDonkey2000 Network

2000년에 미국의 Stellar의 공동창업자인 Jed McCaleb과 Sam Yagan에 의해 작성되었다. eDonkey network는 최초의 파일분할식 공유프로그램이다. 국내에서는 "당나귀"라고도 부른다. 정식 명칭은 eDonkey2000 network 라는 시스템이다. 하지만, 클라이언트를 구분하기 위해 eDonkey network 또는 eD2K라고 불린다. 냅스터와 달리 파일분할 방식을 고안했다. 기능으로는 P2P의 한계를 극복하기 위해 서버를 두고 일부 기능을 담당하게 했다. 또한 MD4 해시를 사용하여 파일 구분, 검색, 정렬에 이용한다.

eDonkey2000은 "sweeping" 다운로드를 특징으로 했는데, 이는 클라이언트가 다른 피어로부터 서로 다른 파일 조각을 다운로드할 수 있다는 것을 의미하며, 단일 피어의 대역폭에 국한되지 않고 모든 피어의 결합 대역폭을 효과적으로 활용한다는 것을 의미한다.

초기에는 냅스터와 마찬가지로 서버가 서로 분리되었지만, 이후 버전의 eDonkey2000 서버 소프트웨어를 통해 서버가 검색 네트워크를 형성할 수 있었다. 이는 서버가 로컬로 연결된 클라이언트에서 다른 서버로 검색 쿼리를 전달할 수 있게 하여 클라이언트가 서버 네트워크의 어떤 서버에 연결된 피어를 효과적으로 찾을 수 있게 함으로써 다운로드 대량의 크기를 증가시켰다. 또한 클라이언트가 동일한 서버에 연결된 클라이언트에서 사용할 수 없는 파일을 찾고 다운로드 할 수 있도록 했다.

또한 냅스터와 달리 검색 결과에서 간단한 파일 이름 대신 파일 해시를 사용한다. 사용자가 시작한 파일 검색은 키워드 기반이며 eDonkey2000 서버에 저장된 파일 이름 목록과 일치하지만, 서버는 해당 파일의 해시 값과 쌍을 이룬 파일 이름 목록을 클라이언트에 반환했다. 사용자에게 제시된 목록에서 파일을 선택할 때 클라이언트는 실제로 해시 값에 의한 다운로드를 시작할 것이다. 이것은 파일이 서로 다른 피어에 걸쳐 많은 다른 파일 이름을 가질 수 있지만, 파일의 해시가 동일하다면 다운로드하는 목적상 동일하다고 간주된다는 것을 의미했다.

서버를 두고 운영하는 시스템은 이용자가 많아질수록 부하가 커진다는 문제가 있다. 이러한 한계를 극복하기 위해 eDonkey2000은 이 한계를 극복하기 위해 eD2K의 서버가 가진 기능을 클라이언트에게 일부 부과시킨다. eMule은 한계를 극복하기 위해 High ID와 Low ID를 구분하는 기능과 eD2K 네트워크를 도와주기 위해 Kad Network를 구축한다.

나. 클라이언트

잘 알려진 eDonkey2000 클라이언트는 eDonkey2000, 당나귀, 이뮬(eMule), 푸루나(Pruna), 돈키호테(Don Quixote), 오버넷(Overnet), winmx 등이 있다.

eDonkey2000 클라이언트는 MetaMachin 사가 개발했다. eDonkey2000 network와 그에 기반한 Overnet Network에서 작동한다. eDonkey 클라이언트 프로그램은 네트워크에 접속하여 파일을 공유한다. eDonkey 서버는 클라이언트의 통신 허브로서 기능하여 사용자가 네트워크 내의 파일을 찾을 수 있도록 한다. 인터넷에 접속되어 있는 PC에서 eDonkey 서버 프로그램을 실행함으로써 사용자는 누구나 네트워크에 서버를 추가할 수 있다. 서버의 수와 주소가 자주 변경되므로 클라이언트 프로그램은 서버 목록을 정기적으로 업데이트한다.

서버에 접속하여 네트워크 상에 존재하는(다른 사람들이 공유하고 있는) 파일을 검색하고, 다수의 소유자들로부터 해당 파일을 작은 부분으로 나누어 다운로드하는 특성을 갖고 있다. 완전히 다운로드 되지 않은 파일(완전체가 아닌)이더라도 자신이 가진 파일의 조각들이 공유된다. 네트워크 상에 완전체를 갖고 있는 사용자가 존재하지 않는 경우도 있으며, 이 경우 그 파일을 다운로드 받을 수 있을 확률은 낮다. 한 파일이 1~5까지의 부분으로 나뉘어 공유될 때, 사용자 A는 1, 2를, 사용자 B는 1, 4, 5를 갖고 있다면 3을 가진 사용자가 나타나기 전까지 A, B는 파일 다운로드를 완료할 수 없다.

오리지날인 eDonkey2000과 eMule, ed2K 네트워크를 사용하는 프루나 등을 통틀어 '당나귀'라 부르는 등의 혼돈이 많다. 국내의 '당나귀'라는 이름의 프로그램이 여럿 있다. 정상적인 클라이언트도 있지만, 스파이웨어나 악성코드를 뿌리고 개인정보를 요구하는 경우도 많다. 때문에 당나귀를 사용하다가 컴퓨터의 이용 및 인터넷이 불가능해지는 사태가 대규모로 발생하기도 했다.

4) 4세대 – 비트토렌트(BitTorrent)

비트토렌트는 P2P 파이 전송 프로토콜의 이름이면서 이것을 이용한 소프트웨어의 이름이다. 2001년에 비트토렌트 Inc.의 창립자인 브램 코헨이 창안하고 유지보수하고 있다. 비트토렌트는 분산 해시 테이블을 활용해서 개발되었으며 오픈 소스 저작권으로 배포되고 있다. 또한 비트토렌트 프로토콜과 호환되는 각종 비트토렌트 클라이언트가 출시되어 있다.

기술적 특징으로는 파일을 통째로 전송하던 이전의 방법과 달리 파일을 256KB의 단위의 조각으로 쪼갠다. 이러한 파일을 인터넷 상에 분산하여 저장하고 다수의 접속자가 여러 곳에서 동시에 파일을 받아 전송 속도가 빠르다.

Tracker가 각 Peer를 훑어 누가 어떤 파일의 조각을 가지고 있는지 파악한다. 그리고 각 조각들을 다운로드 하는 도중에 Peer들은 자신이 가진 조각들을 다른 Peer에게 업로드한다. 이처럼 다운로드를 하면서 바로 업로드를 할 수 있기 때문에 효율적인 방법으로 꼽힌다.

파일 조각들을 전송할 때 Peer들이 적게 가지고 있는 조각일수록 우선순위를 두고 전송된다. 그래야 조각의 복사본이 늘어나 파일 공유가 수월해지기 때문이다. 또한 업로드를 많이 한 Peer일수록 다운로드에 우선순위를 부여하여 서로 공유하기 좋은 환경을 만들어준다.

(그림 6-4)는 비트토렌트의 구조를 보여준다.

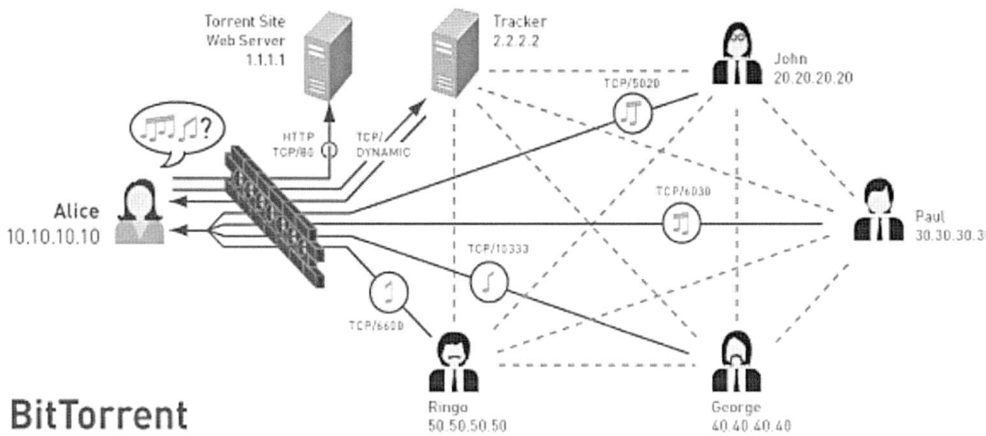

그림 6-4 비트토렌트의 구조

가. torrent 파일

비트토렌트를 이용해서 파일을 공유하고자한다면 torrent 파일이 있어야 한다. torrent파일은 공유하는 파일의 메타데이터, 호스트 컴퓨터의 정보 등이 기록된다. 파일의 구체적인 내용은 비트토렌트 프로토콜의 버전에 따라 다르지만 확장자는 항상 torrent 이다.

torrent 파일에는 "announce" 섹션이 있다. 이 섹션은 "Tracker"의 URL 정보를 포함한다. Tracker는 일종의 서버로 볼 수 있다. swarm 안에 seeder와 peer를 모니터링 한다. 클라이언트는 tracker 서버로 자기 정보를 보내고 현재 swarm 안의 seeder와 peer에 관한 정보를 받는다. Tracker 서버는 데이터 전송에 직접적인 영향이나 관계는 없으며 공유되는 파일의 복사본을 가지고 있지 않는다

torrentk 파일의 "info" 섹션은 파일의 이름, 길이, 파일 조각의 길이 그리고 파일의 무결성을 진단하기 위한 각 조각의 해시코드가 포함되어 있다. 파일을 다 받은 클라이언트는 Seeder 역할을 수행할 수 있어서 파일 공유의 효율을 높일 수 있다. 또한 공유하고자 하는 파일이 torrent 파일을 생성한 후에는 웹사이트 등에 torrent 파일을 게시해서 tracker 서버에 등록할 수도 있다.

나. 업로드 / 다운로드

사용자는 비트토렌트 클라이언트를 이용해서 다운로드 하고자하는 파일의 torrent 파일을 연다. 비트토렌트 클라이언트는 tracker 서버에 접속해서 현재 공유파일의 seeder와 Peer에 대한 정보를 받는다. 즉, 현재 다운로드하고 있는 사람과 업로드하고 있는 사람의 수를 가져온다. 이 사용자들을 모두 Swarm이라고 한다.

파일을 올린 사람인 seeder만 있다면 seeder에게서 파일을 받기 시작한다. 비트토렌트 프로토콜은 파일을 여러 조각으로 나누어서 전송한다. 일반적으로 파일의 크기가 클수록 조각의 크기도 커진다. 하나의 조각을 다운로드할 때마다 해시 알고리즘을 이용해서 에러 여부를 점검한다.

여러 사람들이 파일을 다운로드하기 시작하면서 Swarm 안에 있는 peer의 숫자는 늘어난다. peer들이 생기면서 서로 조각들을 공유하기 시작한다. 다운로드 중인 Peer들은 랜덤하게 조각을 받기 때문에 서로 받은 조각들을 공휴할 수 있게 된다. 그러므로 원본 파일을 가지고 있는 seeder의 전송부하를 줄인다.

비트토렌트 프로토콜은 자신에게 파일을 준 클라이언트에게 다시 파일을 주는 형식으로 구성해서 공유의 효율성을 높였다. 이러한 여러 가지 정책에 따라 공유의 효율성, 다운로드 속도, 업로드 속도 등의 차이가 난다. 비트토렌트는 공유를 많이 할수록 속도가 빨라지며, 대기하는 경우가 없다.

비트토렌트에는 "optimistic unchoking"라는 기술을 이용한다. 이 기술은 클라이언트의 대역폭을 일부 할애하여 무작위로 Peer들에게 조각을 보내서 모든 Peer들이 일정한 양의 조각을 가질수 있도록 한다. 그러면 모든 Peer들이 다 다른 조각을 가지고 있게 되므로 공유의 효율성이 높아진다.

다. 파일 공유의 특징

비트토렌트 클라이언트는 비트토렌트 프로토콜을 구현하면 정상적으로 사용할 수 있다. 클라이언트가 실행되는 각 컴퓨터를 Peer라고 한다. 파일을 공유하고 싶다면 torrent 파일이 있어야 한다. torrent 파일을 이용해서 어떤 피어들에게 접속해야하는지 알려주는 tracker에 접속해야한다.

일반적인 HTTP의 요청과 비트토렌트의 다운로드는 차이점이 있다. 비트토렌트는 많은 수의 소규모 P2P 요청(request)을 여러 개의 TCP 소켓을 이용해서 생성한다. 반면 웹 브라우저는 일반적으로 한 개의 HTTP 요청을 한 개의 TCP 소켓으로 생성한다. 또한 비트토렌트의 다운로드는 랜덤방식이거나 파일이 희귀한 것을 우선으로 한다. 이러한 방식은 가용성을 보장한다. 하지만 일반적인 HTTP 다운로드는 순차적으로 이뤄진다.

이러한 차이점으로 인해 비트토렌트는 적은 비용으로 효율성을 확보하고, 다운로드가 중단되는 경우가 적다. 또한 충분한 peer들이 접속해야하고, 각 노드가 충분한 데이터를 받아 놓아서 효용성 있는 업로더가 되기까지 시간이 걸리기 때문에 다운로드의 최고속도에 도달할 때까지 일정시간이 걸린다. 그래서 파일을 다운로드할 때 속도가 점차 빨라지고, 종료시점에는 점차 느려지는 특징이 있다.

6.3 오버레이 네트워크

P2P 기술은 기존의 Client-Server 개념과는 다르게 PC들이 연결되어 자원을 공유하고 모든 참여자가 서버이면서 동시에 클라이언트의 역할을 수행하는 특징을 갖는다. 물리적 네트워크 상에 존재하는 피어들이 P2P 서비스에 등록하면, 등록된 피어들 간의 가상 네트워크인 P2P 오버레이 네트워크가 형성된다. 아래 (그림 6-5)는 P2P 네트워크의 구조를 보여주고 있다.

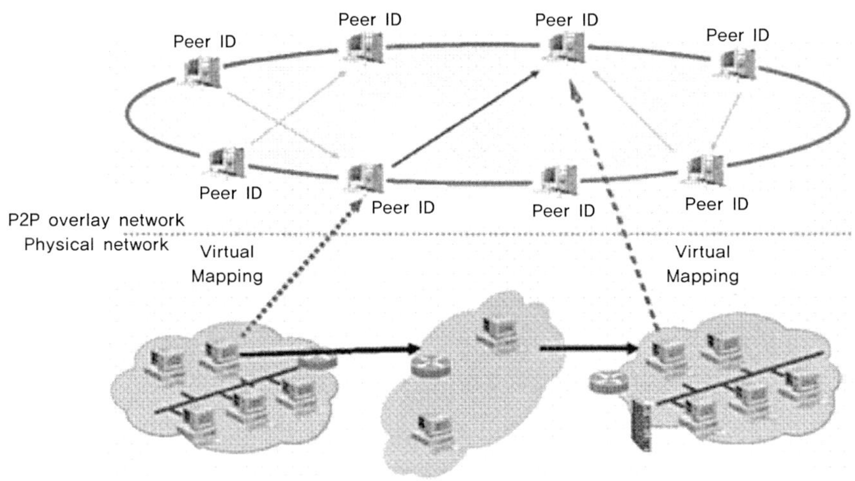

그림 6-5 P2P 오버레이 네트워크의 구조

P2P 오버레이 네트워크상에서 피어들은 서버의 중재 없이 다른 피어들과 직접 정보를 공유하고 교환할 수 있다. 이러한 P2P 컨셉은 컴퓨터 간의 연결에 그치지 않고, 개인과 개인 간의 직접적인 1:1 연결을 의미한다.

1) 구조화

구조화 오버레이는 각 노드들이 물리적으로 연결되어 있으며, 그에 따라 네트워크 토폴로지(Topology)도 반영되어 있는 네트워크이다. 각 노드들의 ID가 할당되어 있고, 그에 따라 연결되는 대상들도 이미 정해져 있다. 라우팅(Routing)을 통해 메시지 전송 경로가 선택되어 있다. 따라서 다음의 특징을 가진다.

❶ 메시지를 전송하면 목적지 ID를 향해 효율적으로 전송이 되기 때문에 메시지 도착 가능성이 높다.

❷ 노드의 확장성이 높다.

❸ 노드 수가 증가하더라도 메시지의 전송 횟수는 비슷하다.

❹ 노드 탐색은 네트워크의 물리적인 구조에 영향을 받아 유연함이 떨어진다.

2) 비구조화

비구조화 오버레이는 서로 물리적으로 연결되어 있지는 않지만, 논리적으로 연결된 것처럼 사용하는 네트워크이다. 일반적으로 각 가정에서 P2P를 이용하는 경우가 비구조화 오버레이 구조이다. 네트워크 토폴로지가 없으며, 각 노드를 탐색할 때는 탐색 메시지를 브로드캐스트(Broadcast)하여 주변 노드들에게 확산해나가는 방법을 사용한다. 그러다보니 특정 노드를 향해 메시지를 전송할 경우 각 노드들간 메시지가 전파되면서 중간에 소실되는 경우가 많으며, 노드 수가 증가할수록 메시지의 전송 횟수가 크게 증가하는 문제점이 있다. 따라서 다음과 같은 특징이 존재한다.

❶ 메시지 전송 시 주변 노드에게 전파시켜 전달하다보니, 특정 노드에 메시지 전달하는 것을 보장할 수 없음

❷ 노드 수가 많아지면 메시지 전송 횟수가 크게 증가함

❸ 물리적 네트워크 구조와 관계없이 주변 노드들을 유연하게 탐색하기 유리함

비구조화 오버레이에서 메시지 전송 문제를 해결하기 위해 중간에 슈퍼 노드를 배치해서 메시지 전송을 효율적으로 진행할 수 있다. 아래 (그림 6-6)은 비구조화 오버레이에서 슈퍼노드를 배치한 네트워크의 개념도를 보여준다.

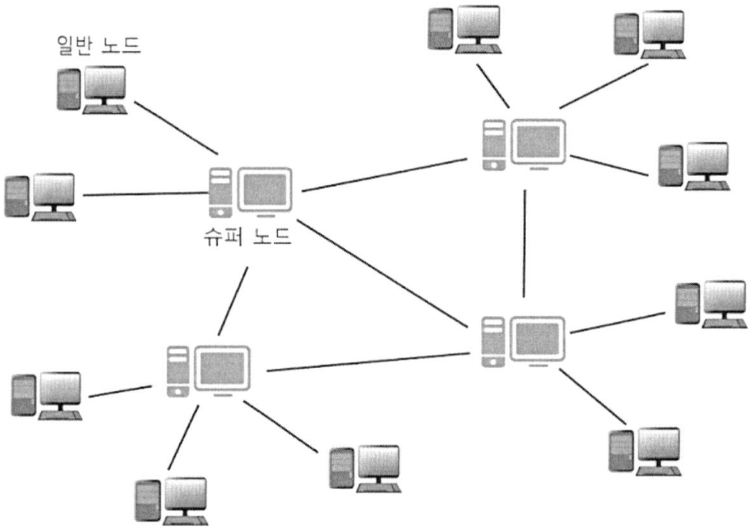

그림 6-6 비구조화 오버레이에 슈퍼노드를 배치한 네트워크 개념도

6.4 블록체인의 기술 분류

블록체인은 P2P 기술을 사용한다. 그러나 블록체인의 종류에 따라 특징이 다르게 구성되어 분류를 할 수 있다.

비트코인과 이더리움 같은 경우에는 모든 노드가 동등한 입장에서 네트워크를 형성하기 때문에 퓨어 P2P로 분류할 수 있다. 또한 네트워크 토폴로지도 정해지지 않았기 때문에 비구조화 오버레이라고 할 수 있다.

하이퍼레저 같은 경우에는 각 노드마다 역할을 다르게 지정할 수 있다. 네트워크 토폴로지가 정해지지 않았기 때문에 비구조화 오버레이로 구분할 수 있다. 하지만, 각 노드마다 역할을 다르게 설정하여 슈퍼노드를 구성할 수 있다. 그리고 전용의 멤버십 서버가 인덱스 서버의 역할을 할 수 있다. 그렇기 때문에 하이브리드 P2P라고 할 수 있다.

1) 하이퍼레저 패브릭(Hyperledger Fabric)의 특징

비트코인, 이더리움 등의 퍼블릭 블록체인과는 달리, 하이퍼레저 패브릭은 허가된 사용자만이 참여할 수 있는 허가형 프라이빗 블록체인이다. 이 특징은 블록체인 네트워크의 보안성과 신뢰성을 높인다. 하이퍼레저 패브릭은 모듈화된 아키텍처를 갖추고 있어 암호화, 신원 관리, 합의 알고리즘, 스마트 컨트랙트 등의 다양한 기능을 사용자의 요구에 맞게 조정할 수 있다. 이는 블록체인 네트워크의 유연성과 확장성을 높이는 데 도움이 된다. 하이퍼레저 패브릭의 주요 특징은 다음과 같다.

가. 신원 관리

하이퍼레저 패브릭에서는 네트워크에 참여하는 사용자들의 신원을 사전에 미리 확인한다. 이를 통해 네트워크 내에서도 사용자들의 신원을 관리하는 기능을 추가하여 보안을 강화한다.

나. 채널

하이퍼레저 패브릭 네트워크 안에서 참여자들은 채널을 통해 정보를 공유하며, 각 채널마다 하나의 원장이 존재한다. 참여자들은 하나의 채널을 생성하여 모든 참여자가 정보를 공유하거나, 이해관계가 맞는 참여자들끼리 여러 개의 채널을 통해 정보를 공유할 수 있다. 또한, 특정 채널에 접속할 수 있는 사용자를 제한하여 참여자들 간의 프라이버시를 보호할 수 있다.

다. 향상된 처리속도

하이퍼레저 패브릭에서는 허가된 사용자들만이 신원을 인증하여 참여할 수 있도록 하여 악의적인 노드가 들어올 가능성을 사전에 없애고 있다. 이러한 인증된 사용자만이 참여하기 때문에 블록 생성에 더 빠른 합의 알고리즘을 사용할 수 있다. 또한, 하이퍼레저 패브릭은 노드 유형에 따라 네트워크 역할을 할당하여 트랜잭션을 병렬로 처리한다. 이러한 구조는 퍼블릭 블록체인의 Proof of Work(PoW)나 Proof of Stake(PoS)와 같은 합의 알고리즘보다 네트워크 성능을 향상시킨다.

라. 체인코드

이더리움의 스마트 컨트랙트와 유사하게, 하이퍼레저 패브릭은 체인코드를 지원한다. 체인코드는 참여자들 간의 다양한 비즈니스 로직을 코드화하여 자동으로 처리할 수 있도록 한다. 이를 통해 패브릭 네트워크의 참여자들은 프로그래밍된 규칙에 따라 투명하고 신뢰할 수 있는 방식으로 상호 작용할 수 있다.

2) 하이퍼레저 패브릭의 구조

하이퍼레저 패브릭의 네트워크 노드는 기존의 퍼블릭 블록체인과 차이가 있다. 이 네트워크는 트랜잭션 처리를 더욱 빠르게 수행하기 위해 다양한 역할의 노드가 있다. 게다가, 이는 프라이빗 블록체인으로서, 퍼블릭 블록체인에서는 찾아볼 수 없는 합의 알고리즘과 네트워크 참여 권한, 그리고 채널과 같은 추가적인 기능을 제공할 수 있다. 네트워크를 형성하는 주요한 노드로는 오더러와 피어가 있다.

가. 피어(Peer)

네트워크 내에서 피어는 소속된 채널의 분산원장과 체인코드를 관리한다. 피어는 다양한 역할을 수행하는데, 블록 생성 합의 알고리즘에 크게 관여하는 역할로 Endorsing peer와 Committing peer가 있다. Endorsing peer는 클라이언트가 트랜잭션을 제출하면 해당 체인코드를 실행하고 분산원장에 저장된 정보에 접근하여 값을 시뮬레이션하고 인증서를 발급한다. 모든 피어는 기본적으로 Committing peer 역할을 수행하며, 오더러가 생성한 블록을 검증하고 분산원장의 정보를 업데이트한다.

나. 오더러(Orderer)

오더러는 피어들로부터 받은 트랜잭션을 시간 순으로 정렬하여 블록을 생성하는 역할을 수행한다. 오더러가 생성한 블록은 검증을 위해 모든 피어에게 전달된다. 하이퍼레저 패브릭은 solo와 CFT 기반으로 kafka와 raft를 지원한다. CFT는 일부 시스템 구성 요소들이 작동하지 않더라도 올바른 합의에 도달할 수 있도록 만들어진 알고리즘이다. 패브릭 네트워크에 참여한 노드들은 이미 사전에 인증을 받았기 때문에 CFT를 적용할 수 있다.

3) 하이퍼레저 패브릭의 합의과정

비트코인, 이더리움, 텐더민트 등의 대부분의 퍼블릭 블록체인은 트랜잭션을 먼저 정렬하여 모든 참여자가 동일한 트랜잭션 목록을 가지게 한다. 이러한 퍼블릭 블록체인은 각 노드의 신원이 확인되지 않기 때문에 네트워크 내 모든 피어들에 의해 검증되어야 한다. 따라서 퍼블릭 블록체인은 PoW(Proof of Work)나 PoS(Proof of Stake) 등과 같은 합의 알고리즘을 사용한다. PoW나 PoS 합의 알고리즘에서는 트랜잭션이 먼저 정렬된 후에 실행된다. 이러한 정렬된 트랜잭션은 네트워크 내의 모든 피어에서 실행되고 검증되어야 하기 때문에, 이는 퍼블릭 블록체인에서 성능 저하의 주요 원인 중 하나이다.

반면에, 하이퍼레저 패브릭에서는 트랜잭션의 생성부터 새로운 블록 생성까지를 모두 포함하여 '합의 과정'으로 정의한다. 이는 퍼블릭 블록체인들이 정렬 후에 실행하는 방식과는 다르게, 패브릭은 먼저 실행 후에 정렬하는 구조를 채택한다. 하이퍼레저 패브릭의 합의 과정은 실행, 정렬, 그리고 검증으로 나뉜다.

가. 실행

Endorsing peer로 정의된 피어들은 체인코드를 실행하여 트랜잭션을 시뮬레이션하고, 트랜잭션 입력 값에 대한 결과 값 및 보증 정책을 확인한다. 트랜잭션 실행 결과 값이 정상적이고 보증 조건을 충족하는 경우, 결과 값과 함께 디지털 인증서를 분산 어플리케이션에 전달한다. 하이퍼레저 패브릭의 체인코드는 모든 블록체인 노드에서 실행되는 스마트 컨트랙트와는 달리, 실행 단계에서 트랜잭션 실행 요청을 받은 Endorsing peer에 의해서만 실행된다. 이러한 구조는 네트워크 노드의 과부하 방지 및 성능 향상에 도움을 줄 수 있다.

나. 정렬

오더러는 자신이 속한 네트워크에서 발생한 모든 트랜잭션을 수신하여 순서에 맞게 정렬한다. 그리고 트랜잭션을 정렬한 후 각 채널 별로 최신 블록을 생성하고, 이를 네트워크의 모든 피어에게 전달한다.

다. 검증

최신 블록을 전달받은 피어는 해당 블록이 올바르게 생성되었는지를 검증한다. 이 과정에서 블록에 포함된 트랜잭션의 결과 값이 정상적인지, 각각의 트랜잭션 결과 값이 보증 정책에 부합하는지 등을 확인한다. 검증 작업을 미치면 문제가 없을 경우, 피어는 자신의 로컬 서장소에 저장된 블록체인에 최신 블록을 추가하고 World state를 업데이트한다.

4) 하이퍼레저 패브릭의 분산원장

하이퍼레저 패브릭의 분산원장은 현재 상태를 나타내는 World state와 원장의 생성 시점부터 현재까지의 거래 기록을 저장하는 Block으로 구분된다. World state는 Block에 기록된 모든 트랜잭션의 결과를 통해 현재 상태가 생성되며, 모든 키 값에 대한 상태 정보를 포함한다.

Block은 원장의 생성 시점부터 현재까지의 모든 거래 기록을 가지고 있다. 이는 트랜잭션의 연속적인 기록을 포함하여 원장의 전체적인 변경 이력을 추적한다. World state는 체인코드를 통해 데이터의 기록, 수정, 읽기 등이 빈번하게 일어나기 때문에 데이터베이스 형태로 구성되어 있다. 반면에 Block은 데이터 요청이 거의 없고 append-only 방식으로 데이터 저장이 목적이기 때문에 파일 시스템으로 구성되어 있다.

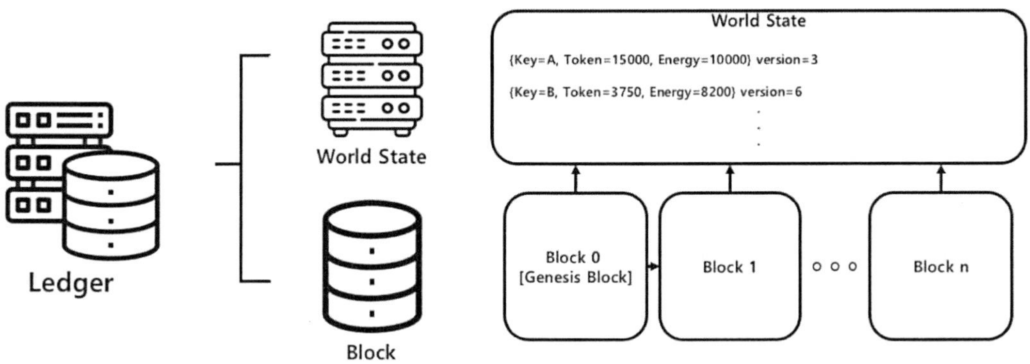

그림 6-7 하이퍼레저 패브릭의 분산원장

하이퍼레저 패브릭에서는 World state를 LevelDB(key-value)와 JSON 형식을 사용하는 데이터베이스인 CouchDB를 통해 구축하여 사용자들이 데이터에 쉽게 접근할 수 있도록 한다. 각 채널에 대해 오더러가 단일 블록을 생성하고, 이를 피어들이 전달받아 검증함으로써 non-deterministic 및 fork 문제를 해결한다. 아래 그림은 하이퍼레저 패브릭의 분산 원장을 나타내며, World State는 key-value 형태로 데이터가 저장되며, 각 키에 대한 버전 정보가 표시된다.

World state에서의 버전은 트랜잭션이 발생하여 World state가 업데이트될 때마다 증가한다. 하이퍼레저 패브릭의 합의 알고리즘의 첫 번째 단계는 실행 단계인데, 이때 트랜잭션을 받은 Endorsing peer들은 자신이 보유한 World state의 해당 값과 트랜잭션을 비교하여 결과값을 시뮬레이션하고 인증서를 발급한다.

그림 6-8 피어의 World state 업데이트 과정

검증 과정에서, 오더러로부터 블록을 수신한 피어는 World state에 트랜잭션을 업데이트하기 전에 해당 트랜잭션과 World state의 버전 값을 비교하는 과정을 수행한다. 예를 들어 (그림 6-8)과 같이 A가 B에게 $500를 보내는 트랜잭션이 반영되면, 피어는 트랜잭션과 World state의 버전 값을 확인한 후, 변경 사항을 반영한다. 이 과정에서 키 A와 B의 버전이 증가하면서 수정된 값이 World state에 반영된다. 트랜잭션의 버전 값과 World state의 버전 값이 일치해야만 해당 트랜잭션의 내용이 업데이트되며, 버전 값이 World state의 버전 값과 다른 경우 해당 트랜잭션의 업데이트는 반영되지 않고 MVCC(Multi-Version Concurrency Control) 오류가 발생한다.

5) ParBlockchain

ParBlockchain은 하이퍼레저 패브릭에서 동시에 실행되는 분산 어플리케이션을 지원하기 위해 OXII(parallelizing smart contracts using Order-Execute paradigm) 패러다임을 이용해 설계된 프라이빗 블록체인 시스템이다. OXII는 Dependency Graph 기반 동시 제어를 사용하여 트랜잭션 간의 충돌 가능성을 감지하고 충돌하지 않는 트랜잭션이 병렬로 실행되도록 허용하면서 트랜잭션의 성공을 보장한다. ParBlockchain은 하이퍼레저 패브릭의 구조를 변경하여 정렬 후 실행하는 합의 알고리즘을 채택했다.

ParBlockchain에서 오더러는 합의를 위해 비동기적인 fault-tolerant 프로토콜인 PBFT 합의 알고리즘을 채택한다. 오더러는 트랜잭션을 처리하는 과정에서 PBFT 합의 알고리즘을 통해 블록을 생성하면서 동시에 트랜잭션 간의 키 충돌을 방지하기 위한 Dependency Graph를 생성한다. 그 후 오더러는 Dependency Graph와 함께 블록을 Endorsing Peer와 같은 역할을 하는 모든 Executor에게 전송한다. Executor는 트랜잭션을 검증하고 분산원장을 업데이트하는 역할을 한다. 오더러로부터 블록을 받은 Executor는 블록 안의 각 트랜잭션의 어플리케이션을 우선 확인하고, 트랜잭션과 관련된 스마트 컨트랙트를 Dependency Graph를 참조하여 실행한다. 결국 Executor는 트랜잭션의 종속성 순서를 확인하면서 각 트랜잭션을 병렬로 처리할 수 있게 된다. 그리고 그 결과를 다른 모든 피어들에게 전달한다. 이후 Executor를 포함한 모든 피어들은 결과를 검증하고 분산원장을 업데이트한다.

ParBlockchain은 하이퍼레저 패브릭의 구조를 정렬-실행-검증으로 변경하여 이더리움과 유사한 구조로 변형하였다. 이를 통해 이더리움의 장점과 하이퍼레저 패브릭의 장점을 모두 반영하고자 하였다. 그러나 ParBlockchain은 하이퍼레저 패브릭의 구조를 변경함으로써 하이퍼레저 패브릭의 근본적인 문제를 해결한 것은 아니며, 단지 다른 대안을 제시한 것이다.

6.5 P2P 네트워크의 활용

비트코인은 인터넷상에서 P2P 네트워크 아키텍처 구조를 이루고 있다. P2P(Peer-to-Peer)는 네트워크에 참여하는 노드들이 모두 동등한 지위를 가지고 있으며 모든 노드가 네트워크 서비스를 공급하는 역할을 분담하는 것을 의미한다. 비트코인 네트워크 내에는 어떠한 중앙화된 서버나 위계질서도 존재하지 않는다.

비트코인은 P2P 체제의 전자화폐 시스템으로, 동등하고 분산화된 P2P 합의 네트워크상에서만 시행 및 유지될 수 있다. 비트코인 네트워크는 비트코인 P2P 프로토콜을 실행하는 노드의 집합을 의미한다. 이외에, P2P 프로토콜뿐만 아니라 풀 마이닝 프로토콜(Pool mining protocol), 스트라텀 프로토콜(Stratum protocol) 및 비트코인 시스템의 구성 요소들을 연결하는 연관 프로토콜 등이 포함되어 있는 확장 비트코인 네트워크가 있다.

가. 비트코인의 블록 전달

❶ 이웃 노드 연결 과정

먼저 블록 전파를 진행하기 전에 비트코인 네트워크에서 이웃 목록을 설정하고 노드 간의 연결을 수행하는 과정에 대해 설명한다. 이웃 노드 연결 과정에서는 네트워크에 새로 가입하는 신규노드와 이웃 목록 업데이트를 위한 기존 노드로 구분한다. 먼저, 신규 노드의 이웃 목록 연결 과정으로는 비트코인 소프트웨어인 Bitcoin Core가 설치되었다는 가정하에 Bitcoin Core를 실행하게 되면, 네트워크 참여를 위해 설정되어있던 DNS Seed를 통해 자동으로 노드를 검색한다. 만약 DNS Seed로 검색이 되지 않을 경우, SEEDNODE 옵션을 사용하여 지정된 특정 노드와 연결이 진행된다. 비트코인 내에 존재하는 기존 노드가 1개 이상 탐지되면 신규 노드는 비트코인의 버전과 블록 높이가 담긴 버전 메시지를 아래의 (그림 6-9)와 같이 기존 노드에게 전달한다. 기존노드는 버전 메시지를 정상적으로 수신하면 메시지를 확인했다는 의미로 버전 응답(ack)과 버전 메시지를 송수신한다.

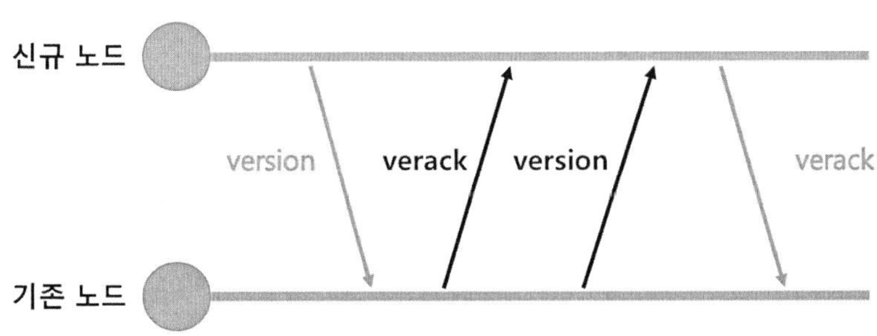

그림 6-9 주변 노드 탐색 과정

서로 간의 확인이 이루어지면 신규 노드는 (그림 6-10)과 같이 연결 정보가 담긴 addr 메시지와 getaddr 메시지를 기존 노드에게 전송한다. addr 메시지는 자신을 기존노드의 이웃목록에 추가하기 위한 메시지이고, getaddr 메시지는 기존 노드의 이웃 노드 주소들이 담긴 주소 목록을 요청하는 메시지이다. getaddr 메시지를 전달받은 기존 노드는 addr 메시지를 통해 자신의 이웃 노드 주소 목록을 신규 노드에게 전달한다. 신규 노드는 최소 연결 이웃 수를 달성하지 못하였을 경우, 추가적인 연결을 시도하여 이웃 목록을 추가한다. 이 과정에서 연결되는 이웃 노드는 지리적인 위치와 상관없이 기존 노드에게 전파 받은 노드들을 무작위로 연결을 수행한다.

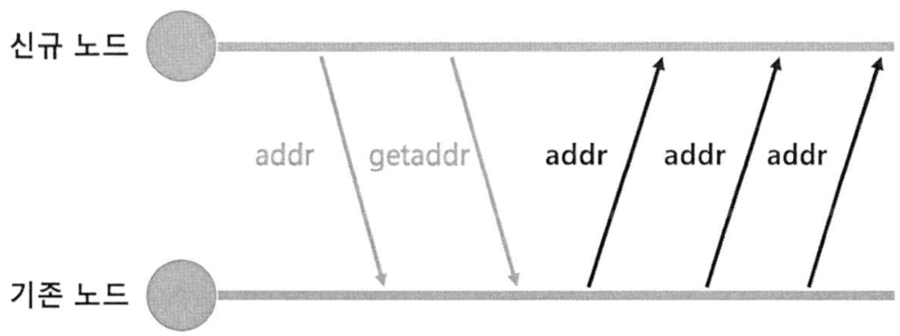

그림 6-10 이웃 노드 목록 생성 과정

기존 노드의 경우에는 위와 같이 과정을 통해 신규 노드의 이웃 연결과정에서 설정한 이웃 목록을 내부 데이터베이스에 저장해두기 때문에 일반적으로 연결 과정을 재수행하지 않고, 보관한 이웃 목록을 통해 트랜잭션과 블록 전파 등을 수행한다. 하지만, 모든 노드들이 항상 활성화가 되어있지 않으므로 주기적으로 메시지를 송수신하여 연결 유무를 확인하여 이웃 목록을 유지시킨다. (그림 6-11)은 위의 과정을 통해 현재 비트코인 네트워크에서 전 세계적으로 분포되어 있는 노드를 나타낸 것이다.

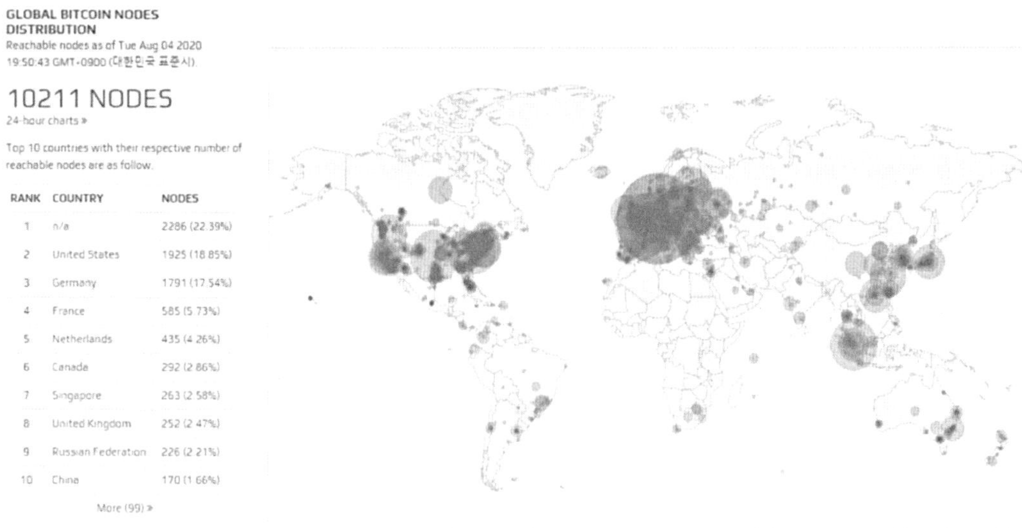

그림 6-11 글로벌 비트코인 노드의 분포

❷ 블록 전파 과정

블록 전파 과정은 특정 마이닝노드에서 성공적으로 블록이 마이닝되었다고 가정하고 아래 (그림 6-12)와 같이 마이닝노드는 자신의 이웃 목록에 있는 모든 연결된 노드들에게 브로드캐스팅 방식으로 inv 메시지를 전송한다. inv 메시지는 블록 및 트랜잭션 해시 값 등이 저장되어 있어, 전달받는 노드는 먼저 해당 해시 값을 갖는 블록의 검증을 수행한다. 블록 검증은 정상적으로 생성된 블록인지, 아니면 자신이 갖고 있지 않는 블록인지 확인하는 단계로 검증을 통해 자신이 갖고 있지 않는 블록이라고 판단하면, getdata 메시지를 전송하여 블록을 전달받는다. 블록을 전달받거나 이미 블록을 전달받은 노드들은 앞의 과정을 자신의 이웃 노드들에게 동일하게 수행하여 네트워크의 모든 노드들이 블록 검증과 블록 전파가 이루어지도록 블록을 전파한다. 블록이 성공적으로 모든 노드에 검증이 성공적으로 이루어지고 블록체인에 저장되면 해당 블록에 대한 전파는 성공적으로 종료된다.

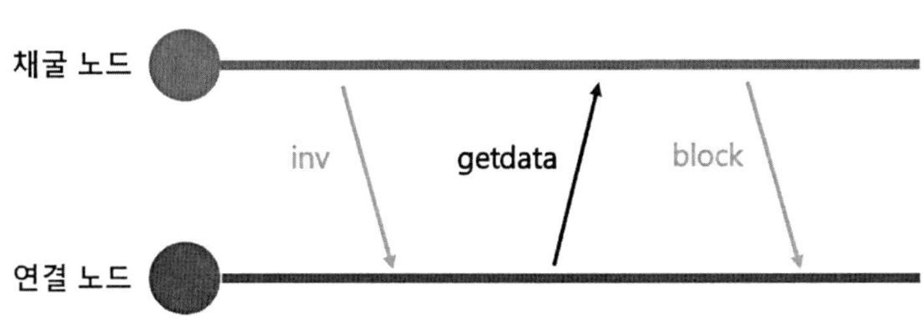

그림 6-12 블록 전파 과정

비트코인 노드에서 블록을 전달 받으면 다음 블록으로 전달하는 방식으로 전체 네트워크에 전파를 진행한다. 비트코인 네트워크에서 블록 전달 방식은 여러 가지 종류로 존재한다. 우선 이전 방식과 현재 압축 블록 전달(CBR: Compact Block Relay) 방식으로 나눌 수 있다. 그리고 압축 블록 전달 방식은 고 대역폭 방식과 저 대역폭 방식으로 나뉜다. (그림 6-13)은 그 과정들을 보여준다. 이전 방식의 블록 전달에서는 블록을 전달 받으면 블록 검증을 마친 뒤에 다음 노드로 블록을 전달하는 방식이며, 고 대역폭에서 압축 블록 전달 방식은 블록을 전달 받으면 다음 노드로 블록을 전달한 다음 검증을 진행하는 방식으로 이전 방식보다 빠르게 블록을 전달한다. 전달 받는 노드는 전달하는 노드에게 sendcmpct 메시지를 보내고 대역폭과 저 대역폭 중에 원하는 전달 방식을 요청한다.

각 전달 방식에서 블록 다음으로 오는 박스로 그려지는 부분은 블록을 검증하는 구간을 보여준다. 이전 버전이나 저 대역폭의 경우 블록을 이웃 노드에서 전달 받으면 다음 노드로 전달하기 전에 검증을 진행한 후 다음 노드에게 블록을 보내지만 고 대역폭의 경우 블록을 전달받으면 다음 이웃 노드로 전달을 하면서 검증을 진행한다. 기존의 방식으로는 블록 전달 효율이 좋지 않기 때문에 블록을 전달할 때 메시지 크기를 줄여 전달하는 새로운 방식인 압축 블록 전달 방식으로 업데이트되었고 지금까지 사용하고 있다.

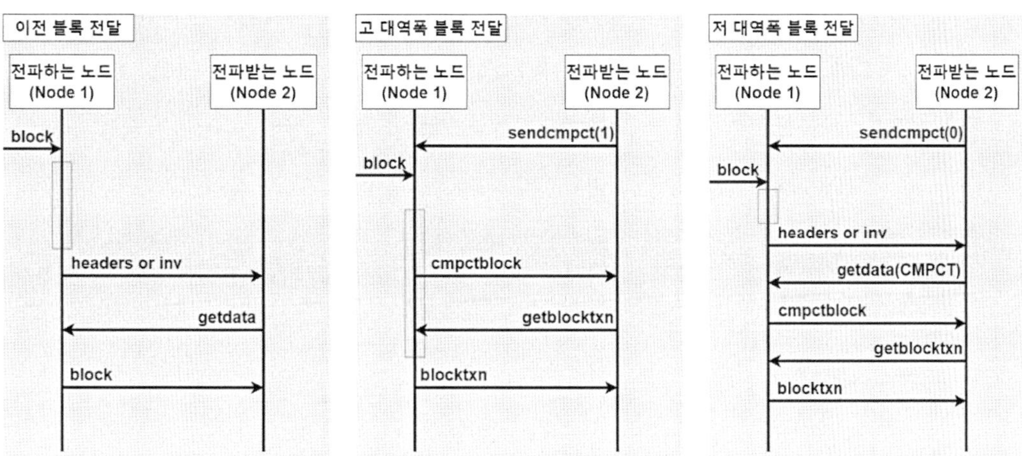

그림 6-13 비트코인 네트워크 블록 전달 방식

❸ 비트코인 압축 블록 전달 통신 메시지

비트코인 노드를 구축하기 위해 설치하는 비트코인 코어와 같은 프로그램들은 버전이 업그레이드하면서 다양한 변경점이 생겼는데 그 중에서 Compact Block 전달 방식은 블록 전달 시간을 줄이는데 도움을 줬다. 기존 방식은 블록 동기화를 위해 블록 전체를 전달하는 방식으로 작동한다. Compact Block 전달 방식은 블록 전파에서 시간소모를 줄여 비트코인 네트

워크의 속도 증가를 만들어 냈다. Compact Block 패킷 구조는 (표 6-1)과 같다. 비트코인 노드는 Cmpctblock 패킷을 전달할 때 블록 헤더를 포함하여 블록에 포함된 트랜잭션의 단축된 해시 ID를 전달한다. Cmpctblock 패킷을 받은 노드는 메모리 풀에 저장되어 있는 트랜잭션과 Cmpctblock 패킷에 포함 되어 있는 ShortID와 비교하여 메모리 풀에 존재하지 않는 트랜잭션은 Getblocktxn 패킷으로 요청하고 blocktxn으로 트랜잭션을 응답 받아 블록을 완성한다.

[표 6-1] cmpctblock 패킷 구조

크기(Byte)	패킷 필드 이름	데이터 종류
80	block header	block_header
8	nonce	unit64_t
가변적	shortids length	compactSize unit
가변적	shortids	byte[]
가변적	prefilled txn length	compactSize unit
가변적	prefilled txn	PrefilledTransaction[]

블록 헤더와 난수 값 정보와 함께 블록에 포함되어 있는 트랜잭션과 트랜잭션 수를 Cmpctblock 패킷에 담아 전달한다. 압축 블록 전달 방식을 사용하지 않은 이전 방식과 다르게 고 대역폭 모드에서 검증하기 전에 블록이 즉시 전달하기 때문에 속도 향상에 도움이 되었다.

비트코인 네트워크에 전파되는 블록이나 트랜잭션의 전달을 빠르게 하기 위해서 개발된 릴레이 네트워크가 존재한다. 대표적인 릴레이 네트워크로 FALOON, FIBRE가 있으며, 이러한 릴레이 네트워크에 연결하는 노드이나 단지 전파 기능을 담당하여 전 세계에 접속되어 빠른 연결을 구성하여 전달 시간을 단축시킨다.

Reference

[1] 3GPP Group, http://www.3gpp.org/About/3GPP.ppt and 3GPP TR 32.806 V7.0.0 (Release: June 2006)

[2] Amiri, M. J., Agrawal, D., & El Abbadi, A. (2019, July). Parblockchain: Leveraging transaction parallelism in permissioned blockchain systems. In 2019 IEEE 39th International Conference on Distributed Computing Systems (ICDCS) (pp. 1337-1347). IEEE.

[3] Androulaki, E., Barger, A., Bortnikov, V., Cachin, C., Christidis, K., De Caro, A., ... & Yellick, J. (2018, April). Hyperledger Fabric: a distributed operating system for permissioned blockchains. In Proceedings of the thirteenth EuroSys conference (pp. 1-15).

[4] Aura, T. (2005). RFC 3972: Cryptographically generated addresses (CGA).

[5] Bernstein, P. A., & Goodman, N. (1983). Multiversion concurrency control-theory and algorithms. ACM Transactions on Database Systems (TODS), 8(4), 465-483.

[6] Bi, W., Yang, H., & Zheng, M. (2018). An accelerated method for message propagation in blockchain networks. arXiv preprint arXiv:1809.00455.

[7] BIP 152 (2016), available at https://github.com/bitcoin/bips/blob/master/bip-0152 (last visited at 2023.09)

[8] Bitcoin Developer Reference, (2020), available at https://bitcoin.org/en/developer- reference (last visited at 2023.09)

[9] Decker, C., & Wattenhofer, R. (2013, September). Information propagation in the bitcoin network. In IEEE P2P 2013 Proceedings (pp. 1-10). IEEE.

[10] Ethereum blockchain app platform, available at https://www.ethereum.org (last visited at 2023.09)

[11] Ethereum blockchain app platform. Available at https://www.ethereum.org (last visited at 2023.09.)

[12] Hyperledger whitepaper Introduction,(2019) available at https://hyperledger-fabric. eadthedocs. io/en/release-1.4/ (last visited at 2023.09.)

[13] IRTF P2P Research Group, (2017.12.12), available at http://www.cs.umd.edu/ projects/p2prg (last visited at 2023.09)

[14] Kwon, J. (2014). Tendermint: Consensus without mining. Draft v. 0.6, fall, 1(11), 1-11.

[15] M. Day et al., "Instant Messaging/Presence Protocol Requirements," RFC2779, IETF, Feb. 2000.

[16] Membership Service Providers (MSP). (2019), available at http://hyperledger-fabric. readthedocs. io/en/release-1.4/msp.html (last visited at 2023.09.)

[17] Nakamoto, S. (2008). Bitcoin: A peer-to-peer electronic cash system. Decentralized business review.

[18] Network Working Group. (2007). OpenPGP message format. RFC 4880.

[19] Otsuki, K., Aoki, Y., Banno, R., & Shudo, K. (2019, August). Effects of a simple relay network on the bitcoin network. In Proceedings of the 15th Asian Internet Engineering Conference (pp. 41-46).

[20] Ross, K., & Buford, J. (2005). P2P overlay design overview. IETF P2P-SIP.

[21] Singh, K., & Schulzrinne, H. (2006). Data format and interface to an external peer-to-peer network for SIP location service. draft-singh-p2p-sip-00, IETF.

[22] Smart Contracts and Chaincode (2019), available at https://hyperledger-fabric. readthedocs. io/en/release-1.4/smartcontract/smartcontract.html (last visited at 2023.09.)

[23] snowdeer's Code Holic, "블록체인과 P2P 통신", (2017.07.04.) available at https://snowdeer.github.io/blockchain/2017/07/04/blockchain-and-p2p/ (last visited at 2023.09)

[24] 박호진, & 박광로. (2006). P2P 기술 동향 및 홈네트워크 응용. [ETRI] 전자통신동향분석, 21(5)

[25] 지용선. (2019). 블록체인을 활용한 개인정보 관리 기법. 숭실대학교 대학원 석사 학위논문.

Summary

[1] P2P 네트워크는 중앙 서버 없이 각 노드가 직접 연결되는 형태로 구성된다. 종류로는 정형화된 구조인 구조화 P2P와 중앙 서버 없는 비정형화 P2P가 있다. P2P와 클라우드는 데이터 저장 및 공유 방식에서 차이가 있으며, P2P는 중앙화된 서버 의존성이 낮아 안정성이 높고, 클라우드는 서비스의 안정성과 관리가 용이하다. P2P 기술의 장점은 분산된 자원을 활용해 안정성이 높고, 단점은 보안 및 데이터 관리가 어려울 수 있다는 점이다.

[2] p2p 네트워크의 역사는 다음과 같이 요약할 수 있다.

- 1세대: 냅스터(Napster)는 음악 파일을 중앙 서버를 통해 공유하는 초기 P2P 네트워크로, 사용자들 간에 직접 파일을 교환하는 혁신적인 서비스이다.
- 2세대: 그누텔라(Gnutella)는 중앙 서버 없이 직접 연결하여 파일을 공유하는 P2P 네트워크로, 다양한 종류의 파일을 공유하는 효율적인 방식을 도입했다.
- 3세대: eDonkey2000은 중앙 집중형 P2P 프로토콜로, 서버를 통해 파일을 검색하고 다운로드하는 방식을 사용했으며, 대용량 파일의 공유에 적합했다.
- 4세대: 비트토렌트(BitTorrent)는 여러 사용자가 파일 조각을 공유하여 빠르게 다운 로드할 수 있는 프로토콜로, 대용량 파일의 효율적인 공유를 가능케 했다.

[3] 오버레이 네트워크(Overlay Network)는 기존의 인프라 네트워크 위에 구축되며, 논리 적으로 연결된 노드들의 집합이다. 이러한 네트워크는 특정 목적을 위해 노드 간 통신 및 데이터 공유를 효율적으로 지원한다. 오버레이 네트워크는 중앙 집중화 없이 분산된 환경에서 작동하며, P2P(Peer-to-Peer) 네트워크나 분산 시스템에서 많이 사용된다. 노드들은 오버레이 네트워크를 통해 다른 노드와 통신하며, 데이터 라우팅, 검색, 보안 등 다양 한 서비스를 제공할 수 있다. 오버레이 네트워크는 확장성과 탄력성을 갖추어 분산 시스템에서 중요한 역할을 한다.

[4] 하이퍼레저 패브릭(Hyperledger Fabric)은 리눅스 재단 하이퍼레저 프로젝트의 일환으로 개발된 블록체인 플랫폼이다. 기업 및 기관용으로 설계되어 권한 있는 참여자 간에 안전 하고 비공개적인 거래를 지원한다. 패브릭은 스마트 컨트랙트를 '체인코드'로 명명하며, 기업 환경에 적합한 특징을 갖췄다. 채널을 통해 비공개 트랜잭션을 처리하고, 플러그인 기반의 보안 모듈을 통해 다양한 인증 방식을 지원한다.

Exercises

1. P2P 네트워크 종류 중 정형화된 구조를 가진 것은 무엇인가요?

a) 그누텔라
b) 비트토렌트
c) 클라우드
d) 냅스터

2. P2P와 클라우드의 주요 차이점 중 하나는 무엇인가요?

a) 중앙 서버의 사용 여부
b) 높은 에너지 소비
c) 블록체인 활용
d) 트래픽 제한

3. P2P 기술의 주요 장점으로 옳은 것은 무엇인가요?

a) 보안 취약성
b) 분산된 환경에서 안정성
c) 중앙 집중화된 구조
d) 제한된 확장성

4. P2P 기술의 단점으로 옳지 않은 것은 무엇인가요?

a) 보안 취약성
b) 높은 에너지 소비
c) 확장성이 제한적
d) 중앙 집중화된 구조

5. 다음 중 P2P 기술을 사용하는 예시로 옳지 않은 것은 무엇인가요?

a) 파일 공유 프로그램
b) 비트코인 네트워크
c) 이메일 서비스
d) 음악 스트리밍 서비스

6. 냅스터(Napster)가 등장한 연도는 언제인가요?

a) 1995년
b) 1999년
c) 2005년
d) 2010년

7. 그누텔라(Gnutella)는 어떤 종류의 P2P 네트워크로 분류되나요?

a) 정형화된 구조
b) 중앙집중형 구조
c) 비중앙형 구조
d) 클라우드 구조

8. 비트토렌트(BitTorrent)가 처음 소개된 연도는 언제인가요?

a) 1998년
b) 2001년
c) 2005년
d) 2010년

9. eDonkey2000이란 무엇의 약자이며, 어떤 형태의 P2P 프로토콜을 사용했나요?

a) Electronic Download 2000, 중앙집중형 P2P 프로토콜
b) Electronic Donkey 2000, 중앙집중형 P2P 프로토콜
c) Easy Download 2000, 비중앙형 P2P 프로토콜
d) Enhanced Donkey 2000, 비중앙형 P2P 프로토콜

10. P2P 네트워크에서 표준화를 통해 얻을 수 있는 이점은 무엇인가요?

a) 보안 강화
b) 상호 운용성 향상
c) 전송 속도 증가
d) 중앙 집중화

11. ISO/TC 307은 어떤 분야의 국제 표준을 개발하고 있는 조직인가요?

a) 음악 산업
b) P2P 네트워크
c) 식품 안전
d) 우주 공간 기술

12. 오버레이 네트워크의 주요 특징으로 옳은 것은 무엇인가요?

a) 물리적으로 연결된 노드들로만 구성됨
b) 논리적으로 연결된 노드들의 집합
c) 중앙 집중화된 구조를 가짐
d) 데이터 전송 속도가 느림

13. 오버레이 네트워크는 어떤 목적으로 사용되나요?

a) 실시간 게임 플레이
b) 파일 공유
c) 전자메일 송수신
d) 신용카드 결제

14. 하이퍼레저 패브릭은 어떤 형태의 블록체인 플랫폼인가요?

a) 공개 블록체인 플랫폼
b) 사설 블록체인 플랫폼
c) 중앙 집중화된 플랫폼
d) 클라우드 기반 플랫폼

15. P2P 기술의 주요 장점과 단점 중 하나를 각각 설명해주세요.

16. P2P 네트워크 종류 중 하나를 선택하여 해당 종류의 특징과 예를 들어 설명해주세요.

17. 그누텔라(Gnutella)는 어떤 특징을 가지고 있나요?

18. P2P 기술의 발전이 어떻게 온라인 콘텐츠 공유와 다운로드에 영향을 미쳤는지 간단히 설명해주세요.

19. P2P 기술의 표준화가 어떻게 협력과 혁신에 영향을 미칠 수 있는지에 대해 간단히 설명해주세요.

20. ISO/TC 307의 역할과 중요성에 대해 어떻게 생각하시나요?

21. 오버레이 네트워크의 예시를 하나 들어주세요.

22. 오버레이 네트워크가 실시간 온라인 게임에 어떻게 적용될 수 있는지 설명해주세요.

23. 하이퍼레저 패브릭은 어떤 유형의 기업이나 조직에 적합한지 간단히 설명해주세요.

24. 하이퍼레저 패브릭의 중요한 특징 중 하나를 선택하여 그 특징에 대해 설명해주세요.

PART 02

블록체인 보안

CHAPTER 07

블록체인과 암호

근래의 암호기술은 2000년 중반 이후 큰 발전이 이뤄지지 않고 있다. 원인으로는 1990년대 후반에 개발된 AES(Rjindael)이 우수한 안전성과 성능을 가져 다양한 분야에 널리 사용되고 있다. 또한 쉽게 바꿀 수 없는 특성을 지닌 공개키 암호인 RSA와 ECC가 인터넷에서 전자상거래, 서비스를 책임지고 있기 때문이다. 이전에는 일반적인 키의 공개여부와 묶음여부를 중심으로 공개키 암호, 비밀키 암호와 블록 암호, 스트림 암호 등으로 구분하여 연구되었다. 하지만 근래의 암호기술은 각 기술영역이나 사용 특성에 따라 연구되고 있다.

여기서는 경량 암호, ID 기반 암호, 속성 기반 암호, 프록시 재암호, 동형 암호, 방송형 암호, 검색가능 암호를 알아본다.

7.1 경량 암호

최근 IoT 환경이 증가되고 있다. IoT 환경은 센서 등을 비롯한 작은 디바이스와 통신을 통해 데이터를 수집하고 처리한다. 고사양 기기뿐만 아니라 저사양 기기를 사용하는 통신이 증가하면서 기기에 대한 보안위협도 증가하고 있다. 2015년 휴렛페커드 사는 약 70%의 IoT 기기들이 보안분야에서 취약점을 갖고 있다고 발표했다. 그러므로 고사양 기기 뿐만 아니라 저사양 기기의 IoT 기기들은 일정수준의 보안기술을 갖춰야한다. 보안기술 적용을 위해서는 암호화, 인증이 필요하다. 하지만 계산 능력이 제약되는 저사양 기기에 그대로 사용하기 어렵다.

저사양 기기의 계산능력에 대한 한계점을 극복하기 위해 작은 디바이스에 적용할 수 있는 다양한 경량 암호기술에 대한 연구가 진행되고 있다. 특히 블록암호는 저사양 기기에 필요한 메시지 암호화 및 인증을 위해 사용된다. 경량화를 위해 개선된 블록암호들이 등장하게 되었다.

대표적으로 국가보안기술연구소가 개발한 LEA와 미국 NSA가 개발한 SPECK/SIMOM이 있다. 이를 응용하기 위한 연구도 진행 중이다. 또한 대표적인 국제 표준화 기구인 ISO/IEC에서 경량암호를 별도 분야로 분류하여 표준을 제정하였다. 미국에서 개발한 경량암호는 ISO/IEC 표준화에 실패하였고, LEA는 2019년에 표준으로 제정되었다. 이처럼 경량 암호분야에서는 국내 암호기술이 세계적으로 앞서가는 발판을 마련하였다고 할 수 있다. 최근에 NIST(미국표준기술연구소)에서는 경량암호를 공모하고 있다.

(그림 7-1)은 블록 암호의 개발 현황을 보여준다.

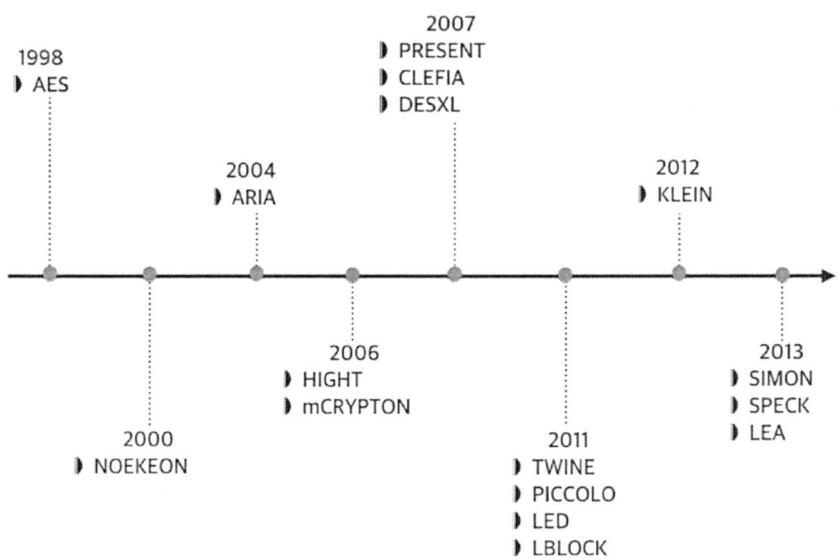

그림 7-1 블록 암호 알고리즘 개발 현황

경량암호에 요구되는 특성은 크게 HW(Hardware)와 SW(Software)로 구분할 수 있다. NW는 FPGA 또는 ASIC에서의 저면적(low-area) 구현 측면이 주로 고려된다. SW는 AVR 등 경량 SW 플랫폼에서 코드 크기와 메모리 요구량이 고려된다. 이러한 자원 요구량과 함께 속도 또는 소요시간이 함께 고려되어 속도/면적 등의 FoM(figure of merit)을 이용하여 알고리즘의 성능을 비교할 수 있다.

1) PRESENT

PRESENT는 CHES 2007에서 제안된 일고리즘으로 AES를 기반으로 하며 64bit의 블록크기와 80, 128bit의 키 크기를 가진다. (그림 7-2)와 같이 32Round로 구성되며, sbox, XOR, bitshift 연산을 통해 암복호화를 한다. AES에 비해 2.5배 더 작은 하드웨어 설계가 가능하다는 평가가 있을 정도로 경량의 구현이 가능하다. 암호화 강도는 AES에 비하여 떨어지지만 RFID,

Smart card 그리고 USN과 같은 시스템에 사용하기 위해 저전력과 높은 하드웨어 효율성을 목표로 개선시킨 암호 알고리즘이다. 현재 ISO, IEC표준으로 정의되어 있다.

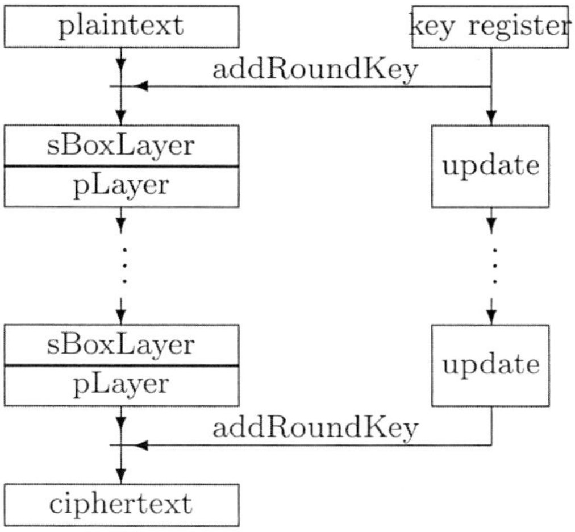

그림 7-2 PRESENT의 전체구조

2) CLEFIA

CLEFIA는 음악, 영상 등의 데이터 유통이 가속하는 환경에 따른 저작권 보호 및 사용자 인증을 위해 SONY 사에 의해 제안되었다. AES와 유사한 형태의 블록암호 알고리즘으로 DRM system 적용을 위해 개발되었다. AES처럼 128bit의 블록크기와 128, 192, 256bit의 키 크기를 가지며, CLEFIA는 Feistel 구조로 18, 22, 26의 round를 가진다. 키의 크기에 따라 round 수와 동작이 조금씩 변형되며, 128bit의 평문은 4개의 32bit 데이터블록으로 나뉘어 연산된다. 또한 Key Whitening 기법이 사용되었으며, 데이터 처리와 키 스케줄링의 두 부분으로 나눌 수 있다. 그리고 내부 함수로는 두 가지 종류의 S-BOX가 사용되는데 데이터 처리부와 키 스케줄링에서 혼용된다. CLEFIA는 일본 정부가 추천하는 암호화 기술로 CRYPTREC2013에 명시되었다.

(그림 7-3)은 CLEFIA의 전체구조를 보여준다.

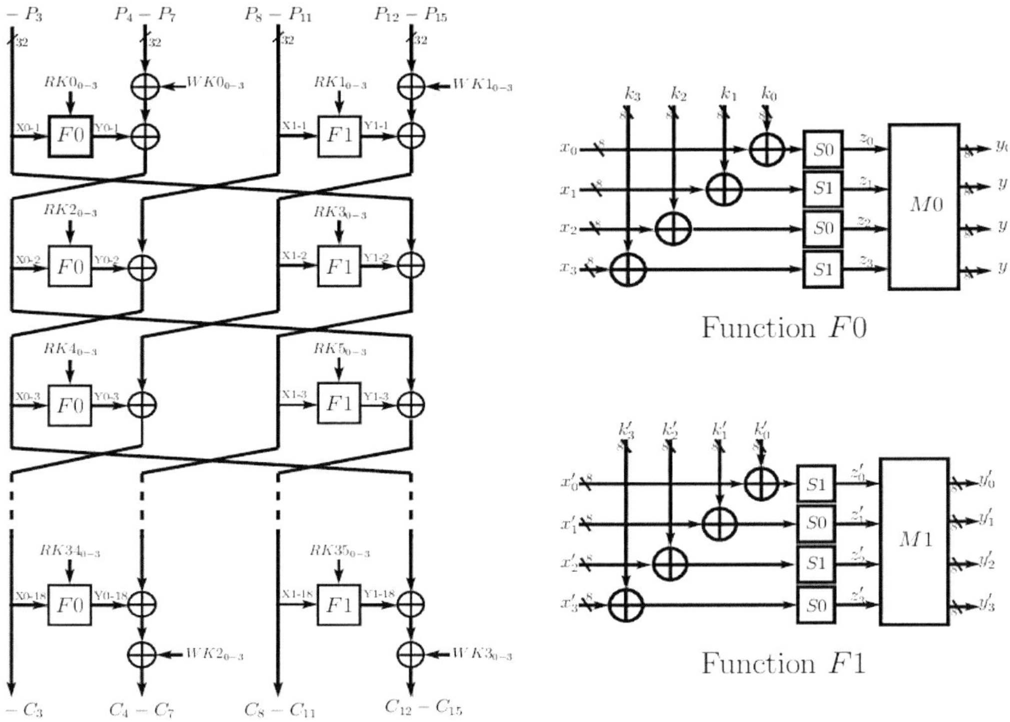

그림 7-3 CLEFIA의 전체 구조

3) PRINCE

PRINCE는 Asiacrypt 2012에서 제안된 알고리즘으로 64bit의 블록 크기와 128bit의 키가 제공된다. (그림 7-4)와 같이 SPN 구조로 12round를 수행하며 AES처럼 4-by-4 행렬로 내부 구조를 정의한다. 핵심연산은 shift Rows, mix columns과 4bit S-BOX로 구성된다. 하드웨어를 구현할 시에는 AES에 비해 1/15의 크기라는 장점이 있다.

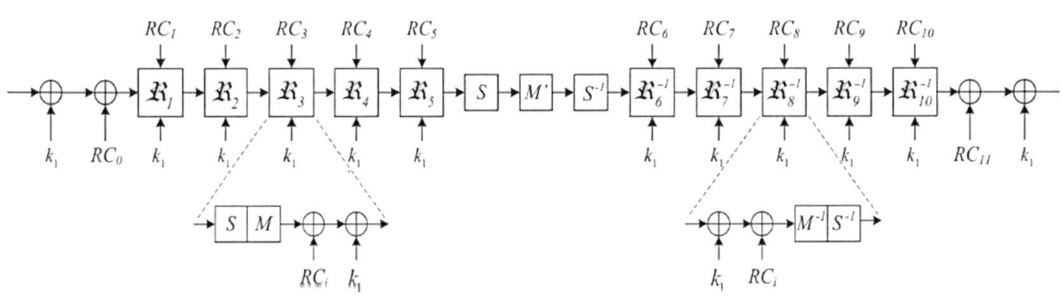

그림 7-4 PRINCE의 전체 구조

4) SEA

SEA는 SCRAA 2006에서 제안된 알고리즘이다. SEA의 S는 Scalable의 약자로 평문, 키, 프로세서의 종류에 따라 데이터블록의 크기를 변화시킬 수 있음을 의미한다. SEA는 96bit의 블록 크기와 96bit의 키를 사용하며 bitwise xor, 3x3 S-BOX, rotation, addition으로 구현된다. 또한 소프트웨어의 구현이 용이하도록 개발되었으며 데이터 및 키의 bit수에 따라 round 및 워드의 크기가 달라질 수 있는 유연함이 장점이다. 총 93round의 연산을 수행하며 평문과 키 모두 feistel 구조로 암호와 복호를 따로 구현할 필요 없이 내부의 소규모 Rotation 함수의 역만 추가하면 된다.

(그림 7-5)는 SEA의 암복호화와 키의 라운드를 보여준다.

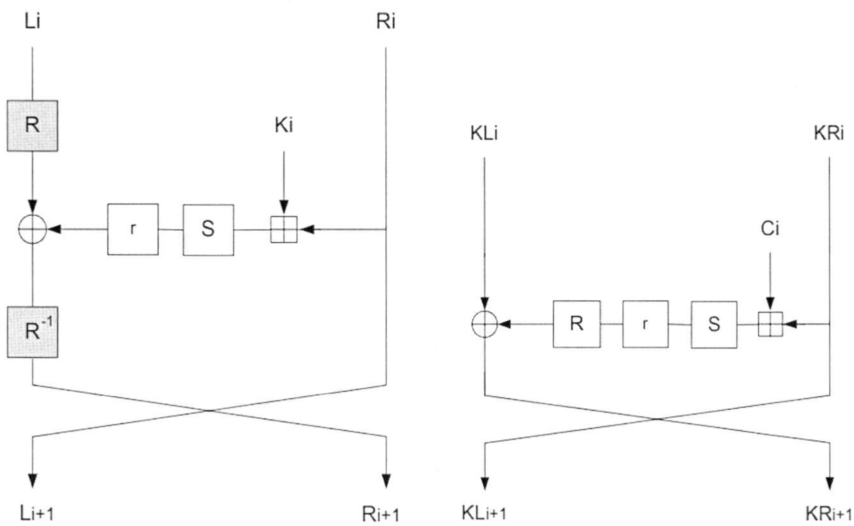

그림 7-5 SEA의 암복호화 라운드와 키 라운드

5) KLEIN

KLEIN은 SaP 2012에서 제안된 알고리즘으로 SPN 구조가 적용되었다. (그림 7-6)과 같이 AES의 mix column 연산과 유사한 구조를 가진다. 64bit의 블록 크기와 64, 80, 96bit의 키를 사용하며 키 길이에 따라 12, 16, 20round 연산이 feistel 구조를 통해 수행된다. 또한 4×4 S-BOX를 통해 substitute 연산이 수행되며 16개의 4bit 값들이 묶여서 순환하는 구조를 가지는데 전체 8byte를 2개의 4byte로 나누어 GF((2·8)·4)곱셈연산이 수행된다. 성능이 제약적인 무선 센서와 RFID에 적합하도록 설계되어 소프트웨어, 하드웨어에서 컴팩트한 구현이 가능하도록 하였다.

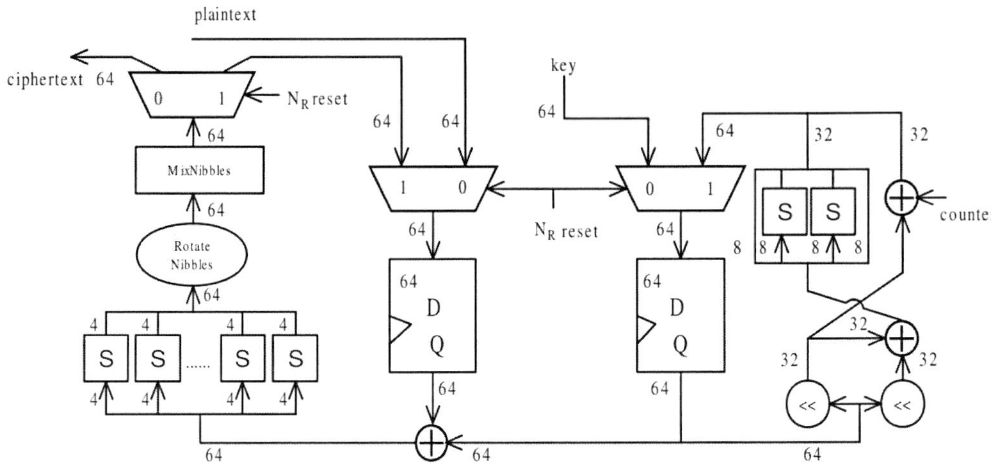

그림 7-6 KLEIN-64의 데이터 흐름

6) mCRYPTON

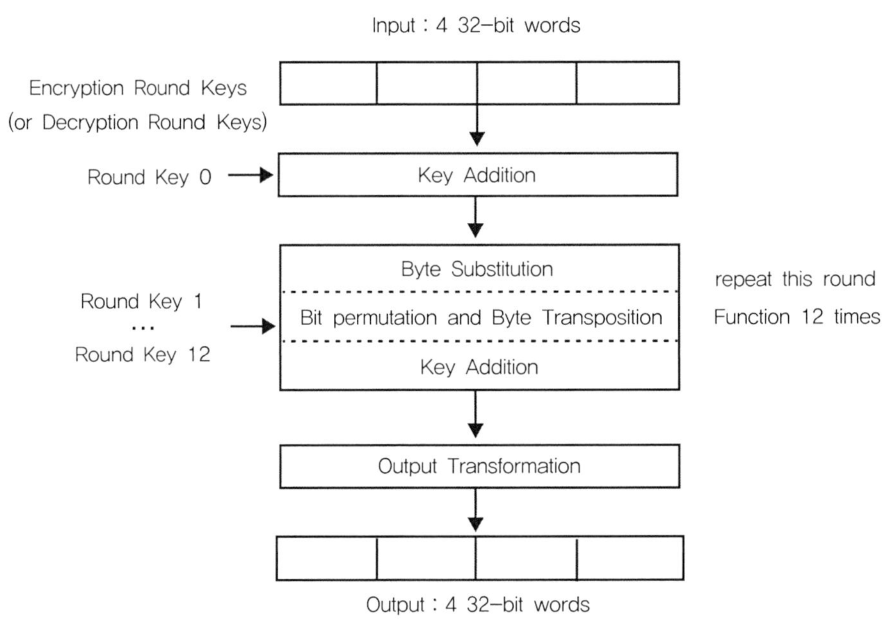

그림 7-7 mCRYPTON의 전체구조

mCRYPTON은 기존의 CRYPTON 알고리즘을 기반으로 경량화 시킨 기법이다. WISA 2006에 서 제안되었으며 64bit 블록 크기와 64, 96, 128bit의 키를 사용한다. mCRYPTON은 (그림 7-7)과 같이 Feistel 구조로 12round로 구성되며 AES와 같이 4×4 matrix 형식으로 데이터가 표기된다. 암호화 시에 비선형 대치, bit 치환, 행-열 변환, 전치, 서브키 덧셈의 단계를 거치게 되는데 암호의 복호화는 키 스케줄링을 제외하고 동일한 구조를 가진다. 즉, 복호화 시에도 약간의 연산만 변형하면 그대로 사용할 수 있는 구조이기 때문에 모듈의 추가가 필요 없다는 장점이 있다.

7) LED

LED는 CHES 2011에서 공표된 기법으로 저면적과 이를 위한 직렬구조를 목표로 개발되었다. 64bit의 블록 단위 암호화가 가능하며 64, 80, 96, 128bit의 키를 사용한다. 64bit의 경우 8회 외의 경우에는 12회의 round 연산을 반복 수행한다. addconstants, subcell, shiftrows, mixcolumnserail으로 구성되며 AES 암호의 구조를 사용하지만 키 스케줄을 하지 않으며 4bit를 이용한 4×4 배열로 4bit 단위로 연산이 수행된다.

8) DESLX

DESLX는 DES를 최소화하고, 키 길이를 개선하여 FSE 2007에서 공표된 기법이다. 기존 DES의 sbox를 새롭게 설계하여 경량화한 DESL에 선형분석과 차분적 공격 등에 대항하기 위한 keywhitening 기법을 추가하였다. DESLX는 DES처럼 64bit의 블록 암호화와 196bit의 Key를 사용하며 총 16round를 반복하여 8개의 S-BOX를 단일 S-BOX로 축소함에 따라 DES에 비해 크기가 경량화 되었다는 장점이 있다.

9) HummingBird-2

HummingBird-2는 revere security社에서 2011년에 개발한 알고리즘으로 기존의 HUMMINGBIRD1에서 제안되었던 블록 암호화와 스트림 암호화를 조합하여 초경량 구현이 가능한 기법이다. 소프트웨어 및 하드웨어 관점에서 기존의 취약점을 개선하였으므로 더욱 안전한 통신이 가능하도록 하기 때문에 앞으로의 효용가치가 더욱 높다는 평가를 받고 있다. HummingBird-2는 16bit 블록 단위 암호화와 128bit의 키를 사용하며, 작은 단위의 메시지를 전송할 시 더욱 효율적이므로 RFID와 센서 네트워크와 같은 환경에 적합하다고 할 수 있다. 또한 Enigma rotor machine을 기반으로 하여 4bit S-BOX, 16bit 덧셈, XOR등으로 구성되며 16bit 블록을 사용함에도 128bit의 내부 상태를 사용한다.

(그림 7-8)은 Hummingbird-1의 구조를 보여준다.

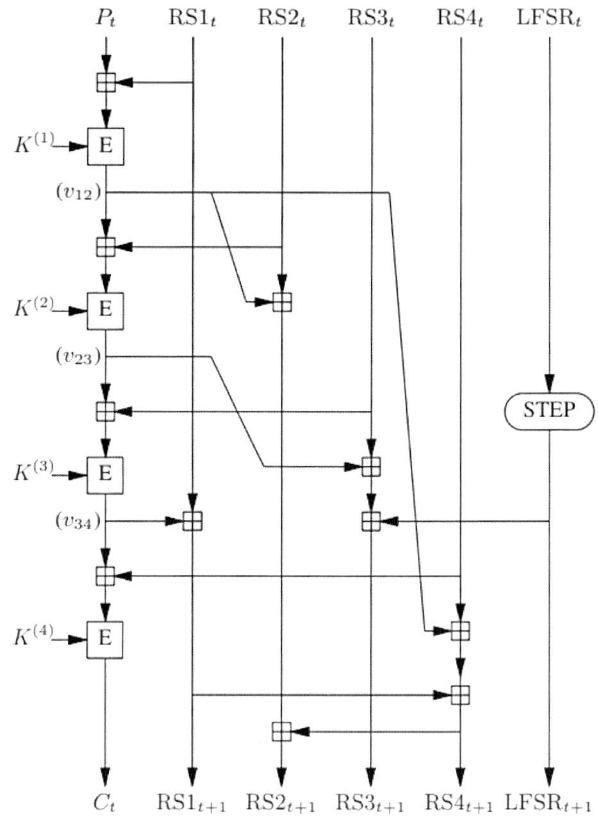

그림 7-8 Hummingbird-1의 전체구조

10) HIGHT

HIGHT(HIGH security and light weight)는 저전력 및 경량화가 요구되는 컴퓨팅 환경에서 기밀성을 제공하기 위해 2005년 국내에서 공동 개발하여 제안된 초경량 블록암호 알고리즘으로 64bit의 블록 크기와 128bit의 키를 사용한다. 또한 8bit 단위의 기본적인 산술 연산만으로 구성되어 있으며 SEED, AES 등의 기타 알고리즘에 비해 간단한 알고리즘 구조로 설계되었다.

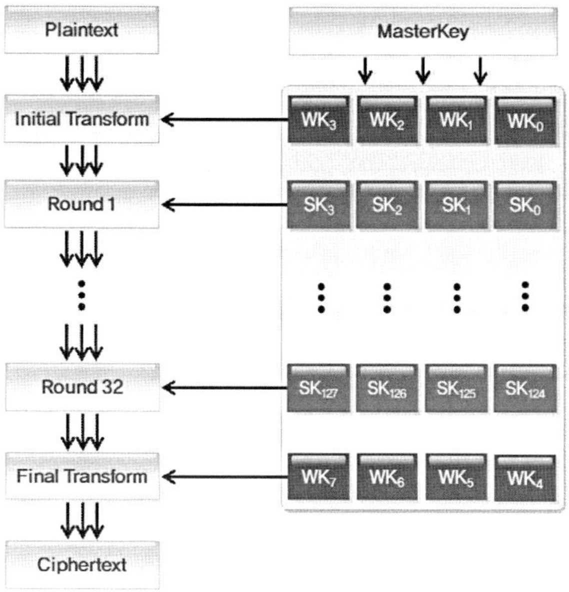

그림 7-9 HIGHT의 전체 구조

HIGHT의 전체 구조는 (그림 7-9)와 같이 Feistel의 변형 구조로 8개의 8bit whitening 키와 128개의 8bit 서브키를 사용하여 총 32round를 거쳐 64bit 암호문을 출력한다. 각각의 연산은 법 2^8덧셈과 xor, F 함수로 이루어진 간단한 형태이다. F함수도 기존 암호 알고리즘에서 사용되는 복잡한 형태가 아닌 Shift와 xor로 이루어진 간단한 연산으로 안전성과 효율성을 동시에 고려하는 정교한 설계 논리에 기반하고 있다고 할 수 있다. (그림 7-10)은 HIGHT의 각 라운드 구조를 보여준다.

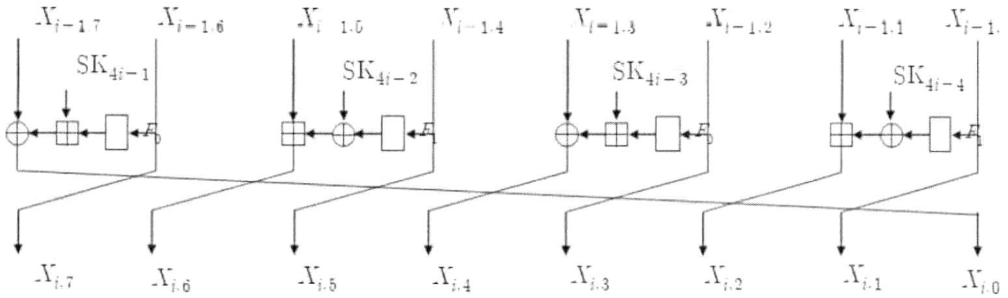

그림 7-10 HIGHT의 각 Round의 구조

11) KATAN

KATAN은 CHES 2009에서 제안된 알고리즘으로 32, 48, 64bit의 블록 크기와 80bit의 키를 사용한다. 또한 254번의 round 함수가 실행되며 non-linear boolean, shift, xor 연산으로 구성

되는 특성이 있다. (그림 7-11)과 같이 매 round마다 fa, fb 연산이 수행되는데 결과 값은 shift 되어 저장된다. 그리고 irregular 값은 round마다 정의된 값을 사용하게 된다.

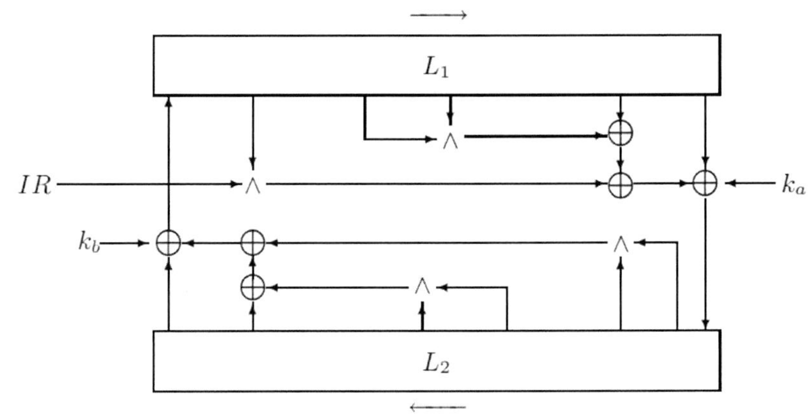

그림 7-11 KATAN의 Round 개요

12) IDEA

1991년에 제안된 국제 데이터 암호화 알고리즘인 IDEA(International Data Encryption Algorithm)는 스위스에서 Xuejia Lai, James Messey가 만든 PES(Proposed Encryption Standard)를 개량한 것으로 현재 가장 안전하고 최고라고 여겨지는 알고리즘으로 평가받고 있다. 64bit의 블록 크기와 128bit의 키 크기를 가지며 Lai-Massey scheme 구조로 8.5round이다. 즉, 8번의 round 연산 수행 후 0.5round 연산을 통해 암호문을 생성하게 된다. 복호화는 암호화와 비슷한 방식으로 진행된다. 또한 IDEA은 PGP 버전 1에서 쓰인 안전하지 않은 BassOmatic 알고리즘을 대신하여 PGP 버전 2에서 쓰인 암호화 알고리즘이다.

IDEA에 대한 특허는 2012년에 소멸되었으며 Pretty Good Privacy(PGP) v2.0에 사용된다. 또한 OpenPGP 표준에 선택적으로 사용가능하다. IDEA는 Bitwise exclusive-or연산과 2^{16} 상에서의 덧셈과 $2^{16}+1$ 상에서의 곱셈이 수행된다.

(그림 7-12)는 IDEA의 전체 구조를 보여준다.

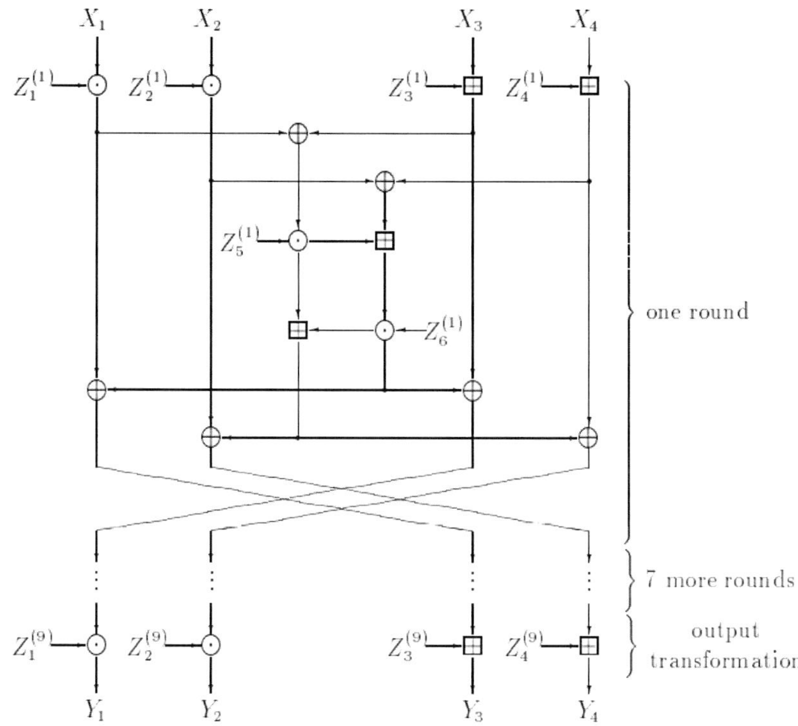

그림 7-12 IDEA의 전체 구조

13) TEA/XTEA

Cambridge computer laboratory에 의해 1994년에 공표된 TEA는 64bit의 블록 크기와 128bit의 키를 사용하며 feistel 구조로 64round이다. 그리고 XTEA는 94년에 발명된 TEA의 안전성을 개선하여 만든 모델로써 62bit의 블록 크기와 128bit의 키를 사용한다.

노한 저선력, 저에너지, 빠른 속도를 목적으로 개발되었으며, 그림과 같이 XOR, SHIFT, 간단한 ADD 연산만으로 구성되어 있다. 또한 fiestel 구조의 32round를 진행하는 내내 키는 변형되지 않으며 구간별로 나눈 다음 특정한 패턴에 의해 사용된다.

(그림 7-13)은 XTEA의 각 Round의 구조를 보여준다.

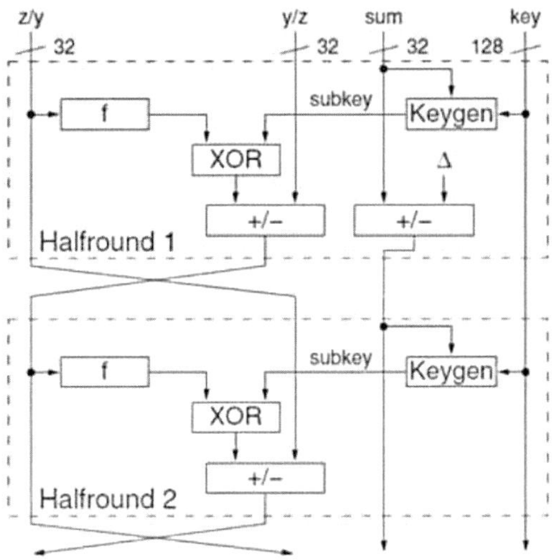

그림 7-13 XTEA의 각 round의 구조

14) SIMON/SPECK

ARX 구조를 기반으로 한 SIMON과 SPECK은 NSA에 의해 2013년에 공표된 암호화 기법으로 feistel 구조를 따른다. SIMON은 하드웨어, SPECK는 소프트웨어에 초점을 맞춰 설계되었다. SIMON은 (그림 7-14)와 같이 rotation, XOR, AND 연산으로 구성되며, SPECK은 (그림 7-15)와 같이 rotation, addition, XOR 연산으로 구성된다. SIMON과 SPECK은 기존의 암호화 기법들과는 다르게 블록 크기의 경우 32, 48, 64, 96, 128bit가 가능하며, 키 크기의 경우 64, 72, 96, 128, 144, 192, 256bit의 다양한 블록의 크기와 키 크기를 제공할 수 있다는 장점이 있다.

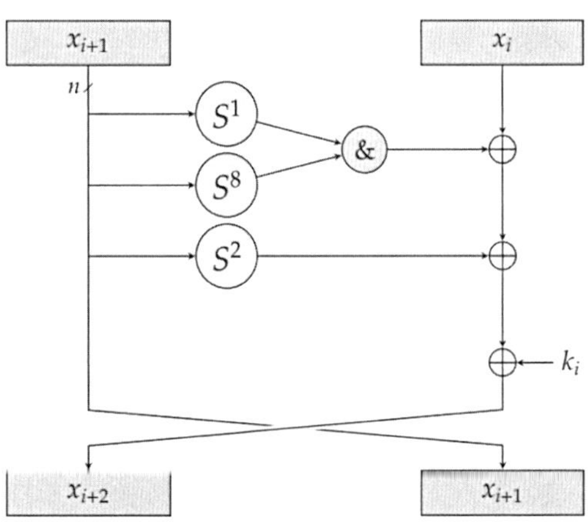

그림 7-14 SIMON의 라운드 함수

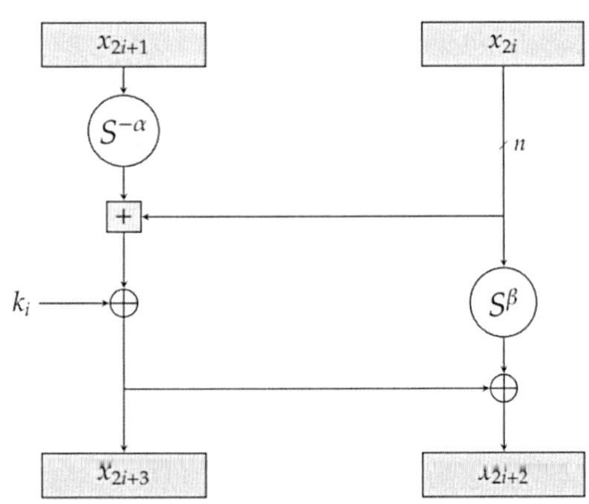

그림 7-15 SPECK의 라운드 함수

SPECK와 SIMON은 각각 SW 경량과 HW 경량에 주안점을 두고 설계되었다. SPECK는 AVR 등의 경량 환경에서 FoM에서 기존 암호들보다 우수한 특성을 보이고, SIMON은 ASIC에서 1000GE 미만으로 구현 가능한 최초의 암호로 많은 관심을 받았다.

15) LEA

LEA는 2013년, NSRI에 의해 공표된 알고리즘으로 ARX를 기반으로 한 대칭키 암호화이다. Feistel 구조를 적용하였다. 32bit의 컴퓨터를 목표로 하여 설계되었기 때문에 기본적인 워드의 크기는 32이다. 암호화는 128bit 블록을 4개의 32bit로 나누어 3번의 덧셈과 6번의 xor, 3번의 rotation이 반복되는 간단한 구조이다. 128bit 블록 크기를 바탕으로 128, 192, 256bit의 키 길이를 통해 연산을 위해서는 동일한 round 함수를 24, 28, 32회 반복하는 형식으로 수행할 수 있으므로 하나의 구조로 다양한 암호화 강도에 대한 구현이 가능하다는 장점이 있다. (그림 7-16)은 LEA의 암호화 라운드를 보여준다.

LEA의 특징은 32비트 CPU에서 경량블록암호 중에서 가장 우수한 성능을 보인다. 1KB 미만으로 구현될 수 있는 탁월한 경량의 특성이 뚜렷하다. SW 환경에서 우수한 구현 특성과 안전성을 확보하기 위해 구성요소를 선택했다. 그러나, HW 구현에서는 AES에 비해 작은 면적에서 구현하기 어려운 면이 존재한다.

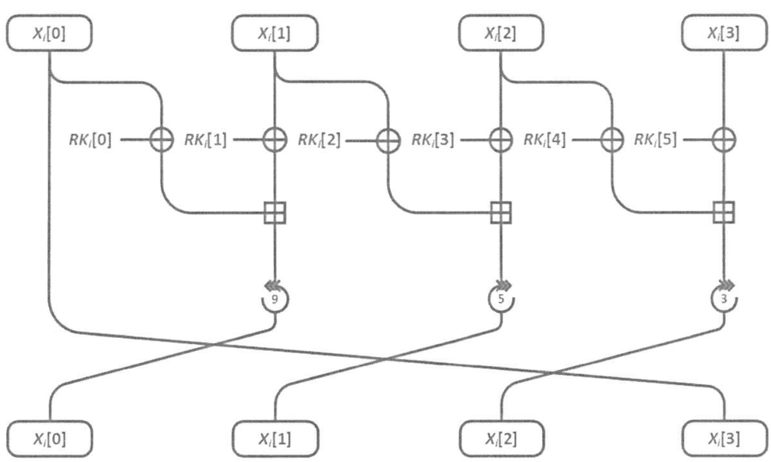

그림 7-16 LEA의 암호화 라운드 함수

16) Salsa/ChaCha

Daniel J. Bernstein에 의해 제안된 Salsa는 eStream project에서 선택되었다. 블록의 크기는 512bit이며, 키의 크기는 256bit로 ARX 연산으로 구성된다. steam cipher를 위한 암호화 기법이라고 할 수 있다. (그림 7-17)은 Salsa의 라운드 구조를 보여준다.

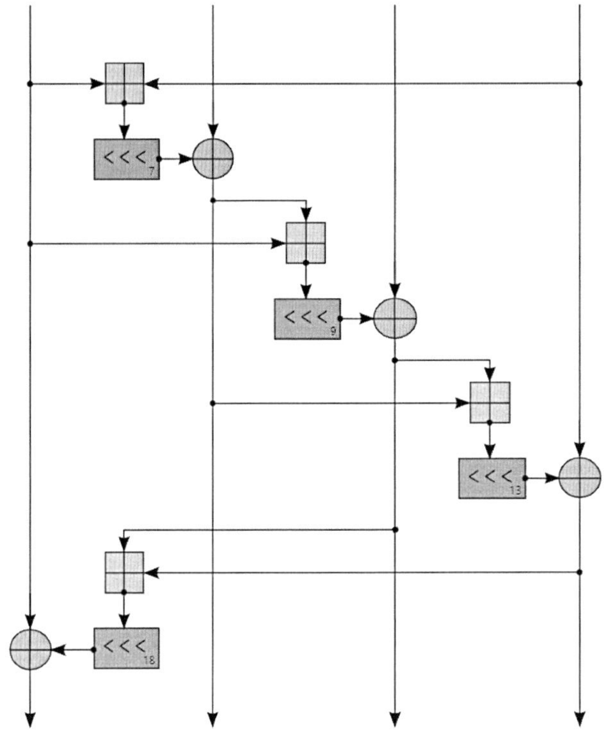

그림 7-17 Salsa의 Round 구조

17) KASUMI

KASUMI는 3GPP(3rd Generation Partnership Project)를 위해 MISTY 알고리즘에 기반을 두고 일본에서 개발된 암호 알고리즘이다. 128bit의 키를 사용하여 64bit의 평문을 암호화한다. (그림 7-18)과 같이 feistel 구조로 8round로 구성되어 있으며 FO Function과 FL Function은 XOR과 Shift, SBOX로 이루어진 함수이다. S-BOX는 XOR게이트만으로 구성되어 있으며 7bit, 9bit를 사용한다. 128bit의 키는 변형시키지 않고 16bit씩 8개로 나누어서 round 별로 사용하는데 이는 복호화 시 추가로 키를 스케줄링을 하지 않아도 된다는 장점이 있다.

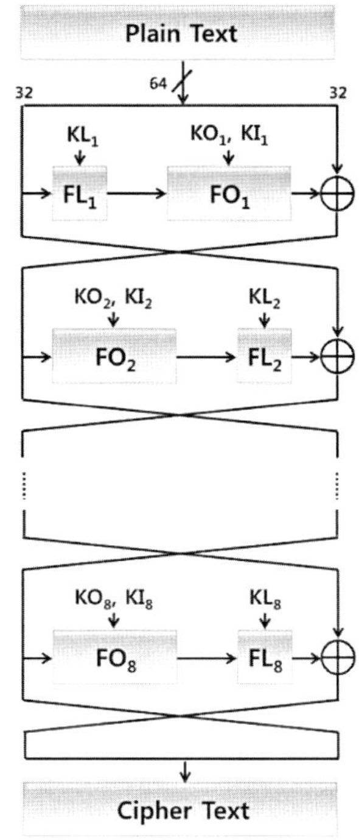

그림 7-18 KASUMI의 전체 구조

18) NOEKEON

NESSIE 프로젝트에 2000년에 제출되었다. 128비트의 블록 크기와 키 길이, 16번의 라운드를 통해 암/복호화를 한다. 각 라운드에서는 하드웨어, 소프트웨어로 용이하게 구현 가능한 self-inverse 변환을 이용한다.

19) ARIA

국내에서 개발한 블록 암호 체계로 학계, 연구소, 정부기관이 공동으로 개발을 하였다. SPN 구조이며, 128비트 블록 크기를 가진다. 128, 192, 256비트의 키 길이를 사용할 수 있으며, 대부분의 연산은 XOR과 같은 간단한 바이트 연산을 통해 암호화 및 복호화를 수행한다.

20) TWINE

Feistel 구조를 적용하였다. 64비트 블록 크기를 바탕으로 80, 128비트 키 길이를 사용한다. 36라운드로 구성되었고, XOR 연산을 이용하여 암/복호화를 한다.

21) PICCOLO

Feistel 구조로 무선 센서 네트워크 환경에 적합하도록 설계되었다. 64비트 블록 크기를 바탕으로 80, 128비트 키 길이를 가지며, 키 길이에 따라 25, 31라운드를 수행하며 암/복호화를 한다.

22) LBLOCK

Feistel 구조를 적용하였다. 64비트 블록 크기를 바탕으로 80비트 키 길이를 사용한다. 32라운드를 수행하며 라운드 함수 내에서 4비트 크기의 워드로 나누어 permutation을 사용하여 암/복호화를 한다.

이외에도 경량암호와 함께 저지연암호가 연구되고 있다. 지연시간(latency)은 입력에서 출력까지 걸리는 시간을 의미한다. 저지연 암호는 다소 생소한 용어이지만 암호학계에서는 HW 구현 특성 측면에서 주로 사용한다. 지연시간이 짧은 암호를 저지연 암호라 부른다. 저지연 암호 기술이 필요한 분야로는 원격제어, 원격의료, 자율주행 등 실시간 서비스와 메모리 암호화이다. 특히, 차량에 장착된 기기간의 통신은 짧은 지연시간이 요구된다. 그리고 메모리 암호화는 주요 적용 대상이 PC에 있는 RAM(Random Access Memory)이다.

7.2 ID 기반 암호

ID 기반 암호는 암호화 시에 수신자의 ID를 이용하여 암호화를 실시하는 방식으로 (그림 7-19)와 같이 암호문을 받은 수신자는 키 생성 센터에서 복호키를 도출하여 복호를 가능하게 하는 방식이다.

ID 기반 공개키 암호시스템은 1983년 A. Shamir에 의해 처음 제안되었다.

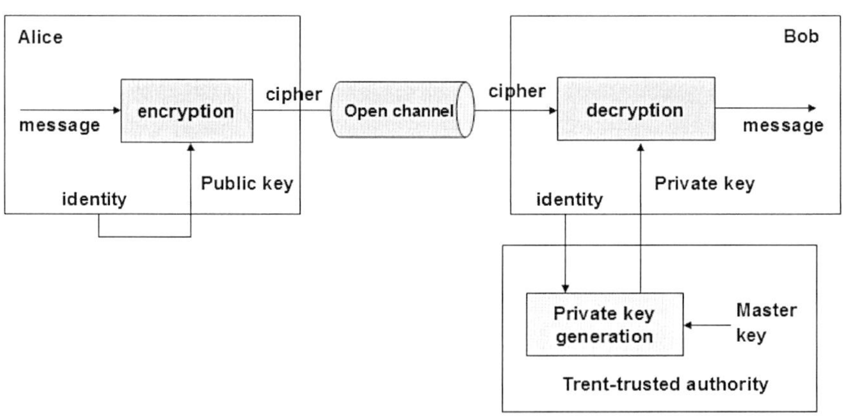

그림 7-19 Identity-based Encryption

일반적으로 ID, 이메일, IP주소 등과 같은 사용자의 잘 알려진 정보로부터 사용자의 공개키를 생성한다. 하지만 사용자는 자신의 비밀키(개인키)를 직접 만들 수 없으며, 비밀키(개인키) 생성기관(PKG, Public Key Generator)을 통해 발급받아야만 한다.

- 다른 사용자의 공개키를 해당 사용자의 정보를 기반으로 생성할 수 없다.
- 기존 공개키 시스템과 달리 공개키와 사용자를 묶어주는 인증서가 필요 없다.
- 시스템 복잡도를 줄이고 공개키 프레임워크를 설정 및 관리에 비용이 절감된다.

1) Boneh Franklin의 ID 기반 암호

Boneh Franklin의 ID 기반 암호는 다음의 4개의 알고리즘으로 구성된다.

가. Setup(k):

보안 파라미터를 입력하여 그 값에 대한 공개 파라미터와 마스터키를 출력하는 알고리즘

❶ $[q, G_1, G_2, e] \leftarrow G(k)$, $P \leftarrow G_1$, $s \leftarrow Z_q^*$,
$P_{pub} = sP$을 생성한다.

❷ $H_1: \{0,1\}^* \rightarrow G_1^*$고 $H_2: G_2 \rightarrow \{0,1\}^n$이다.

❸ params = $\langle q, G_1, G_2, e, n, P, P_{pub}, H_1, H_2 \rangle$, 마스터키는 s이다.

나. KeyGen(ID, params, s):

수신자의 ID와 마스터키를 입력하여 ID에 대한 비밀키를 출력하는 알고리즘

❶ 비밀키 $d_{ID} = sQ_{ID}$를 생성한다. 여기서,
$Q_{ID} = H_1(ID)(\in G_1^*)$이다.

다. Enc(params, ID, m):

공개 파라미터와 수신자의 ID와 평문을 입력하여 그 평문에 대응하는 암호문을 출력하는 알고리즘

❶ $Q_{ID} = H_1(ID)$와 $r \leftarrow Z_q^*$을 랜덤하게 선택하고 $c = \langle rP, m + H_2(g_{ID}^r) \rangle$를 계산한다.
여기서, $g_{ID} = e(Q_{ID}, P_{pub})$이다.

라. Dcc(params, $c = \langle U, V \rangle$, d_{ID}):

암호문과 비밀키를 입력하여 암호문에 대응하는 평문을 출력하는 알고리즘

$$m = V + H_2(c(d_{ID}, U))$$

2) 복수 수신자 ID 기반 서명 – 암호화 기법

ID-기반 서명 기법은 사용자에게 고유한 ID를 이용하여 전자서명을 생성하고 인증하는 방식이다. 이 방식을 사용하면 공인인증 절차를 거치지 않고도 이메일 주소 등의 사용자 ID를 활용하여 프로토콜의 절차를 간소화할 수 있다.

또한 서명-암호화(signcryption) 기법은 메시지를 서명하여 암호화하는 방식이다. 이 기법은 기존의 암호화 후에 서명하는(encryption-then-sign) 방식에 비해 계산량과 통신량 측면에서 효율적이다.

ID-기반 서명-암호화 기법은 ID-기반 서명 기법과 서명-암호화 기법을 혼합한 것이다. 이 기법은 두 가지 기법의 장점을 조합하여, 계산량과 통신량을 줄이고 효율적인 알고리즘을 구축할 수 있도록 한다.

그리고 ID-기반 서명-암호화 기법을 복수 수신자에게 적용하기 위해 다양한 기법이 제안되었다. 그 중에는 겹선형 쌍함수(bilinear pairing)를 기반으로 한 Duan 등의 방식이 있다. 이 방식을 통해 발신자는 각 수신자에 대한 개별 비밀 정보를 생성하여 메시지에 첨부하여 전달하고, 수신자는 발신자가 보낸 자신의 비밀 정보와 보안 서버에서 받은 자신만의 비밀키를 사용하여 메시지의 인증 및 복호화(designcryption)를 진행할 수 있다.

복수수신자 ID-기반 서명-암호화는 아래와 같이 작동한다.

가. 준비단계

PKG(Private key generator)는 서명-암호화의 마스터키 mk_{PKG}와 각 사용자가 서명-암호화에 사용할 상수들과 함수들로 이루어진 공통집합 cp_{PKG}를 생성한다. cp_{PKG}는 모든 참여자들에게 공개되고 mk_{PKG}는 PKG가 안전하게 보관한다.

나. 추출단계(비밀키 추출)

PKG에서는 입력받은 사용자의 신원정보 ID와 mk_{PKG}를 조합하여 ID에 대한 사용자 개인키(비밀키) SID를 생성한 후 사용자에게 안전하게 전달한다.

다. 서명 – 암호화(Signcryption)단계

발신자 S는 메시지 M을 $ID_1, \ldots, ID_n$를 갖는 여러 수신자에게 보내기위해 자신의 IDS에 대한 개인키(비밀키) S_{ID_s}를 PKG에서 발급 받아 서명-암호화의 암호문 C를 만든다.

$$C = Signscrpyt(M, S_{ID_s}, ID_1, \ldots, ID_n)$$

라. 인증 – 복호화(Designcryption) 단계

암호문 C를 수신한 수신자(ID_i)는 PKG에게 자신의 개인키(비밀키) S_{ID_i}를 발급받아 $Designcrpt(C,\ S_{ID_i},\ ID_s)$의 알고리즘을 수행한다. C가 정상일 경우 메시지 M을 얻는다. 그리고, 비정상적인 암호화나 비정상적인 서명일 경우 틀린 값을 얻는다.

복수 수신자에게 전달되는 서명-암호화 암호문 C는 두 부분으로 이루어져 있다. 첫 번째는 모든 수신자에게 공통으로 전달되는 메시지 파트이고, 두 번째는 수신자 비밀정보를 포함한 수신자 정보 파트이다. 각 수신자는 수신자 정보 파트에서 자신의 비밀정보를 선택하여 메시지 파트에 대한 인증 및 복호화를 수행한다.

3) ID 기반 암호의 안전성

ID 기반 암호방식의 안전성을 검토하기 위해 일반적인 기준이 되는 안전성 확보 기준, ID의 취약성 유무, 공격의 종류를 중심으로 설명한다.

안전성을 확보하는 기준으로써 다음의 4가지가 있다.

- One-Wayness(OW): 암호문에서 암호화 이전의 원문으로 복원할 수 없다.
- Semantic Security(SS): 암호문에서 평문의 정보가 1비트도 노출되지 않는다.
- Indistinguishability(IND): 암호문에서 평문의 부분 정보도 얻을 수 없다.
- Non-Malleability(NM): 공격자에 의해 조작된 암호문을 복호화 했을 때, 평문과의 관련점을 찾을 수 없어야 한다.

여기서, 일반적으로 안전성의 정도는 OW ! SS = IND ! NM이다. 이때, '!'는 왼쪽보다 오른쪽이 안전성이 높다는 의미고, '='는 안전성이 동일하다는 의미이다.

ID의 취약성은 해당 ID가 공간상에서 안전성을 유지하지 못하는 정도를 나타낸다. 취약한 ID가 있을 때 이를 Selective ID(sID)로 지칭하며, 취약한 ID가 없는 경우를 Adaptive ID(ID)로 정의한다. 이에 따라, ID의 안전성은 sID보다 강화되게 된다.

공격의 종류는 공격 시 얻을 수 있는 정보의 종류를 의미한다. 이것은 다음과 같이 두 가지로 나뉜다.

- 선택평문 공격(CPA): 어떤 암호체계에서도 임의의 평문에 대응하는 암호문을 얻을 수 있는 공격 방식이다.
- 선택암호문 공격(CCA): 어떤 암호체계에서도 임의의 암호문에 대응하는 평문을 얻을 수 있는 공격 방식이다.

ID 기반 암호 등의 공개키 암호에서 CPA 상황은 분명하다. 공개키를 기반으로 임의의 평문에 대한 암호문을 생성할 수 있기 때문에, 최소한 CPA에 대한 안전성은 확보된다. 이러한 안전성은 공개키 암호체계의 기본적인 특성 중 하나이다. 나아가, 현재 가장 강한 공격으로 여겨지는 CCA에 대한 안전성을 만족하는 것이 더욱 바람직하다. 왜냐하면 CCA 공격은 임의의 암호문에 대응하는 평문을 얻을 수 있는 공격 방식으로, 이에 대한 안전성을 확보함으로써 보다 높은 보안 수준을 유지할 수 있다.

ID 기반 암호방식의 안전성을 검토할 때, 다양한 조합으로 안전성을 검토할 수 있다. 예를 들어, IND-ID-CCA나 NM-sID-CPA 등이 있다. 여기서 NM-ID-CCA는 가장 강하다고 간주되는 조합 중 하나이다. 그러나 NM-ID-CCA와 IND-ID-CCA의 안전성은 동일하다는 것이 알려져 있기 때문에, ID 기반 암호방식에서는 IND-ID-CCA의 안전성을 달성하는 것이 중요하다. 이것은 NM-ID-CCA와 IND-ID-CCA가 동일한 수준의 안전성을 가지며, 더 간단하고 효율적인 IND-ID-CCA를 통해 안전성을 확보할 수 있기 때문이다. 따라서, ID 기반 암호방식에서는 IND-ID-CCA의 안전성을 우선시하는 것이 바람직하다.

7.3 속성 기반 암호

현재 인터넷 상에서는 각종 민감한 데이터들이 공유되고 유통되고 있다. 이러한 데이터들은 주로 데이터베이스의 물리적인 장치에 저장되어 있다. 그러나 외부 공격자나 내부 사용자의 관리 부족으로 인해 데이터 유출 문제가 발생하고 있는 실정이다. 이러한 유출 문제의 위험성을 해결하기 위해 데이터를 암호화하여 관리할 수 있다.

암호화 방식으로는 공개키 암호방식, ID 기반 암호방식, 속성 기반 암호방식이 현재 활발히 연구되고 있다. 공개키 암호방식은 현재 일상생활에서 전자서명 등에 널리 사용되고 있다. ID 기반 암호방식은 블랙베리 휴대폰과 같은 기기에서 적용되어 사용되고 있다. 또한, ID 기반 암호의 확장된 개념으로 속성 기반 암호 연구가 진행되고 있다.

공개키 암호방식(Public Key encryption)은 상호간의 관계 정당성 문제가 발생할 수 있다. 이러한 문제를 해결하기 위해 2001년 Boneh 등에 의해 ID 기반 암호화 방식(Identity Based Encryption, IBE)이 제안되었다. ID 기반 암호화 방식은 각 개체의 ID나 메일 등을 기반으로 공개키가 생성된다. 이로써 송신자는 각자의 정당성을 확인할 수 있게 되어 상호 간의 관계 정당성 문제를 해결할 수 있다. 또한, IBE의 개념을 확장한 형태로 Sahai 등은 속성 기반 암호(Attribute Based Encryption, ABE)의 개념을 제안했다.

이 방식을 이용하면 각 개체의 속성(소속, 직무) 등을 기반으로 암호화 및 복호화를 수행할 수 있다. ID 기반 암호화는 ID를 공개키로 활용하는 반면, 속성 기반 암호화는 각 속성들을 기반으로 암호화 및 복호화를 수행한다. ID 기반 암호화는 ID와 개체가 1대1 관계에 있어야 하지만, 속성 기반 암호화는 속성과 개체가 반드시 1대1로 대응될 필요는 없다. 또한, 속성 기반 암호화는 속성에 대해 중복 권한을 부여할 수 있다. 예를 들어, 병원의 속성을 살펴보면 소속이 (내과)이고 직무가 (의사)인 경우에만 권한을 부여받을 수 있다고 가정한다.

프록시 재암호화 기법은 암호문을 프록시를 통해 변환하는 방식으로, 기존 공개키 암호화 방식에서는 송신자의 공개키로 암호화된 암호문을 수신자의 비밀키로 복호할 수 있도록 한다. 속성기반 프록시 재암호화 방식에서는 속성의 접근 구조를 변경하여 재암호화 함으로써, 다른 속성을 가진 개체도 암호문을 복호할 수 있다. 이는 속성 기반의 접근 권한을 고려하여 암호문의 접근을 허용하는 것으로, 특정 속성을 가진 개체가 암호문에 접근할 수 있도록 한다.

1) 쌍선형 사상

2개의 순환군(Cyclic Group) G_1, G_2에 대해 쌍선형 사상 $\hat{e}: G_1 \times G_2 \rightarrow G_T$($G_T$는 쌍선형 사상의 출력 공간)는 다음의 특성을 갖는다.

(1) 쌍선형성(Bilinear): 모든 $u \in G_1$, $v \in G_2$ 및 모든 a, $b \in Z$에 대해 $e(u^a, v^b) = e(u, v)^{ab}$가 성립된다.

(2) 비퇴화성(Non-degenerate): 모든 $u \in G_1$, $v \in G_2$에 대해 $e(u, v) \neq 1$이다.

(3) 계산가능성(Computable): 모든 $u \in G_1$, $v \in G_2$에 대해서 $e(u, v)$를 계산하는 효율적인 알고리즘이 존재한다.

2) BDH(Bilinear Diffie-Hellman) Assumption

ID안전성에 근간이 되는 BDH 가정을 검토하면 다음과 같다.

❶ Decisional BDH Assumption

임의의 $g, ga, gb, gc \in G$, $gc \in G$, $T \in G$를 설정한다. 임의의 알고리즘을 사용하여 $g, ga, gb, gc, e(g,g)abc$와 g, ga, gb, gc, T를 발견할 확률은 1/2 보다 크지 않다.

❷ Computational BDH Assumption

임의의 $g, ga, gb, gc \in G$, $gc \in G$, $T \in G$를 설정한다. 이 수치보다, A를, 어떠한 다항식 시간 내의 알고리즘으로도, 확인할 수 없다. ❷항의 계산 양적 곤란성의 가정이 성립하면, ❶항의 합계 산양적 곤란성의 가정도 성립한다.

속성기반 암호는 개체의 속성 정보의 집합과 속성의 접근 구조를 기반으로 암호화 및 복호화를 수행하는 방식이다. 여기서 접근 구조란 주어진 속성 집합에 대해 접근을 허가하는지 여부를 결정하는 방법을 말한다. 속성 집합을 입력으로 받아서 접근을 거부하는지 허용하는지 여부를 나타내는 함수로 간주된다. 이 함수는 0은 접근 거부를 나타내고, 1은 접근을 허용하는 것으로 해석된다. 속성 기반암호의 접근구조는 암호화시에 지정하는 CP-ABE (Ciphertext-Policy)와 키생성 시 지정하는 KP-ABE(Key-Policy)의 2종류가 있다.

3) CP-ABE(Ciphertext-Policy)

CP-ABE는 암호문 생성 시에 송신자가 접근 구조를 지정하여 수신자의 속성 집합을 기반으로 복호화를 한다. 예를 들어, (그림 7-20)에서 개체가 [간호보조], [소속]이라는 속성을 가지고 있는 경우, 송신자는 암호문에 [간호보조이고 소속이라면 복호 가능]이라는 접근 구조를 만들어 암호화한다. 이렇게 암호문을 생성하면 접근 구조를 만족하는 개체만이 복호할 수 있다.

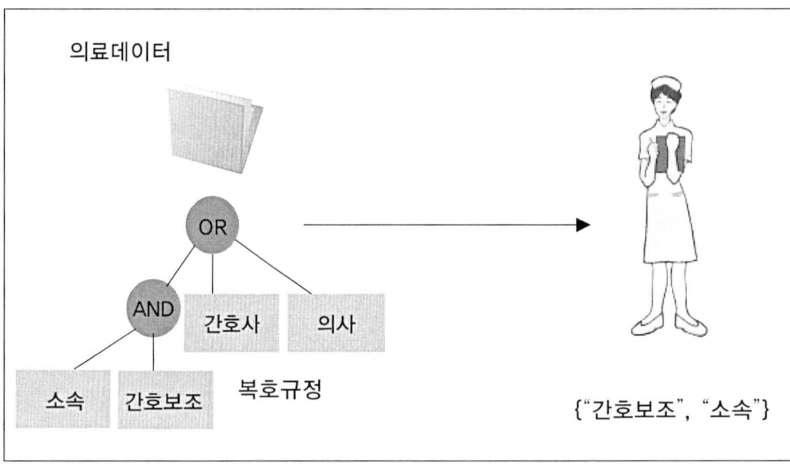

그림 7-20 CP-ABE

우선 CP-ABE는 크게 4개의 알고리즘으로부터 구성된다.

소수 위수 p의 쌍선형 집합(bilinear group)을 G_0라고 하고, G_o의 생성원을 g라고 한다. 쌍선형 사상은 $e: G_0 \times G_0 \rightarrow G_1$로 나타낸다. $i \in Z_p$에 대한 라그랑주 계수(Lagrange coefficient) $\triangle_{i,S}$와 해시함수 $H: \{0,1\}^* \rightarrow G_0$를 정의한다($S$는 Z_p안의 집합).

$$\triangle_{i,S}(x) = \Pi_{j \in S, j \neq i} \frac{x-j}{i-j}$$

(1) Setup(1^k): 보안 파라미터 k를 입력으로 받아서 해당 값에 대응하는 마스터키 MK와 공개키 PK를 출력하는 알고리즘

❶ 임의의 지수 $\alpha, \beta \in Z_p$를 선택한다.

❷ MK는 $\langle \beta, g^{\alpha} \rangle$이고, PK는$\langle G_0, g, h = g^{\beta}, f = g^{1/\beta}, e(g,g)^{\alpha} \rangle$이다.

(2) Encrypt(PK, M, T): 공개키 PK, 평문 M, 접근구조 T를 입력하여 해당 평문에 대응하는 암호문 CT를 출력하는 알고리즘

❶ 접근구조 T의 각 노드 x에 대한 다항식 q_x의 선택은 루트 노드(root node) R에서부터 리프 노드(leaf node)까지 진행한다. 임계값이 k_x인 d_x차 다항식을 각 노드 x에 설정한다($d_x = k_x - 1$). 난수 $s \in Z_p$를 선택하여 루트 노드 R에 대한 다항식의 상수항으로 설정한다($q_R(0) = s$). 그리고 각 노드 x에 대한 다항식은 $q_x(0) = q_{parent(x)}(index(x))$로 설정한다.

❷ 접근구조 T의 리프 노드 집합은 Y이다. 주어진 접근구조 T로 암호문을 계산한다.

$$CT = \begin{pmatrix} T, \tilde{C} = Me(g,g)^{\alpha s}, C = h^s, \\ \forall y \in Y: C_y = g^{q_y(0)}, C_y' = H(att(y))^{q_y(0)} \end{pmatrix}$$

(3) KeyGen(MK, S): 마스터키 MK와 속성 집합 S을 입력을 받아 해당 접근구조에 대응하는 비밀키 SK를 출력하는 알고리즘

❶ $r \in Z_p$에 대해 각 속성 $j \in S$에 대한 $r_j \in Z_p$를 임의로 선택한다.

$$SK = \begin{pmatrix} D = g^{(\alpha + r)/\beta}, \\ \forall j \in S: D_j = g^r \cdot H(j)^{r_j}, D_j' = g^{r_j} \end{pmatrix}$$

(4) Decrypt(CT, SK): 암호문 CT와 비밀키 SK_L를 입력하여 암호문에 대응하는 평문(대응이 없는 경우는⊥)을 출력하는 알고리즘.

❶ 접근구조 T의 각 노드 x에 대한 재귀 알고리즘(recursive algorithm) DecryptNode(CT, SK, x)를 정의한다.

❷ 만약, 노드 x가 리프 노드이면 다음과 같이 계산된다($i = att(x)$).

$$\begin{aligned} \text{DecryptNode}(CT, SK, x) &= \frac{e(D_i, C_x)}{e(D_i', C_x')} \\ &= \frac{e\left(g^r \cdot H(i)^{r_i}, g^{q_x(0)}\right)}{e\left(g^{r_i} \cdot H(i)^{q_x(0)}\right)} \\ &= e(g,g)^{rq_x(0)} \end{aligned}$$

만약, 노드 x가 리프 노드가 아니면 노드 x의 자식 노드(children node)인 노드 z들을 DecryptNode(CT, SK, z)로 계산하여 F_z를 출력한다. S_x는 모든 자식 노드 z의 집합이다. F_z를 다음과 같이 계산한다. F_z를 출력한다. S_x는 모든 자식 노드 z의 집합이다. F_z를 다음과 같이 계산한다.

$$
\begin{aligned}
F_x &= \prod_{z \in S_x} F_z^{\Delta_{i, S_x'}(0)} \\
&\quad (i = index(z),\ S_x' = \{index(z) : z \in S_x\}) \\
&= \prod_{z \in S_x} \left(e(g, g)^{r \cdot q_z(0)}\right)^{\Delta_{i, S_x'}(0)} \\
&= \prod_{z \in S_x} \left(e(g, g)^{r \cdot q_{parent(z)}(index(z))}\right)^{\Delta_{i, S_x'}(0)} \\
&= \prod_{z \in S_x} e(g, g)^{r \cdot q_x(i) \cdot \Delta_{i, S_x'}(0)} \\
&= e(g, g)^{r q_x(0)}
\end{aligned}
$$

❸ 암호문 CT를 계산된다.

- 접근구조 T가 속성집합 S에 만족되면, A=DecryptNode(CT, SK, R)=$e(g, g)^{r q_R(0)}$= $e(g, g)^{rs}$이다.
- 최종적으로 A를 활용하여 다음과 같이 계산한다.

$$
\begin{aligned}
\widetilde{C}/(e(C, D)/A) &= \widetilde{C}/\left(e\left(h^s, g^{(\alpha + r)/\beta}\right)/e(g, g)^{rs}\right) \\
&= Me(g, g)^{\alpha s}/\left(e\left(g^{\beta s}, g^{(\alpha + r)/\beta}\right)/e(g, g)^{rs}\right) \\
&= Me(g, g)^{\alpha s}/e(g, g)^{\alpha s} \\
&= M
\end{aligned}
$$

4) KP-ABE(Key-Policy)

KP-ABE는 송신자가 암호화할 때 선택한 복호 가능한 속성 집합과, 수신자가 키를 생성할 때 자신의 속성 집합에 근거하는 접근구조를 고려하여 복호화 한다. 예를 들어, (그림 7-21)에서는 암호문이 [중요, A그룹] 속성 집합으로 암호화되었을 때, 수신자의 속성 집합이 중요하고 A그룹이면 복호가 가능하다고 하면, 해당 수신자는 복호할 수 있다.

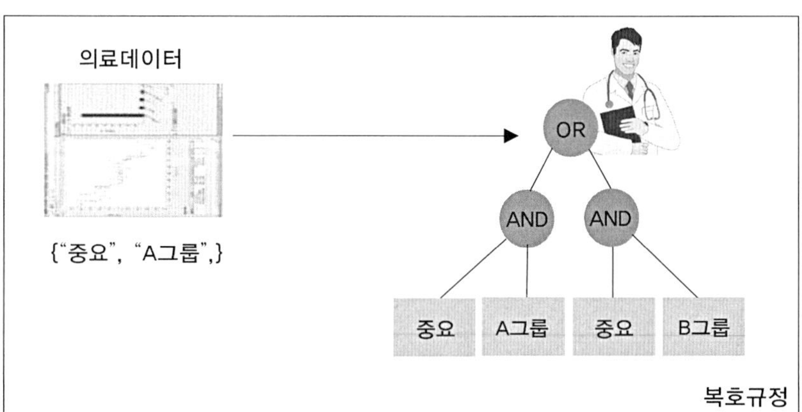

그림 7-21 KP-ABE

우선 KP-ABE는 크게 4개의 알고리즘으로부터 구성된다.

(1) Setup(1^k) : 보안 파라미터 k 를 입력받아 해당 값에 대응하는 마스터키 MK와 공개키 PK를 출력하는 알고리즘

❶ 속성 $U=\{1, 2, \cdot\cdot\cdot, n\}$를 정의한다.

❷ 각각의 속성 $i \in U$에 포함시키고 랜덤한 Z_P로부터 숫자 t_i를 균등하게 선택한다.

❸ 랜덤한 Z_P에 y를 균등하게 선택한다.

❹ PK는 $< T_1 = g^{t_1}, \cdot\cdot\cdot, T_{|U|} = g^{t_{|U|}}, Y = e(g, g)^y >$고

MK는 $\langle t_1, \cdot\cdot\cdot, t_{|U|}, y \rangle$이다.

(2) Encrypt(PK, M, γ) : 공개파라미터 PK와 평문 M, 속성집합 T를 입력받아 해당 평문에 대응하는 암호문 E을 출력하는 알고리즘

❶ 속성 γ의 집합아래 암호화 메시지 $M \in G_2$하고 랜덤값 $s \in Z_P$를 선택한다.

❷ 암호문은 $E = < \gamma, E' = MY^s, E_i = T_i^s{}_{i \in \gamma} >$이다.

(3) KeyGen(MK, T) : 마스터키 MK와 공개 파라미터 T를 입력받아 접근구조 A에 대응하는 비밀키 D을 출력하는 알고리즘

❶ 만약에 $T(\gamma) = 1$이면 복호화가 가능한 사용자에게 키를 출력한다.

❷ 다음의 비밀값 $D_x = g^{\frac{q_x(0)}{t_i}}$, $i = att(x)$를 사용자에게 준다.

(4) Decrypt(CT, D): 암호문 CT와 비밀키 D를 입력받아 해당 암호문에 대응하는 평문(대응이 없는 경우는 $\perp$)을 출력하는 알고리즘

❶ 암호문 $E = < \gamma, E' = MY^s, E_i = T_i^s{}_{i \in \gamma} >$와 비밀키 D, 노드 x의 입력으로 순환 알고리즘 DecryptNode(E, D, x)을 정의한다.

❷ G_2의 그룹 요소 또는 $\perp$를 출력한다.

❸ 만약에 노드 x = LeafNode라면 DecryptNode(E, D, x) = $e(D_x, E_i)$ =$e(g^{\frac{q_x(0)}{t_i}}, g^{s \cdot t_i})$ =$e(g, g)^{s \cdot q_x(0)}$를 계산하고, $i \in \gamma$이면 $\perp$로 정의한다.

❹ $F_z \neq \perp$면

$$F_x = \prod_{z \in S_x} F_z^{\Delta i, S'_{x(0)}} \quad ,S'_x = index(z) : z \in S_x$$

$$= \prod_{z \in S_x} \left(e(g,g)^{r \cdot q_{z}(0)}\right)^{\Delta_{i, S'_x(0)}}$$

$$= \prod_{z \in S_x} \left(e(g,g)^{r \cdot q_{parent(z)}(index(z))}\right)^{\Delta_{i, S'_x(0)}}$$

$$= \prod_{z \in S_x} \left(e(g,g)^{r \cdot q_x(i) \cdot \Delta_{i, S'_x(0)}}\right)$$

$= e(g,g)^{s \cdot q_x(0)}$로 계산한다.

7.4 프록시 재암호

기존의 Proxy 재암호화 방식을 확장한 것이 속성기반 Proxy 재암호화 방식이다. 이 방식은 공개키 또는 ID 기반 암호시스템을 기반으로 하며, 사용자들에게 복호 권한을 위임하여 접근제어 환경을 구성한다. 사용자들은 속성에 따라 식별되며, 다른 접근 정책으로 암호문을 재암호화하는 Proxy를 자유롭게 선택할 수 있다.

1) CP-ABPRE

CP-ABPRE 방식은 기존의 CP-ABE의 접근구조 AS로 암호화된 암호문 C를 다른 접근구조 AS'로 변환하는 Proxy를 선택하여 변경된 접근구조로 암호문 C를 C'로 변환하는 방식이다.

예를 들어 (그림 7-22)는 대학교에서 사용하는 개인정보시스템에서 어플리케이션 시나리오를 설명한다. 이 시스템 내에는 학생의 성적 정보가 있다. 이 정보는 접근구조 AS((AGE 〉 40) ∧ (Tenure))으로 암호화되어 있고, 정교수 U_1은 접근구조 AS으로 암호화된 암호문 C을 복호할 수 있다. 하지만 만약 정교수 U_1이 휴가 중이라면, 성적정보를 복호할 수 있는 교무팀장 U_2가 필요할 수 있다. 여기서 교무팀장 U_2는 접근구조 AS'의 암호화된 암호문 C'을 복호할 수 있다.

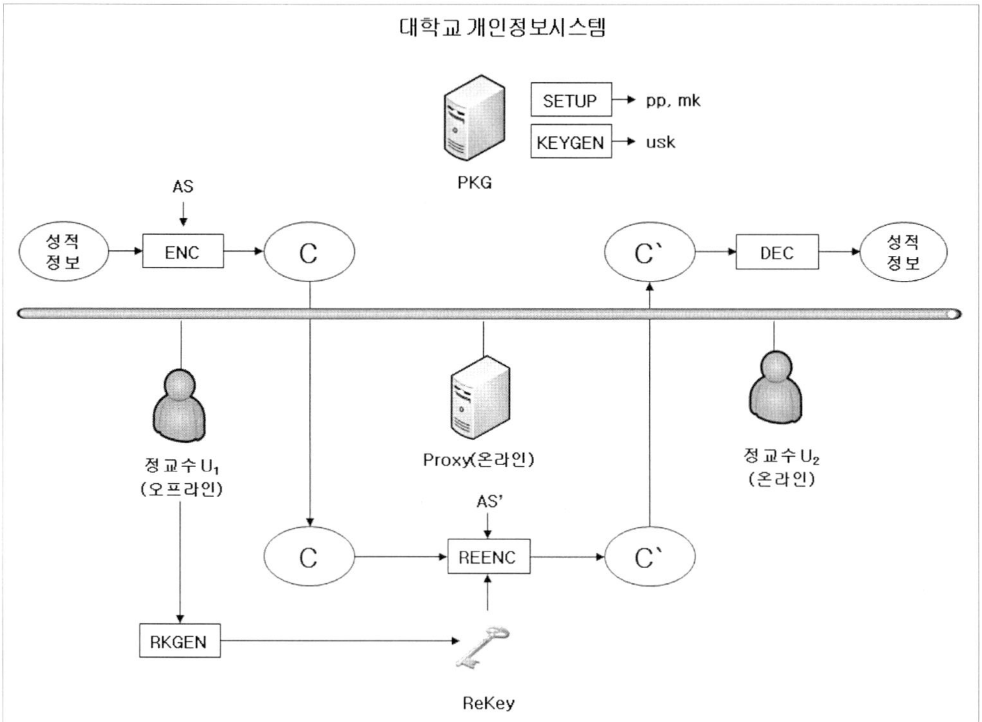

그림 7-22 ABPRE 시스템의 관계(대학교 개인정보 시스템)

이 경우 ABPRE로 복호할 수 있는 자격이 있는 정교수 U_1은 접근구조 AS으로 암호화된 암호문 C를 다른 접근구조 AS'((Admin) ∧ ¬ (EXP 〈 10))로 변환하는 프록시를 지정할 수 있게 한다. 프록시는 접근구조 AS으로 된 암호문 C을 접근구조 AS'된 암호문 C'으로 변환한다. 따라서 기존의 접근구조 AS을 만족하는 정교수가 없어도 접근구조 AS', 10년 이상의 근무경력의 교무팀장은 교수의 대리인으로써 암호화된 성적정보에 접근이 가능하다

우선 CP-ABPRE는 크게 알고리즘으로부터 구성된다.

(1) Setup(1^k): 보안 파라미터 k를 입력하여, 공개 파라미터 pp와 마스터 키 mk를 생성하는 알고리즘

❶ $y, t_i \in Z_p$ 선택한다. $(1 \leq i \leq 3n)$

❷ 생성원 $g, h \in G$을 랜덤하게 선택한다.

❸ $Y = e(g,h)^y, T_i = g^{t_i}, T'_i = h^{\frac{1}{t_i}}$

$(1 \leq i \leq 3n)$ 정의한다.

❹ 공개 파라미터 pp는 $\langle e, gh, Y, T_i, T'_{i_{1 \leq i \leq 3n}} \rangle$이고 마스터키

mk는 $\langle y, t_{i_{1 \le i \le 3n}} \rangle$이다.

(2) KeyGen(S, mk): 인덱스 집합 S와 마스터키 mk를 입력하여 비밀키 usk를 생성하는 알고리즘

❶ 속성의 인덱스 집합을 S로 정의한다.

❷ $r_{1,} \cdot \cdot \cdot , r_n \in Z_p$을 랜덤하게 선택한다.

❸ $r = r_1 + r_2 + \cdot \cdot \cdot r_n$과 $\hat{D} = h^{y-r}$를 계산한다.

❹ 만약에 $i \in S$이면 $D_{i,1} = h^{\frac{r_i}{t_i}}$, $D_{i,2} = h^{\frac{r_i}{t_{2n+i}}}$이고 $i \notin S$이면 $D_{i,1} = h^{\frac{r_i}{t_{n+i}}}$, $D_{i,2} = h^{\frac{r_i}{t_{2n+i}}}$이다.

❺ 비밀키는 $usk = \langle S, (D_{i,1}, D_{i,2})_{i \in N,} \hat{D} \rangle$이다.

(3) Encrypt(AS, m): 접근구조 AS와 메시지 m을 입력하여 암호문 C를 생성하는 알고리즘

❶ 접근 구조 AS, 평문 $m \in G_T$을 정의한다.

❷ 랜덤 값 $s \in Z_p^*$ 선택한다.

❸ $\tilde{C} = m \cdot Y^s$, $\hat{C} = g^s$, $\check{C} = h^s$을 계산한다.

❹ $W_i = 0, C_i = \widehat{A_i^r}$, $W_i = *, C_i = A_i^{*r}$를 계산한다$(1 \le i \le n)$.

❺ AS가 $+d_i$이면 $C_i = T_i^s$이고

$-d_i$이면 $C_i = T_{n+i}^s$

$C_i = T_{2n+i}^s$이다.

❻ 암호문은 $C = < AS, \tilde{C}, \hat{C}, \check{C}, (C_i)_{i \in N} >$다.

(4) RKExtract(usk, AS): 비밀키 usk와 접근구조 AS를 입력하여 재암호화 키 rk를 생성하는 알고리즘

❶ $d \in Z_p$를 랜덤하게 선택한다.

❷ $\nu = g^d$, $\hat{D}' = \hat{D}$를 정하고 ξ는 $AS\nu$의 암호문이다.

❸ 만약에 $i \in S$이면

$D'_{i,1} = D_{i,1} \cdot (T_i')^d$, $D'_{i,2}$
$= D_{i,2} \cdot (T_{2n+i})^d$

$i \notin S$이면

$D'_{i,1} = D_{i,1} \cdot (T'_{n+i})^d, D'_{i,2}$
$= D_{i,2} \cdot (T'_{2n+i})^d$

❹ 재암호화 키는

$rk = < S, AS, (D'_{i,1}, D'_{i,2})_{i \in N}, \hat{D}, \xi >$이다.

(5) Re-encryption: 재암호화 키 rk와 암호문 C의 입력으로 재암호화된 rk에 인덱스 집합이 암호문 C의 접근구조를 만족하면 재암호화문 C'을 생성, 만족하지 않으면 reject하는 알고리즘

❶ AS가 $+d_i$이면

$$E_i = e(C_i, D'_{i,1}) = e(g^{t_i s}, h^{\frac{r_i + d}{t_i}})$$
$$= e(g, h)^{s(r_i + d)}$$ 이며,

$-d_i$이면

$$E_i = e(C_i, D'_{i,1}) = e(g^{t_{n+i} s}, h^{\frac{r_i + d}{t_{n+i}}})$$
$$= e(g, h)^{s(r_i + d)}$$

$$E_i = e(C_i, D'_{i,2}) = e(g^{t_{2n+i} s}, h^{\frac{r_i + d}{t_{2n+i}}})$$
$$= e(g, h)^{s(r_i + d)}$$ 이다.

❷ $\hat{C}, \hat{D}'$을 사용하여 $\overline{C} = e(\hat{C}, \hat{D}') \prod_{i \in N} E_i$
$= e(g, h)^{ys + nds}$ 을 만든다.

❸ 암호문은 $C' = < AS', \tilde{C}, \overline{C}, \check{C}, \xi >$
$C'_{re} = < AS', \tilde{C}, \overline{C}, \check{C}, \xi' >$이다.

(6) Decrypt(usk, C): 비밀키 usk와 암호문 C을 입력하여 인덱스 집합이 암호문 C의 접근구조를 만족하면 메시지 m을 생성하고 만족하지 않으면 reject하는 알고리즘

❶ AS가 $+d_i$이면

$$E_i = e(C_i, D_{i,1}) = e(T^s, h^{\frac{r_i}{t_i}})$$
$$= e(g, h)^{sri}$$ 이며,

$-d_i$이면

$$E_i = e(C_i, D_{i,1}) = e(T^s_{n+i}, h^{\frac{r_i}{t_{n+i}}})$$
$$= e(g,h)^{sri},$$
$$E_i = e(C_i, D_{i,2}) = e(T^s_{2n+i}, h^{\frac{r_i}{t_{2n+i}}})$$
$$= e(g,h)^{sri} \text{ 이다.}$$

❷ 암호문 $C' = < AS', \widetilde{C}, \overline{C}, \check{C}, \xi >$과 비밀키 $usk = \langle S, (D_{i,1}, D_{i,2})_{i \in N,} \widehat{D} \rangle$를 이용하여 복호화 한다.

$$\frac{\widetilde{C}e(\nu, \check{C})^n}{\overline{C}} = \frac{m \cdot e(g,h)^{ys} \cdot e(g^d, h^s)^n}{e(g,h)^{ys+nds}} = m$$

2) KP-ABPRE

KP-ABPRE방식은 이전의 KP-ABE방식에서 발전한 형태로, 키 생성 시 수신자의 속성에 기반으로 하는 접근구조로 송신자의 암호문을 복호화 할 수 있다. 이때, 다른 접근구조를 가진 수신자가 암호문을 복호하기 위해 Proxy를 통하여 송신자가 복호 가능한 속성을 통해 암호화된 암호문 C를 다른 접근구조 AS'로 변경하기 위한 재암호화 키 $rk_{AS \to AS'}$를 출력하여 암호문 C를 입력으로 암호문 C'로 변환하는 방식이다. 이렇게 하면 다른 접근구조를 가진 수신자는 변경된 암호문 C'로 복호화할 수 있게 된다.

예를 들면 (그림 7-23)에서 의료데이터 정보를 얻기 위해 [중요, A그룹] 이라는 접근구조를 만족해야 한다. 하지만 [소속, 간호보조]의 접근구조는 만족하지 못한다. 그러므로 의료데이터를 얻을 수 없다. 이때, 재암호화 키를 이용하여 [중요, A그룹]의 속성으로 암호화된 암호문을 [소속, 간호보조]의 속성으로 재암호화 한다면 접근구조 [소속, 간호보조]를 이용해도 의료데이터를 열람할 수 있다.

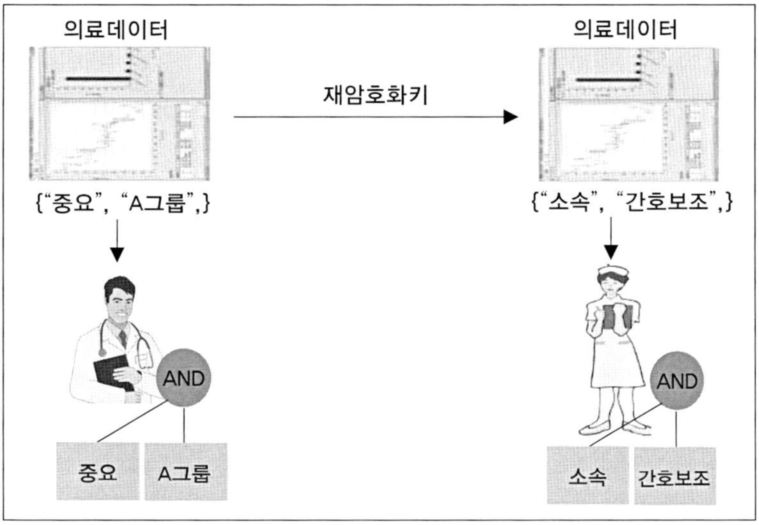

그림 7-23 KP-ABPRE

우선 KP-ABPRE 암호는 이하의 6개의 알고리즘으로부터 구성된다.

(1) Setup(1^k): 보안 파라미터 k와 System 파라미터에 의해 메시지 공간 M과 암호문 공간 C를 기술하는 알고리즘

❶ 속성 $U=\{1, 2, \cdot\cdot\cdot, n\}$를 정의한다.

❷ 각각의 속성 $i \in U$에 포함시키고 랜덤한 Z_P로부터 숫자 t_i를 균등하게 선택한다.

❸ 랜덤한 Z_P에 y를 균등하게 선택한다.

❹ PK는 $< T_1 = g^{t_1}, \cdot\cdot\cdot, T_{|U|} = g^{t_{|U|}}, Y = e(g, g)^y >$고,
MK는 $\langle t_1, \cdot\cdot\cdot, t_{|U|}, y \rangle$이다.

(2) KeyGen(MK, T): 보안 파라미터 1^k의 입력으로 공개키 PK와 비밀키 SK를 출력하는 알고리즘

❶ 만약에 $T(\gamma) = 1$이면 복호화가 가능한 사용자에게 키를 출력한다.

❷ 다음의 비밀값 $D_x = g^{\frac{q_x(0)}{t_i q_x}}$ where $i = att(x)$를 사용자에게 준다.

(3) Encrypt(PK, M, γ): 속성 γ_1의 집합과 메시지 M을 통하여 암호문 C_1를 출력하는 알고리즘

❶ 속성 γ_1의 집합아래 암호화 메시지 $M \in G_2$하고 랜덤값 $r \in Z_P$를 선택한다.

❷ 암호문은 $C = < \gamma, E = MY^r, E_i = T_i^{r_{i \in \gamma}} >$이다.

(4) RKExtract(γ_1, γ_2): 비밀키 sk와 속성 γ_2의 집합의 입력으로 단방향성의 재암호화키 $rk_{1\rightarrow 2}$를 출력하는 알고리즘

❶ 재암호화 키는

$$RK_1^{A\rightarrow B} = t'_1/t_1,\ RK_1^{A\rightarrow B} = t'_2/t_2, \quad \cdot\cdot\cdot,\ RK_{|\gamma|}^{A\rightarrow B} = t'_{|\psi|}/t_{|\psi'|},$$ 이다.

(5) Re-encryption: 재암호화 키 $rk_{1\rightarrow 2}$과 암호문 C_1의 입력으로 재암호화된 암호문 C_2나 "부인"을 출력하는 알고리즘

❶ γ_2은 수신자의 속성과 $s \in Z_p$의 집합이다.

❷ 재암호화된 암호문은

$$C_2 = (\gamma', E' = MY^{rs}, \left\{E_i = ((T_i^r)^{RK_i^{A\rightarrow B}})^s\right\}_{i\in\gamma})$$ 이다.

(6) Decrypt(E, D, x): 비밀값 D와 각 노드 x를 입력받아 암호문에 대응하는 평문(대응이 없는 경우는⊥)을 출력하는 알고리즘

❶ 첫 번째 단계의 암호문

$c_{\psi_1} = (\gamma_1, E' = MY^r, \left\{E_i = T_i^r\right\}_{i\in\gamma_1})$와

재암호화키 $RK_1^{A\rightarrow B} = t'_1/t_1, RK_1^{A\rightarrow B} = t'_2/t_2,\ \cdot\cdot\cdot\ , RK_{|\gamma|}^{A\rightarrow B} = t'_{|\psi|}/t_{|\psi'|}$가 주어진다.

❷ 주어진 첫 번째 암호문과 재암호화키로 두 번째 단계의 암호문인

$$C_{\psi_2} = (\gamma', E' = MY^{rs}, \left\{E_i = (T_i^{rs})^{RK_i^{A\rightarrow B}}\right\}_{i\in\gamma})$$
$$= (\gamma', E' = MY^{rs}, \left\{E_i = (T_i'^{rs})\right\})$$을 얻게된다.

❸ 만약에 노드 x = LeafNode라면

$$\text{DecryptNode}(E, D, x) = e(D_x, E_i)$$
$$= e(g^{\frac{q_x(0)}{t_i}}, g^{s\cdot t_i})$$

$= e(g, g)^{s\cdot q_x(0)}$를 계산하고, $i \in \gamma$이면 ⊥로 정의한다.

❹ $F_z \neq \perp$면

$$F_x = \prod_{z\in S_x} F_z^{\triangle i, S'_{x(0)}}, \quad S'_x = index(z): z \in S_x$$

$$= \prod_{z \in S_x} \left(e(g,g)^{r \cdot q_{z^{(0)}}} \right)^{\Delta_{i, S_{x^{(0)}}}}$$

$$= \prod_{z \in S_x} \left(e(g,g)^{r \cdot q_{parent(z)^{(index(z))}}} \right)^{\Delta_{i, S_{x^{(0)}}}}$$

$$= \prod_{z \in S_x} \left(e(g,g) \right)^{r \cdot q_{x^{(i)}} \cdot \Delta_{i, S_{x^{(0)}}}}$$

$= e(g,g)^{s \cdot q_x(0)}$로 계산한다.

7.5 동형 암호(Homomorphic Encryption)

1) 동형 암호의 개념

가. 동형 암호의 개념

동형 암호에서 동형(homomorphic) 이라는 용어는 수학에서 사용하는 homomorphism에서 온 것으로, homomorphism은 연산이 정의된 두 개의 집합 사이에서의 연산을 보존하는 맵핑을 의미한다. 따라서 동형 암호는 평문 공간과 암호문 공간이라는 두 개의 집합에서 대표적인 연산인 덧셈, 곱셈을 보존하는 암호체계이다. 쉽게 말해 평문에 연산을 하여 암호화한 것이나 평문을 암호화 한 것에 연산을 한 것이 같게 되는 암호체계이다. 덧셈과 곱셈 연산을 보존하는 동형 암호를 식으로 표현하면 다음과 같다.

$$E(m_1) + E(m_2) = E(m_1 + m_2)$$
$$E(m_1) \cdot E(m_2) = E(m_1 \cdot m_2)$$

여기서 발전하여 상수곱, XOR, AND 등의 모든 논리연산을 보존하는 암호체계를 완전(fully) 동형 암호라고 한다.

나. 동형 암호의 구성

동형 암호는 일반적으로 공개키 암호 알고리즘으로 많이 사용되며 키 생성, 암호화, 연산 및 복호화 알고리즘으로 구성된다. 또한 암호문의 원활한 연산을 위한 재부팅(bootstrapping)이 있다. 생성되는 키의 종류는 (표 7-1)과 같다.

[표 7-1] 동형 암호키의 용도 및 공개 가능 여부

	암호화키	연산키	복호화키
용도	암호화용	연산용	복호화용
공개가능여부	가능	가능	불가능

❶ 키 생성(KeyGen): Security parameter를 입력받아 암호화키, 연산키, 복호화키 세 종류의 키를 생성한다.

❷ 연산(Eval): 연산키와 암호화키, 두 개의 암호문을 입력받아 연산 결과 암호문을 생성한다. 일반적으로 덧셈 연산과 곱셈 연산 등을 제공한다.

❸ 재부팅(Bootstrapping): 동형 암호에서 곱셈 연산을 반복 수행하다 보면 잡음(noise)이 커지게 되어 어느 한계치 이상 넘어가게 되면 복호화한 값이 실제 결과 값과 일치하지 않게 된다. 따라서, 곱셈 횟수와 관계없이 복호화를 잘 수행하기 위해서 잡음을 줄이는 과정이 필요한데 이를 재부팅이라 한다.

2) 동형 암호의 역사

연산을 보존하는 암호기법이 가장 먼저 제안된 시기는 공개키 암호가 발표된 직후인 1978년이다. Rivest, Adleman, Dertouzous가 제안한 privacy homomorphism을 시작으로 연구가 계속되었으나 곱셈 횟수가 증가할수록 내부에 노이즈(noise)가 커지면서 어느 횟수 이상 곱셈을 수행하면, 연산을 수행한 암호문의 복호화한 값이 실제 결과 값과 일치하지 않게 된다. 따라서, 곱셈 횟수의 제한으로 동형 암호를 상용화하기에는 기술적으로 어려움이 있었다. 이후 부분(partial) 동형 암호와 somewhat 동형 암호를 거쳐 완전(fully) 동형 암호가 연구되었다.

부분 동형 암호는 완전 동형 암호가 덧셈, 곱셈 양쪽을 지원하는 것에 비해, 한쪽만 지원하는 암호화 방식을 말한다. 예를 들어 El Gamal, Paillier 암호화 방식들도 부분 동형 암호의 한 일종이다. 이후 발표된 다양한 격자 기반의 암호화 방식들인 Ajitai와 Dwork, Regev이 한쪽만 지원하는 것으로 볼 수 있다.

2009년 Gentry의 새로운 방식인 준(somewhat) 동형 암호가 제안되면서 덧셈, 곱셈 양쪽 모두 가능하게 되었다. 제한된 연산(차수가 낮은 다항식)만이 가능한 함수를 통해 두 연산이 가능함을 보이고, 이후 부트스트래핑이 복호화 회로를 통해 가능함을 보이면서 'leveled' 동형 암호를 보였다.

2010년 Gentry로부터 제안된 완전 동형 암호 기술이 발전하면서 최근에는 전체 사칙연산과 XOR과 AND 등의 모든 논리 연산에도 동형 암호 기술을 적용할 수 있게 되었다. 그러나 이러한 동형 암호는 연산 시 마다 암호문에 Noise가 발생하여 일정 한계를 넘어서면 복호화가 불가능해지기 때문에 재부팅(Bootstrap) 기법을 통해 Noise를 중간에 제거하는 방향을 적용하였고, 현재 Noise 발생을 줄이거나 재부팅의 추가 부하를 줄이는 최적화 연구가 수행되고 있다.

3) 동형 암호의 분류

동형 암호에 대해 정확히 이해하기 위해서는 다음과 같은 용어에 대해 이해할 필요가 있다.

❶ 부분 동형 암호(partial homomorphic encryption): 제한된 연산만 수행 가능한 동형 암호를 의미한다.

❷ 준 동형 암호(Somewhat homomorphic encryption): 가능한 연산의 횟수가 제한된 동형 암호를 의미한다.

❸ 완전 동형 암호(Fully homomorphic encryption): 임의의 연산을 무한히 수행할 수 있는 동형 암호를 의미한다.

❹ 근사 값 동형 암호(Approximate number homomorphic encryption): 부동 소숫점 연산이 가능한 동형 암호를 의미한다. 대표적으로 CKKS 스킴이 해당된다.

가. 부분 동형 암호

부분 동형 암호화 방법은 다음과 같다. 여기서 x는 한 비트, 즉 $x=0$ 또는 1을 갖는다.

- 키 생성 과정: $\vec{s}$를 $\underline{Z}_q^n$으로부터 임의의 값을 추출한다.
- 암호화 과정(s, x): $(\vec{a}, b=\langle \vec{a}, \vec{s} \rangle + e + x \left\lceil \frac{q}{2} \right\rceil)$ 여기서 $\lceil \ \rceil$는 라운딩 함수다. 마찬가지로 모든 비트에 에러 값을 더해주었기 때문에 이 암호화 방식은 semantic security를 띠른디.
- 복호화 과정: b에서 $\langle \vec{a}, \vec{s} \rangle$를 빼면 남는 값은 $x \left\lceil \frac{q}{2} \right\rceil + e(\mathrm{mod}\,q)$가 된다. 따라서 $x=0$일 경우, e값만 남게 되고, 이는 $\underline{Z}_q$상에서 $[0, 1, \ldots, B] \cup [q-B, \ldots, q-1]$의 범위가 된다. 빈대로, $x-1$일 경우, $\frac{q+1}{2}+e(\mathrm{mod}\,q)$가 되어 $\underline{Z}_q$싱에시 $\left[\frac{q+1}{2}-B, \frac{q+1}{2}-B+1, \ldots, \frac{q+1}{2}+B\right]$의 범위가 된다. 즉, (그림 7-24)에서 나타난 것과 같이 복호화 시 얻는 $x \left\lceil \frac{q}{2} \right\rceil + e(\mathrm{mod}\,q)$에서 x값에 따라 다른 구간의 값을 얻게 된다.

(그림 7-24)의 파란 구역일 경우 $x=0$으로 복호화되고, 빨간 구역일 경우 $x=1$을 갖도록 완벽히 분리된다. 이것이 가능해진 이유는 error correct 값인 $\frac{q+1}{2}$를 x에 곱해주었기 때문이다. 따라서, 암호문 복호화 시 정확한 값을 갖도록 하기 위해서는 $4B<q$를 만족해야 한다.

중요한 점은 첫 번째로 이 암호화 방식의 안전성을 보장하기 위해서 파라메타 n값이 커야 된다. 일반적으로 $n=1024$ 또는 그 이상의 값을 갖는다. 두 번째로 SNR(signal to noise ratio)인 $\frac{q}{B}$가 적당한 값을 가져야 한다. 예를 들어, $\frac{q}{B}$가 적당한 값을 가져야 한다. 예를 들어, $\frac{q}{B}$가 큰 값을 갖게 되면, 암호문 간에 구별이 가능해져 정확성에 도움이 되지만 안전성은 떨어지게 된다. 단, 유의해야 할 점은 $\frac{q}{B}$의 비율이 안전성과 정확성에 관련한 것이다. 개별적으로 q 또는 B의 값이 크다고 안전해지는 것은 아니다.

이 암호화 방식은 동혁적 덧셈을 가능하게 한다. 암호문 $c_1=(\overrightarrow{a_1}, b_1)$과 $c_2=(\overrightarrow{a_2}, b_2)$에 대해서 각각을 더하면 $c_1+c_2=(\overrightarrow{a_1}+\overrightarrow{a_2}, b_1+b_2)$가 된다. 여기서 $b_1+b_2=\langle \overrightarrow{a_1}+\overrightarrow{a_2}, \overrightarrow{s} \rangle + e_1+e_2+(x_1+x_2)\left(\frac{q+1}{2}\right)$이다. 따라서, b_1+b_2를 복호화하면, $e_1+e_2+(x_1+x_2)\left(\frac{q+1}{2}\right)$가 되고, 이것은 다시 $e_1+e_2+e^*+(x_1 \oplus x_2)\left(\frac{q+1}{2}\right)$이 된다. 여기서 $\oplus$은 XOR을 뜻하고 e^*는 x_1과 x_2가 모두 1이 되면 $(x_1+x_2)\left(\frac{q+1}{2}\right)=q+1=1(\mathrm{mod}\, q)$이 되기 때문에 $x_1=x_2=1$일 때 $e^*=1$, 나머지 값일 때 $e^*=0$을 의미한다. 따라서, 이 방식은 (그림 7-24)와 같이 복호화할 때마다 $x_1 \oplus x_2$값에 따라 서로 다른 영역으로 분리된다.

여기서 확인할 수 있는 점은 두 암호문을 더할 때마다 에러 $e_1+e_2+e^*$가 증가한다는 것이다. 따라서 에러 증가량 $|e_1+e_2+e^*|$이 $\frac{q}{4}$보다 작아야 덧셈으로 나오는 결과 값이 정확하게 복호화 된다.

그러므로 많은 양의 암호문 간 동형적 덧셈을 해야 하는 함수가 있다면 에러 파라메타 값 e을 잘 조정해야 한다.

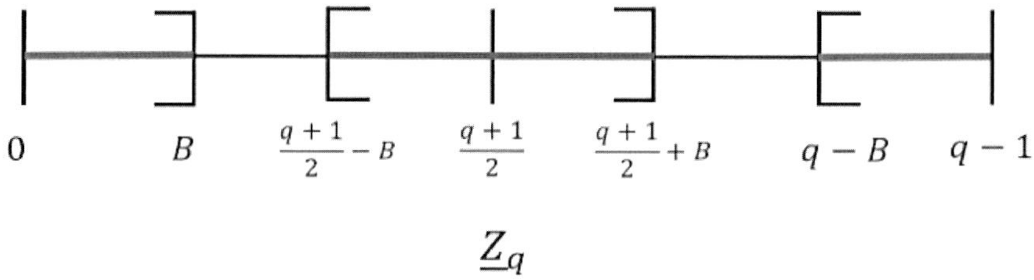

그림 7-24 부분 동형 암호 복호화 시 x값의 범위(빨강: $x=1$, 파랑: $x=0$)

나. 준동형 암호

❶ Symmetric 준동형 암호

㉠ Domingo-Ferrer(1996)

Domingo-Ferrer는 1996년 "A new privacy homomorphism and applications"에서 덧셈, 뺄셈, 곱셈이 모두 가능한 대수적 준동형 암호를 제안하였다. 여기서, Domingo-Ferrer의 알고리즘에 대해서 설명한다.

- 키 생성 과정: p, q의 두 큰 소수를 선택한다. $n=pq$를 계산한다. d라는 양의 정수를 선택하고, r_p, r_q를 선택한다. 이때, 공개키는 n, d이고, 비밀 키는 p, q, r_p, r_q이다.
- 암호화 과정: p와 q를 충분히 큰 소수로 하고 n을 pq로 계산한 후 양의 정수 d를 선택한다. 여기서 공개키는 (d, n)이고 비밀키는 (p, q, r_p, r_q)이다. n을 증가시킴으로 비밀을 보호할 수 있으나, 암호화된 데이터의 효율성이 저하된다는 문제가 있다. $x \in Z_n$을 랜덤하게 분할하여 $(x_1, x_2, \ldots, x_n)$로 한다. 즉, $x = \sum_{i=1}^{d} x_i \bmod n$이고 $x_i \in Z_n$이다. 즉, 다음 식과 같다.

$$E_k(x) = ([x_1 r_p \bmod p, x_1 r_q \bmod q], [x_2 r_p^2 \bmod p, x_2 r_q^2 \bmod q], \ldots, [x_i r_p^n \bmod p, x_i r_q^n \bmod q])$$

- 복호화 과정: 각각의 i에 대하여 $[x_i \bmod p, x_i \bmod q]$를 복원하기 위하여 $([x_i r_p^{-i} \bmod p, x_i r_q^{-i} \bmod q])$으로 i번째 좌표쌍 $[x_i r_p^i \bmod p, x_i r_q^i \bmod q]$의 스칼라 곱을 계산한다. 이후에 계산한 $[x \bmod p, x \bmod q]$을 더한다. 최종적으로 중국인의 나머지 정리를 사용하여 $x \bmod n$을 구할 수 있다.

㉡ Domingo-Ferrer

2002년 Domingo-Ferrer는 "A provably secure additive and multiplicative privacy homomorphism"에서 안전성의 문제를 보완한 새로운 방식을 제안하였다.

- 키 생성 과정: 다음을 만족하는 m, m'을 선택한다.

- 큰 정수로서 많은 수의 약수를 가져야 한다.
- 여러 개의 소수를 반복적으로 곱셈함으로써 많은 수의 약수를 갖도록 한다.

m'는 위에 선택된 m에 대하여 나머지가 없는 m'를 선택하고, r은 위의 m에 대하여 $r \times r^{-1} \bmod m = 1$을 만족하는 r을 선택한다. (이때 큰 정수 m은 많은 수의 r, r^{-1}이 존재하도록 m을 선택) 예를 들어, divisor 9일 때, $2 \times 5 = 10 \bmod 9 = 1$이므로 5는 2의 역원이라고 할 수 있다. 평문 a을 d개로 분할시킬 경우 사용되는 d는 3이상의 큰 값을 선택하도록 한다.

이때, 공개키는 m, d이고, 비밀키는 r, m'이다.

- 암호화 과정: $a \in [-m', m']$를 랜덤하게 분할하여 $(a_1, a_2, \ldots, a_n) \in [-m, m]$로 한다.

즉, $a = \sum_{i=1}^{n} a_i \bmod m'$

$$c = E_k(a)$$
$$= \left(a_1 r^1 \bmod m, a_2 r^2 \bmod m, \ldots, a_i r^i \bmod m\right)$$

- 복호화 과정: $(a_1, a_2, \ldots, a_n) = \left(r^{-1} \bmod m, r^{-2} \bmod m, \ldots, r^{-i} \bmod m\right)$

$$a = D_k(c) = \sum_{i=1}^{n} a_i \bmod m'$$

키 생성 및 암복호화 과정에 대한 예를 다음에 나타낸다.

- 키 생성 과정
  - $m = 416, m' = 208$
  - $d = 4$
  - $r = 7, r^{-1} = 119$
  - $a = 12, b = 14$

  평문 a를 d개의 m'로 분할하는 단계

  $12 = 2 + 3 + 5 + 2, 14 = 1 + 3 + 6 + 4$

- 암호화 과정

$$E(12) = ((2 \times 7^1) \bmod 416, (3 \times 7^2) \bmod 416, (5 \times 7^3) \bmod 416, (2 \times 7^4) \bmod 416)$$
$$= (14, 147, 51, 226)$$
$$E(14) = \left((1 \times 7^1) \bmod 416, (3 \times 7^2) \bmod 416, (6 \times 7^3) \bmod 416, (4 \times 7^4) \bmod 416\right)$$
$$= (7, 147, 394, 36)$$

- 복호화 과정

$$E(12) + E(14) = (14, 147, 51, 226) + (7, 147, 394, 36)$$
$$= (21, 294, 445 \bmod 416, 262)$$
$$= (21, 294, 29, 262)$$

$$\begin{aligned} D(E(12)+E(14)) &= 21\times 119^1 \bmod 416 + 294\times 119^2 \bmod 416 \\ &\quad + 29\times 119^3 \bmod 416 + 262\times 119^4 \bmod 416 \\ &= 3+6+11+6 \\ &= 26 \end{aligned}$$

그러나, 2002년도에 제안한 방식은 비밀키를 사용자 간 미리 공유해야 하며 암호문끼리의 승산횟수에 비례하여 암호문의 크기가 증가하게 되고 알려진 평문 공격에 취약하다는 사실이 2003년 D.Wagner의 "Cryptanalysis of an algebraic privacy homomorphism"과 F.Bao의 "Cryptanalysis of an algebraic privacy homomorphism"에서 밝혀졌다. 더욱이, 1996년에 제안한 알고리즘 역시 J.H Cheon에 의해 알려진 평문 공격에 취약하다는 사실이 추가로 밝혀졌다.

㉢ NTT Chida 방식

NTT Chida는 Domingo-Ferrer 암호를 개량한 새로운 대수적 암호이다. 기존의 Domingo 방식은 평문공간을 공개하며 기존의 해결하지 못하는 Provably secure에 근거를 두고 있다.

Provably secure는 공격자가 어떠한 것을 행할까를 규정한 공격모델을 가정하고 이 가정하에 어떠한 안전성을 달성할 수 있을까를 증명함으로써 안정성을 논리적으로 보증하는 기법으로 현재 수학적 미해결 문제(소인수분해문제, 이산대수문제)의 곤란성을 적용한 것이라고 할 수 있다.

NTT Chida방식을 구성하기 위해 필요한 Domingo 방식의 개요를 설명하면 다음과 같다.

- 적절한 m의 약수 및 m'및 $r \in Z_m^*$을 선택하여 m', r을 비밀키로 한다.
- 평문 $a \in Z_{m'}$선택, $a = \sum_{i=1}^{d} a_i \bmod m'$를 분할하여 d개의 $a_i \in Z_m (i=1, \ldots, d)$를 생성한다.
- 분할된 a_i를 $c_i - a_i r^i \bmod m$로 $P_{a,r}(X) = \sum_{i=1}^{d} c_i X^i (-E(a))$ 암호화한다.

위의 암호처리로부터 얻어진 암호문 $P_{a,r}(X)$의 복호처리는 단순히 $P_{a,r}(r^{-1}) \bmod m'$로 하면 된다. 이것에 의해 $P_{a,r}(r^{-1}) = \sum_{i=1}^{d} a_i = a \bmod m'$이 성립한다. 또한 암호처리 절차에서 보안 파라미터(d)는 $d \ge 3$을 선택하도록 권고한다.

한편, 위의 암호화함수 E에 의해 얻어지는 임의의 암호문 $E(a_1) = P_{a_1,r}(X), E(a_2) = P_{a_2,r}(X)$에 대하여

$$\begin{aligned} &Q^{\pm}_{(a_1,a_2),r}(X) = P_{a_1,r}(X) \pm P_{a_2,r}(X) \bmod Z_m[X], \\ &R_{(a_1,a_2),r}(X) = P_{a_1,r}(X) \bmod Z_m[X] \end{aligned}$$

로 했을 때,

$$Q^{\pm}_{(a_1, a_2), r}(r^{-1}) = a_1 \pm a_2 \bmod Z_m[X],$$
$$R_{(a_1, a_2), r}(r^{-1}) = a_1 a_2 \bmod Z_m[X]$$

가 성립하기 때문에 Domingo-Ferrer 암호는 APH(Algebraic PH)이다. 또한 임의의 $e \in Z$ 및 암호문 $E(a)$에 대해서 $eE(a) = E(ea) \bmod Z_m[X]$은 성립하지만 $e + E(a) = E(e+a) \bmod Z_m[X]$은 성립하지 않는다. 즉, 정수배는 계산할 수 있지만 정수합은 분명하지 않다.

NTT Chida 방식은 우선키를 생성함에 있어 RSA와 같은 방식의 큰 소수 $n = pq$를 선택한 후 Domingo-Ferrer과 같이 r을 선택한다.

- $n = pq$를 계산한다.
- 보안 파라미터 d를 결정한다.
- $a_i \in Z_n$에 대해 공간 $a_i = (a_1, a_2, \ldots, a_n)$을 선택한다.
- $a_0 = a - \sum_{i=1}^{d} a_i \bmod n$을 계산한다.
- $c_i = a_i r^i \bmod n$을 계산한다. $(i = 0, \ldots, d)$
- $P_{a,r}(X) = \sum_{i=0}^{d} c_i X^i (= E(a))$으로 암호화 한다.

상기 암호처리에 의해 얻어진 암호문 $P_{a,r}(X)$의 복호처리는 Domingo-Ferrer 암호처럼 암호문 $P_{a,r}(r^{-1}) \bmod n$로 하면 된다. 이것에 의해 $P_{a,r}(r^{-1}) = \sum_{i=0}^{d} a_i = a \bmod n$이 성립한다.

여기서 다항식으로 표현된 암호문이 정수항 c_0을 갖고 c_0는 비리키 r을 포함하지 않는다. 그리고 이것에 의해 $e \in Z$에 대해 $e + E(a) = E(e+a)$가 성립한다. 즉, 정수합을 계산할 수 있다.

❷ Asymmetric 준동형 암호

㉠ Generalized Paillier

Generalized Paillier 암호방식은 기본 Paillier 암호방식의 일반화로 Generalized-Paillier 방식은 $\bmod n^{s+1}$의 계산을 수행한다.

여기서 n은 RSA modulus이고, s는 자연수이다. 그리고 기본 Paillier 방식의 경우는 $s = 1$이 되는 경우이다. $Z^*_{n^{s+1}}$에 속하는 위수 $\Phi(n^{s+1})$은 n^s로 나누어진다. 또한 $Z^*_{n^{s+1}}$은 $G \times H$

의 직접곱으로 표현될 수 있다. 여기서 H는 Z_n^*의 동형이고, G는 위수 n_s의 순회군이다.

암호화를 위해 메시지는 G/H를 통해 해당 잉여류로 변환되고, 이 방식의 안전성은 H의 다른 잉여류로부터 랜덤요소를 구별하는 어려움에서 근거한다. 두 개의 랜덤요소가 동일한 잉여류 내에 있으면 두 요소에 대해 구별하기 어려운 Semantically secure라고 한다.

기본 Paillier처럼 Generalized Paillier의 안전성은 합성 잉여 가정(Decisional Composite Residuosity Assumption)에 의해 증명될 수 있다.

- 키 생성 과정
  - p,q: 두 개의 큰 소수를 선택
  - $n=pq$를 계산하고,, $\lambda=lcm(p-1,q-1)$를 계산
  - $g\in Z_{n^{s+1}}^*$를 선택할 때, $x\in H$와 n에 '서로 소' 가 되는 $g=(1+n)^j x \bmod n^{s+1}$를 만족하는 g를 선택
  - CRT(Chinese Remainder Theorem)를 사용하여 $d \bmod n\in Z_n^*$와 $d=0 \bmod \lambda$를 만족하는 d를 선택

  이때, 공개키는 n,g이고, 비밀키는 d이다.

- 암호화 과정: 평문 $m\in Z_{n^*}$에 대해 $r\in Z_{n^{s+1}}^*$을 임의로 선택한다.

$$c=g^m \cdot r^{n^*} \bmod n^{s+1}$$

- 복호화 과정: 암호문 $c\in Z_{n^{s+1}}^*$에 대해 $c^d \bmod n^{s+1}$를 계산한다.

$$\begin{aligned} c^d &= (g^m r^{n^s})^d = ((1+n)^{jm} x^m r^{s^s})^d \\ &= (1+n)^{jmd \bmod n^s} (x^m r^{n^s})^{d \bmod \lambda} \\ &= (1+n)^{jmd \bmod n^s} \\ m &= (jmd) \cdot (jd)^{-1} \bmod n^s \end{aligned}$$

이때, 복호화의 단순화 과정은 다음과 같다.

- $g=n+1$로 고정
- $d=1 \bmod n^s$와 $d=0 \bmod \lambda$를 만족하는 d를 계산, $d^d=(1+n)^m \bmod n^{s+1}$로 복호화

㉡ 준동형 공개키 암호화 시스템

준동형 공개키 시스템의 기본 방식은 키 생성, 암호화, 복호화의 세 가지 알고리즘으로 구성된다.

- 키 생성 과정(τ): 위수 $n=q_1q_2$인 군 G에서 두 개의 생성자 $g,u\in G$를 랜덤하게 선택한다. 그리고 $h=u^{q_2}$를 계산한다. 이때, h는 위수가 q_1인 군 G_1의 생성자이다.

공개키는 $PK = (n, G, G_1, e, g, h)$이고, 비밀키는 $SK = q_1$이다.

- 암호화 과정(PK, M): 메시지 m의 메시지 공간을 $\{0, \ldots, T\}$라고 한다. 이때 $T < q_2$이다. 그리고 랜덤 값 $r \in Z_n$을 선택하여 메시지 m을 암호화한다. 즉, $C = g^m h^T \in G$이다.
- 복호화 과정(SK_1, C): 비밀키 $SK = q_1$로 암호문 C를 다음과 같이 복호화 한다.

$$C^{q_1} = (g^m h^r)^{q_1} = (g^{q_1})^m$$

이 시스템의 안전성은 부분군 결정 문제의 어려움에 기반을 둔다. 이때, 부분군 결정 문제란 합성수 위수 $n = q_1 q_2$을 갖는 군 G의 원소가 주어졌을 경우, 이것이 위수가 q_1인 부분군 G_1에 속하는지를 결정하는 것이다.

- 덧셈 연산

메시지 $m_1, m_2 \in \{0, 1, \ldots, T\}$의 암호문 $C_1, C_2 \in G_1$이고 랜덤 값 $r \in Z_n$이 주어졌을 때 아래 수식과 같다.

$$C = c_1 c_2 h^r = m_1 + m_2 \bmod n$$
$$C = g^{m_1} h^{r_1} \cdot g^{m_2} h^{r_2} = m_1 + m_2 \bmod n$$

- 곱셈 연산

g_1은 위수가 n이고 h_1은 위수가 q_1일 때, $g_1 = e(g, g), h_1 = e(g, h)$이고, $\alpha \in Z$ 일 때 $h = g^{\alpha q_2}$ 라고 한다. 암호문 C_1, C_2 이고 랜덤 값 $r \in Z_n$이 주어졌을 때, $C = e(C_1, C_2) h_1^r = g_1^{m_1 m_2} h_1^{\tilde{r}} \in G_1 = m_1 m_2 \bmod n$과 같다. $\alpha \in Z$ 일 때 $\tilde{r} = m_1 r_2 + m_2 r_1 + \alpha q_2 r_1 r_2 + r$과 같이 계산되어 진다.

ⓒ 타원 곡선 ElGamal 암호(Ec-EG)

Original ElGamal 암호화 방식이 곱셈 연산을 기본으로 하므로 덧셈 연산을 필요로 하는 DAS모델에서 Aggregation Query 등에 직접적으로 사용될 수 없다. 그러므로 ElGamal 암호화 방식은 additive group으로 변화되어야 한다.

함수 map()은 평문 값을 아래와 같은 식을 만족하는 평문 곡선점 M으로 매핑하기 위해 사용된 결정적 매핑 함수이다. 여기서 $m_1, m_2 \in GF(p)$상의 mod 연산이 필요로 한다.

$$map(m_1 + \ldots + m_n) = map(m_1) + \ldots + map(m_n)$$

타원곡선상의 덧셈연산은 정수의 덧셈을 수행하기 전에 곡선상의 operand를 필요로 하기 때문에 덧셈연산은 해당 타원곡선 점으로 매핑되어야 한다. 이러한 이유에 의해 매핑함수가 필요하다.

2001년 연구에서 제안된 것처럼 준동형 매핑 함수는 타원곡선의 생성점의 배수 사용에 근거한다. 배수사용의 의미는 매핑함수가 평문 M을 점 mG로 변환하는 것이다. 역매핑 함수 rmap()는 주어진 점 mG로부터 m을 추출한다.

매핑 함수는 다시 말하면, $map: m \rightarrow mG$ 이다. $m \in GF(p)$는 방정식

$$\begin{aligned} M_1 + M_2 + \ldots + M_n &= map(m_1 + m_2 + \ldots + m_n) \\ &= (m_1 + m_2 + \ldots + m_n)G \\ &= m_1 G + m_2 G + \ldots + m_n G \end{aligned}$$

에 대한 $m_1, m_2, \ldots, m_n \in GF(p)$ 생성점 G와 mod$p$로부터 성립되는 사실에 의해 요구되는 준동형 함수 특성을 만족한다. 단지, 정수를 타원 곡선점으로 변환시키므로 매핑함수는 보안성과는 관련성이 없다. 이러한 매핑함수는 EC-EG암호화 방식의 보안성을 증가시키거나 감소시키지 않는다.

- 키 생성 과정: 비밀키는 $x \in GF(p)$이다. 그리고 공개키는 E, p, G, Y 이다. 여기서 $Y = xG$ 고 타원 곡선상의 점 $G, Y \in E$를 같은 $GF(p)$상의 타원 곡선 E를 선택한다.
- 암호화 과정: 평문 $m \in [0, p-1]$와 랜덤 $k \in [1, n-1]$가 주어진다. n은 E의 위수이다.

$$\begin{aligned} &M = map(m) \\ &C = enc(m) = (R, S) = (kG, M + kY) \end{aligned}$$

- 복호화 과정

$$\begin{aligned} &M = dec(C) = dec(R, S) = -xR + S \\ &m = rmap(M) \end{aligned}$$

❸ Stream 기반 준동형 암호

stream 기반 준동형 암호인 CMT방식도 키생성, 암호화, 복호화 과정을 거친다.

- 키 생성 과정: 먼저 $0 \le a < m, 0 \le k < m$을 만족하는 m(큰 정수)를 선택한다. 여기서 k는 대칭 비밀키이고, a는 암호화 될 메시지이다.
- 암호화 과정: $c = Enc_k(a) = a + k \bmod m$
- 복호화 과정: $a = Dec_k(c) = Enc_k(a) - k \bmod m$

이 방식은 다음 방정식이 항상 만족하기 때문에 암호화된 값에서 요구되는 덧셈연산의 성질을 제공한다.

$$\begin{aligned} &Dec_k(c_1 + c_2 + \ldots + c_n) \\ &= Dec_k(Enc_{k_1}(a_1) + Enc_{k_2}(a_2) + \ldots + Enc_{k_n}(a_2)) \\ &= (a_1 + a_2 + \ldots + a_n) \bmod n \\ &(k = k_1 + k_2 + \ldots + k_n) \in [0, m-1] \text{ and } a_1, a_2, \ldots, a_n \in [0, m-1] \end{aligned}$$

다. 완전 동형 암호

2009년에 Gentry가 개발한 Bootstrapping 개념은 연산을 계속 수행할 수 있는 완전 동형 암호의 가능성을 보여주었다. 대표적인 완전 동형 암호 알고리즘으로는 BGV/BFV, FHEW/TFHE, CKKS 등이 있다.

BGV는 2012년에 소개된 유한체 정수 기반의 완전 동형 암호이며, TFHE는 2015년에 발표되었으며, Boostrapping 연산을 신속하게 수행할 수 있는 능력을 갖추고 있다. 또한, 비선형 함수 및 비트 연산에 강점을 보인다. CKKS는 2017년에 처음으로 실수 및 복소수 데이터에 대한 연산을 지원하는 알고리즘이며, 이러한 특성으로 인해 매우 높은 활용도를 보인다. 이러한 이점을 갖는 대신, 문제점도 있다. CKKS 알고리즘은 안전성을 유지하는 동안에 발생하는 오차를 데이터의 오차로 허용하여, 연산이 증가함에 따라 데이터의 정확도가 저하될 수 있는 한계가 있다. 또한, Bootstrapping 작업에는 많은 시간이 소요되며, 이로 인해 깊은 연산을 수행할 때 수행 시간이 증가하는 단점이 있다. TFHE는 다른 동형암호 알고리즘이 가지고 있는 SIMD 특성에 제한이 있고, 게이트마다 Bootstrapping을 해야 하는 점으로 인해 한 번의 연산을 수행할 때 하나의 비트만 처리할 수 있다는 문제점이 있다.

❶ RNS-CKKS

RNS-CKKS는 고정 소수점 대수적 연산을 지원하는 대표적인 완전 동형 암호 중 하나이다. 주어진 정수 N에 대해 $n=N/2$개의 실수(혹은 복소수)로 이루어진 벡터가 하나의 암호문에 암호화된다. 동형 연산은 벡터의 각 성분별로 덧셈과 곱셈을 지원한다. 만약 벡터 $u \in R^n$의 암호문을 단순히 $[u]$로 표현한다면, RNS-CKKS의 동형 덧셈(⊕), 스칼라 곱셈(⊙), 넌스칼라 곱셈(⊗)은 다음 식을 만족한다.

$$[u] \oplus [v] = [u+v]$$
$$[u] \odot v = u \odot [v] = [u \cdot v]$$
$$[u] \otimes [v] = [u \cdot v]$$

여기서 $u \cdot v$는 두 벡터의 성분별 곱셈을 수행한 벡터이다.

❷ 다양한 오픈소스 구현물들

완정동형암호 알고리즘들이 활용된 다양한 오픈소스 구현물들은 다음과 같다.

- HEaaN: Seoul National Univ.에서 개발되었으며 CKKS를 지원함
- SEAL: Microsoft에서 개발되었으며 BFV, CKKS를 지원함
- HElib: IBM에서 개발되었으며 BGV, CKKS를 지원함
- Concrete: Rust로 작성된 TFHE 변형 격자기반 라이브러리
- NFLlib: BGV/BFV를 최적화한 NTT 기반 라이브러리

- cuFHE: 동형암호를 GPU 상에서 가속화하기 위해 개발됨
- Lattigo: Golang으로 작성되었으며 BGV, TFHE, CKKS를 지원함
- OpenFHE: 다양한 Scheme을 지원하는 격자기반 라이브러리 PALISADE가 포함되어 있음

7.6 방송형 암호

방송형 암호는 이름에서 알 수 있듯이 디지털 방송시에 콘텐츠의 보호를 목적으로 한 암호 방식이다.

1) 방송형 암호의 목적

디지털 방속에는 영화나 스포츠 중계 등의 프로그램을 유료로 제공하는 서비스가 있다. 이러한 서비스에서는 콘텐츠를 암호화해 두고 계약을 한 사람만 시청할 수 있는 제한 수신을 실현하고자 한다. 예를 들어, (그림 7-25)와 같이 계약자마다 다른 비밀키를 배포하고 콘텐츠를 각 다른 비밀키로 암호화하여 전달하는 방법을 생각할 수 있다.

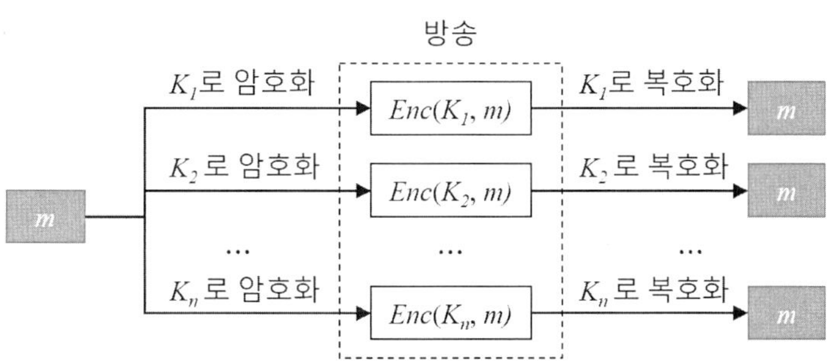

그림 7-25 평문을 별도로 암호화하고 배포

이 방법은 사용자가 n명이면 전달해야하는 데이터의 양이 콘텐츠의 n배가 되는 문제가 있다. 예를 들어, 콘텐츠가 1GB이고 사용자가 10,000명이면 10TB가 된다. 이것은 방송의 대역이 많아도 부족해진다.

따라서 콘텐츠 m은 비밀키 K로 암호화하고, 비밀키 K를 각 사용자 키 K_i로 암호화하여 $(Enc(K, m), Enc(K_1, K), Enc(K_2, K), \ldots)$를 전달할 것이다. 이 경우 n배가 되는 것은 비밀키 K의 크기이므로 전달해야하는 데이터를 상당히 줄일 수 있다. 그럼에도 불구하고, 사용자가 증가함에 따라 전송해야하는 데이터의 양이 증가하는 것은 변함이 없다. 또 K가 누설되었을 때 신속하게 대처하기 위해 K는 짧은 타이밍에 새로운 것으로 대체되어야 한다.

디지털TV에서 사용된 B-CAS 카드는 이러한 일반적인 공통키 암호와 DRM을 조합하여 제한 수신 기능을 실현하고 있다. 다만 2012년에 DRM이 분석되어 부정한 카드가 유통되는 등의 사회 문제가 있었다.

방송형 암호는 이러한 방법보다 안전하고 효율적인 방법을 목표로 연구되고 있다. 다음 절에는 방송형 암호에 요구되는 몇 가지 기능을 소개한다.

2) 사용자 제거 기능

방송형 암호는 암호문의 크기를 작게 하는 것만이 목적이 아니다. 일반 서비스에서 가입자는 증가하거나 줄일 수 있다. 특정 사용자를 해독할 수 없게 하는 구조를 배제(revocation)이라고 한다.

IPSec의 멀티캐스트 전송 등에서 사용되는 트리(tree)구조를 사용한 배제 기능의 방법을 소개한다. 설명을 단순화하기 위해 (그림 7-26)과 같이 $n=8$이라고 가정한다. 8명의 사용자를 2진 트리로 관리한다. 각 노드(node)에 비공개키를 두고 각 리프(leaf)에 있는 사용자에게 해당 리프에서 노드를 따라 루트(root)까지 가는 도중 노드의 비밀키를 전달한다. 즉 사용자 u_1에는 (K_1, K_1', K_1'', K'''), 사용자 u_2에는 (K_2, K_1', K_1'', K'''), ... , 사용자 u_8에는 (K_8, K_4', K_2'', K''')를 비밀키로 배포한다.

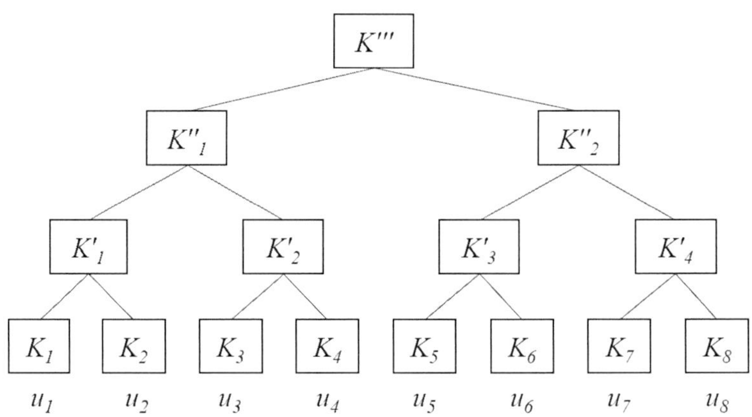

그림 7-26 트리구조에 의한 키 관리

처음 모두에게 비밀 통신을 하고 싶을 때 K'''를 사용하여 평문 m을 암호화하고, $Enc(K''', m)$를 전달한다. 그러면 사용자 전원 복호화가 가능하다. 이제 사용자 u_4를 제거하고 싶다면 아래 (그림 7-27)과 같이 진행한다.

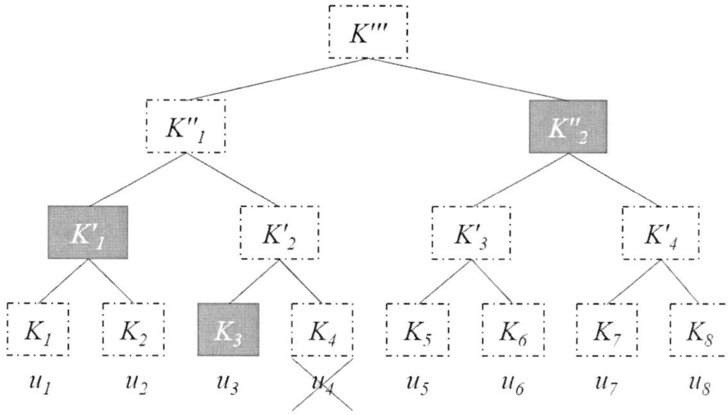

그림 7-27 u_4를 제거할 때 사용하는 개인키

이 경우 비밀키 K_1', K_3, K_2''를 사용하여 m을 암호화하여 다음 $(Enc(K_1', m), Enc(K_3, m), Enc(K_2'', m))$를 전달한다. 그러면 (K''', K_1'', K_2', K_4) 의 비밀키를 가지고 있는 u_4는 복호화할 수 없다. 다른 사용자는 키를 가지고 있으므로 복호화 할 수 있다. 이 방법은 사용자 수 N에 대해 배제하는 인원수가 적을 때 $O(\log(n))$만의 키를 사용하기 때문에 효율적이다. 그러나 제거해야할 인원수가 증가하면 $O(n)$에 가까워진다. 또 방송형 암호에 이대로 직접 이용할 수 있는 것은 아니다. 보다 효율적으로 만들기 위해 트리를 만드는 방법 또는 트리 구조 이외의 방법이 제안되었다. 또한 키를 어떻게 유지, 갱신하는지 등의 개량 방법도 연구되고 있다.

3) 부정사용자 추적

방송형 암호에서는 해적판 복호기(이후 해적판이라고 칭함)에 대한 대책이 필요하다. 해적판 복호기는 허가되지 않은 유저가 복호해 콘텐츠를 볼 수 있는 장치이다. 앞 절에서 언급한 잘못된 B-CAS 카드가 해적판에 해당한다.

한 사용자가 자신의 개인키를 부정하게 사용하여 해적판을 만들 수 있다. 해적판의 존재를 알고 있는 콘텐츠 전달자가 그것을 얻는다. 압수한 해적판을 조사해 해당 키가 어느 유저의 것이있는지 알면, 해당 유저(부정 사용자)에 대해서 계정 정지나 배상액 청구 등의 대책을 할 수 있다.

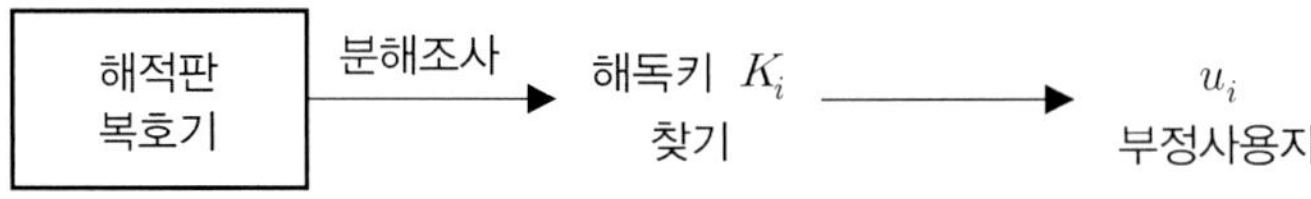

그림 7-28 부정 사용자 추적

(그림 7-28)과 같은 과정을 부정 사용자 추적이라고 한다.

부정 사용자는 여러 사람이 있을 수 있고, 서로의 키에서 다른 사용자의 개인키를 만들 수 있다. 복수의 유저가 서로의 비밀키의 정보를 이용해, 그 안에 없는 다른 유저의 비밀키를 만드는 것을 결탁 공격(collusion attack)이라고 한다. 부정 사용자 추적으로 실수로 다른 사람을 부정 사용자로 특정해버리면 곤란해진다. 방송형 암호에서는 결탁 공격에 대해 안전한 것이 바람직하다.

또 부정 사용자는 해적판을 압수한 사람이 장치를 분해해 안의 비밀키를 꺼내려고 하면 비밀키를 소거해 버리는 대책을 취하고 있을 수도 있다. 또는 회로에 직접 비밀 키가 내장되면 찾아내기가 어렵다. 그래서 해적판을 분해해하지 않아도 정상적인 포맷의 컨텐츠를 입력하고 그것이 복호화 할 수 있을지 판정하는 것으로 부정 사용자를 특정할 수 있다면 편리할 것이다. 장치 안에 어떻게 되어 있는지 조사하지 않아도 되기 때문이다. 이러한 방법을 블랙박스형 부정 사용자 추적이라고 한다.

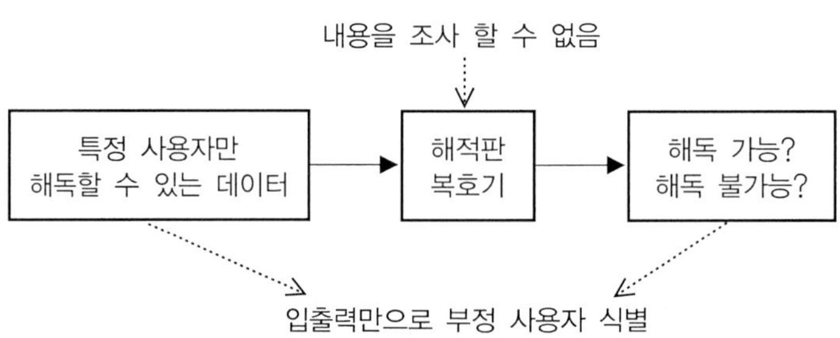

그림 7-29 블랙박스형 부정 사용자 추적

해적판을 만들고 있는 부정 사용자가 혼자라면 유저 배제 기능을 가지고 있는 방송형 암호는 블랙박스형 부정 사용자 추적을 할 수 있다. 한 사용자 u만 해독할 수 없게 한 데이터 D_u를 해적판에 부여한다. 해독할 수 있으면 다른 u에 대한 D_u를 제공한다. 이를 반복하여 해독할 수 없는 데이터 D'_u를 찾으면 u'가 잘못된 사용자이다. 이 방법은 사용자가 n명인 경우 최대 n번 테스트해야한다.

방송형 암호가 임의의 복수의 유저를 동시에 배제할 수 있으면, 보다 효율적인 블랙박스 부정 사용자 추적을 할 수 있다. 먼저 n명의 사용자 중 절반의 사용자 집합 S가 해독할 수 없는 데이터를 해적판에 제공한다. 해독할 수 있으면 S의 절반, 그렇지 않으면 나머지 사용자의 절반에 대해서도 마찬가지이다. 이 방법을 사용하면 $O(\log(n))$ 횟수로 악의를 식별할 수 있다.

4) 방송형 암호의 시작

1994년에 처음으로 방송형 암호가 제안되었다. 그리고 1998년에는 K인까지의 결탁공격에 대한 안전하고 효율적인 부정 사용자 추적방법에 대해 제안되었다. 2001년에는 페어링을 이용한 방법이 제안되었다. 그러나 1년 후에 공격방법이 발견되었다. 이후 페어링을 사용한 다양한 방식의 방송형 암호가 제안되어 그 내용을 알아본다.

5) 효율적인 방송형 암호

2005년에 임의의 부정 사용자에 의한 결탁 공격에 대한 안전한 방식이 제안되었다. 이것은 개인키의 크기가 상수이고 공개키의 크기는 사용자 수 n에 비례하는 방법이다. 이 방법은 이제부터 BGW 방법이라고 한다.

가. 설정

P를 타원 곡선상의 점, 정수 a, r을 무작위로 선택한다. $P_i := a^i P, Q := rP$로 $(P, P_1, \ldots, P_n, P_{n+2}, \ldots, P_{2n}, Q)$를 공개키로 한다. 이때, P_{n+1}이 제외된 것에 주의한다. 각 사용자 u_i의 개인키를 $K_i := rP_i = ra^i P$라고 한다.

나. 암호화 과정

정수 t를 무작위로 선택하고 $s := e(P_1, P_n)^t$를 세션키로 사용하여 콘텐츠 m을 암호화한다. 해독하려는 사용자 집합 $S \subseteq \{1, \ldots, n\}$에 대하여 $H := (tP, t(Q + \sum_{j \in S} P_{n+1-j}))$을 찾아서 $(S, H, Enc(s, m))$을 전송한다.

다. 복호화 과정

사용자 u_i는 $(S, K_i, H = (C_0, C_1))$을 사용하여
$s = e(P_i, C_1)/e(C_o, K_i + \sum_{j \in S \setminus \{i\}} P_{n+1-j+i})$ 을 찾아서 $Dec(s, Enc(s,m)) = m$을 얻는다.
복호화시 필요한 $P_{n+1-j+i}$는 $j \neq i$가 되는 범위에서 움직이기 때문에 P_{n+1}은 불필요한 것에 주의해야한다.

정규 사용자가 복호화할 때 요청한 s가 암호화의 s와 같은지 확인한다.

우선 $X := e(P_i, C_1) = e(a^i P, t(Q + \sum_{j \in S} P_{n+1-j}))$

$$= e(a^i P, t \sum_{j \in S} a^{n+1-j} P)$$
$$= e(a^i P, trP) \cdot \prod_{j \in S} e(a^i P, a^{n+1-j} P)^t$$
$$= e(a^i P, P)^{tr} \cdot \prod_{j \in S} e(P, a^{n+1-j+i} P)^t$$

다음으로 $Y := e(C_o, K_i + \sum_{j \in S \setminus i} P_{n+1-j+i}) = e(tP, ra^i P) \cdot e(tP, \sum_{j \in S \setminus i} a^{n+1-j+i} P)$

$$= e(a^i P, P)^{tr} \cdot \prod_{j \in S \setminus i} e(P, a^{n+1-j+i} P)^t$$

이 두 식을 비교하면 $\prod$을 취하고 있는 부분은 $e(P_i, C_1)$쪽이 $j = i$의 곳만 많다. 따라서 나눗셈을 하면 다른 부분은 취소하고

$$X/Y = e(P, a^{n+1-i+i} P)^t$$
$$= e(P, a^{n+1} P)^t$$
$$= e(aP, a^n P)^t$$
$$= e(P_1, P_n)^t$$
$$= s$$

라고 s를 복원할 수 있다.

BGW 방식은 암호화와 복호시에 사용자 수 $|S|$에 비례하는 합이 필요하기 때문에 계산이 힘들다. 하지만 미리 합 Z를 계산해 두면 s가 변화하지 않을 때는 사용할 수 있다. 또 어떤 유저 u_i의 배제가 필요하게 되었을 때 $Z' := Z - P_i$와 수정된 차이 값만 계산하면 충분하다. 사용자 추가에 대해서는 한사람을 추가할 때마다 n을 늘리면 키 생성에서 다시 시작되어 키의 배포나 갱신이 힘들다. 사용자 수보다 어느 정도 n을 크게 유지하고 개인 키 배포와 모든 사람의 합 차이를 업데이트하는 것이 좋다.

6) 보다 일반적인 부정 사용자 추적

위 3)에서 해적판 복호기의 내용을 조사하지 않고 입력 데이터에 대한 반응으로부터 부정 사용자를 특정 하는 블랙박스형 부정사용자 추적을 소개했다. 방송형 암호가 사용자 배제 기능이 있다면 실현할 수 있지만, 여기에는 부정사용자가 혼자 해적판을 만들고 있다는 가정이 존재한다.

실제로 해적판에는 복수의 키가 들어 있을 수 있다. 복호시에 그 복호키를 랜덤으로 선택해 복호하고 있을 수도 있다. 그러면 블랙박스형 부정 사용자 추적은 매우 어려워진다.

2006년에 임의의 부정 사용자에 대한 내성을 가진 방식을 처음으로 제안했다. 이것은 n명의 사용자의 암호문 크기가 $O(\sqrt{n})$이고 개인키가 $O(1)$인 크기이다. 이 방법은 상당히 복잡하고 보다 효율적인 방법도 연구되고 있다.

7.7 검색가능 암호

검색 가능 암호 시스템에서는 사용자가 숨기고자 하는 정보를 자료(document)로 정의한다. 이는 사용자가 자신이 원하는 정보를 검색하기 위한 목적으로 사용되는 키워드(keyword)와 대응된다. 보통 자료는 해당 자료에 속한 키워드들의 모음으로 정의된다.

검색 가능 암호 시스템은 키 생성(key generation), 암호화(build index), 트랩도어 생성(trapdoor generation), 검색을 위한 테스트(test for search)의 네 가지 주요 단계로 이루어진다. 키 생성 단계는 사용자가 검색 가능 암호 시스템을 준비하는 과정으로, 이후의 작업을 위한 키를 생성한다.

키 생성 단계에서 각 사용자는 자신의 비밀키를 생성하고 안전하게 보관하며, 암호 시스템의 공개 정보는 서버나 다른 사용자들과 공유한다. 암호화 단계에서 사용자는 주어진 자료에 대해 전체를 암호화한 암호문과 자료에 포함된 키워드 정보를 포함한 인덱스를 생성한다. 이러한 암호문과 인덱스는 모두 서버에 저장된다. 사용자의 대칭키를 사용하는 검색 가능 암호 시스템을 대칭키 기반 검색 가능 암호 시스템이라고 하며, 공개키 시스템을 이용하여 암호문과 인덱스를 생성하는 시스템을 공개키 또는 비대칭키 기반 검색 가능 암호 시스템이라고 한다. 트랩 도어 생성 단계는 사용자가 실행하며, 주어진 키워드에 해당하는 트랩 도어를 생성한다. 이 트랩 도어는 오직 사용자의 비밀키로 생성된다. 마지막으로, 검색 단계는 주어진 트랩 도어에 해당하는 자료를 찾는 단계로, 서버가 실행한다. 검색 결과로 서버는 주어진 트랩 도어와 일치하는 자료의 암호문 또는 자료의 식별자를 사용자에게 전달한다.

검색 가능 암호 시스템은 다음과 같은 요구 사항을 충족해야 한다. 먼저, 검색 단계에서는 주어진 트랩 도어와 일치하는 모든 자료들이 검색되어야 하며, 검색 중 발생할 수 있는 오류는 최소화되어야 한다. 여기서 오류는 주어진 트랩 도어에 해당하는 키워드를 포함하지 않은 자료가 검색 결과에 포함되는 것을 의미한다. 또한, 암호학적 안전성 측면에서는 검색 과정에서 유출되는 정보의 양을 가능한 한 최소화해야 한다. 다시 말해, 주어진 트랩 도어와 관련이 없거나 일부 키워드만 포함하는 자료에 대한 정보는 유출되어서는 안 된다.

1) 키워드 검색

키워드 검색이란 각 문장 데이터에 미리 몇 개의 키워드를 할당해 두고, 유저가 키워드를 입력하면, 그 키워드를 포함한 문장을 제시해주는 검색기능이다. 예를 들어, (그림 7-30)에서 사용자가 "대외비"라는 키워드를 제시하면 서버 측의 키워드 목록에서 해당 키워드를 검색한다. 그리고 발견된 키워드 목록에 해당하는 문장 1과 문장 3을 사용자에게 알린다.

문장 등의 각 데이터는 검색 시에 필요가 없기 때문에 종래의 비밀키 암호로 암호화해둔다. 각 키워드도 암호화한다. 전체 키워드를 $\{m_1, \ldots, m_n\}$이라고 가정한다. 사용자는 초기화 벡터 IV(Initialization Vector)를 고정하고 공통 키 암호화를 사용하여 키워드를 암호화한다. 개인키 K로 모든 키워드를 암호화하여 키워드 목록을 만들어 서버에 넣는다. 그런 다음 키워드 m을 암호화하여 $Enc(K, m)$가 일치하는 것을 찾아서 해당 문장을 반환한다.

그림 7-30 키워드 검색

이 방법은 서버가 문장이나 키워드의 내용을 볼 수 없다는 이점이 있다. 그러나 IV가 고정되어 있기 때문에 동일한 키워드는 동일한 암호문이 된다. 그런 다음 서버는 어떤 키워드 목록과 어떤 키워드 목록에 동일한 키워드가 있는지 알 수 있다. 예를 들어, (그림 7-30)에서 "문장1"과 "문장3"은 같은 키워드(서버는 어떤 키워드인지 모름)를 가지고 있다. "문장1"과 "문장2"도 "예산"라는 같은 키워드를 가지고 있다는 것을 알 수 있다.

그래서 안전성을 높이기 위해 같은 키워드를 암호화해도 다른 암호문이 되어야 한다. 단순히 키워드별로 IV를 변경하면 동일한 키워드에서도 다른 암호문이 된다. 그러나 서버는 두 개의 암호문을 보고 원래 키워드가 동일한지 여부를 결정할 수 없다.

따라서 암호화할 때마다 동일한 키워드에서도 다른 암호문이 되지만, 그것을 해독하지 않아도 원래 키워드가 일치하는지 여부를 판별하는 것만 가능한 암호방식이 바람직하다. 이러한 성질을 만족하는 것을 검색 가능 암호라고 한다.

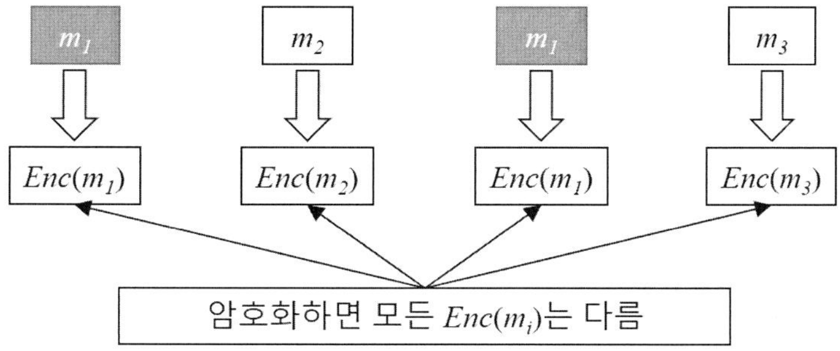

그림 7-31 다른 암호문

키워드가 일치하는지 여부는 서버에서 이뤄진다. 그러므로 같은 키워드에서 다른 암호문으로 생성되어도 서버는 어느 암호화 키워드와 어느 암호화 키워드가 같은지 알게 된다. 다만, 외부인에게 있어서는 어느 암호화된 키워드가 같은가는 알 수 없기 때문에, 실수로 서버의 데이터가 유출되어도 키워드가 추측되는 리스크는 줄어든다. 완전히 은닉하는 방법도 제안되어 있지만, 효율이 나쁘다. 따라서 검색 가능 암호는 효율성과 안전성을 떨어뜨리는 것이 어렵다.

2) 대칭키 기반 검색가능 암호 기술

대칭키 기반 검색 가능 암호 시스템은 사용자가 문서들을 서버에 저장한다고 가정한다. 여기서 사용자는 문서의 기밀성을 서버로부터도 유지하고자 한다. 따라서 사용자는 문서를 암호화하여 저장한다. 그리고 원하는 문서를 검색할 때 사용자만이 알고 있는 값으로 트랩 도어를 생성하여 서버에 전송한다. 서버는 이러한 트랩 도어와 저장된 암호문들을 사용하여 검색을 수행한다.

가. Single Keyword Search

2000년에 제안된 방법은 저장매체에 암호화된 문서를 보관하고 있으며, 서버로부터도 자료의 기밀성을 보호하면서 필요한 자료만 검색할 수 있는 방법이다. 이 방법은 기본적인 대칭키 암호 알고리즘을 사용하여 평문을 암호화한 다음, 그것을 스트림 암호를 통해 생성된 난수열과 결합하여 최종 암호문을 생성한다.

하나의 문서는 여러 개의 워드들($W_1, W_2, \dots, W_i$)로 구성되며 사용자는 각 문서들을 워드 단위로 암호화한다. 암호문 X_i는 두 부분(L_i, R_i)으로 나눈다. L_i로 각 워드에 해당하는 비밀키(k_i)를 생성한다. 임의의 스트림 암호를 사용하여 L_i와 같은 크기의 S_i를 생성한다. S_i를 비밀키 k_i를 이용해서 R_i크기의 스트림암호를 생성한다. 마지막으로 $(L_i, R_i) \oplus (S_i, F_{k_i}(S_i))$와 같이 XOR 연산으로 최종 암호문을 생성한다.

검색을 위한 트랩도어는 $E_{k_i}(W_i) = (L_i \parallel R_i)$와 $k_i = f_{k_2}(L_i)$이다. 검색을 위해 서버에 저장된 암호문 C에 대해 $C \oplus E_{k_1}(W_i)$를 계산한다. 그 결과가 $S \parallel F_{k_i}(S)$의 형태를 만족하면 원하는 검색 결과이므로, 사용자에게 전달한다. 이런 방식으로 암호문을 해독하지 않고도 평문의 특정 정보를 포함한 문서를 검색할 수 있다.

나. Secure Index

2003년에는 Bloom 필터를 개선한 시스템이 제안되었다. 또한, 검색 가능한 암호 시스템의 안전성 정의와 모델을 제시하고 안전성을 증명하였다.

이 방법에서는 검색 가능한 암호문을 고정 크기의 데이터 구조인 Bloom 필터에 저장한다. 이로써 검색 가능한 암호문의 크기가 데이터의 키워드 개수에 비례하여 증가하지 않다. 결과적으로 메모리 측면에서 효율적인 이점을 얻을 수 있다.

사용자는 Bloom filter에 사용할 상수 r과 비밀키 $k_1, k_2, \ldots, k_r$을 임의로 선택한다. 그리고 일방향 함수 f를 선택하여 주어진 키워드 w에 대해서 $x_1 = f(k_1, w), \ldots, x_r = f(k_r, w)$를 계산한다. 그리고 각각의 자료에 대해서 자료의 식별자 D_{ID}를 이용하여 $y_1 = f(x_1, D_{ID})$, $\ldots, y_r = f(x_r, D_{ID})$를 계산한다. 자료 D_{ID}의 키워드 w에 대해 사용자는 n bits의 Bloom filter를 정의한다. 초기에는 모두 0으로 값을 초기화되고 D_{ID}와 w가 결정되면 앞에서 계산된 결과를 사용하여 y_i번째 bit의 값을 1로 설정한다.

키워드 w에 대한 트랩도어는 이전에 계산한 $x_1, \ldots, x_r$와 비밀키 $k_1, \ldots, k_r$을 모두 알고 있는 사용자만 구성할 수 있다. 서버는 제공된 트랩도어와 각 자료의 식별자인 D_{ID}를 이용하여 $y_i = f(x_i, D_{ID})$를 계산한다. 각 자료의 Bloom filter를 확인하여 y_i번째 bit에 1인 경우, 해당 자료를 검색 결과로 간주하고 사용자에게 알려준다.

다. Conjuctive Keyword Search

위의 두 방법은 모두 여러 키워드를 포함하는 문서를 검색하는데 적합하지 않다. 2004년에 이러한 문제를 해결하기 위해 제안되었다. 이 방법은 keyword field라는 개념을 사용한다. 예를 들어, 서버에 저장되는 메일 문서의 경우 가능한 키워드 필드는 “From”, “To”, “Date”, “Subject”와 같이 분류할 수 있다. 즉, 검색하려는 각 항목을 기반으로 필드를 분류하고 해당 필드에 적합한 키워드 값을 할당한다.

각 문서 당 m개의 Keyword field가 있다고 가정한다. Keyword field에 대해 두 가지 가정사항이 있다. 첫 번째 가정은 동일한 키워드가 서로 다른 키워드 필드에 나타나지 않는다는 것이다. 이는 “From”이라는 필드와 “To”라는 필드가 있을 때, 각 키워드를 “From : Bob”, “To : Bob”과 같이 필드의 이름을 포함하여 생성함으로써 만족될 수 있다. 두 번째 가정은 모든 키워드 필드가 모든 문서에서 정의된다는 것이다. 예를 들어, 제목이 없는 이메일의 경우 "Subject" 필드에 "Subject : NULL" 값을 할당한다.

라. Efficient Keyword Search

2005년에 제안된 방식으로 매우 작은 트랩도어를 사용하는 검색 가능 암호 시스템을 위해 고안되었다. 기존의 검색 가능 암호 시스템들은 각각의 키워드에 대한 인덱스를 별도로 저장했지만, 이 시스템은 각각의 키워드마다 1bit의 정보만 사용한다. 다시 말해, 자료가 특정 키워드를 포함하는지 여부만을 저장한다. 이를 위해 해시 테이블을 이용하여 저장 용량을 최소화할 수 있다. 그러나 이러한 방식은 검색 과정 동안 사용자와 서버 간의 통신 횟수가 증가하는 단점이 있다.

사용자는 비밀키 s와 r을 랜덤하게 선택한다. 인덱스를 구성하기 위해 사용자는 각각의 자료에 대한 2^d bit의 배열을 구성한다. 초기에는 모두 0으로 채운다. 만약 자료가 I번째 키워드 w_i를 포함한다면, 유사 난수 생성 함수 $P_s(i)$의 값을 계산하여 배열의 $P_s(i)$번째 bit를 1로 치환한다.

만약 이러한 배열로 이루어진 인덱스를 서버에 그대로 저장한다면, 서버는 각각의 배열 값을 확인하여 주어진 자료가 어떤 키워드를 포함하는지 알 수 있다. 따라서 암호화를 할 때 $M_j[i] = I_j[i] \oplus G_n(j)$와 같이 각 bit에 마스크를 만들어 적용한다.

사용자는 각 키워드에 대한 인덱스를 사전에 별도로 저장해야한다. 이 사전을 서버에 저장하면 사용자의 저장량은 최소화가 가능하지만, 트랩 도어를 생성하기 위해 서버에 키워드 인덱스를 질의해야하므로 통신횟수가 증가한다.

마. Searchable Symmetric Encryption Providing a Constant Search Time

2006년에 제안된 방법은 대칭키 암호를 기반으로 하는 새로운 안전성 모델을 소개하며, 효율적인 검색 가능 암호기인 SSE(Searchable Symmetric Encryption)이다. 이 방법은 서버에 검색을 요청할 수 있는 특정 사용자 그룹을 지원한다. 또한, 문서의 키워드를 서버에 저장할 때 배열, 링크드 리스트, 해시 테이블 등과 같은 다양한 데이터 구조를 활용하여 일정한 문서 검색 시간을 보장한다. 다른 방법들과 달리 주어진 키워드에 대응하는 자료의 인덱스만을 검사한다. 따라서 검사 속도가 빠르다. 하지만, 하나의 자료가 여러 키워드를 가질 때 중복 저장이 되어 저장 공간면에서 비효율적인 단점이 있다.

3) 공개키 기반 검색가능 암호 기술

공개키 기반의 검색가능 암호 시스템은 시스템이나 사용자의 공개키 정보만을 이용하여 암호문을 생성할 수 있다. 따라서 서버 등의 저장 공간에 저장되는 자료의 제공자와 검색을 하기 위해 트랩도어를 생성하는 사용자가 동일한 대칭키를 사용하는 기술과는 다른 환경에 적용하여 사용할 수 있다. 예를 들어, 이메일 서버의 환경에서 이를 적용한다면, Bob이 Alice에게 메일을 보낸다고 가정한다. Bob은 Alice의 공개키를 사용하여 메일을 암호화하고 Alice에게 전송한다. Alice가 자신에게 수신된 메일 중에서 "urgent"라는 키워드를 포함하는 메일을 찾고 싶다면, Alice는 자신의 비밀키를 사용하여 메일 서버에게 보낼 트랩도어를 만들고, 서버는 이 트랩도어를 사용하여 검색 기능을 수행하여 검색 결과를 Alice에게 제공한다.

가. 키워드 검색 공개키 암호(Public-key Encryption with Keyword Search)

2004년에 공개키 기반의 검색 가능 암호 시스템인 PEKS가 처음으로 제안되었다. 두 개의 알고리즘이 제시되었는데 하나는 겹선형 사상을 사용하였고, 다른 하나는 trapdoor permutation을 사용한다. 임의의 길이인 입력 값을 고정된 길이의 출력 값으로 만드는 hash function은 H_1, H_2로 표시한다. $H_1 : 0,1^* \rightarrow G_1, H_2 : 0,1^* \rightarrow 0,1^{\log p}$와 같이 H_1은 겹선형 사상의 그룹 G_1의 원소, H_2는 $\log p$ 길이의 데이터를 출력한다.

사용자는 잘 정의된 겹선형 사상의 두 개의 군을 선택하고 비밀키 a와 공개키 $h = g^a$를 선택한다. 여기서 h, g는 겹선형 사상의 그룹 G_1의 원소이다. 자료 D가 키워드 w를 포함하고 있다면 사용자는 임의의 r을 선택하여 $PEKS(w) =< A, B \geq < g^r, H_2(e(H_1(w), h^r)) >$를 계산하여 인덱스를 생성한다.

키워드 w에 대한 트랩도어는 $T = [H_1(w)]^2$이다. 서버는 주어진 트랩도어 T와 인덱스로 저장된 모든 $PEKS(w)$에 대해 $H_2(e(T, A^a)) = B$를 만족하는 자료들을 검색의 결과로 사용자에게 전송한다.

이 방법은 이후 공개키 기반 검색 암호 시스템의 연구 바탕이 되고, 안전성 정의와 증명 방법도 사용되고 있다.

나. 결합 키워드 검색(Conjunctive Keyword Search)

2004년에 제안된 방법이다. PEKS와 같이 bilinear map을 사용하여 알고리즘을 구성한다. 또한 hash function H는 $H : 0,1^* \rightarrow G_1$과 같이 그룹 G_1의 원소를 출력한다. 메일 시스템을 예를 든다면, Bob이 alice에게 메일을 보냈을 때, Bob은 메일을 일반적인 공개키 암호화 방식으로 암호화하고, 서버는 사용자가 검색하는 키워드들을 찾을 수 있도록 PECK(Public-key Encryption with Conjunctive Keyword search) 형태의 데이터를 추가한다.

다. 다중 사용자 설정(Multiuser Settings)

과거의 방법들은 암호문을 생성하는 사용자와 트랩도어를 설정하는 사용자가 동일한 경우가 많다. 따라서 Alice가 다수의 사람에게 암호화된 메일을 보낼 때, Alice는 수신자들의 공개키를 이용하여 암호문을 만든다. 이 때, n명의 사람에게 보낸다면, alice는 n번의 동일한 연산을 수행해야하는 비효율적인 일이 발생한다. 하지만 검색 가능 암호 시스템은 다중 사용자 환경이 일반적이다.

2007년에는 다중 사용자 환경에서의 검색 가능 암호 시스템에 대한 공개키 기반의 제안이 있었다. 이 방법은 연산량과 저장 공간을 줄일 수 있는 기존 방법에 비해 향상되었다. 다중 사용자 환경을 위한 PECK를 mPECK(multi-user PECK)이라고 한다.

키생성 알고리즘은 Security parameter 1^k를 입력받아 각 사용자에 해당하는 n개의 공개키와 비밀키 쌍을 생성한다. 그리고 n개의 공개키를 이용하여 w에 대응하는 공개키 검색 가능 암호문을 생성한다. 트랩도어의 생성 과정은 특정 사용자의 비밀키와 키워드를 입력받아 주어진 키워드 query에 대해 생성한다. 검색은 트랩도어와 해당 사용자의 공개키, 검색 암호문을 이용하여 암호문이 키워드 query의 포함 여부를 확인한다.

라. 결합, 부분집합, 범위검색(Conjunctive, Subset, Range Search)

2007년에 제안된 방법으로 단순 비교뿐만 아닌 다양한 부가 검색 기능을 제공한다. 이 방법은 일반적인 키워드 인덱스에 대해 효율적인 conjunctive 검색을 하도록 시스템을 고안했고, 키워드 인덱스의 결합을 통해 subset과 범위 검색을 효율적으로 처리한다.

이 방법은 키워드로 미리 정의된 '*'를 사용할 수 있다. '*'는 모든 키워드와 일치한다는 의미를 지닌다. 또한 인덱스 생성 시, 키워드를 변형하여 다양한 검색기능을 제공한다. 예를 들이 Conjunctive 비교 검색을 위해 사용자가 임의의 정수들인 $u_1, u_2, \ldots, u_l \subset [1, l]$에 대한 conjunctive 검색을 하고자 한다면, 키워드를 총 $l \times n$ bit로 선택하고 이를 l개의 n bit 블록으로 생각한다. 그 후 i번째 블록의 a번째 bit를 1로 정하고 나머지 bit는 모두 0을 정하여 인덱스를 생성한다. 트랩도어를 동일한 키워드에 대해 생성하면 검색 결과는 모든 키워드 bit가 일치하는 자료만 출력되어 원하는 검색 결과를 얻을 수 있다.

마. Deterministic Algorithm을 이용한 검색가능 암호화

2007년에 제안된 방법으로 이전에 연구되어온 검색가능 암호의 큰 2가지 단점을 효율적 보완하기 위해 어느 정도 안전성은 낮추고 성능을 높였다. 첫 번째 단점은 서버가 검색을 처리할 때 모든 레코드를 순차적으로 비교한다. 두 번째 단점은 효율성을 위한 데이터베이스를 위해 암호화를 부가기능으로 제공한다.

이 방법은 암호문을 획득한 모든 사용자가 해당 암호문으로부터 태그 정보를 얻을 수 있다. 이 태그는 검색과정에서 단순 비교를 통해 원하는 키워드에 대한 암호문인지 판단할 때 사용한다. 이 태그들은 트랩도어와 같으므로 저장하였다가 검색할 때 사용된다. 이에 따라 각 레코드를 순차적으로 비교하는 대신 이진 검색과 같은 더 효율적인 검색 방법을 적용할 수 있다.

Reference

[1] Aguilar-Melchor, C., Barrier, J., Guelton, S., Guinet, A., Killijian, M. O., & Lepoint, T. (2016). NFLlib: NTT-based fast lattice library. In Topics in Cryptology-CT-RSA 2016: The Cryptographers' Track at the RSA Conference 2016, San Francisco, CA, USA, February 29-March 4, 2016, Proceedings (pp. 341-356). Springer International Publishing.

[2] Ajtai, M., & Dwork, C. (1997, May). A public-key cryptosystem with worst- case/average-case equivalence. In Proceedings of the twenty-ninth annual ACM symposium on Theory of computing (pp. 284-293).

[3] Al Badawi, A., Bates, J., Bergamaschi, F., Cousins, D. B., Erabelli, S., Genise, N., ... & Zucca, V. (2022, November). Openfhe: Open-source fully homomorphic encryption library. In Proceedings of the 10th Workshop on Encrypted Computing & Applied Homomorphic Cryptography (pp. 53-63).

[4] Bao, F. (2003, March). Cryptanalysis of a provable secure additive and multiplicative privacy homomorphism. In proceedings of the international workshop on coding and cryptography (pp. 43-50)..

[5] Beaulieu, R., Shors, D., Smith, J., Treatman-Clark, S., Weeks, B., & Wingers, L. (2013). The SIMON and SPECK families of lightweight block ciphers. cryptology eprint archive.

[6] Beaulieu, R., Shors, D., Smith, J., Treatman-Clark, S., Weeks, B., & Wingers, L. (2015). The SIMON and SPECK block ciphers on AVR 8-bit microcontrollers. In Lightweight Cryptography for Security and Privacy: Third International Workshop, LightSec 2014, Istanbul, Turkey, September 1-2, 2014, Revised Selected Papers 3 (pp. 3-20). Springer International Publishing.

[7] Bellare, M., Boldyreva, A., & O' Neill, A. (2007). Deterministic and efficiently searchable encryption. In Advances in Cryptology-CRYPTO 2007: 27th Annual International Cryptology Conference, Santa Barbara, CA, USA, August 19-23, 2007. Proceedings 27 (pp. 535-552). Springer Berlin Heidelberg.

[8] Bernstein, D. J. (2008). The Salsa20 family of stream ciphers. In New stream cipher designs: the eSTREAM finalists (pp. 84-97). Berlin, Heidelberg: Springer Berlin Heidelberg.

[9] Bloom, B. H. (1970). Space/time trade-offs in hash coding with allowable errors. Communications of the ACM, 13(7), 422-426.

[10] BM. "HElib." release 2.2.1, (2021) available at https://github.com/homenc/Helib (last visited at 2023.09.)

[11] Bogdanov, A., Knudsen, L. R., Leander, G., Paar, C., Poschmann, A., Robshaw, M. J., ... & Vikkelsoe, C. (2007). PRESENT: An ultra-lightweight block cipher. In Cryptographic Hardware and Embedded Systems-CHES 2007: 9th International Workshop, Vienna, Austria, September 10-13, 2007. Proceedings 9 (pp. 450-466). Springer Berlin Heidelberg.

[12] Boneh, D., & Franklin, M. (2001, August). Identity-based encryption from the Weil pairing. In Annual international cryptology conference (pp. 213-229). Berlin, Heidelberg: Springer Berlin Heidelberg.

[13] Boneh, D., & Waters, B. (2007). Conjunctive, subset, and range queries on encrypted data. In Theory of Cryptography: 4th Theory of Cryptography Conference, TCC 2007, Amsterdam, The Netherlands, February 21-24, 2007. Proceedings 4 (pp. 535-554). Springer Berlin Heidelberg.

[14] Boneh, D., Di Crescenzo, G., Ostrovsky, R., & Persiano, G. (2004). Public key encryption with keyword search. In Advances in Cryptology-EUROCRYPT 2004: International Conference on the Theory and Applications of Cryptographic Techniques, Interlaken, Switzerland, May 2-6, 2004. Proceedings 23 (pp. 506-522). Springer Berlin Heidelberg.

[15] Boneh, D., Gentry, C., & Waters, B. (2005, August). Collusion resistant broadcast encryption with short ciphertexts and private keys. In Annual international cryptology conference (pp. 258-275). Berlin, Heidelberg: Springer Berlin Heidelberg.

[16] Boneh, D., Goh, E. J., & Nissim, K. (2005). Evaluating 2-DNF formulas on ciphertexts. In Theory of Cryptography: Second Theory of Cryptography Conference, TCC 2005, Cambridge, MA, USA, February 10-12, 2005. Proceedings 2 (pp. 325-341). Springer Berlin Heidelberg.

[17] Boneh, D., Sahai, A., & Waters, B. (2006, May). Fully collusion resistant traitor tracing with short ciphertexts and private keys. In Annual International Conference on the Theory and Applications of Cryptographic Techniques (pp. 573-592). Berlin, Heidelberg: pringer Berlin Heidelberg.

[18] Borghoff, J., Canteaut, A., Güneysu, T., Kavun, E. B., Knezevic, M., Knudsen, L. R., ... & Yalç ı n, T. (2012). PRINCE–a low-latency block cipher for pervasive computing applications. In Advances in Cryptology–ASIACRYPT 2012: 18th International Conference on the Theory and Application of Cryptology and Information Security, Beijing, China, December 2-6, 2012. Proceedings 18 (pp. 208-225). Springer Berlin Heidelberg.

[19] Brakerski, Z., Gentry, C., & Vaikuntanathan, V. (2014). (Leveled) fully homomorphic ncryption without bootstrapping. ACM Transactions on Computation Theory (TOCT), 6(3), 1-36.

[20] Broder, A., & Mitzenmacher, M. (2004). Network applications of bloom filters: A survey. Internet mathematics, 1(4), 485-509.

[21] Castelluccia, C., Mykletun, E., & Tsudik, G. (2005, July). Efficient aggregation of encrypted data in wireless sensor networks. In The second annual international conference on mobile and ubiquitous systems: networking and services (pp. 109-117). IEEE.

[22] Centre for applied Cryptographic Research(CACR), (2009) available at http://www.cacr.math.uwaterloo.ca/techreports/2009/cacr2009-29.pdf (last visited at 2023.09.)

[23] Chang, Y. C., & Mitzenmacher, M. (2005, June). Privacy preserving keyword searches on remote encrypted data. In International conference on applied cryptography and network security (pp. 442-455). Berlin, Heidelberg: Springer Berlin Heidelberg.

[24] Cheon, J. H., Kim, A., Kim, M., & Song, Y. (2017). Homomorphic encryption for arithmetic of approximate numbers. In Advances in Cryptology–ASIACRYPT 2017: 23rd International Conference on the Theory and Applications of Cryptology and Information Security, Hong Kong, China, December 3-7, 2017, Proceedings, Part I 23 (pp. 409-437). Springer International Publishing.

[25] Cheon, J. H., Kim, A., Kim, M., & Song, Y. (2017). Homomorphic encryption for arithmetic of approximate numbers. In Advances in Cryptology–ASIACRYPT 2017: 23rd International Conference on the Theory and Applications of Cryptology and Information Security, Hong Kong, China, December 3-7, 2017, Proceedings, Part I 23 (pp. 409-437). Springer International Publishing.

[26] Cheon, J. H., Kim, W. H., & Nam, H. S. (2006). Known-plaintext cryptanalysis of the Domingo-Ferrer algebraic privacy homomorphism scheme. Information Processing Letters, 97(3), 118-123.

[27] Chida, K. (2003). An Algebraic Privacy Homomorphism based on Factoring and Its Applications. Technical Report of IEICE, ISEC 2003-59.

[28] Chillotti, I., Gama, N., Georgieva, M., & Izabachène, M. (2020). TFHE: fast fully homomorphic encryption over the torus. Journal of Cryptology, 33(1), 34-91..

[29] Curtmola, R., Garay, J., Kamara, S., & Ostrovsky, R. (2006, October). Searchable symmetric encryption: improved definitions and efficient constructions. In Proceedings of the 13th ACM conference on Computer and communications security (pp. 79-88).

[30] Daemen, J., Peeters, M., Van Assche, G., & Rijmen, V. (2000, October). Nessie proposal: NOEKEON. In First open NESSIE workshop (pp. 213-230).

[31] Damgård, I., & Jurik, M. (2001). A generalisation, a simplification and some applications of Paillier's probabilistic public-key system. In Public Key Cryptography: 4th International Workshop on Practice and Theory in Public Key Cryptosystems, PKC 2001 Cheju Island, Korea, February 13–15, 2001 Proceedings 4 (pp. 119-136). Springer Berlin Heidelberg.

[32] Damgård, I., & Jurik, M. (2001). A generalisation, a simplification and some applications of Paillier's probabilistic public-key system. In Public Key Cryptography: 4th International Workshop on Practice and Theory in Public Key Cryptosystems, PKC 2001 Cheju Island, Korea, February 13–15, 2001 Proceedings 4 (pp. 119-136). Springer Berlin Heidelberg.

[33] De Canniere, C., Dunkelman, O., & Knežević, M. (2009, September). KATAN and KTANTAN—a family of small and efficient hardware-oriented block ciphers. In International Workshop on Cryptographic Hardware and Embedded Systems (pp. 272-288). Berlin, Heidelberg: Springer Berlin Heidelberg.

[34] Domingo-Ferrer, J. (2002, September). A provably secure additive and multiplicative privacy homomorphism. In International Conference on Information Security (pp. 471-483). Berlin, Heidelberg: Springer Berlin Heidelberg.

[35] Ducas, L., & Micciancio, D. (2015, April). FHEW: bootstrapping homomorphic encryption in less than a second. In Annual international conference on the theory and applications of cryptographic techniques (pp. 617-640). Berlin, Heidelberg: Springer Berlin Heidelberg.

[26] ElGamal, T. (1985). A public key cryptosystem and a signature scheme based on discrete logarithms. IEEE transactions on information theory, 31(4), 469-472.

[27] ElGamal, T. (1985). A public key cryptosystem and a signature scheme based on discrete logarithms. IEEE transactions on information theory, 31(4), 469-472.

[28] Engels, D., Fan, X., Gong, G., Hu, H., & Smith, E. M. (2009). Ultra-lightweight cryptography for low-cost RFID tags: Hummingbird algorithm and protocol. Centre for Applied Cryptographic Research (CACR) Technical Reports, 29(01).

[29] Engels, D., Saarinen, M. J. O., Schweitzer, P., & Smith, E. M. (2012). The Hummingbird-2 lightweight authenticated encryption algorithm. In RFID. Security and Privacy: 7th International Workshop, RFIDSec 2011, Amherst, USA, June 26-28, 2011, Revised Selected Papers 7 (pp. 19-31). Springer Berlin Heidelberg.

[30] Enterprise, H. P. (2015). Internet of things research study. Internet of Things Research Study.

[31] ernam Group, "cuFHE." beta release 1.0 (2018), available at https://github.com/vernamlab/cuFHE (last visited at 2023.09.)

[32] Garfinkel, S. (1995). PGP: pretty good privacy. "O'Reilly Media, Inc."

[33] Gentry, C. (2009). A fully homomorphic encryption scheme. Stanford university.

[34] Gentry, C. (2009, May). Fully homomorphic encryption using ideal lattices. In Proceedings of the forty-first annual ACM symposium on Theory of computing (pp. 169-178).

[35] Gentry, C. (2010). Computing arbitrary functions of encrypted data. Communications of the ACM, 53(3), 97-105.

[36] Gentry, C., & Halevi, S. (2011, May). Implementing gentry's fully-homomorphic encryption scheme. In Annual international conference on the theory and applications of cryptographic techniques (pp. 129-148). Berlin, Heidelberg: Springer Berlin Heidelberg.

[37] Goh, E. (2003). Secure indexes. Technical Report. 2003/216, IACR Print Cryptography Archive.

[38] Golle, P., Staddon, J., & Waters, B. (2004). Secure conjunctive keyword search over encrypted data. In Applied Cryptography and Network Security: Second International Conference, ACNS 2004, Yellow Mountain, China, June 8-11, 2004. Proceedings 2 (pp. 31-45). Springer Berlin Heidelberg.

[39] Gong, Z., Nikova, S., & Law, Y. W. (2011, June). KLEIN: a new family of lightweight block ciphers. In International workshop on radio frequency identification: security and privacy issues (pp. 1-18). Berlin, Heidelberg: Springer Berlin Heidelberg.

[40] Hong, D., Lee, J. K., Kim, D. C., Kwon, D., Ryu, K. H., & Lee, D. G. (2014). LEA: A 128-bit block cipher for fast encryption on common processors. In Information Security Applications: 14th International Workshop, WISA 2013, Jeju Island, Korea, August 19-21, 2013, Revised Selected Papers 14 (pp. 3-27). Springer International Publishing.

[41] Hong, D., Sung, J., Hong, S., Lim, J., Lee, S., Koo, B. S., ... & Chee, S. (2006). HIGHT: A new block cipher suitable for low-resource device. In Cryptographic Hardware and Embedded Systems-CHES 2006: 8th International Workshop, Yokohama, Japan, October 10-13, 2006. Proceedings 8 (pp. 46-59). Springer Berlin Heidelberg.

[42] Hwang, Y. H., & Lee, P. J. (2007, July). Public key encryption with conjunctive keyword search and its extension to a multi-user system. In International conference on pairing-based cryptography (pp. 2-22). Berlin, Heidelberg: Springer Berlin Heidelberg.

[43] i Ferrer, J. D. (1996). A new privacy homomorphism and applications. Information Processing Letters, 60(5), 277-282.

[44] Jinwala, D., Patel, D., & Dasgupta, K. (2008). Optimizing the block cipher and modes of operations overhead at the link layer security framework in the wireless sensor networks. In Information Systems Security: 4th International Conference, ICISS 2008, Hyderabad, India, December 16-20, 2008. Proceedings 4 (pp. 258-272). Springer Berlin Heidelberg.

[45] Kurosawa, K., & Desmedt, Y. (1998, May). Optimum traitor tracing and asymmetric schemes. In International Conference on the Theory and Applications of Cryptographic Techniques (pp. 145-157). Berlin, Heidelberg: Springer Berlin Heidelberg.

[46] Kwon, D., Kim, J., Park, S., Sung, S. H., Sohn, Y., Song, J. H., ... & Hong, J. (2003, November). New block cipher: ARIA. In International conference on information security and cryptology (pp. 432-445). Berlin, Heidelberg: Springer Berlin Heidelberg.

[47] Lai, X., & Massey, J. L. (1991). A proposal for a new block encryption standard. In Advances in Cryptology-EUROCRYPT'90: Workshop on the Theory and Application of Cryptographic Techniques Aarhus, Denmark, May 21–24, 1990 Proceedings 9 (pp. 389-404). Springer Berlin Heidelberg.

[48] Lim, C. H., & Korkishko, T. (2005, August). mCrypton-a lightweight block cipher for security of low-cost RFID tags and sensors. In International workshop on information security applications (pp. 243-258). Berlin, Heidelberg: Springer Berlin Heidelberg.

[49] Microsoft Research. "Microsoft SEAL." release 4.0 (2023) available at https://github.com/Microsoft/SEAL (last visited at 2023.09.)

[50] Mouchet, C. V., Bossuat, J. P., Troncoso-Pastoriza, J. R., & Hubaux, J. P. (2020). Lattigo: A multiparty homomorphic encryption library in go. In Proceedings of the 8th Workshop on Encrypted Computing and Applied Homomorphic Cryptography (No. CONF, pp. 64-70).

[51] Paillier, P. (1999, April). Public-key cryptosystems based on composite degree residuosity classes. In International conference on the theory and applications of cryptographic techniques (pp. 223-238). Berlin, Heidelberg: Springer Berlin Heidelberg.

[52] Paillier, P. (1999, April). Public-key cryptosystems based on composite degree residuosity classes. In International conference on the theory and applications of cryptographic techniques (pp. 223-238). Berlin, Heidelberg: Springer Berlin Heidelberg.

[53] PALISADE Project. "PALISADE Homomorphic Encryption Software Library." release 1.11.9 (2023), available at https://gitlab.com/palisade/palisade-release (last visited at 2023.09.)

[54]] Park, D. J., Kim, K., & Lee, P. J. (2004, August). Public key encryption with conjunctive field keyword search. In International Workshop on Information Security Applications (pp. 73-86). Berlin, Heidelberg: Springer Berlin Heidelberg.

[55] Poschmann, A., Leander, G., Schramm, K., & Paar, C. (2007, March). New lightweight des variants suited for RFID applications. In FSE (Vol. 4593, pp. 196-210).

[56] Regev, O. (2004). New lattice-based cryptographic constructions. Journal of the ACM (JACM), 51(6), 899-942.

[57] Rivest, R. L., Robshaw, M. J., Sidney, R., & Yin, Y. L. (1998, August). The RC6TM block cipher. In First advanced encryption standard (AES) conference (p. 16).

[58] Saarinen, M. J. O. (2011). Cryptanalysis of hummingbird-1. In Fast Software Encryption: 18th International Workshop, FSE 2011, Lyngby, Denmark, February 13-16, 2011, Revised Selected Papers 18 (pp. 328-341). Springer Berlin Heidelberg.

[59] Shamir, A. (1985). Identity-based cryptosystems and signature schemes. In Advances in Cryptology: Proceedings of CRYPTO 84 4 (pp. 47-53). Springer Berlin Heidelberg.

[60] Shibutani, K., Isobe, T., Hiwatari, H., Mitsuda, A., Akishita, T., & Shirai, T. (2011). Piccolo: an ultra-lightweight blockcipher. In Cryptographic Hardware and Embedded Systems–CHES 2011: 13th International Workshop, Nara, Japan, September 28–October 1, 2011. Proceedings 13 (pp. 342-357). Springer Berlin Heidelberg.

[61] Shirai, T., Shibutani, K., Akishita, T., Moriai, S., & Iwata, T. (2007). The 128-bit blockcipher CLEFIA. In Fast Software Encryption: 14th International Workshop, FSE 2007, Luxembourg, Luxembourg, March 26-28, 2007, Revised Selected Papers 14 (pp. 181-195). Springer Berlin Heidelberg.

[62] Song, D. X., Wagner, D., & Perrig, A. (2000, May). Practical techniques for searches on encrypted data. In Proceeding 2000 IEEE symposium on security and privacy. S&P 2000 (pp. 44-55). IEEE.

[63] Standaert, F. X., Piret, G., Gershenfeld, N., & Quisquater, J. J. (2006). SEA: A scalable encryption algorithm for small embedded applications. In Smart Card Research and Advanced Applications: 7th IFIP WG 8.8/11.2 International Conference, CARDIS 2006, Tarragona, Spain, April 19-21, 2006. Proceedings 7 (pp. 222-236). Springer Berlin Heidelberg.

[64] Suzaki, T., Minematsu, K., Morioka, S., & Kobayashi, E. (2012, August). : a lightweight block cipher for multiple platforms. In International Conference on Selected Areas in Cryptography (pp. 339-354). Berlin, Heidelberg: Springer Berlin Heidelberg.

[65] Ugus, O., Hessler, A., & Westhoff, D. (2007). Performance of additive homomorphic EC-Elgamal encryption for TinyPEDS. 6. Fachgespräch Sensornetzwerke, 55.

[66] Wagner, D. (2003). Cryptanalysis of an algebraic privacy homomorphism. In Information Security: 6th International Conference, ISC 2003, Bristol, UK, October 1-3, 2003. Proceedings 6 (pp. 234-239). Springer Berlin Heidelberg.

[67] Wu, W., & Zhang, L. (2011). LBlock: a lightweight block cipher. In Applied Cryptography and Network Security: 9th International Conference, ACNS 2011, Nerja, Spain, June 7-10, 2011. Proceedings 9 (pp. 327-344). Springer Berlin Heidelberg.

[68] Zama. "Concrete." release 0.3.0 (2022), available at https://github.com/zama-ai/ concrete (last visited at 2023.09.)

[69] 김선영, 서재우, & 이필중. (2009). 검색 가능 암호 기술의 연구 동향. 정보보호학회지, 19(2), 63-73.

[70] 박광용, & 송유진. (2009). ID 기반 암호방식을 이용한 데이터 공유와 권한 관리. 정보보호학회지, 19(4), 78-84.

[71] 박광용, & 송유진. (2010). 속성기반 암호기술. 정보보호학회지, 20(2), 85-92.

[72] 서화정, & 김호원. (2012). 센서 네트워크 상에서의 HUMMINGBIRD2 암호화 속도 최적화 구현기법. 한국통신학회논문지, 37(6), 414-422.

[73] 송유진, & 도정민. (2010). 사용자 속성의 위임, 철회 가능한 속성기반 암호기술. 정보보호학회지, 20(5), 86-91.

[74] 송유진, & 도정민. (2012). 모바일 클라우드 환경에서 안전한 프록시 재암호화 기반의 데이터 관리 방식. 한국통신학회논문지, 37(4), 288-299.

[75] 송유진, & 도정민. (2012). 속성기반 암호화를 이용한 원격 헬스케어 모니터링 시스템. 정보처리학회논문지 C, 19(1), 63-70.

[76] 전자신문, "국가보안기술연구소 경량 블록암호 '美' 제치고 국제표준 됐다" (2019.11.03.) available at https://www.etnews.com/20191101000191 (last visited at 2023.09.)

[77] 한국인터넷진흥원 "HIGHT 블록암호 알고리즘 사양 세부 명세서" (2009). Available at https://seed.kisa.or.kr/kisa/algorithm/EgovHightInfo.do (last visited at 2023.09.)

[78] 한국인터넷진흥원, (2011) "경량 암호 알고리즘(HIGHT)의 하드웨어적 구현 방안 연구", 연구보고서.

Summary

[1] 경량 암호

최근 통신환경은 센서 등을 비롯한 작은 디바이스와 통신을 통해 데이터를 수집하고 처리한다. 기기에 대한 보안위협도 증가하고 있다. 고사양 기기 뿐만 아니라 저사양 기기의 IoT 기기들은 일정수준의 보안기술을 갖춰야한다. 하지만 기존의 보안기술은 계산능력이 제약되는 저사양 기기에 그대로 사용하기 어렵다.

저사양 기기의 계산 능력에 대한 한계점을 극복하기 위해 작은 디바이스에 적용할 수 있는 다양한 경량 암호기술에 대한 연구가 진행되고 있다. 국내에서 개발한 LEA와 미국이 개발한 SPECK/SIMOM이 있다. 경량암호 부분은 우리나라가 기술을 주도하고 있다.

[2] ID 기반 암호

공개키 암호 방식은 공개키와 비밀키를 생성할 때, 키 생성 센터를 통해 공개키와 개체의 정당성을 확인할 필요가 있고 그에 대한 관리에 큰 부하가 발생한다. 이러한 문제를 해결하기 위해 각 개체에 대한 식별자를 이용한 방법이 제안되었다. 여기서 식별자는 ID, 메일주소, 소속 및 연령 등 개인을 특정할 수 있는 항목이다. 이런 식별자를 공개키로 사용하면서 정당성에 대한 확인이 필요 없게 된다.

ID 기반 암호는 각 개체의 ID나 메일 등을 기반으로 공개키가 생성되어 키 관리가 용이하다. ID기반 방식은 1984년에 처음 제안되었고, 2001년에 구체적인 방식이 제안되어 많은 연구가 진행 중이다. 복수 수신자 ID기반 암호화 기법도 연구되고 있다.

[3] 속성 기반 암호

속성 기반 암호는 ID 기반 암호의 일종이며, ID 기반 암호의 확장형이라 할 수 있다. 속성 기반 암호는 키와 암호 해독자의 속성을 지정하여 암호를 해독할 수 있는지 여부를 제어 할 수 있는 암호이다. 속성 기반 암호는 ID 기반 암호와 비밀 분산을 결합하여 만들어진다. 속성의 조건은 and와 or를 조합한 접근구조를 갖는 트리를 이용한다. 접근 제어가 암호문에 내장되어 있기 때문에 기존의 사용자 인증을 통한 제어보다 안전하다.

[4] 프록시 재암호

프록시 암호는 암호문을 해독하지 않고 다른 사람이 해독할 수 있는 암호문으로 변환하는 암호이다. 그 재암호의 조작은 변환키를 위탁된 제 3자가 실시할 수 있다. 그 때문에 클라우드 서비스와 궁합이 좋고, 다른 암호와 조합한 방식이 고려되고 있다.

[5] 동형 암호

동형 암호는 암호화된 데이터의 내용을 모르고 암호화된 채로 더하거나 곱할 수 있는 암호 방식이다. 동형 암호는 클라우드 서비스의 형태와 궁합이 좋기 때문에 활발히 연구되고 있다. 덧셈과 곱셈이 모두 가능한 완전 동형 암호(FHE)는 아직 실용적이라고 하기는 어렵다. 곱셈 횟수에 제약이 있는 somewhat 준동형 암호(SHE)에서도 응용 예는 많아서 연구가 활발히 이뤄지고 있다. 최근 국내에서 완전동형암호를 개발 하였다.

[6] 방송형 암호

방송형 암호는 많은 사람에게 한 번에 효율적으로 암호화된 콘텐츠를 전달하는 것을 목표로 만들어진 암호이다. 방송형 암호는 유저의 가입이나 탈퇴에 유연하게 대응할 수 있어 해적판 복호기로부터 부정사용자를 특정할 수 있는 것이 바람직하다. 해적판 복호기의 내용을 보지 않아도 특정할 수 있는 블랙박스형 부정 사용자 추적의 개량도 진행되고 있다.

[7] 검색가능 암호

검색가능 암호는 데이터를 암호화한 채 검색이 가능하다. 키워드를 숨겨진 채 검색하는 연구에서 원래 무엇을 숨기고 싶은지, 연산 효율, 상정되는 공격 등에 대해 다양한 모델이 제안되고 있다. 키워드의 완전 일치가 아닌 부분 일치에 대응한 것도 연구되고 있다. 이 기법은 미리 결정된 키워드 목록을 사용한다. 그 목록이 고정되면 사용하기 쉽지 않다. 목록을 쉽게 업데이트 할 수 있는 것이 바람직하기 때문에 이러한 기술도 연구되고 있다.

Exercises

1. 경량암호의 주요 특징은 무엇인가요?

a) 안전성이 낮음

b) 용량이 큼

c) 속도가 빠름

d) 무게가 가벼움

2. 경량암호의 주요 적용 분야는 무엇인가요?

a) 과학 연구

b) 모바일 디바이스 및 IoT 기기

c) 우주 탐사

d) 예술과 문화

3. SIM 카드 및 RFID 기기에서 사용되는 경량암호 방식은 무엇인가요?

a) DES

b) AES

c) ECC

d) A5

4. 경량암호 기술이 중요한 이유는 무엇인가요?

a) 데이터 저장 공간을 절약하기 위해

b) 빠른 데이터 처리를 위해

c) 작은 디바이스에서도 보안을 유지하기 위해

d) 고급 암호 기술의 대안으로

5. ID 기반 암호는 무엇을 사용하여 사용자를 인증하나요?

a) 생체 인식 정보

b) 무작위 생성된 숫자

c) 사용자명과 패스워드

d) QR 코드

6. ID 기반 암호 시스템에서 'ID'는 무엇을 나타내나요?

a) Internet Domain
b) Identification Data
c) Identity Document
d) Identification Number

7. ID 기반 암호 시스템의 주요 장점은 무엇인가요?

a) 높은 보안성
b) 간단한 구현
c) 무료로 이용 가능
d) 인터넷 연결이 필요하지 않음

8. ID 기반 암호의 주요 단점은 무엇인가요?

a) 사용자 식별이 어려움
b) 안전성이 낮음
c) 사용자가 ID를 잊을 수 있음
d) 느린 인증 프로세스

9. 속성기반 암호 시스템은 무엇을 기반으로 사용자를 인증하나요?

a) 생체 인식 정보
b) 암호화된 패스워드
c) 사용자명과 이메일
d) 사용자의 속성 정보

10. 속성기반 암호 시스템의 주요 장점은 무엇인가요?

a) 높은 보안성
b) 간단한 구현
c) 사용자 식별 용이
d) 무료로 이용 가능

11. 속성기반 암호 시스템의 주요 단점은 무엇인가요?

a) 사용자의 개인 정보 보호 어려움
b) 사용자가 속성 정보를 잃을 수 있음
c) 느린 인증 프로세스
d) 안전성이 낮음

12. 속성기반 암호 시스템을 개선하기 위한 방법 중 하나는 무엇인가요?

a) 더 복잡한 암호 사용

b) 더 많은 속성 정보 수집

c) 이중 인증 요구

d) 생체 인식 사용

13. 프록시 재암호란 무엇인가요?

a) 네트워크 트래픽을 가로채는 기술

b) 암호화된 데이터를 해독하는 기술

c) 암호화된 데이터를 다시 암호화하는 기술

d) 해시 함수를 사용하는 기술

14. 프록시 재암호가 주로 사용되는 분야는 무엇인가요?

a) 데이터 저장

b) 네트워크 보안

c) 암호 해독

d) 파일 압축

15. 동형 암호는 무엇을 암호화하는 기술인가요?

a) 데이터의 내용

b) 데이터의 크기

c) 데이터의 전송 경로

d) 데이터의 시간 정보

16. 동형 암호를 사용하여 암호화된 데이터를 해독하려면 무엇이 필요한가요?

a) 암호 해독기

b) 공개키

c) 비밀키

d) 암호문의 길이

17. 방송형 암호는 어떤 종류의 통신에 주로 사용되나요?

a) 이메일 통신

b) 라디오 및 텔레비전 방송

c) 파일 공유 네트워크

d) 실시간 채팅

18. 방송형 암호의 주요 목적은 무엇인가요?

a) 데이터를 안전하게 저장하기 위함
b) 데이터를 안전하게 전송하기 위함
c) 데이터를 빠르게 처리하기 위함
d) 데이터를 압축하기 위함

19. 검색 가능 암호(Searchable Encryption)란 무엇인가요?

a) 데이터를 검색하는 알고리즘
b) 검색 결과를 암호화하는 기술
c) 암호화된 데이터를 검색할 수 있는 기술
d) 암호화된 데이터를 해독하는 기술

20. 검색 가능 암호의 주요 장점은 어떤 것들이 있나요?

a) 빠른 암호 해독 속도
b) 검색어 노출 방지
c) 검색 가능한 데이터 보호
d) 파일 압축 효율성

21. 경량 암호 기술이 IoT 분야에서 어떻게 활용되고 있는지 예시를 들어 설명해주세요.

22. 경량 암호 기술과 고급 암호 기술 간의 주요 차이점에 대해 설명해주세요.

23. ID 기반 암호 시스템을 사용할 때 주의할 사항은 무엇인가요?

24. 생체 인식 정보를 활용한 ID 기반 암호 시스템의 예시를 들어주세요.

25. 속성기반 암호 시스템이 보안 측면에서 어떤 고려 사항을 필요로 하나요?

26. 속성기반 암호 시스템을 사용하는 예시 중 하나를 들어주세요.

27. 프록시 재암호 기술이 개인 정보 보호에 어떻게 기여할 수 있는지 간단히 설명해주세요.

28. 프록시 재암호를 사용하여 어떤 유형의 공격을 방지할 수 있는지 예시를 들어 설명해주세요.

29. 동형 암호가 주로 어떤 분야에서 활용되는지 예시를 들어 설명해주세요.

30. 동형 암호의 보안성을 높이기 위한 방법 중 하나를 설명해주세요.

31. 방송형 암호가 어떤 상황에서 사용되는지 예시를 들어 설명해주세요.

32. 방송형 암호의 특성 중 하나를 설명해주세요.

33. 검색 가능 암호 기술이 개인 정보 보호 측면에서 어떤 이점을 가지고 있는지 간단히 설명해주세요.

34. 검색 가능 암호의 한계점에 대해 언급해보세요.

CHAPTER 08

블록체인과 PKI

8.1 공개키 암호와 PKI

암호화 및 인증은 모든 네트워크 시스템에서 제공해야 하는 가장 중요한 두 가지 보안 서비스이다. 일반적으로 이러한 서비스는 잘 알려진 보안 프레임워크 중 하나로 공개키 암호화를 사용하여 부여할 수 있다. 공개키 암호화 기술을 사용하려면 엔티티에 개인 및 공개 정보가 있어야 한다. 키 또는 정보를 생성, 취소, 관리, 배포, 사용 및 저장하기 위한 인프라가 필요하다. 우리는 공개키 암호화와 오늘날 응용 프로그램에서의 사용과 키 관리에 대해 알아본다.

1) 공개키 암호화 및 서비스

비대칭 암호화라고도 하는 공개키 암호화는 한 쌍의 키(시스템 전체에 배포되는 공개키와 비밀로 유지되는 개인키)를 사용하는 암호화 기술이다. 1975년 Diffie와 Hellman에 의해 처음 소개되었으며 여전히 널리 채택되고 있다. 기본 아이디어는 키 중 하나를 사용하여 작업(암호화 또는 서명)을 수행하고 다른 키를 사용하여 해당 작업의 역순(복호화 또는 유효성 검사)을 수행하는 것이다. 이러한 방식으로 모든 엔티티는 사용자의 공개키로 특정 사용자로부터 오는 메시지를 확인할 수 있다. 응답 메시지는 다시 보내기 전에 암호화할 수도 있다. 해당 특정 사용자만 개인키로 메시지에 서명/복호화할 수 있다.

공개키 암호화는 엔티티 인증 및 기밀성을 포함한 많은 보안 서비스에 사용될 수 있다. (그림 8-1)과 같이, 서명/검증 절차를 통해 엔티티 인증 서비스를 제공할 수 있다. 엔티티는 개인키로 서명된 메시지를 보내고 모든 사람은 엔티티의 공개키로 서명을 확인하여 해당 엔티티를 확인/인증할 수 있다. 개인키는 기밀로 유지되므로 엔티티 자체 또는 개인키에 액세스할 수 있는 사람 외에는 아무도 메시지에 서명할 수 없다. 반면, 검증은 공개키로 이루어진다. 따라서 사용자의 공개 정보를 가진 모든 사람이 해당 사용자를 확인하고 인증할 수 있다.

비밀보장 서비스는 유사한 절차인 암복호화에 의해 달성될 수 있다. 암호화는 수신자의 공개키로 발신자가 수행한다. 복호화는 수신자가 자신의 개인키로 수행한다. 수신자 또는 수신자의 개인키를 가진 사람만이 데이터를 해독하고 이해할 수 있다. 따라서 기밀이 보장된다.

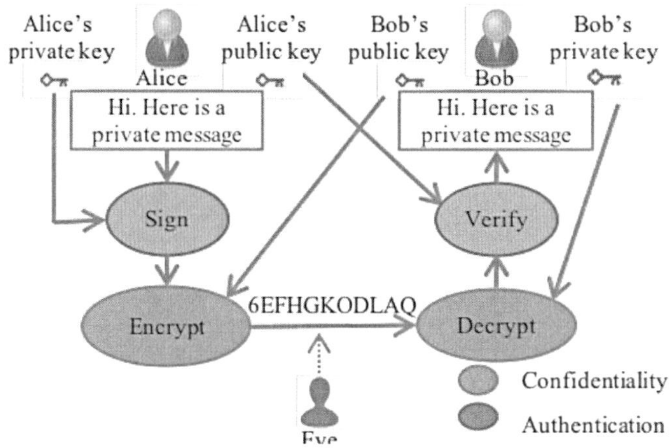

그림 8-1 공개키 서비스의 개요

2) 현재 애플리케이션에 대한 서비스의 중요성

엔티티 인증 및 메시지 기밀성은 현재의 거의 모든 네트워크 애플리케이션에서 가장 중요한 서비스이다. 스마트 헬스케어 환경은 이러한 서비스의 중요성을 보여주는 전형적인 예이다. 시스템은 침입자로부터 환자의 개인 정보를 보호하기 위해 전송된 데이터를 보호해야 한다. 또한 올바른 의사, 병원 및 약국을 인증하고 데이터에 대한 액세스를 보호하는 것이 중요하다.

시스템의 개인키와 공개키를 생성하기 위해 RSA, ElGamal, 타원 곡선을 포함한 많은 알고리즘이 제안되었다. 일반적으로 이 방법들은 복잡하다. 그리고 공개키와 개인키를 생성하고 관리하기 위한 인프라가 필요하다. 인증기관(CA), 신뢰 웹(WoT) 및 엔티티 기반 암호화 시스템이 도입되어 키를 생성, 관리, 사용, 저장 및 배포할 수 있다.

3) 공개키 인프라(PKI)에 의한 키 관리

공개키 인프라(PKI)는 공개 암호화를 위한 키 관리를 제공하는 한 가지 방법이다. 전통적으로 PKI를 달성하기 위한 두 가지 기존 접근 방식이 있다.

CA에 의해 중앙 집중화되고 WoT에 의해 분산된다. CA 기반 PKI는 가장 일반적으로 사용되는 접근 방식이며 X.509 표준에서 표준화되었다. 이 접근 방식에서 CA는 시스템의 모든 구성원이 신뢰하는 타사 엔티티이다. CA는 사용자를 인증하고 각 사용자를 공개키에 바인딩하는

"인증서"를 발행한다. 사용자를 공개키에 바인딩하는 서명된 인증서는 해당 공개키의 소유권을 특정 사용자에게 인증한다.

다른 전통적인 접근 방식은 1992년 Phil Zimmerman이 제안한 WoT 이다. 이 기술은 키가 로컬에서 생성되고 시스템에서 적어도 한 명의 다른 신뢰할 수 있는 사용자에 의해 확인되면 신뢰할 수 있는 분산 접근 방식을 사용한다.

4) PKI의 개요

조직에서 관리하는 애플리케이션은 여러 개 존재한다. 또한 사용자도 여러 명 존재한다. 조직에서 이들을 인증하기 위해 다중인증 시스템, 싱글 사인온(SSO)과 같은 방법을 사용한다. 인터넷은 신뢰할 수 없는 공간이기 때문에 인증은 반드시 필요한 보안 조치이다. 네트워크 상에서 신뢰를 구축하기 위해서는 독립적이고 신뢰할 수 있는 기관이 필요하다. 공개키 기반구조(PKI, Public Key Infrastructure)는 인터넷 사용자들의 신뢰를 구축할 수 있도록 만들어진 프레임워크이다.

PKI는 밥과 앨리스 사이에 신뢰 가능한 제 3자(TTP, Trusted Third Party)를 두어 상대방의 신뢰여부를 알아낸다. 밥과 앨리스가 대화를 시작하려면 서로 상대방의 신원을 확인해야한다. 그리고 TTP가 그 역할을 한다. 즉, 앨리스는 디지털 서명을 밥에게 공유하고, 밥은 신뢰된 인증기관으로부터 얻은 공개키로 서명을 복호화해서 앨리스의 신원을 확인할 수 있다.

PKI는 무결성, 인증, 부인방지의 세 가지 보안 원칙을 달성하기 위해 사용된다. PKI의 주요 목적과 요소기술은 (표 8-1)과 같다.

[표 8-1] PKI의 목적과 요소기술

목적	요소 기술	주요 내용
인증	Certificate, X.509	사용자 확인, 검증
기밀성	AES, SEED, 3DES	송수신 정보의 암호화
무결성	SHA, MD5	송수신 정보의 위/변조 방지
부인봉쇄	진자시명	송수신 시실의 부인방지
접근제어	MAC, DAC, RBAC	허가된 수신자 접근 가능
키 관리	LDAP	공개키 발급/등록/관리

따라서 PKI는 이러한 목적을 위해 다양한 구성요소, 애플리케이션, 정책 등의 모음이다. 예를 들어, 디지털 인증서는 인터넷 상의 디지털 식별자로 사용된다. (그림 8-2)는 PKI의 구조도를 보여준다. 각 구성요소들에 대해 알아보자.

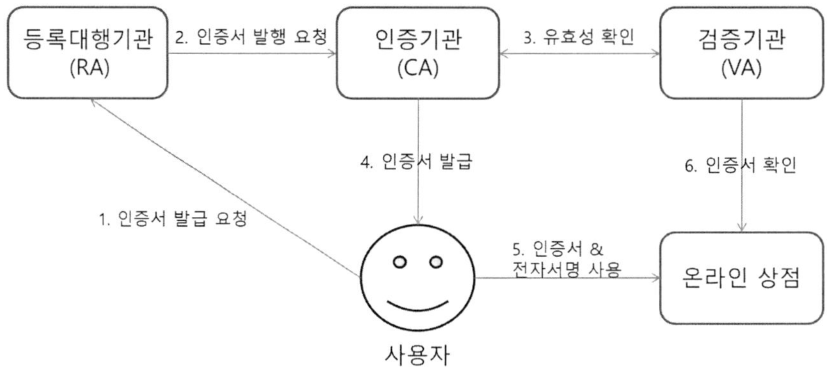

그림 8-2 PKI의 구조도

가. 인증서(Certificate)

인증서는 공개키나 공개키의 정보를 포함하는 증서를 말한다. 네트워크에서 통신하고자 하는 사용자 또는 장치의 신원을 나타내는 전자적인 신분증이라 할 수 있다. 인증서의 내용에는 버전, 일련번호, 유효기간, 식별자 등을 포함하고 공개키와 공개키 소유자를 연결해준다. 다음은 인증서의 주요 유형이다.

- SSL(보안 소켓 계층) 인증서
- 클라이언트 인증서
- 코드 서명 인증서
- 이메일 인증서

인증서는 인증기관이 발행하는 것으로 인증서 소유자인 Entity에 대한 정보를 가지고 있다. 인증서 내부에는 Entity에 대한 일반정보, Entity의 공개키, 인증기관의 전자서명 값이 들어있다. 인증기관의 전자서명 값이 Entity에 대한 일반 정보와 Entity의 공개키를 인증기관의 개인키로 서명한 값이다.

인증서의 자료구조는 X.509 표준을 따르고 있으며, 포함되는 내용은 Issuing CA, CA Digital Signature, Version Number, Serial Number, Subject/Owner, Owner's Public Key, Validity Period, Certificate Usage, Signature Algorithm 이다.

참고로 우리나라에서 사용하는 공인인증서는 우리나라 정부가 인정한 인증기관(정부 공인 인증기관)에서 발행한 인증서이다.

인증서의 표준인 X.509는 꾸준히 개선되고 있다. 버전 2에서는 발급자의 고유 ID 및 주체(subject) 고유 ID가 헤더에 추가되었다. 버전 3에서 정책 및 다른 관련 정보를 담는 확장 필드가 도입되었다. (표 8-2)는 X.509의 인증서 내용을 보여준다. 그리고 (그림 8-3)은 인증서의 구조를 보여준다.

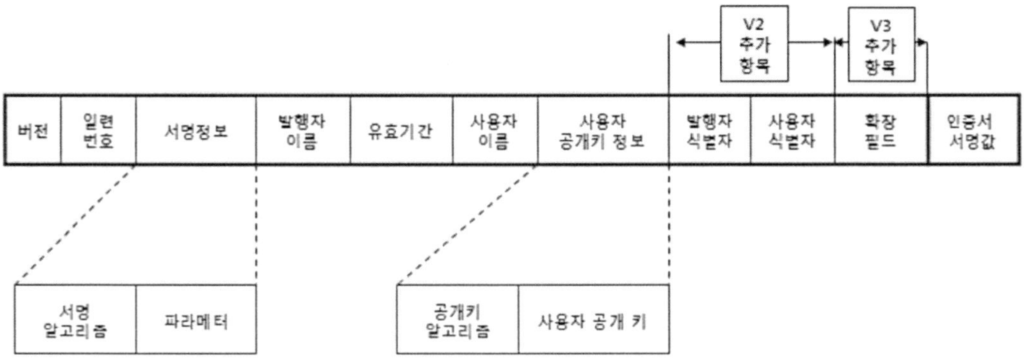

그림 8-3 X.509의 구조

[표 8-2] X.509의 내용

버전	구성요소	설명
v1	버전	X.509의 버전 정보
	일련번호	CA가 부여한 인증서 일련번호
	서명정보	CA의 서명 알고리즘(RSA, MD5)
	발행자	CA의 X.500 이름(C = KR, O = KISA)
	유효기간	유효기간의 시작/종료 일시
	사용자	공개키 대응 개인키 소유자
	공개키	사용자의 공개키 정보
	시명	CA의 시명
V2	발행자 식별	인증서 발행기관(CA) 식별번호
	사용자 식별	인증서 사용자 식별번호
V3	확장 필드	Criticality, Value 데이터 값

나. 인증기관(CA: Certificate Authority)

인증기관은 인증서의 발급이나 관리의 역할을 하는 기관이다. 사용자, 서버, 데이터베이스, 관리들의 신변을 인증해주는 제 3의 신뢰받는 독립기구이다. CA는 사용자의 자격증명을 확인하고 인증서를 발급한다. 인증서 발급시에 비밀키를 가지고 서명을 한다. 발급 뿐만 아니라 관리의 역할도 갖고 있다. 인증정책을 수립하고 인증서 관리, 인증서 효력정지 관리, 폐지목록 관리, 다른 CA와 상호 인증을 제공한다.

역할에 따라 정책승인기관, 정책인증기관, 인증기관으로 구분할 수 있다.

- 정책승인기관(PAA: Policy Approving Authority): PKI의 Root CA 역할을 하며, PKI 전반에 사용되는 정책과 절차를 생성한다.
- 정책인증기관(PCA: Policy Certification Authority): PAA의 하부계층으로서 자신의 도메인 내의 사용자 및 인증기관, 인증서를 관리한다.
- 인증기관(CA: Certification Authority): 인증서를 발급/관리하고, 사용자에게 인증서를 전달하고, 인증서 및 인증서 취소목록 등을 보관한다.

다음은 CA의 기능이다.

- 인증서 발급 및 전달
- 인증서와 인증서 폐지 목록(CRL: Certificate Revocation List)을 저장소에 게시
- 인증서 소유자의 폐지 요청을 관리

국내에는 아래와 같이 1개의 최상위인증기관과 5개의 공인인증기관이 있다.

- 최상위 인증기관: KISA
- 공인인증기관: 한국정보인증, 코스콤, 금융결제원, 한국전자인증, 한국무역정보통신

다. 등록기관(RA: Registration Authority)과 검증기관(VA: Validation Authority)

등록기관(RA)은 신원확인, 고객 데이터 유지 등 인증기관의 입증을 대행하는 기관이다. 인증기관으로부터 인증서를 필요로 하는 신규 Entity의 신원을 인증한다. 또한 로컬 등록 데이터 정보를 유지하며 오래된 인증서의 갱신과 폐지 절차를 관장한다.

다음은 등록기관(RA)의 기능이다.

- CA로부터의 인증을 필요로 하는 새로운 사용자 또는 시스템을 인증한다.
- CA의 일부 기능을 수행한다.
- CA의 대행자 역할을 한다.
- 불필요한 인증서의 갱신과 폐지에 대한 로컬 등록 데이터를 유지한다.

검증기관(VA)은 인증서와 거래의 유효성을 확인하고, 사용되는 인증서의 유효성 여부와 인증서가 적절히 Entity에게 발급되었다는 것을 신뢰기관에게 확인시켜주는 역할을 한다. 검증기관이 없이 인증기관만 존재할 수 있다. 그러나 적절한 인증서 검증 기능이 없다면, 보안 측면에서 불완전한 것으로 간주될 수 있다. 주로 외주로 운영하거나 CA가 직접 운영할 수도 있다.

라. 인증서 저장소(CR: Certificate repository) / 디렉터리(Directory)

인증서 저장소는 공개된 인증서에 대한 저장과 검색을 할 수 있는 저장소 역할을 지닌다. PKI 환경의 모든 노드에서 접근할 수 있는 인증서 데이터베이스이다. 인증서 폐지와 관련된 정보와 관리 정책 정보도 포함하고 있다.

CA는 발급한 인증서를 발급과 동시에 이곳에 저장하며, 사용자는 자신이 원하는 상대방의 인증서를 이곳에서 검색할 수 있다. 사용자의 정보는 포괄적으로 관리되고, 디렉터리에는 상황에 따라 적절한 접근 제한을 제공한다.

다음은 인증서 저장소의 기능이다.

- 비인증 방식의 정보 조회를 허용한다.
- 공개키 인증서, 폐지 목록, 정책 등의 정보를 저장하는 데이터베이스 역할을 한다.

디렉터리 표준형식으로는 ITU-T에서 정의한 X.500과 이를 간략화 시킨 LDAP(Light weight Directory Access Protocol) 등이 있다.

마. 인증서 수명주기

미국국립표준기술연구소(NIST)에서는 암호화 키의 수명 주기를 준비, 운영, 정지, 삭제의 키 관리 단계로 구분한다. 키의 유효성은 언제나 제한적이므로 계정에서 사용된 시간을 고려하는 것이 중요하다. 그러므로 특정키를 사용하도록 인가된 기간을 기록하는 암호 기간을 둔다.

인증서의 상태를 확인하기 위해 CRL 방법과 OCSP(온라인 인증서 상태확인 프로토콜) 방법이 있다. CRL은 폐지된 인증서 목록으로 폐지된 인증서의 일련번호가 기재되어 있다. RFC 3280에 의하면 인증서 해지에는 두 가지가 있다.

- 해지(Revoked): 인증서가 영구적으로 해지된 상태이다. 예를 들어, 인증기관이 잘못 인증서를 발급했거나 인증서의 개인키가 손상된 경우이다.
- 효력중지(Hold): 임시적으로 인증서의 상태가 무효화 된 상태이다. 예를 들어, 사용자가 자신의 개인키를 잃어버렸는지 확실하지 않은 상태는 효력 중지 상태가 된다. 만약 이후에 개인키가 발견되고, 다른 누군가가 그 개인키에 접근하지 않았을 경우에는 인증서는 다시 유효하게 된다. 이후에 발생되는 CRL에서는 해당 인증서가 포함되지 않는다.

인증서의 유효기간이 아직 남아 있어도 인증서 소유자의 사정으로 더 이상 사용하면 안되는 경우에는 CA기관은 발행된 인증서를 파기한다. 예를 들어, 소유자의 개인키가 외부로 노출이 된 경우에 파기를 진행한다. 이러한 파기된 인증서를 모은 것을 CRL이라고 한다. CA기관은 CRL을 주기적으로 VA 기관에 전달해 주어야한다.

OCSP는 X.509를 이용한 전자 서명 인증서의 폐지 상태를 파악하는데 사용되는 인터넷 프로토콜이다. 인증서 폐기 목록을 대체하기 위해 만들어졌으며, 공개키 기반 구조의 인증서 폐기 목록과 관련된 문제들을 실시간으로 검증하기 위한 것이다. 응용 프로그램이 OCSP 서버에게 인증서의 상태를 물으면 서버는 인증서의 상태를 담은 메시지를 전자서명 하여 보낸다.

바. 키 관리

키 관리 상호운용 프로토콜(KMIP)은 키 관리 시스템이 관리하는 저장된 개체에 대해 관리 작업을 수행한다. 이것은 암호화키를 수명 주기에 걸쳐 관리하는 표준화된 방법으로, 대칭 및 비대칭 암호화 키, 디지털 인증서, 그 밖의 관련 템플릿을 지원해서 객체 생성과 관리를 일원화하도록 개발됐다.

사. PKI 아키텍쳐

PKI의 구조는 크게 계층 구조, 네트워크 구조, 혼합형 구조로 나뉜다.

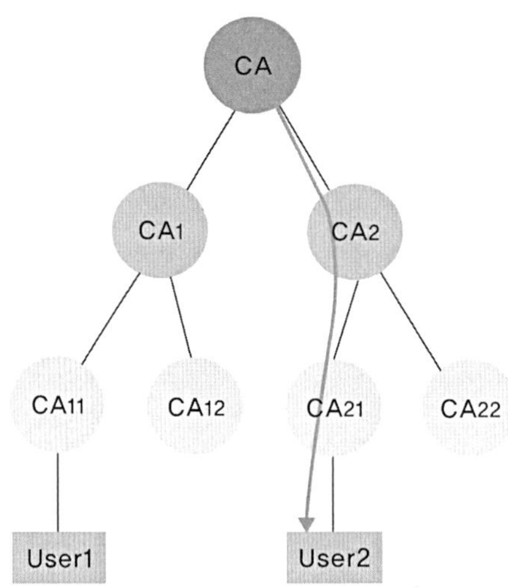

그림 8-4 PKI의 계층 구조

❶ 계층 구조: 계층적인 구조를 가지고 상위 인증기관이 하위 인증기관에게 CA 인증서를 발행한다. 하위 인증기관은 상위 인증기관의 인증정책에 영향을 받는다. 최상위 인증기관끼리의 상호인증은 가능하지만 하위 인증기관 간의 상호인증은 원칙적으로 불가능하다. 정부와 같은 계층적 조직 체계에 적합하다. 장점으로는 인증경로의 탐색이 용이하고 인증 서비스의 영역이 확장된다. 또한 인증 서비스를 추가 시 용이하다. 모든 사용자가 최상위 CA의 공개키를 알고 있으므로 인증서 검증에 용이하다. 하지만, 최상위 인증기관의 비밀키가 노출될 시 전 인증기관에 위협이 되고, 최상위 CA에 오버헤드가 발생할 수 있다. 그리고 협동 업무나 상업적인 분야에 이용될 때에는 부적합하다. (그림 8-4)는 계층구조를 보여준다.

❷ 네트워크 구조: 상위 인증기관 없이 인증기관 각각이 자신의 인증정책을 갖는다. 각 CA 간에 상호인증서를 발행하여 인증 서비스를 한다. CA 상호 인증이 직접 이뤄지기 때문에 인증경로가 단순하고 유연한 인증 관계가 형성된다. 실질적인 업무 관계에 적합하다. 또한 인증 서비스 영역이 확장된다. CA의 비밀키가 노출되어도 피해가 적다. 하지만, 인증경로의 탐색이 복잡하고 인증정책 수립이나 적용이 어렵다. 또한 모든 상호인증이 허용되면 상호인증의 수가 대폭 증가하고, 인증기관의 추가 시에도 다른 인증기관의 수만큼 인증서를 생성해야 한다. 사용자는 PKI의 다른 사용자에게 단일 인증 경로를 제공할 수 없다. (그림 8-5)는 네트워크 구조를 보여준다.

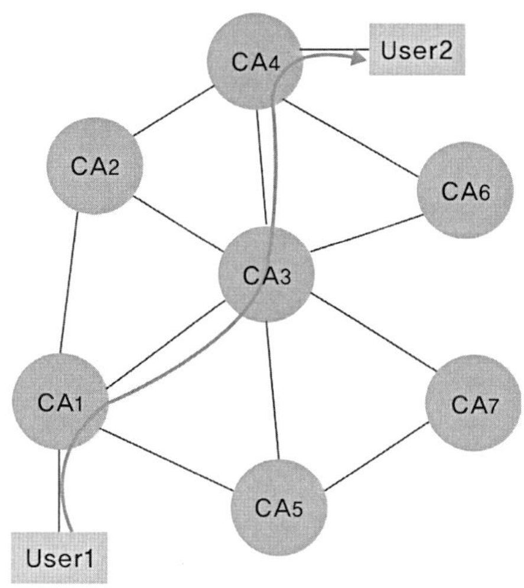

그림 8-5 PKI의 네트워크 구조

❸ 혼합형 구조: 계층 구조와 네트워크 구조를 혼합한 구조이다. 즉, 계층 구조와 네트워크 구조의 장점을 취한 방법이다. 각 CA의 독립적인 구성과 계층적 구성을 허용하여 효율적인 활동을 보장한다.

8.2 블록체인과 PKI

1) 블록체인과 PKI의 관계

현존하는 PKI 모델의 문제점으로 추가적 보안의 필요성과 중앙집권화된 권한을 들 수 있다. 우선 추가적인 보안의 필요성에 대해 만약 중앙 인증 저장소가 해킹되면 대량 데이터 유출과 계정 탈취로 이어질 수 있다. PKI를 보호하기 위해 하드웨어 보안 모듈(HSM)을 추가하는 것을 예로 들 수 있다. 중앙집권화된 권한에 대해서는 인터넷에 연결된 모든 장치와 시스템은 공개키와 식별자를 관하하기 위해 제 3자를 신뢰할 수 밖에 없다.

가. 블록체인과 PKI의 중요성

블록체인은 제 3자의 개입 없는 다자간의 탈중앙화된 네트워크를 구현하는데 목적이 있다. 탈 중앙화된 공개키 기반 구조(DPKI)는 공개 시스템을 통해 인증 시스템을 구현하여 단일한 제3자에 의존한다. 따라서 시스템의 무결성과 보안을 해칠 가능성을 배제하는 개념이다. 즉, 무신뢰 접근을 바탕으로 구축된다. 원장의 상태에 대한 여러 합의 모델을 통해 이질적인 참가자들 사이에 신뢰가 구축된다. 블록체인은 네트워크의 여러 노드를 가지고 어떠한 유형의 가치라도 저장할 수 있게 해준다.

개인은 블록체인에 식별자를 등록하여 웹사이트 도메인 같이 글로벌하게 읽기 가능한 식별자에 대한 직접적인 통제권을 가질 수 있다. 개인은 식별자를 키 데이터베이스에서 조회한다. 블록체인은 공개키 및 그 밖의 속성과 같은 비밀 자산의 할당을 허용할 수 있다. 그리고 중간자 공격을 막을 수 있는 안전한 방법으로 이러한 값들을 글로벌하게 읽기 가능하게 한다.

DPKI의 설계는 시스템이 탈중앙화를 유지하고, 식별자에 대한 통제는 개인에 있으며 식별자 데이터가 피해를 입을 위험을 제거해준다.

나. 블록체인과 PKI의 사용 사례

공개키 인프라(Public Key Infrastructure, PKI)는 이메일, 메시징 애플리케이션, 웹 사이트 등 다양한 통신 형태를 보호하는 데 사용되는 공개키 암호화 기술이다. 그러나 대부분의 구현은 키 쌍(key pairs)을 발행, 회수 및 저장하는 데 중앙화된 타사 인증 기관(CA)에 의존하고 있다.

범죄자들은 공격 대상으로 인증 기관을 선택하여 암호화된 통신을 침해하거나 신원을 조작할 수 있다. 그러나 블록체인에 키를 게시함으로써 이론적으로 가짜 키의 전파 위험을 없애고, 애플리케이션에서 통신 상대방의 신원을 확인할 수 있게 된다.

서트코인(CertCoin)은 블록체인을 기반으로 한 PKI 시스템의 최초 구현 중 하나이다. 이 프로젝트는 중앙 기관을 완전히 제거하고, 블록체인을 도메인 및 공개키의 분산 원장으로 활용한다. 또한, 서트코인은 단일 실패 지점이 없는 감사 가능한 공개 PKI를 제공한다.

신생 기업 레미(REMME)는 블록체인을 기반으로 각 장치에 고유한 SSL 인증서를 부여하여 인증서 위조를 방지한다. 기술 연구 업체 폼코어(Pomcor)는 블록체인을 활용하여 발급 및 해지된 인증서의 해시를 저장하는 블록체인 기반 PKI를 위한 청사진을 공개했다. 단, 이러한 경우에도 여전히 CA가 필요하다.

에스토니아의 데이터 보안 신생 기업 가드타임(Guardtime)에 따르면, 블록체인은 PKI를 완전히 대체할 수도 있다고 한다. 이 회사는 블록체인을 활용하여 PKI를 대체하는 키리스 시그니처 인프라(KSI: Keyless Signature Infrastructure)를 개발했다. 가드타임은 매출, 직원 수, 고객 구축 등의 측면에서 세계 최대의 블록체인 기업으로 성장했으며, 2016년부터는 블록체인 기술을 이용하여 에스토니아의 100만 건 이상의 의료 기록을 보호하고 있다.

부캐넌은 "현재 신뢰 인프라 생성은 PKI에 의존하지만 특히 사이버 범죄자들이 자체 디지털 서명을 만들고 있는 지금 PKI에는 부족한 부분이 많다"면서, "블록체인 방법을 사용하면 일반 시민이 생성한 ID를 사용해 거래에 서명할 수 있게 된다"고 말했다.

2) 디지털 서명과 블록체인

가. 디지털 서명의 역할과 중요성

블록체인 기술은 디지털 서명 및 인증 작업 방식을 변화시키고 있다. 분산 원장 시스템을 활용하여 디지털 서명을 저장하고 확인함으로써 회사와 개인은 타사 서비스에 의존하지 않고 문서에 안전하게 서명할 수 있다.

디지털 서명은 문서의 진위를 증명하는 데 사용되므로 점점 더 많은 온라인 거래에서 중요한 부분이 되고 있다. 실제로 디지털 서명은 재산법 및 의료와 같은 분야에서도 사용되고 있다. 디지털 서명을 확인하고 저장할 수 있는 강력하고 안전하며 투명한 방법을 제공할 수 있는 블록체인 기술이 필요한 곳이다.

블록체인의 가장 큰 장점은 분산 원장 시스템으로 누군가가 문서를 변조하는 것이 사실상 불가능하다는 것이다. 문서가 서명되고 블록체인 원장에 저장되면 원장에 액세스할 수 있는 모든 사람이 쉽게 확인할 수 있다. 이렇게 하면 디지털 서명이 변경 불가능하고 안전하며 문서의 모든 변경 사항을 쉽게 감지할 수 있다.

또한 블록체인 기술은 향상된 인증 기능도 제공한다. 암호화 해시와 디지털 서명을 사용하여 사용자는 자신의 신원과 문서의 진위를 빠르고 안전하게 확인할 수 있다. 이것은 민감한 정보가 자주 교환되는 은행 및 의료와 같은 애플리케이션에 특히 중요하다.

전반적으로 블록체인 기술은 디지털 서명 및 인증 처리 방식을 혁신하고 있다. 디지털 서명을 저장하고 확인하는 안전하고 투명한 방법을 제공함으로써 블록체인 기술은 개인과 조직이 문서에 안전하게 서명하고 신원을 확인하는 것을 더 쉽게 만든다. 기술이 계속 발전함에 따라 디지털 서명 및 인증의 가능성은 더욱 확장될 것이다.

나. 블록체인에서 디지털서명의 활용

블록체인 기반 디지털 서명은 비즈니스 및 개인 거래에서 점점 더 대중화되고 있다. 이러한 서명은 문서 및 트랜잭션을 확인하는 안전한 방법을 제공할 뿐만 아니라 규정 준수 및 보안을 위한 강력한 감사 추적을 제공한다. 다음은 블록체인 기반 디지털 서명 사용의 주요 이점이다.

❶ 강화된 보안: 블록체인 기반 디지털 서명은 암호화 알고리즘을 사용하여 문서 및 트랜잭션을 보호하여 추가 보호 계층을 제공한다. 또한 이러한 서명은 변경할 수 없는 원장의 일부이기 때문에 사실상 변조가 불가능하다.

❷ 효율성 향상: 블록체인 기반 디지털 서명으로 문서 및 거래를 빠르고 안전하게 확인할 수 있어 수동 프로세스가 필요하지 않다. 이를 통해 문서 서명 및 확인 프로세스의 속도를 높이고 시간과 비용을 절약할 수 있다.

❸ 규정 준수: 블록체인 기반 디지털 서명을 사용하면 명확한 감사 추적을 제공하여 GDPR, HIPAA 및 SOX와 같은 규정을 보다 쉽게 준수할 수 있다.

❹ 비용 절감: 블록체인 기반 디지털 서명은 수동 프로세스의 필요성을 줄임으로써 인건비 및 자원과 같은 비용을 절감하는 데 도움이 될 수 있다. 이는 시간이 지남에 따라 상당한 절감 효과를 가져 올 수 있다.

전반적으로 블록체인 기반 디지털 서명은 문서 및 트랜잭션을 확인하는 안전하고 비용측면도 효율적인 방법을 제공한다. 이 기술은 보안 및 규정 준수를 개선하는 동시에 비용을 절감하는 데 도움이 될 수 있다.

3) 블록체인 신원 확인과 PKI

가. 블록체인에서의 신원인증

블록체인은 분산시스템을 지향한다. 블록체인 기술이 소개되면서 분산시스템을 활용한 신원인증 방식에 관심이 많아졌다. 이러한 방식을 보통 '분산 ID' 또는 'Decentralized ID' 줄여서 DID로 표현한다.

DID는 블록체인을 통해 개인의 신원에 대한 정보들을 중앙의 기관을 거치지 않고 검증이 가능하도록 하여 인증이 요구되는 상황에서 다양한 방식으로 활용할 수 있도록 하는 개념이다. (그림 8-6)은 DID와 DID Documant의 참조 구조를 보여준다.

그림 8-6 DID와 DID Document의 참조 구조

출처 W3C

기술적으로 풀어보면, 한 개인의 신원 정보 및 인증과 관련된 메타 데이터(특정 데이터를 설명하는 구조화된 정보)를 DID Document라는 형식으로 정의한다. 이를 가리키는 일종의 주소인 분산ID를 블록체인상에 정의해 놓으면, 인증 요청 주체가 해당 주소를 통해 그 정보의 사실 여부를 확인할 수 있게 된다.

W3C에서 정의하는 Verifiable Credential Model에서는 개인정보에 대한 검증이 어떤 식으로 이루어지는지 알 수 있다. 이 모델에서는 3개(발행자와 보유자가 동일한 경우 2개)의 주체가 있다고 가정한다. 주체는 다음과 같다.

- 보유자(Holder): 인증을 하려는 사람
- 검증자(Verifier): 보유자의 인증이 필요한 사람
- 발행자(Issuer): 보유자에 대한 검증 가능한 정보를 제공할 수 있는 주체

구성 주체 간 데이터의 요청 및 검증 순서는 (그림 8-7)과 같다.

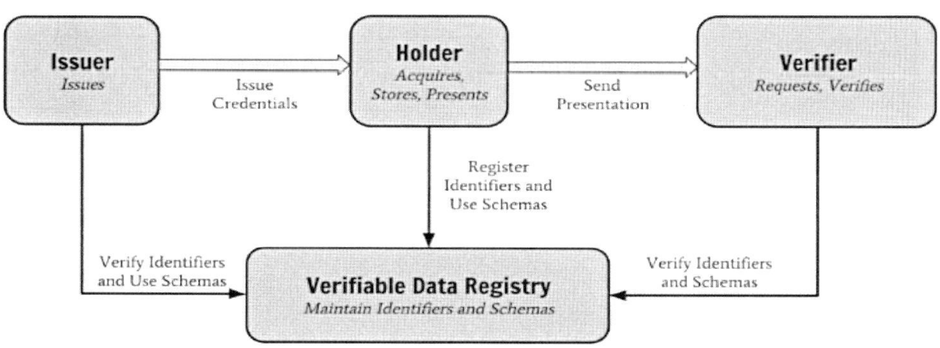

그림 8-7 Verifiable Credential Model

출처 W3C

❶ 인증요청: 보유자가 검증자로부터 개인 정보에 대한 인증 요청을 받으면, 해당 내용을 인증할 수 있는 발행자에게 검증 가능한 인증서 발행을 요청

❷ 등록 및 서명: 발행자는 보유자가 적법한 권한을 가지고 있는지 확인 후, 보유자에게 인증서를 발행하고 발행과 관련된 사항을 Verifiable Data Registry(블록체인과 같은 분산 시스템)에 등록 및 내용에 대해 서명

❸ DID 생성: 보유자는 인증서를 취득하고 발행자가 서명한 내용에 대해 Counter-sign 수행하여 DIDs(Key)-DID Document(Value) 생성

❹ 전달: 보유자는 검증자가 요구하는 수준의 정보를 정의한 Presentation을 생성하여 검증자에게 전달

❺ 검증 완료: 검증자는 DIDs를 통해 Verifiable Data Registry에서 해당 내용을 확인하고 내용에 문제가 없을 경우 검증을 완료

DID에서 '검증 가능한(Verifiable)'이라는 단어가 붙는 것은 주체들 간의 서명을 통해 그 진위여부를 검증할 수 있고, 검증의 유효 여부는 임의로 변경 불가능하다는 점 때문이다.

나. 탈중앙 신원인증(DID)의 장점

DID의 궁극적인 목표는 신원의 자기 주권성의 확보이다. 자기 주권성이 확보된 신원을 자기주권신원(SSI: Self-Sovereign Identity)이라고 한다. 자기주권신원은 '탈중앙'이라는 단어가 의미하듯 기존의 중앙 시스템에 의한 인증 방식 혹은 기업의 개인의 정보를 수집, 통제하는 방식에서 벗어나 각 주체가 스스로의 신원을 생성, 관리하는 새로운 방식을 추구한다.

DID를 활용에 따른 효과는 크게 편의성 증대와 프라이버시 강화로 볼 수 있다.

❶ 편의성 증대

대부분의 인터넷기반 시스템은 회원가입 절차를 통해 ID와 패스워드외 필요한 정보를 수집하여 디지털신원을 생성한다. 이는 로그인을 통해 자신임을 인증하게 된다.

DID는 이 과정을 편리하게 만들 수 있다. 필요한 정보들을 사전에 정의해 놓고 암호화하여 공개키가 나의 것임을 증명하는 방식이다. 이 방식은 페이스북이나 카카오톡 계정을 통해 가입하는 공개인증방식(OAuth)과 비슷하다. 차이점은 특정 서비스에 종속적이지 않기 때문에 해당 서비스가 종료되거나 해킹으로 인해 개인정보가 유출되는 일이 적다.

❷ 프라이버시 강화

특정 상황을 가정하면 이해하기 편하다. 예를 들어 편의점에서 맥주를 구입한다고 생각해 보자.

술을 구입하기 위해 점원에게 성인임을 인증해야 한다. 현재는 공인된 신분증(주민등록증, 운전면허증 등)을 제시해서 인증한다. 인증해야하는 내용은 성인 여부만 해당되지만, 신분증을 제시하면 다른 개인정보들도 공개된다.

DID는 개인의 검증 가능한 신원정보들(Verifiable Credentials)을 저장해 놓고, 필요한 상황에 최소한의 요구사항에 맞도록 검증 가능한 인증정보(Verifiable Claims 또는 Presentations)로 새롭게 정의할 수 있도록 한다. 이렇게 하여 요구되는 최소한의 정보만 제공하고 불필요한 개인정보 유출을 막는다.

예를 들어, 생년월일에 대한 검증이 가능한 신원정보가 저장되어 있으면, 신원 보유자는 '성인'이라는 검증 가능한 정보를 통해 성인임을 정의한다. 나머지 정보는 공개되지 않는다.

다. 블록체인에서의 신원확인 문제

DID의 가장 큰 특징은 주체성이다. 개인정보의 생성, 관리, 활용까지 모두 개인의 통제하에 진행된다. 그렇기 때문에, 근본적인 문제로 개인이 정의하는 신원의 신뢰여부이다. 트러스트 앵커(Trust Anchor)는 스스로 인증하기 위한 신뢰의 바탕이 된다. 즉, 국가가 그 대표적인 기관이다. 국적, 생년월일 등을 증명하기 위해 국가가 인정하는 주민등록증, 여권, 운전면허증 등을 사용하여 나의 인증에 대한 신뢰의 근원을 국가에 있다는 것을 입증한다.

Verifiable Credential Model은 신원을 검증하고자 하는 검증자가 인증정보를 발행한 발행자를 신뢰할 수 있다는 Trust Model의 구축을 기본적인 전제로 두고 있다. 이상적인 SSI 생태계는 발행자와 보유자가 일치하며, 검증자가 발행자인 보유자를 신뢰할 수 있어야 한다. 하지만, 현실적으로 어렵기 때문에 발행자를 신뢰 가능한 제 3의 기관으로 둘 수밖에 없게 된다. 따라서 DID에서도 제 3의 중앙화된 신뢰기관(Certificate Authority)을 필요로 한다.

세계경제포럼(WEF)에서는 신원정보의 속성을 3가지로 구분했다.

- 태생적 속성(Inherent Attribute): 국적, 생년월일 등의 날 때부터 갖게 되는 속성
- 부여된 속성(Assigned Attribute): 시민권, 졸업증명 등 정보나 기관이 부여한 속성
- 축적된 속성(Accumulated Attribute): 신용정보, 평판 등의 살면서 축적되는 속성

현재의 신원인증의 패러다임은 태생적이면서도 신뢰기관으로부터 부여된 속성에 절대적 신뢰를 두고 있다. 반면 SSI의 주요 항목인 축적된 속성에 대해서는 큰 신뢰를 갖지 못한다. 이런 이유로 아직까지 국가, 금융기관, 통신사, 학교 등 나의 특정 정보에 대한 권한을 가진 주체가 검증해 주지 않으면 신뢰할만한 신원 정보로 확정하기 어렵다.

DID가 신분증명이 어려운 사람들을 위한 기술이고 국제적으로 통용되는 신원증명 시스템을 구축의 가능성은 크지만, Trust Anchor 문제를 해결하지 않으면 매우 어려운 문제이다.

또한 DID가 추구하는 프라이버시 강화도 현재는 빈약하다. 개인정보를 온체인에 올리는 것은 프라이버시 측면에서 매우 큰 위험을 가진다. 물리적 저장소로서 인터넷에 연결되지 않은 개인 디바이스에 저장하는 것이 가장 안전하지만, 검증과정에서 특정 시점에는 인터넷과 연결이 필요하고 개인이 정보관리의 온전한 주체가 되는 것이 쉽지 않다.

따라서 현시점에서는 중앙화된 기관의 서버나 클라우드 등에 신원에 대한 정보를 보유하게 된다. 이는 예전 방식을 사용하는 것이므로 개인정보의 완전한 통제는 아직 해결이 어려운 부분이다. 현재 많은 기업이 추진하는 분산 ID 중에서 상당수는 DID와 거리가 있는 것이고, 굳이 분산 시스템을 사용할 이유도 명확하지 않다.

다만, 과거에는 내 정보의 활용과 그 활용 목적 등을 전혀 파악할 수 없었다면, 적어도 누군가 내 정보에 접근했다는 것은 확인이 가능하다는 점은 잇점으로 볼 수 있다.

4) 블록체인 신원인증 활용 예

서비스 제공자 입장에서 전자서명과 함께 그 전자서명이 옳은 것인지에 대한 인증서를 전달받게 된다. 이후 그 인증서에서 키를 꺼내어 전자서명이 옳은 것인지 검증 과정을 거치게 된다. 예를 들어, 전세계약을 할 때 인감증명서를 내는 경우에 인감증명서도 위조할 수 있기 때문이다. 그래서 인증서 자체에 대한 검증도 포함되어야 한다.

그러나 서비스 제공자 입장에서는 인증기관의 서버도 의심해 볼 수 있다. 예를 들어 어떤 인증서를 보내서 진짜라고 위장한 서버가 옳은 인증서라는 응답을 보내오는 경우이다. 이러한 점을 개선하기 위해 블록체인을 고려할 수 있다. 일반적으로 블록체인은 데이터 트랜잭션들을 블록단위로 저장하고, 각 블록은 이전 블록의 해시(hash)값을 가지고 있다. 어떤 블록에 저장된 작은 데이터의 위·변조를 하려면 블록체인에 저장된 모든 블록의 해시(hash)값을 변조해야 한다는 어려움이 있다. 그리고 저장된 데이터들이 네트워크 상에 퍼져있는 여러 개의 노드(node)에 동일하게 저장되기 때문에 전체 네트워크를 해킹하지 않는 이상 블록체인에 한 번 기록된 데이터들은 바꿀 수 없다.

여기서 등장하는 기술이 하이퍼레저 패브릭이다. 하이퍼레저는 리눅스 재단에서 주도하는 블록체인 컨소시엄이다. 하이퍼레저 아래에 10개 정도의 프로젝트가 존재한다. 패브릭은 이 중에서 가장 먼저 시작된 프로젝트이다. 하이퍼레저 패브릭의 가장 큰 특징은 처음 등장할 때부터 엔터프라이즈를 지향하고 나왔다. 비트코인이나 이더리움등의 공개된 네트워크의 경우, 블록을 만들기 위해서 컴퓨팅 자원을 쓰는 노드들에게 어떠한 형태로든 보상을 주어야 했다. 물론 이러한 점이 비트코인의 가장 혁신적인 특징 중 하나였다. 만약 이해관계가 있는 기업간의 연동을 위해 블록체인을 사용하는 경우라면 이러한 특징은 크게 필요가 없다. 기업들은 이미 자사의 서비스를 보다 활성화시키기 위해 네트워크에 참여할 의지가 있다. 그러므로 일반적으로 기업간 연동을 위해 사용되는 블록체인에는 코인이 필요하지 않을 수 있다는 것이다. 엔터프라이즈 레벨에서의 네트워크는 아무나 참여할 수 없으며, 오직 승인된 노드들만 참여할 수 있도록 프라이빗(private)하고, 허가된 네트워크를 구성한다는 점이 특징이다.

다른 특징은 블록체인을 생성하는 방법이다. (그림 8-8)은 하이퍼레저 패브릭에서 블록체인을 생성하는 과정을 보여준다. 일반적으로 공개된 네트워크들은 노드들이 블록을 생성하기 위해 경쟁을 하는 경우가 많다. 하이퍼레저 패브릭의 경우 오더링 서비스(ordering service)라는 중앙화 된 노드들이 그 블록을 생성하는 역할을 담당하고 있다. 물론 여기에는 복수 개의 노드들이 참여할 수 있어 완전히 중앙화된 것은 아니지만, 트랜잭션이 오더링 서비스에 제출되면 오더링 서비스는 순서를 매겨 블록을 생성한다.

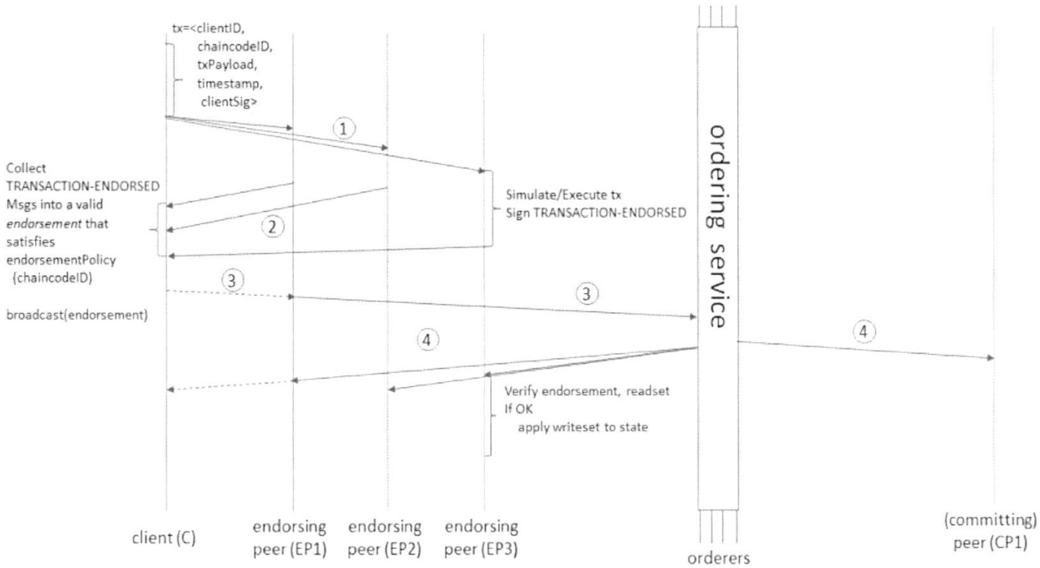

그림 8-8 하이퍼레저 패브릭이 블록체인을 생성하는 방법 : immediate finality

하지만 오더링 서비스에 트랜잭션이 제출되기 전에 클라이언트는 각 피어(peer)라고 불리는 노드들에게 먼저 그 트랜잭션에 대한 제안을 보내 검증을 받는 과정을 거친다. 이 트랜잭션이 유효한 것이라고 여러 개의 피어들이 검증결과를 보내오면 그 검증결과를 한 곳에 모아서 오더링 서비스에 보내게 되고, 오더링 서비스는 순서만 매겨서 바로 블록을 생성하게 된다. 이와 같이 하이퍼레저의 특성을 이용한다면 앞서 언급한 비트코인이 가지고 있던 한계점들을 극복할 수 있다. 오더링 서비스가 블록을 만들어내는 즉시 우리가 제출한 트랜잭션이 블록에 포함되었다고 확신할 수 있기 때문이다.

카카오페이는 기존의 청구서, 인증, 송금 부문에서 불편했던 각종 인증 절차를 비밀번호 입력만으로 간소화하였다. 카카오페이는 전자서명 플랫폼이라 할 수 있다. 전자서명 플랫폼은 사용자에게 인증서를 발급하고 그 인증서로 전자서명을 생성하며, 생성된 전자서명을 쇼핑몰 등의 서비스 제공자(service provider)에게 전달하고 검증하는 역할을 수행한다. 기존의 공인인증서가 하고 있던 역할을 기술적으로 그대로 수행하고 있다.

카카오페이는 비밀키를 사용자의 PC가 아닌 카카오톡 안에 저장하고 있어서 전자서명을 만들어 낼 수 있다. 생성된 전자서명은 카카오페이의 서버를 통해 은행이나 관공서, 쇼핑몰 등과 같은 서비스 제공자에게 안전하게 전달된다. 또한 사용자의 키를 암호화 할 때 비밀번호 뿐만 아니라 카카오페이 서버만이 보유하는 '서버사이드 패스프레이즈(server-side passphrase)'를 이용하여 함께 암호화한다. 패스워드가 유출되어도 카카오 서버를 해킹해야만 키를 사용할 수 있다. 또한 서명을 생성하거나 요청하는 과정에 카카오페이 서버를 거치므로 브루트포스 공격을 차단할 수 있다.

카카오페이는 기존의 공인인증서를 사용하던 사람들이 불편함을 느끼고 있다는 것을 알고, 상황을 개선하기 위해 초기 블록체인인 비트코인을 이용하여 카카오페이 서버를 인증하려 하였다. 2016년에 카카오페이를 개발할 때 유일한 블록체인이 비트코인이었다. 비트코인 블록체인은 거래정보를 기록하기 위한 블록체인이지만, 카카오페이 개발팀은 인증서를 기록하고 싶었다. 인증서의 해시 값을 블록체인에 기록했다. 즉, 유효함을 주장하는 인증서가 있을 때, 그 인증서의 해시 값을 생성하여 해시 값과 동일한 데이터가 블록체인 상에 존재하는지를 확인하면 인증서의 신뢰성은 증명된 것이다.

하지만, 비트코인 블록체인은 평균 10분마다 하나의 블록을 생성하기 때문에 어떤 데이터를 기록했을 때 정상적으로 기록되었는지 확인하기 위해서는 최소 10분 동안 기다려야 한다. 그리고 비트코인은 마이너들이 블록을 생성하기 위한 경쟁을 하고 있어서 블록이 생성되었다 하더라도 체인이 네트워크의 선택을 받지 못할 가능성도 존재한다. 이 때문에 실제 2~3주 동안 블록에 포함되지 못해 계속 대기한 경우도 있다. 이러한 어려움으로 선택한 네트워크가 '하이퍼레저 패브릭'이다.

현재 카카오페이가 올리는 하이퍼레저 패브릭 네트워크는 2초에 한 번씩 블록을 생성하고 있다.

8.3 블록체인 기반의 PKI 접근방법

1) 기존 PKI 시스템의 문제점

두 가지 전통적인 기술은 이 하위 섹션에서 논의되는 몇 가지 문제를 안고 있다.

CA 기반 PKI에는 신뢰할 수 있는 타사, 단일 실패 지점 및 비용이라는 세 가지 주요 과제가 있다. 시스템 사용자는 CA가 손상된 경우 높은 보안 위험을 부과하는 공개키를 생성 및 관리할 때 CA를 신뢰해야 한다. 이 아키텍처에는 CA가 실패하면 전체 시스템이 실패하므로 단일 실패 지점이 있다. 더욱이 하나의 중앙 집중식 CA에 의한 공개 키 관리는 비용이 많이 들고 비효율적일 수 있으며, 특히 다수의 사용자가 관련된 현재의 대규모 분산 응용 프로그램에서 더욱 그렇다.

반면에 WoT 기반 PKI에서는 서명자가 신뢰성을 구축해야 한다. 사용자는 다른 "신뢰할 수 있는" 구성원이 신뢰하는 경우에만 네트워크에 가입한다. 즉, 네트워크에 합류하는 새로운 구성원은 이미 시스템에 있는 다른 구성원과 사전 신뢰를 구축해야 한다. 이것은 네트워크에 진입하는 새로운 구성원에 대한 장벽으로 이어질 수 있다.

또한 CA 기반 및 WoT 기반 PKI 모두 ID 보존을 제공할 수 없다. 즉, 사용자가 이미 등록된 사용자의 ID 또는 공개키를 가장할 수 있다. 이 문제를 해결하기 위해 몇 가지 제안이 제공되었다. 그러나 대부분 로그 기반이며 이는 특히 사용자가 전 세계적으로 분포되어 있는 경우 매우 복잡할 수 있다.

2) 블록체인 기반 PKI 개념

블록체인 기술의 분산, 이벤트 기록 및 비재현성 기능으로 인해 여러 응용 프로그램에 바람직한 기술이다. 특히 이러한 속성은 블록체인의 PKI 및 DNS(Domain Name Services) 적합성을 입증한다. 블록체인 기반 PKI 솔루션이 배포되기 때문에 중앙 집중식 실패 지점이 없다. 신탁은 광부의 과반수 투표를 기반으로 구축된다. 따라서 신뢰할 수 있는 단일 제3자가 없으며 시스템에 대한 사전 신뢰성이 필요하지 않는다. 더 중요한 것은 블록체인 기술에는 비용 효과적이고 효율적인 솔루션을 구축하는 데 도움이 되는 여러 오픈 소스 구현이 있다는 것이다. 기존 접근 방식의 문제점과 블록체인이 이를 해결하는 방법은 다음의 (표 8-3)에 요약되어 있다.

[표 8-3] 기존의 PKI 문제와 블록체인 기반 솔루션

전통적인 접근 방식	문제	블록체인 솔루션
CA-based PKI	타사 신뢰 단일 장애 지점 구축 비용	블록체인의 분산 합의 속성 중앙 집중식 권한 없음 오픈 소스 구현
WoT-based PKI	사전 신뢰성	이전의 신뢰가 필요하지 않음. 과반수 투표로 결정
CA-based and WoT-based PKI	신원 유지	이 기술은 이벤트 녹화 데이터베이스를 가지고 있어 공개키가 이전에 등록되었는지 여부를 확인할 수 있음

다음에서는 블록체인 기반 PKI를 달성하기 위한 몇 가지 접근 방식에 대해 논의한다.

가. 인스턴트 카르마 PKI(Instant Karma PKI, IKP)

IKP(Instant Karma PKI) 프레임워크는 CA 동작을 블록체인 데이터베이스에 기록하여 기존 CA 접근 방식을 확장한다. 이러한 방식으로 오작동하거나 손상된 CA가 네트워크에서 감지될 수 있으며 반격이 발생해야 한다. 블록체인의 이벤트 기록 기능은 블록체인 사용자의 CA 추적 및 모니터링을 용이하게 하고 오작동하는 CA를 감지하는 데 도움이 된다. 이 접근 방식은 오작동하는 CA가 결국 감지될 수 있으므로 기존 CA 기반 알고리즘의 신뢰 문제를 줄일 수 있다.

IKP는 2017년에 제안되어 비용 절감 및 유통 측면에서 검증된 연구 작업이다. 오픈 소스 구현도 약속되었지만 현재는 사용할 수 없다. 그러나 시스템에 CA가 있으면 여전히 단일 실패 지점 시스템이 발생한다. 여러 CA를 사용하여 이 문제를 해결하려고 하면 비용이 발생한다. 따라서 더 비싼 솔루션으로 이어진다.

나. 펨코(Pemcor)

Pemcor는 블록체인 데이터베이스를 분산되고 안전한 데이터 저장소로 활용한다. 아이디어는 CA가 서명되지 않은 인증서를 발급하도록 하는 것이다. 대신 인증서의 해시 값은 은행이나 정부와 같은 당국이 제어하는 블록체인에 저장된다. 이러한 기관은 생성된 인증서와 해지된 인증서에 대해 하나씩 두 개의 블록체인 데이터베이스를 공유한다. 이때 기관은 유지 관리되는 블록체인 데이터 저장소를 확인한다. 인증서의 해시가 생성된 인증서 블록체인에 있고 해지된 인증서 블록체인에 없으면 인증서가 유효하다. 이 아이디어는 단순하고 낮은 지연 보장과 함께 손쉬운 검증과 같은 여러 이점을 제공한다.

Pemcor는 신원 증명을 위한 솔루션을 찾는 것을 목표로 하고 전통적인 지식 기반 검증을 대체하는 프로젝트의 일부이다. 이 프로젝트는 2016년에 여러 연구에 의해 이론적으로 제안되고 문서화되었지만 여전히 시스템의 완전한 구현과 평가가 부족하다.

다. 갠의 접근(Gan's Approach)

갠은 IoT 환경 전용 키 기반 인증 시스템을 제안했다. 아이디어는 노드의 최신 공개키를 저장하고, 키를 검증하고, 다른 사람이 노드의 키를 요청할 수 있도록 하기 위해 프라이빗 블록체인을 사용하는 것이다. 이 접근 방식의 아키텍처는 다음 (그림 8-9)에 나와 있으며, 여기서 CCA(Centralized CA)는 완전히 보호되는 것으로 가정한다. DMV(장치 제조업체 유효성 검사기)로 기증된 여러 유효성 검사기가 CCA에 연결된다.

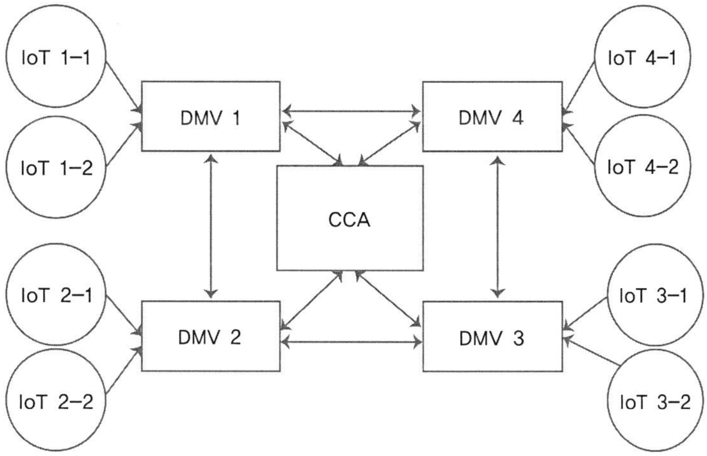

그림 8-9 Gan의 접근 방식의 아키텍처

DMV는 IoT 제조업체에서 호스팅하며 공개/개인키를 생성하고, 마이닝을 수행하고, 블록체인 데이터베이스를 유지 관리할 수 있는 계산 기능이 필요하다. IoT 장치는 이러한 유효성 검사기에 연결되며 계산 기능이 없는 단순한 것으로 가정된다. 처음에 DMV는 CCA에 인증을 요청하여 블록체인 네트워크에 합류한다. CCA는 DMV의 유효성을 검사하고 DMV 공개 키, 유효성 검사기 주소 및 CCA 서명이 포함된 트랜잭션을 구성한다. 거래는 블록체인에 제출되고 DMV는 이제 다른 사람들에게 알려진다. 따라서 DMV는 노드의 공개키와 주소가 포함된 트랜잭션을 블록체인에 제출하여 새로운 IoT 노드를 추가할 수 있다. 또한 DMV는 트랜잭션을 제출하여 IoT 장치의 공개키를 업데이트하거나 취소할 수 있다.

GitHub에 오픈 소스 구현이 있다. 구현에서는 NS3(Network Simulator 버전 3)를 활용하여 제안된 접근 방식을 구축하고 평가한다. 이 접근 방식은 처음에 IoT 플랫폼에 적용되었지만 센서 네트워크, 건강 관리 또는 마이크로 클라우드 플랫폼을 포함한 다른 네트워킹 응용 프로그램에서도 아이디어를 구현할 수 있다.

앞서 논의한 세 가지 접근 방식은 블록체인을 키를 공유하고 검증하기 위한 분산 데이터베이스로만 사용한다는 점에 유의해야 한다. 즉, 분산 합의 및 부인 방지 보장을 포함한 블록체인의 다른 중요한 속성의 혜택을 받지 못한다. 또한 앞에서 언급했듯이 키를 생성하는 CA가 있다고 해서 중앙 집중화 문제가 해결되는 것은 아니다. 따라서 기존 PKI 접근 방식의 단일 실패 지점이다.

라. 분산 PKI(Distributed PKI, DPKI)

DPKI(Distributed PKI)는 블록체인 기술을 CA가 필요 없는 분산된 무신뢰 데이터베이스로 사용하고 사용자에게 데이터에 대한 직접 제어 및 소유권을 부여한다. 이것은 사용자가 공개키와 비밀키를 생성하고 공개키를 트랜잭션으로 블록체인 네트워크에 제출하는 웹 등록 도메인을 사용한다. 이 기술은 블록체인 기술이 전통적인 문제를 해결할 수 있고 중간자 공격으로부터 네트워크를 보호할 수 있다. 이 보호는 사용자의 가장 최근 키를 사용자의 ID에 연결하여 부여된다.

마. 블록스택(Blockstack)

Blockstack ID는 Namecoin을 사용하여 분산 PKI 시스템을 구축하는 적절한 블록체인 기반 접근 방식이다. Namecoin은 블록체인 트랜잭션 내에서 데이터 저장을 허용하는 비트코인에서 포크(블록체인 내에서 갈라져 새로운 규칙, 신규 기능, 시스템 업데이트 등을 적용한 새로운 버전)되었다. 사용자 이름을 저장하는 데 사용되며 트랜잭션에 기록될 수 있는 이름-값 쌍을 정의하여 구현된다. Namecoin은 사용자가 사람이 읽을 수 있는 이름을 등록하고 해당 공개키와 이름을 연결할 수 있도록 DNS 이름을 저장하기 위해 만들어졌다.

Blockstack ID는 공개키 전용으로 다른 이름-값 쌍을 추가하여 Namecoin을 수정한다. Namecoin을 사용하는 이점은 이미 트랜잭션에서 이름-값 쌍을 지원한다는 것이다. 따라서 공개키는 값이고 이름은 소유자의 ID가 된다. Blockstack 구현은 사용자 ID를 현재까지 가장 강력한 공개키 암호화 메커니즘 중 하나인 타원 곡선 공개키에 바인딩한다.

Blockstack은 2014년 오픈 소스 소프트웨어로 출시되어 현재 55,000명의 사용자를 위한 PKI 시스템으로 사용 중이다. 관련 기술 중에서 인기 있는 블록체인 기반 PKI 기술 중 하나이다. 그러나 시스템이 공개키 업데이트와 조회 및 취소를 처리하는 방법과 같은 일부 문제는 Blockstack에서 고려되지 않았다. 또한 신원 유지 문제가 해결되지 않았다.

바. Certcoin

Certcoin은 플랫폼을 구축하기 위해 Namecoin에 의존하는 또 다른 완전히 분산된 PKI이다. Blockstack ID와 달리 이 플랫폼은 신원 유지 보증을 제공한다. 기존의 PKI 접근 방식과 마찬가지로 이 시스템은 등록, 업데이트, 조회, 확인 및 취소의 5가지 기능으로 구성된다. 등록하는 동안 소유자는 자신의 개인 및 공개키를 로컬에서 생성한다. 개인키를 자신에게 유지하고 공개키의 트랜잭션과 서명을 블록체인에 제출한다. 블록체인 네트워크는 트랜잭션 서명과 이 소유권이 이전에 시스템에 등록되지 않았다는 사실을 확인한다. 검증이 성공하면(ID 공개키) 튜플이 블록체인에 추가된다. 검증에 성공하지 못하면 튜플이 삭제된다. 공개키를 업데이트하기 위해 소유자는 이전 공개키, 새 공개키 및 서명과 함께 ID가 포함된 트랜잭션을 제출한다. 채굴자는 서명이 정확하고 신원이 블록체인에 존재하며 이전 공개키와 연결되어 있는지 확인해야 한다. 그런 다음 채굴된 블록은 검증을 위해 네트워크로 브로드캐스트된다. 검증은 소유자가 채굴자와 다른 블록체인 노드가 수행할 수 있는 키를 검증하기 위해 블록체인 네트워크에 요청하는 트랜잭션을 제출하는 유사한 프로세스를 따른다.

Certcoin은 0, 1, 2로 번호가 매겨진 세 가지 버전이 있다. 첫 번째 버전(버전 0)은 복잡한 계산과 작업을 필요로 하는 반면 두 번째 및 세 번째 버전은 블록체인 처리를 가속화하여 이러한 복잡성을 줄이려고 했다. 버전 0에는 비트코인과 같이 블록체인 네트워크에서 제출하고 채굴하는 기능이 모두 있었다. 그러나 이러한 기능은 복잡하고 계산 비용이 많이 드는 프로세스를 초래한다. 따라서 버전 1과 2는 각각 암호화 누산기와 분산 해시 테이블을 통해 이러한 복잡성을 줄이려고 했다. 암호화 누산기는 검증 프로세스의 시간과 복잡성을 줄이는 데 사용되는 공간 효율적인 데이터 구조이다. 분산 해시 테이블은 공개키 쿼리에 대한 빠른 조회를 지원한다. 따라서 조회 및 검증의 복잡성이 감소한다. 따라서 버전 1과 버전 2 모두에서 검증, 조회 및 업데이트 기능이 단순화되었다.

Blockstack과 유사하게 Certcoin은 2014년에 처음 출시된 오픈 소스 구현물이다. 이 프로젝트는 최초의 블록체인 기반 PKI 중 하나였으며 MIT에서 제공했다. 그러나 Certcoin은 적절한 문서 및 소프트웨어 업데이트의 부족으로 인해 Blockstack에 비해 인기가 떨어졌다.

사. 가드타임 솔루션(Guardtime Solution)

Guardtime은 블록체인과 물리적 복제 방지 기능(PUF)을 사용하여 IoT 장치의 안전한 인증을 위한 또 다른 솔루션을 제공한다. PUF는 장치의 고유 식별자 역할을 하는 디지털 지문 하드웨어이다. PUF는 각 장치의 고유한 특성을 사용하여 고유한 개인/공개키를 생성한다. Guardtime은 PUF를 사용하여 공개/개인키를 생성한다. 공개키는 거래에서 블록체인에 제출된다. IoT 장치는 메모리가 제한되어 있다. 따라서 큰 개인/공개키를 저장할 수 없다. 즉, PUF와 Guardtime이 제공하는 솔루션은 이러한 장치가 필요할 때마다 동일한 키를 재생하도록 도와준다.

Guardtime은 현재 보험 회사, 물리적 공급망, 클라우드 제공업체 및 기타 여러 산업을 위한 블록체인 기반 솔루션을 제공하는 기업이다. Guardtime Federal은 2014년에 시작된 Guardtime에서 포크되었고, 미국의 국방부, 정보 커뮤니티 및 기타 미국 정부 부서에 사이버

보안 솔루션을 제공하는 데 전념하고 있다. 모든 기술은 기밀성 및 인증 서비스를 제공하지만 이 기술은 주로 공급망 및 해당 무결성 보증에 전념한다.

아. 분산 센서 네트워크를 위한 블록체인 기반 신뢰 및 인증

다른 방법으로 블록체인 기술을 데이터베이스로 사용하여 무선 센서 네트워크에 공개키, 디지털 서명 및 일부 피어 정보를 저장하는 접근 방식이 연구되었다. 이 접근 방식은 노드가 블록체인 네트워크를 사용하여 서로를 확인하고 인증할 수 있도록 하기 때문에 Certcoin과 유사하다. 처음에 노드가 네트워크에 참여하기를 원할 때 문서에서 언급한 자격 증명 트랜잭션 또는 자격 증명 페이로드를 제출한다. 이 트랜잭션에는 노드를 인증하는 데 사용되는 마스터 공개키와 서명된 해시 값이 있다. 노드는 자신의 공개키를 갱신하거나 취소하기 위해 트랜잭션을 제출할 수 있다. 또한 이 접근 방식은 네트워크에 있는 모든 노드의 신뢰 수준을 정의하는 방법을 도입하였다. 노드의 신뢰성이 정의된 특정 수준 아래로 떨어질 때마다 노드가 경고를 받는다. 이 경고 트랜잭션에는 경고를 생성한 노드, 경고를 받은 노드, 노드 ID와 공개키가 포함된 블록이 포함된다. 또한 모든 블록이 유효하려면 마이너의 승인 트랜잭션이 있어야 한다. 마이너의 승인 트랜잭션에는 마이너 ID, nonce, 새 노드의 공개키 및 마이너의 서명이 포함된다.

이 접근 방식은 다른 노드(마이너)가 승인하는 경우에만 노드가 네트워크에 참여할 수 있는 기존의 신뢰 웹 방식의 확장이라는 점에 유의해야 한다. 또한, 이는 블록체인 구현이 포함되지 않은 연구단계에 있다.

8.4 블록체인기반의 신원 기반 암호

1) 신원 기반 암호(IBC)의 개요

최근 신원 기반 암호(IBC, Identity-Based cryptography)가 네트워크 보안 분야에서 관심을 받고 있다. 신원 기반 암호는 기존의 긴 공개키를 생성하는 대신 노드의 ID를 공개키로 사용하는 공개키 메커니즘이다. 노드의 ID는 노드의 이름이거나 공개키로 사용할 수 있는 임의의 문자열일 수 있다. 다음의 (그림 8-10)과 같이 암호화 접근 방식은 설정, 추출, 암호화 및 암호 해독의 4단계로 구성된다.

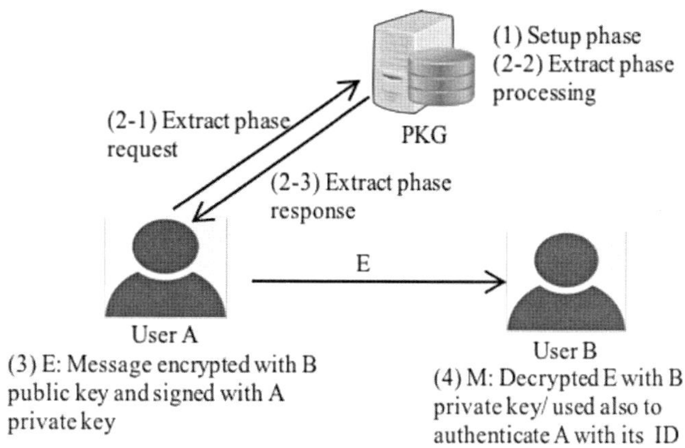

그림 8-10 식별 기반 암호화 단계

설정 단계에서 개인키 생성기(PKG)는 일부 공개 시스템 매개변수와 함께 마스터 비밀키를 생성한다. 시스템 매개변수가 공개되는 동안 비밀키는 비공개로 유지된다. 키를 추출하기 위해 생성기는 마스터 비밀키 및 사용자 ID 외에 시스템 매개변수를 사용한다. 이 매개변수는 사용자에게 다시 전송되는 비밀키를 구성하는 데 사용된다. 다른 노드가 메시지를 암호화하려면 ID와 공개 매개변수를 사용하여 암호문을 생성한다. 사용자는 자신의 개인키를 사용하여 메시지를 해독한다. 노드의 ID와 공개 시스템 매개변수로 검증을 수행하는 동안 노드의 비밀키로 서명을 생성하는 방식이 서명 및 검증에 사용된다.

신원 기반 암호의 일반화는 공개키에 트리로 나타낼 수 있는 계층적 ID 기반이 있는 계층적 신원 기반 암호(HIBC)를 구축하는 것이다. 예를 들어 조직 X에 있는 Alice의 공개 키는 Alice가 아니라 Alice@X이다. 계층적 신원 기반 암호의 암호화 단계는 위임이라는 추가 단계가 있는 신원 기반 암호의 4단계와 동일하다. 이 단계에서는 엔티티가 자식에 대한 비밀키를 생성할 수 있다. 즉, 시스템은 루트에 대한 비밀키를 생성하기 위해 하나의 PKG가 필요하다. 다른 비밀키는 해당키에서 구동될 수 있다.

2) IBC 기반 접근 방식의 문제점

IBC와 HIBC 접근 방식의 문제는 PKG가 개인키를 생성해야 한다는 것이다. 따라서 시스템이 중앙 집중화되어 단일 실패 지점이 되고 제 3자 신뢰 요구 사항이 부과된다. PKG가 키 쌍을 생성할 수 있는 유일한 권한이므로 중앙 집중식이다. PKG가 손상되면 전체 시스템이 손상된다. 즉, IBC와 HIBC는 CA 기반 PKI 전통적인 접근 방식과 동일한 한계를 갖는다. 또한 PKG는 사용자의 개인키를 생성한다. 따라서 모든 사용자는 PKG가 개인키를 오용하지 않도록 신뢰해야 한다.

3) 블록체인 기반 IBC

블록체인 기반 PKI 접근 방식과 유사하게 블록체인 기술은 기존 IBC 접근 방식의 문제를 해결하기 위해 분산 데이터베이스로 사용할 수 있다. 블록체인 기술은 데이터베이스가 분산되어 있기 때문에 중앙 집중화 및 단일 실패 지점 문제를 해결한다. 사용자가 자신의 마스터키를 생성할 수 있으므로 타사 신뢰가 필요하지 않는다. 그러나 사용자가 리소스를 제한하고 자체키를 생성할 수 없는 경우 신뢰하는 다른 노드에 이를 위임할 수 있다.

블록체인 기반 IBC 시스템의 기본은 사용자가 자신의 키를 생성하도록 하는 것이다. 이는 설정 및 추출 단계가 사용자 수준에서 수행되었음을 나타낸다. 그런 다음 공개 매개변수가 트랜잭션으로 블록체인에 제출된다. 블록체인 노드는 이러한 매개변수가 유효한지, 이전에 사용된 적이 없는지 확인한다. 모든 사용자는 나중에 사용자를 인증하고 기밀 메시지를 암호화하는 데 사용되는 다른 사용자의 공개 매개변수에 대해 블록체인 네트워크에 쿼리할 수 있다.

가. 정보 중심 네트워킹(ICN)을 위한 블록체인 기반 IBE

블록체인 기반 IBC는 "콘텐츠 이름"을 보안의 주요 요소, 즉 네트워크 간 통신의 기반으로 간주하는 ICN(Information-Centric Networking)의 보안에 적용할 수 있다. 따라서 내용이 계층적으로 설계되어 있으므로 HIBC 방식을 활용하여 ICN을 확보하는 것이 실용적이다. 이 기술은 블록체인 기반 IBC를 활용하여 콘텐츠 소유자가 가입자와 일부 데이터를 공유하고자 하는 ICN 네트워크에 분산 보안을 제공한다. 이 접근 방식은 설정 및 검색의 두 단계로 구성된다. 설정 단계에서 소유자는 HIBC에 필요한 공개 매개변수와 비밀 키를 생성한다. 즉, 소유자는 자체적으로 PKG 역할을 한다. 새 트랜잭션을 제출하여 공개 매개변수를 블록체인 네트워크에 등록한다. 그런 다음 가입자가 데이터에 액세스하려는 경우 해당 콘텐츠의 공개 매개변수를 네트워크에 쿼리한다. 이는 기존 HIBC 알고리즘에서 중앙 집중식 PKG를 참조하는 대신 가입자가 분산 블록체인을 참조한다는 것을 의미한다. 이러한 활동은 거래에 기록된다. 따라서 트랜잭션이 블록체인 데이터베이스에 커밋되면 거부될 수 없다. 이처럼 블록체인 기술은 중앙 집중식 아키텍처 문제를 해결하는 것 외에도 무결성과 출처 서비스를 모두 제공할 수 있다.

이 체계는 모든 ICN 또는 기타 유사한 응용 프로그램에 적용될 수 있다. 그러나 이 체계의 초기 구현은 공개키 생성에 높은 수준의 복잡성을 보여주었다. 이 문제로 인해 리소스가 제한된 ICN 애플리케이션에서 이 방식의 실용성이 떨어진다.

Reference

[1] Allen, C., Brock, A., Buterin, V., Callas, J., Dorje, D., Lundkvist, C., ... & Wood, H. T. (2015). Decentralized public key infrastructure. A White Paper from Rebooting the Web of Trust.

[2] Benaloh, J., & De Mare, M. (1993, May). One-way accumulators: A decentralized alternative to digital signatures. In Workshop on the Theory and Application of of Cryptographic Techniques (pp. 274-285). Berlin, Heidelberg: Springer Berlin Heidelberg.

[3] Boneh, D., & Franklin, M. (2003). Identity-based encryption from the Weil pairing. SIAM journal on computing, 32(3), 586-615.

[4] Buchmann, J., Karatsiolis, E., Wiesmaier, A., & Karatsiolis, E. (2013). Introduction to public key infrastructures (Vol. 36). Berlin: Springer.

[5] Cooper, D., Santesson, S., Farrell, S., Boeyen, S., Housley, R., & Polk, W. (2008). Internet X. 509 public key infrastructure certificate and certificate revocation list (CRL) profile (No. rfc5280).

[6] Corella, F. (2016). Implementing a PKI on a Blockchain. Pomcor research in mobile and web technology.

[7] ElGamal, T. (1985). A public key cryptosystem and a signature scheme based on discrete logarithms. IEEE transactions on information theory, 31(4), 469-472.

[8] Ellison, C., & Schneier, B. (2000). Ten risks of PKI: What you're not being told about public key infrastructure. Comput Secur J, 16(1), 1-7.

[9] Fotiou, N., & Polyzos, G. C. (2016, April). Decentralized name-based security for content distribution using blockchains. In 2016 IEEE Conference on Computer Communications Workshops (INFOCOM WKSHPS) (pp. 415-420). IEEE.

[10] Fotiou, N., & Polyzos, G. C. (2016, April). Decentralized name-based security for content distribution using blockchains. In 2016 IEEE Conference on Computer Communications Workshops (INFOCOM WKSHPS) (pp. 415-420). IEEE.

[11] Fromknecht, C., Velicanu, D., & Yakoubov, S. (2014). A decentralized public key infrastructure with identity retention. Cryptology ePrint Archive.

[12] Fromknecht, C., Velicanu, D., & Yakoubov, S. (2014). A decentralized public key infrastructure with identity retention. Cryptology ePrint Archive.

[13] Gan, S. (2017). An IoT simulator in NS3 and a key-based authentication architecture for IoT devices using blockchain. Indian Institute of Technology Kanpur.

[14] Gan, S. (2017). An IoT simulator in NS3 and a key-based authentication architecture for IoT devices using blockchain. Indian Institute of Technology Kanpur.

[15] Guardtime, S. (2017). Internet of things authentication: A blockchain solution using SRAM physical unclonable functions.

[16] Kirillova, E. A., Pavlyuk, A. V., Mikhaylova, I. A., Zulfugarzade, T. E., & Zenin, S. S. (2018). Bitcoin, lifecoin, namecoin: The legal nature of virtual currency. Journal of Advanced Research in Law and Economics, 9(1 (31)), 119-126.

[17] Koblitz, N. (1987). Elliptic curve cryptosystems. Mathematics of computation, 48(177), 203-209.

[18] Lewko, A., & Waters, B. (2011, May). Unbounded HIBE and attribute-based encryption. In Annual International Conference on the Theory and Applications of Cryptographic Techniques (pp. 547-567). Berlin, Heidelberg: Springer Berlin Heidelberg.

[19] Matsumoto, S., & Reischuk, R. M. (2017, May). IKP: Turning a PKI around with decentralized automated incentives. In 2017 IEEE Symposium on Security and Privacy (SP) (pp. 410-426). IEEE.

[20] Maymounkov, P., & Mazieres, D. (2002, March). Kademlia: A peer-to-peer information system based on the xor metric. In International Workshop on Peer-to-Peer Systems (pp. 53-65). Berlin, Heidelberg: Springer Berlin Heidelberg.

[21] Moinet, A., Darties, B., & Baril, J. L. (2017). Blockchain based trust & authentication for decentralized sensor networks. arXiv preprint arXiv:1706.01730.

[22] Moinet, A., Darties, B., & Baril, J. L. (2017). Blockchain based trust & authentication for decentralized sensor networks. arXiv preprint arXiv:1706.01730.

[23] Rivest, R. L., Shamir, A., & Adleman, L. (1978). A method for obtaining digital signatures and public-key cryptosystems. Communications of the ACM, 21(2), 120-126.

[24] Salman, T., Zolanvari, M., Erbad, A., Jain, R., & Samaka, M. (2018). Security services using blockchains: A state of the art survey. IEEE communications surveys & tutorials, 21(1), 858-880.

[25] Weise, J. (2001). Public key infrastructure overview. Sun BluePrints OnLine, August, 1-27.

Summary

[1] 공개키 암호화는 인증 및 기밀 유지 서비스를 제공하기 위해 널리 사용되는 중요한 보안 프레임워크이다. 이러한 서비스는 IoT 및 의료를 포함한 대부분의 현재 애플리케이션에 중요하다. 이러한 서비스를 위한 적절한 인프라를 제공하려면 관리 시스템이 필요하다. PKI는 시스템의 엔티티에 대한 공개키를 생성, 배포 및 관리하는 프레임워크이다.

[2] 이 섹션에서는 전통적인 PKI 시스템과 블록체인을 사용하여 문제를 해결하는 방법에 대해 논의했다. 우리는 블록체인 기반 PKI 솔루션을 제공하는 몇 가지 제안된 접근 방식을 추가로 제시했다. 또한 최근 보안 서비스 제공에 있어 널리 사용되는 기술인 IBC 기술에 대해 논의하였다.

[3] 전통적인 IBC와 그 문제점, 블록체인 기반 IBC, 그리고 블록체인 기반 IBC에 대해 제안된 접근 방식을 제시했다. (표 8-4)는 다양한 관점에서 논의된 접근법 간의 비교를 보여준다. 이러한 시스템이 존재하고 오픈 소스임에도 불구하고 실제 애플리케이션에서는 소수만이 활용된다는 점에 유의해야 한다.

[표 8-4] 블록체인 기반 PKI 접근 방식 비교

접근방식	플랫폼	수정 구현	공개키 생성	접근방식	활용 블록체인 속성
IKP	Ethereum	No	CA	CA	분산 DB
Pomcor	Ethereum	No	CA	CA	분산 DB
Gan's	Their own	Yes	CA, DMV	CA	분산 DB
DPKI	–	–	user	WoT	All
Blockstack	Namecoin (Bitcoin)	No	user	CA, WoT	All
Certcoin	Namecoin (Bitcoin)	Yes	user	CA, WoT	All
Guardtime	–	–	user(PUF)	CA, WoT	분산 DB
BTADSN	–	–	user	WoT	분산 DB
DNSCDB	Namecoin (Bitcoin)	Yes	user	IBC	All

Exercises

1. 공개키 암호 시스템에서 어떤 키가 데이터를 암호화하는 데 사용되나요?

a) 개인키
b) 공개키
c) 대칭키
d) 해시 값

2. PKI(Public Key Infrastructure)의 주요 목적은 무엇인가요?

a) 공개키의 비밀 유지
b) 인터넷 연결 안전성 강화
c) 공개키의 신뢰성 확보
d) 개인키의 암호화

3. 공개키 암호 시스템에서 개인키와 공개키는 어떤 관계에 있나요?

a) 수학적으로 무관
b) 무관련된 키
c) 수학적으로 연관된 쌍
d) 독립된 키

4. PKI(Public Key Infrastructure) 시스템에서 '인증기관(CA)'의 역할은 무엇인가요?

a) 개인키 유지
b) 공개키 발급 및 관리
c) 전자서명 검증
d) 암호문 해독

5. 블록체인 기술은 어떤 중앙 기관 없이 어떤 형태의 거래를 기록하고 관리하는 기술인가요?

a) 중앙 집중식
b) 탈중앙화
c) 중앙 지배식
d) 중앙 분산식

6. 블록체인의 합의 알고리즘 중 하나로, 모든 참여자가 합의에 참여하고 블록을 추가할 때 검증이 필요한 알고리즘은 무엇인가요?

a) Proof of Work(PoW)

b) Proof of Stake(PoS)

c) Delegated Proof of Stake(DPoS)

d) Practical Byzantine Fault Tolerance(PBFT)

7. 블록체인 기반의 PKI(Public Key Infrastructure) 시스템은 어떻게 작동하나요?

a) 중앙 인증기관이 모든 키를 발급하고 관리합니다.

b) 모든 사용자가 자신의 키 쌍을 생성하고 블록체인에 등록합니다.

c) 블록체인에서 키 쌍을 생성하고, 이를 이용하여 인증을 수행합니다.

d) 블록체인은 PKI 시스템과 관련이 없습니다.

8. 블록체인을 활용한 PKI의 주요 장점은 무엇인가요?

a) 공개키의 안전한 저장과 전송

b) 인증기관의 필요성 제거

c) 키 관리의 용이성

d) 모든 참여자의 신뢰성 확보

9. 블록체인 기반의 IBC(Inter-Blockchain Communication)은 무엇을 의미하나요?

a) 블록체인을 위한 새로운 암호화 알고리즘

b) 여러 블록체인 간에 정보 및 자산을 전송할 수 있는 프로토콜

c) 블록체인 네트워크의 보안을 강화하는 프로토콜

d) 블록체인 노드 간에 데이터를 저장하는 알고리즘

10. IBC를 통해 어떤 것들이 가능해지나요?

a) 서로 다른 블록체인 간에 자산 전송

b) 블록체인 내에서만 정보 공유 가능

c) 블록체인의 합의 알고리즘 변경

d) 모든 블록체인 간에 접속 가능

11. 블록체인 기반의 IBC에서 'IBC 허브'는 무엇을 의미하나요?

a) IBC 통신을 중개하는 중앙 기관

b) 서로 다른 블록체인 간에 정보를 전송하는 노드

c) 블록체인 네트워크의 초기 설정을 담당하는 노드

d) 블록체인의 합의 알고리즘을 조율하는 역할

12. IBC를 통해 다양한 블록체인 간에 어떤 종류의 자산을 전송할 수 있나요?

a) 디지털 이미지
b) 암호화폐와 토큰
c) 실물 자산(예 : 부동산)
d) 소프트웨어 프로그램

13. PKI 시스템에서 '인증 기관(CA)'의 역할은 무엇이며, 왜 중요한가요?

14. 공개키 암호 시스템에서 개인키와 공개키 간의 수학적 관계에 대해 설명해주세요.

15. 블록체인 기술이 어떻게 데이터의 무결성을 보장하는지 간단히 설명해주세요.

16. PKI 시스템에서 공개키와 개인키의 역할과 중요성에 대해 설명해주세요.

17. 블록체인 기반의 PKI 시스템에서 '스마트 계약'이 어떻게 활용될 수 있을까요?

18. 기존 중앙화된 PKI 시스템과 블록체인 기반 PKI 시스템의 차이점에 대해 설명해주세요.

19. 블록체인 기반의 IBC가 어떻게 다른 블록체인 간의 상호작용을 가능하게 하는지에 대해 간단히 설명해주세요.

20. IBC의 장점 중 하나와 그 이유에 대해 언급해주세요.

CHAPTER 09

블록체인과 프라이버시 보호

9.1 데이터 프라이버시

개인 정보 보호 서비스는 네트워크에서 액세스하는 데이터 및 리소스에 대한 규칙을 설정하고 제어할 수 있는 권한을 사용자에게 제공한다. 즉, 데이터 또는 리소스 소유자가 정보 공개를 제어할 수 있다. 이것은 일반적으로 사용자가 자신의 액세스 제어 목록(ACL: Access Control List)을 정의하도록 하여 수행된다.

이 섹션에서는 데이터 프라이버시를 제공하기 위한 요구 사항, 현재 응용 프로그램에 대한 중요성, 개인 정보 보호를 위한 전통적인 기술 및 개인 정보 보호 서비스를 효율적으로 제공하는 데 직면한 과제를 알아본다.

1) 데이터 프라이버시와 ACL

데이터 개인 정보 보호를 위해서는 모든 개인 및 민감한 정보가 기밀로 유지되어야 하며 (공개되지 않음) 데이터 소유자가 해당 정보에 대한 액세스를 제어할 수 있다. ACL은 누가 특정 데이터 세트에 언제 액세스할 수 있는지를 명시하는 일련의 규칙을 정의함으로써 이를 보장한다. 개인 정보 보호 문제를 설명하기 위해 Facebook, Google, 은행 및 정부 감시와 같은 조직의 사용자를 고려해야 한다. 각 사용자는 자신의 개인 정보를 제공해야 한다. 따라서 이러한 조직에는 공개해서는 안 되는 방대한 양의 개인 데이터가 있다. 개인은 자신의 정보에 대한 저장 및 액세스 권한을 제어할 수 없다. 따라서 데이터 프라이버시가 침해될 수 있다. 특히 은행과 정부의 감시와 관련하여 많은 논란의 여지가 있는 사건이 일어난 경우도 있다.

개인 정보 보호 문제는 데이터가 수집, 저장, 사용, 파기 또는 삭제될 때마다 존재한다. 즉, 프라이버시는 이동 중인 데이터와 저장되지 않은 데이터에 적용된다. 정보 유출을 방지하기 위해 여러 법률이 개발되었다. 예를 들어, 개인 정보 보호법이 이에 해당된다. 이러한 이유로 개인 정보는 애플리케이션 및 네트워크 개발자의 주요 관심사가 된다.

2) 응용 프로그램에서 개인 정보 보호의 중요성

데이터 프라이버시는 많은 사용자가 동일한 물리적 스토리지 또는 네트워크를 공유하는 클라우드 컴퓨팅 및 네트워킹 시스템 시대에서 두드러진 관심사이다. 애플리케이션 개발자는 스토리지와 계산을 클라우드로 마이그레이션하고 데이터에서 개인 정보를 보호해야 한다. 또한 IoT, 의료, 스마트 그리드 및 기타 여러 인기 있는 네트워킹 애플리케이션은 일반적으로 클라우드 컴퓨팅을 사용하여 대량의 데이터를 처리하고 저장한다. 개인 정보는 관련된 대부분의 응용 프로그램에서 중요한 요구 사항으로 취급한다. 다중 클라우드를 사용하고 이들 사이에서 인터네트워킹을 하는 경우 프라이버시 문제가 심화된다.

3) 데이터 프라이버시를 위한 전통적인 기술

일반적으로 ACL 정의를 데이터 소유자에게 위임하고 다른 사람이 데이터에 액세스하지 못하도록 암호화 기술을 사용하여 데이터 프라이버시를 제공할 수 있다. 따라서 데이터를 수집하거나 처리하는 조직은 ACL이 허용하지 않는 경우 액세스 권한이 없다. 프라이버시 서비스를 제공하기 위한 설계 및 구현 기술은 가장 활발한 연구 주제 중 하나이며, 지금까지 몇 가지 기술이 제안되었다. 예를 들어, 암호화된 데이터를 계산 및 처리하고 암호화된 결과를 반환하는 동형암호화(homomorphic encryption)는 데이터 프라이버시 서비스를 제공하는 한 가지 방법이다.

또 다른 개인 정보 보호 측면은 사용자의 신원을 숨기는 것이다. 데이터 익명화 및 차등 개인 정보 보호 메커니즘은 사용자의 신원을 숨기고 데이터를 소유자에게 연결하기 어렵게 만든다. 예를 들어, 데이터 세트를 익명화하는 일반적인 방법인 K-익명성(K-anonymity)은 민감한 정보가 적어도 K-1개의 다른 레코드와 유사해야 한다. K-익명성 접근 방식의 확장인 L-다양성(L-diversity)은 민감한 정보가 "다양한" 위치에 저장되도록 보장한다. T-근접성(T-closeness)은 민감한 데이터의 분포를 살펴보는 또 다른 접근 방식이다. 차등 프라이버시는 데이터 교란 기술을 사용하거나 데이터를 공유하기 전에 노이즈를 추가한다. 대부분의 블록체인 구현은 의사 익명 사용자 개인 정보를 제공한다. 예를 들어, 비트코인은 사용자의 실명이 아닌 해시를 사용하여 사용자를 식별한다. 정교한 공격 조치가 취해지지 않는 한 사용자는 다른 사람에게 숨겨져 있고 시스템에 익명으로 남아 있다.

4) 전통적 기법의 문제점

여러 연구 노력에도 불구하고 효율적인 데이터 개인 정보 보호 서비스를 제공하는 것은 여전히 어려운 과제이다. 일부 과제에서는 효율성, 확장성, 데이터 소유권 및 체계적인 데이터 수명 주기 접근 방식에 대한 부족이 확인된다. 이러한 문제를 자세히 살펴보겠다.

가. 효율성 및 확장성

대부분의 데이터 개인 정보 보호 기술은 복잡한 암호화 알고리즘에 의존한다. 따라서 비효율적이고, 대규모 애플리케이션으로 확장하기 어렵다. 최근 연구에서는 이러한 암호화 기술의 복잡성을 줄이고 효율성을 높이려고 한다. 그러나 지금까지 연구된 접근 방식은 대부분 실용성이 부족하다. 게다가, 대부분의 알고리즘은 현재 네트워크에서 요구되는 방대한 양의 데이터 처리를 지원하지 못한다.

나. 데이터 소유권 및 제어

누가 데이터를 소유하고 누가 수정할 수 있는지에 대한 질문은 개인 정보 보호에서 매우 중요하다. 소유자는 일반적으로 데이터에 대한 액세스 제어 규칙을 결정하는 당사자이다. 불행히도 기존 기술들은 여전히 소유권 문제에 대한 해결책이 필요하다.

다. 체계적인 데이터 수명 주기 접근 방식

데이터의 수명주기를 체계적으로 정의하기 위해서는 데이터 프라이버시를 고려한 프레임워크를 구축해야 한다. 이 프레임워크는 단계를 식별하고 개인 정보 보호 요구 사항을 정의하며 수명 주기 변경의 유연성을 허용해야 한다. 이러한 단계에는 시스템과 관련된 데이터 및 리소스의 획득, 공유 및 삭제가 포함될 수 있다. 그러나 대부분의 제안된 개인정보 보호 기술에서는 아직 체계적인 접근 방식이 부족한 상태이다.

9.2 블록체인과 데이터 프라이버시

1) 블록체인 프라이버시 이슈

블록체인은 모든 정보를 분산해서 저장하고, 최초 정보부터 모든 정보를 체인 구조로 연결하여 저장하여 정보의 신뢰성과 무결성을 보장한다. 그러나 이러한 특징은 개인정보 보호와 관련된 이슈를 야기할 수 있다.

가. 이용자 주소

노드의 주소는 특정 사용자와 연결된다. 이 주소는 해당 사용자의 공개키에서 파생되며, 일반적으로 해시 함수를 사용하여 이용자의 공개키를 해시하여 얻은 짧은 영숫자 문자열이다.

노드 주소는 디지털 자산을 전송하고 수신하는 데 사용된다. 대부분의 블록체인 시스템은 트랜잭션에서 송신자와 수신자의 주소를 사용한다. 주소는 공개키보다 짧아야 하며, 일반적으로 공개키를 해시한 다음 그 결과를 텍스트로 변환하여 생성된다.

주소는 블록체인에서 사용자의 공개적인 "식별 정보" 역할을 하며, 주소를 QR 코드로 변환하여 간편하게 사용할 수 있다. 블록체인은 디지털 자산을 분배할 때 자산이 해당 주소에 할당된다.

즉, 거래 시 사용되는 주소가 반복적으로 재사용되므로 프라이버시 누출이 발생할 수 있다.

이론적으로는 비트코인 주소는 익명적이며 사용자의 실제 신원 정보와 직접적으로 연결되어 있지 않지만, 실제적으로는 익명성이 프라이버시를 보호하기 위한 최소한의 수단에 불과하며, 거래에 사용되는 주소와 해당 주소의 소유자를 연결할 수 있는 가능성이 충분히 존재한다.

나. 이용자 의사 익명성

이용자는 여러 개인키와 공개키 쌍을 생성하여 다양한 수준의 익명성을 원하는 주소로 지정할 수 있으며, 이를 통해 필요에 따라 익명성을 유연하게 조절할 수 있다.

디지털 자산을 다른 노드에 전송하기 위해서는 해당 자산을 소유하고 있는 노드가 그 소유를 증명해야 한다. 이를 위해 노드는 자신의 서명용 개인키를 사용하여 해당 자산을 이동시키는 트랜잭션을 서명한다. 수신자는 이 서명을 노드의 서명용 공개키를 사용하여 검증하여 트랜잭션이 유효한지 확인할 수 있다.

각 사용자는 생성된 주소를 통해 블록체인과 상호 작용한다. 이 주소는 사용자의 실제 신원 정보를 포함하지 않으므로 블록체인은 노드의 익명성을 보장한다. 그러나 하나의 주소에 대한 여러 트랜잭션을 연결할 수 있기 때문에 트랜잭션의 익명성은 보장되지 않는다.

따라서, 블록체인 기반의 스마트 컨트랙트에서는 참가자의 개인정보를 직접 기록하지 않지만 거래된 내용은 블록체인 노드 참여자들에게 공개된다. 이로 인해 스마트 컨트랙트 및 거래에 사용된 지갑 주소를 알게 되면 계약 당사자가 아닌 다른 사람들도 조회할 수 있는 문제가 발생할 수 있다.

다. 개인정보보호법 관련

블록체인의 특성과 연관된 개인정보보호법 이슈는 다음과 같다.

- 블록체인에 기록된 데이터는 변경이 불가능하므로 블록에 포함된 개인정보는 삭제할 수 없다. 블록체인 데이터는 삭제되거나 수정될 수 없기 때문에 정보의 주체가 자신의 정보 삭제에 해당하는 '개인정보 삭제 또는 잊힐 권리'의 행사가 불가능하다.

- 블록체인은 분산 시스템으로 운영되기 때문에 데이터에 대한 통제권이 분산될 수 있다. 이는 개인정보가 제 3의 노드에 의해 공개될 가능성을 의미한다.
- 스마트 컨트랙트는 자동화된 의사결정으로 취급될 수 있으므로, 이러한 자동화된 결정에 대한 규제에 대응해야 한다.

이에 대한 대응 방안은 다양하게 존재할 수 있으며, 대표적인 방안은 아래 (표 9-1)과 같다.

[표 9-1] 개인정보보호법 기반 블록체인 프라이버시 이슈 대응방안

이슈	대응방안
블록체인에 개인정보 저장 금지	· 잊힐 권리 보장을 위한 정보주체의 개인정보 미입력 · 블록체인의 활용성 떨어뜨릴 수 있음. (소셜 미디어, 온라인 판매, 건강 기록 추적 등과 관련된 평판 기반 시스템과 국제 여권 등의 신원확인 시스템과 같은 응용)
비식별화 개인정보 보관	· 블록체인은 개인정보를 비식별화해서 기록 · 비트코인: 포렌식 조사 없이 사용자 신원 확인불가 (잔금여부 및 전송처 식별 가능) · 블록체인 데이터가 개인 식별 불가 ➜ 음식 선호도, 취미, 구매등 데이터는 익명주소를 통해 기록
데이터 암호화	· 블록체인에 저장되는 모든 개인정보 암호화 · 개인정보의 관리 및 처리 담당자 암호키의 파괴여부 확인 → 데이터 삭제의 증거 제공
외부 데이터베이스에 암호화된 개인정보 저장	· 암호화된 오프라인 데이터베이스에 개인정보 저장 ➜ 블록체인에 데이터의 해시 값 보관 · 실제 개인정보는 블록체인 자체에 존재하지 않음 ➜ 해시 값으로 데이터베이스의 데이터 변경여부 확인 가능
자동화된 의사 결정에 대한 이의 제기	· 개인정보보호법: 정보주체에 대한 자동화된 의사결정 금지 · 블록체인의 스마트계약 개발 및 배포 시 : 개인정보 규정을 면밀히 고려해야 함 - 계약 소유자가 계약 내 트랜잭션을 되돌릴 수 있도록 코드에 포함 - 스마트 컨트랙트를 활성화하는 사용자가 계약유지와 명시적 동의를 제공했음을 확인

라. 블록체인 유형별 개인정보보호 이슈

- 퍼블릭 블록체인

네트워크에 참여하는 노드들은 거래 내역을 검증하는 과정에서 누구나 자신이 직접 참여하지 않은 거래 정보를 포함한 모든 거래 이력을 다운로드하거나 열람할 수 있다. 이는 개인정보 침해의 위험성을 내포하고 있다.

또한 거래가 한 번 확정되면 수정되거나 삭제하는 것은 불가능하기 때문에 법률상 보관기간이 만료되거나 비정상 거래로 인한 취소 등의 대응이 어려워 개인정보보호 측면에서 문제가 될 수 있다. 특히, 개인정보 보호법에서 명시된 '삭제권' 또는 '잊힐 권리'의 보장이 어렵고, 등록된 거래 정보의 삭제가 가능한 경우에도 모든 참여자가 동일한 거래 정보를 보관하고 있어 완전한 삭제가 보장되지 않는다는 점이 문제이다.

퍼블릭 블록체인은 주로 '비트코인'을 대상으로 설명할 수 있다.

▪ 프라이빗 블록체인

외부의 악의적인 참여자가 네트워크에 들어가는 것이 불가능하다. 때문에 일반적으로 거래 정보의 기밀성이 보장된다. 하지만, 참여자 권한 관리가 미흡하면 개인정보 침해가 발생할 가능성이 있다. 하지만, 이러한 어려움은 공공 블록체인에서만 발생하는 것이 아니라 일반적인 보안 문제로서의 특성 때문에 발생하는 것으로 볼 수 있다.

프라이빗 또는 컨소시엄 블록체인은 개인정보보호 측면에서 큰 차이가 없으므로 함께 고려하여 다룰 수 있다.

❶ 개인 정보성

▪ 퍼블릭 블록체인

비트코인에서 모든 거래는 34자리로 이루어진 지갑주소로 거래당사자를 식별한다. 그러나 거래당사자가 현실 세계에서 누구인지 식별할 수 있는 정보는 비트코인에 저장되지 않는다. 예를 들어 이름, 성별, 나이 등의 개인정보는 입력되지 않는다. 이러한 정보가 없기 때문에 일반적으로 비트코인 상에 저장된 정보만으로는 지갑 주소의 소유주를 확인할 수 없다. 실제로 지갑 주소의 소유주를 알 수 있는 거래소 외에는 소유자에 대한 정보가 없다.

퍼블릭 블록체인 상에서 특정 개인을 식별할 수 있는 정보는 저장되지 않는다. 대신, 지갑 주소 등 블록체인 상에서만 통용되는 식별자만 저장된다. 그러나 이러한 정보가 특정 개인을 식별할 수 있는 정보로서 개인정보에 해당할 수 있기 때문에 개인정보성을 가진다고 볼 수 있다.

한편, 현재 개발되고 있는 퍼블릭 블록체인을 이용한 서비스 중에서는 인증서비스, 결제서비스, 의료정보의 공유 등 특정 개인을 식별할 수 있는 정보가 블록체인 상에 저장되는 경우도 많다. 따라서 퍼블릭 블록체인 상에 저장되는 정보가 개인정보에 해당하는지 여부는 제공되는 서비스의 특성과 내용에 따라 달라진다.

▪ 프라이빗 블록체인

프라이빗 블록체인은 중앙의 관리자에 의해 운영되며, 노드 참여에 제한이 있을 수 있다.

그러나 운영 주체는 참여자에게 권한을 부여할 수 있다. 특히, 금융 기관이 프라이빗 블록체인을 운영할 경우, 특정 정보가 어떤 고객의 것인지를 식별할 수 있어야 한다. 또한 다른 금융 기관에서도 해당 정보가 어떤 고객의 것인지를 알기 위해 공통된 식별자를 사용해야 할 수 있다.

따라서 프라이빗 블록체인은 중앙화된 방식의 효율성을 유지하면서 블록체인의 신뢰성을 활용하는 시스템이다. 또한 블록에 저장된 정보가 개인정보인지 여부에 대한 법률적인 쟁점은 존재하지 않는다.

❷ 익명성

▪ 퍼블릭 블록체인

비트코인에서는 거래 주소를 공개키의 해시 값으로 나타내어 신원이 드러나는 것을 방지하는 익명 기법을 사용한다. 이로써 사용자의 신원 확인이 어려워지며, 공개키 쌍을 제한 없이 생성할 수 있기 때문에 익명성이 보장된다. 인증서를 사용하지 않기 때문에 더욱 익명성이 강화된다.

일반적으로 익명성은 허용되지 않은 제3자이 거래 내용을 알 수 없어야 한다. 거래 내용에는 수신인 정보, 거래 내용, 송금인 정보가 해당된다.

그러나 퍼블릭 블록체인에 저장된 거래 내역의 공개키 주소를 이용하여 과거에 발생한 거래 내역을 추적하는 것이 가능하다. 이를 통해 추적 가능한 거래 내역들을 수집하고 분석하면 특정 공개키 주소에 대한 행동 패턴을 파악할 수 있다. 예를 들어 랜섬웨어 공격을 통해 비트코인을 요구하는 해커는 입금된 주소에서 발생하는 거래 내역들을 추적할 수 있다. 또한 최근에는 비트코인 지갑 주소를 입력하면 해당 지갑의 모든 입출금 내역을 분석할 수 있는 솔루션이 개발되었다.

이를 지속적으로 모니터링 하다 보면 언젠가는 본인 인증 또는 개인정보를 필요로 하는 물건 구매, 환전 등의 행위를 하면 소유주의 개인정보 확인이 가능해지기 때문에 퍼블릭 블록체인이 완전한 익명성을 보장한다고 보기 어렵다.

▪ 프라이빗 블록체인

프라이빗 블록체인은 특정 사용자들에게만 거래 내역을 볼 수 있는 권한을 설정하거나, 본인 인증을 통해 신원을 밝힌 사람만 거래를 할 수 있도록 설정할 수 있다. 이렇게 권한을 설정함으로써 불특정 다수에게 정보를 노출하지 않으면서도 거래를 하는 상대방의 신원을 파악할 수 있다.

따라서 프라이빗 블록체인에서는 데이터 공유에 대한 개인정보보호 문제를 권한 설정 또는 접근 통제를 통해 일부 해결이 가능하다. 그러나 네트워크의 안정적인 운영을 위해 참여자의 개인정보를 요구할 수도 있기 때문에 익명성의 보장 수준은 낮은 편이다.

❸ 정보통신서비스제공자(개인정보처리자)의 법적 지위

정보통신망에서 블록체인 기술을 활용하여 분산원장으로 개인정보를 보유하거나 활용하는 경우, 해당 업체는 개인정보처리자로서 정보통신망법 및 개인정보보호법 등의 관련 법규를 준수해야 한다.

■ 퍼블릭 블록체인

퍼블릭 블록체인에서 불특정 다수의 참여자들은 블록체인에 저장되는 정보의 개인정보성이 인정될 경우에 개인정보의 주체이자 동시에 개인정보처리자가 될 수도 있다. 그러나, 일반적으로 불특정 다수의 참여자나 노드 운영자를 개인정보처리자로 간주하여 개인정보 보호법상의 각종 의무를 부과하는 것은 현실적으로 어려울 수 있다. 그렇기 때문에 블록체인 참여자의 법적 지위에 대해 법률상 논쟁이 존재한다.

■ 프라이빗 블록체인

프라이빗 블록체인에서는 블록체인에 참여하는 업체나 기관들이 운영의 주체가 되므로 블록체인 상에서 처리되는 개인정보 처리자로 개인정보 보호법상의 각종 의무를 준수해야 한다.

또한, 주로 금융기관에서 활용하고 있기 때문에 개인정보처리자 여부에 대해서는 법률상 쟁점이 없다.

❹ 개인정보의 제3자 제공

■ 퍼블릭 블록체인

개인정보보호 관련 법령은 대개 중앙집중형 시스템이나 위탁 관리를 전제로 하고 있어, 해당 내용을 규정하고 있다. 그러나 퍼블릭 블록체인의 경우에는 중앙에 통제가 없이 네트워크를 구성하는 사용자 또는 노드가 전 세계에 흩어져 있다. 그러므로 블록체인 참여자간의 개인정보를 공유할 때 제 3자 제공, 위탁 등의 법률상 문제를 명확히 할 필요가 있다. 퍼블릭 블록체인에서는 신뢰성을 보장하기 위해 원장을 서로 공유하며, 이로써 블록체인의 분산된 노드는 다양한 의무 사항을 가지게 된다.

퍼블릭 블록체인에 새로운 참여지가 추가되면 새로운 참여자는 기존의 정보인 블록들을 자신의 컴퓨터에 내려 받는다. 이와 같이 블록체인의 새로운 참여자가 기존의 정보를 공유받을 경우, 개인정보 제3자 제공으로 판단하여 동의가 필요한지 여부가 문제가 될 수 있다.

■ 프라이빗 블록체인

분산저장과 같은 데이터 공유에서 개인정보의 제3자 제공에 대한 동의 여부는 프라이빗 블록체인과 컨소시엄 블록체인에서도 동일하게 문제가 될 수 있다. 예를 들어, 특정 분야의 기업들이 컨소시엄을 형성하여 블록체인을 이용한 새로운 서비스를 개발할 때, 각 참여 기업들이 블록체인 노드가 되어 정보를 공유하고 분산 저장한다. 고객 X가 한 기업에 가입한 경우, 그 정보는 다른 참여 기업들과 공유되므로 최초 가입한 기업은 고객 X로부터 개인정보의 제3자 제공에 대한 동의를 받아야 한다.

컨소시엄 블록체인에 참여하는 업체들이 고정되어 있다면 해당 참여 기업들을 개인정보를 제공받는 제 3자로 특정하여 동의를 받는 것은 큰 문제가 없을 수 있다. 그러나 새로운 기업이 컨소시엄에 참여하여 기존의 모든 블록 정보를 노드에 내려 받고자 한다면, 기존 서비스 가입자 전체로부터 개인정보의 제 3자 제공 동의를 받는 것은 현실적으로 어려울 수 있다. 이런 경우에는 컨소시엄 참여 기업이 추가될 때를 대비하여 미리 개인정보를 제공받는 자를 포괄적으로 설정하여 개인정보 제 3자 제공에 대한 동의를 받을 수 있는지, 그리고 이러한 동의가 적법한 동의로 인정될 수 있는지에 대한 문제가 생길 수 있다.

❺ 개인정보 파기(비가역성)

블록체인은 정보가 블록 형태로 저장되며, 최초 블록부터 최근 블록까지 모든 블록이 체인으로 연결되어 있기 때문에 한 번 블록체인에 저장된 거래 내역은 계속해서 소유주의 변동이 있을 수 있지만 이전 거래 내역은 그대로 유지된다. 개인이 특정 거래를 삭제할 수 있다면, 블록 생성 시 합의한 결과에 위배되는 경우가 발생하고 블록의 정당성을 주장할 수 없어 데이터의 신뢰성이 훼손될 수 있다. 게다가 블록체인에서 중간 블록의 내용이 변경되면 그 이후의 모든 블록 내용이 변경되어야 하므로 데이터 위조가 현실적으로 불가능하며, 이러한 정보의 불변성은 블록체인을 신뢰할 수 있는 중요한 특성 중 하나이다.

그러나 현행법의 목적을 달성하거나 보존기간이 경과하면 해당 개인정보를 파기해야 한다. 그러나 블록체인의 비가역성으로 인해 블록에 저장된 정보가 개인정보를 포함하는 경우 이러한 파기 의무를 준수하는 것이 어려울 수 있다. 이는 현재 인터넷상에서 주장되는 '잊혀질 권리'와도 상반되는 문제를 야기하며 기술적으로도 쉽게 해결할 수 없는 문제이다. 블록체인의 특성에서 비롯된 개인정보 삭제 및 파기 의무와의 법률적 충돌 문제는 퍼블릭 블록체인 뿐만 아니라 프라이빗 블록체인에서도 공통적으로 발생할 수 있다.

2) 블록체인 프라이버시

블록체인 내에서 프라이버시 보호는 다양한 방식으로 적용된다. 대표적으로 트랜잭션에 나타나는 데이터, 참가자 인증에 사용하는 인증서, 스마트 컨트랙트에 사용되는 민감 데이터에 대한 프라이버시 보호가 있다.

가. 트랜잭션 데이터 프라이버시

트랜잭션에 대한 프라이버시 보호는 암호화폐를 포함한 퍼블릭 블록체인에서 주로 활용한다. 퍼블릭 블록체인의 네트워크는 누구나 참여할 수 있으므로 거래내역에 대한 프라이버시 보호가 이루어지지 않으면 누구나 거래내역을 조회할 수 있게 된다. 가장 대표적인 암호화폐인 비트코인의 경우 블록 탐색기를 통해 모든 거래내역을 조회할 수 있다. 거래내역에는 비트코인을 보내는 사용자의 주소, 받는 사용자의 주소, 보내는 양 등이 포함되어 있다. 또 사용자의 주소에 얼마만큼의 비트코인이 들어있는지, 언제 어떤 거래를 했는지 모두 조회할 수 있어 특정인의 주소를 알게 되면 그 사용자의 블록체인 내 활동을 모두 조회할 수 있게 된다.

따라서 트랜잭션에 대한 프라이버시 보호는 트랜잭션에 담긴 데이터를 감춤으로써 이루어진다. 트랜잭션에 담긴 사용자의 주소, 보내는 양 등 거래데이터를 암호화를 통해 감추는 대신 영지식 증명을 활용해 해당 거래가 유효함을 검증한다. 따라서 사용자가 어떤 거래를 하는지 드러나지 않는다. 트랜잭션에 대한 프라이버시 보호가 적용된 블록체인의 경우 블록체인 내의 사용자 활동이 드러나지 않아 사용자들은 자신의 프라이버시를 보호할 수 있다.

나. 인증서 프라이버시

사용자에 대한 익명성은 허가형 블록체인에서 활용된다. 허가형 블록체인의 네트워크에 참가하기 위해서는 반드시 참가 허가를 받아야 한다. 이때 네트워크 참가자들은 블록체인 내에서 본인을 인증하기 위해 인증서를 사용 한다. 인증서에는 참가자의 정보가 담겨있게 되는데 이를 통해 참가자가 블록체인 내에서 어떤 활동을 하는지 추적할 수 있게 된다. 따라서, 네트워크 참가자의 익명성을 보장하는 블록체인은 사용자 정보가 드러나지 않는 인증을 사용하게 된다. 이러한 방식은 영지식 증명을 통해 구현한다. 사용자는 인증서에 담긴 정보 중 드러내기를 원하는 정보만 드러내고 감추고 싶은 정보는 드러내지 않을 수 있다. 이러한 기술은 Controllable Privacy라고 하며 사용자는 본인의 정보가 노출되는 정도를 조절할 수 있다.

다. 스마트 컨트랙트 데이터 프라이버시

블록체인 내에서 구현되는 스마트 컨트랙트는 민감한 데이터를 필요로 할 수 있다. 예를 들어, 의료 데이터의 경우 환자와 의료진 외에는 누구도 열람할 수 없어야 하지만 블록체인 내에서 데이터가 활용될 경우 모두에게 공개된다. 이를 방지하기 위해 데이터를 조작해 스마트 컨트랙트를 실행해도 다른 사용자들이 데이터를 조회할 수 없게 한다. 데이터를 조작하면 일반적인 블록체인 사용자들에게는 데이터가 노출되지 않지만, 스마트 컨트랙트를 실행하는 노드에게는 데이터가 노출된다. 따라서 단순한 데이터에 대한 조작뿐 아니라 조작된 데이터를 원본으로 복구하지 않아도 스마트 컨트랙트를 실행할 수 있는 기술 또한 필요하다. 스마트 컨트랙트에 활용되는 데이터에 대한 프라이버시 보호는 데이터의 조작 및 조작된 데이터를 통한 스마트 컨트랙트 실행 두 가지를 모두 수행해야 보장된다.

3) 블록체인 기반 데이터 프라이버시 기술

블록체인 기술은 분산된 종단 간 데이터 개인 정보 보호를 제공하는 데 사용할 수 있다. 특히 데이터 소유권 솔루션을 제공하여 필요할 때 액세스 권한을 동적으로 변경할 수 있다. 그러나 블록체인은 암호화 기술에 의존하기 때문에 블록체인 기반 기술은 여전히 복잡하다. 기존 접근 방식과 관련된 문제와 블록체인 기술이 이를 해결하는 방법은 아래의 (표 9-2)에 나와 있다.

[표 9-2] 기존 데이터 개인 정보 보호 문제 및 블록체인 기반 솔루션

전통적인 접근 방식	문제	블록체인 솔루션
암호화 외에 ACL 정의 및 모니터링 (데이터 개인정보 보호)	능률	블록체인으로는 해결책이 없음. 동형 암호화가 여전히 사용될 수 있으므로 문제가 여전히 존재.
	확장성	일반적으로 블록체인은 기존 접근 방식보다 확장성이 우수하지만 확장성은 블록체인에서 여전히 문제이다.
	데이터 소유권 및 제어	블록체인 기술은 데이터의 소유권과 변경 사항을 기록할 수 있으므로 문제를 해결할 수 있다. 사용자는 ACL을 정의하기 위한 모든 권한을 갖는다.
	체계적인 수명주기	블록체인 사용자는 스마트 컨트랙트를 쉽게 업데이트하거나 새로운 계약을 체결할 수 있으므로 변경이 유연할 수 있다. 그러나 여전히 사용자 제어 하에 있다. 접근 방식을 체계적으로 만들려면 프로그래밍 가능한 ACL을 블록체인 위에 작성해야 한다.
익명성 및 차등적 개인정보 보호 (사용자 개인정보 보호)	복잡성	일부 블록체인 플랫폼은 의사 익명 사용자 개인 정보를 제공할 수 있다. 예를 들어 비트코인은 해시를 사용하여 사용자 이름이 아닌 사용자를 식별한다. 사용자는 다른 노드에서 숨겨지고 추가 조치가 취해지지 않는 한 시스템에 익명으로 유지된다. 이를 사용하여 의사 익명성이 제공된다.

이상적인 블록체인 기반 데이터 프라이버시의 핵심 아이디어는 데이터 저장 계층 위에 블록체인 계층을 구축하고, 소유자가 스마트 컨트랙트를 통해 원하는 액세스 제어 목록(ACL)을 정의하도록 하는 것이다. 이후 ACL과 데이터를 블록체인 트랜잭션을 통해 게시하는데, 이때 정교한 암호화 기술을 사용하여 데이터를 암호화한다. 이러한 방식으로 Facebook 또는 Google과 같은 조직은 기존 기술에서와 같이 데이터를 소유하지 않는다. 그러나 이들은 블록체인 네트워크의 구성원으로 간주되며, ACL에서 허용하는 경우에만 데이터를 처리할 수 있다. 이러한 종류의 블록체인을 허가된 블록체인이라고 한다. 데이터 액세스를 규정하는 정책은 스마트 컨트랙트나 데이터 관리 메시지를 기반으로 한다. 또한, 블록체인의 메모리가 제한적

이며 대용량 데이터를 저장할 수 없기 때문에, 오프체인 데이터베이스를 활용하여 암호화된 데이터를 저장할 수 있다.

개인 정보 보호 서비스를 제공하기 위해 블록체인 기술을 활용하는 몇 가지 최근 접근 방식에 대해 알아보자.

가. Zyskind의 접근 방식

Zyskind와 Pentland은 데이터에 대한 사용자의 제어를 보장하고 블록체인 블록을 활용하여 데이터와 ACL을 저장하는 분산형 데이터 개인정보 보호 접근 방식을 제안했다. 이 시스템은 사용자, 공급자, 그리고 블록체인 네트워크의 세 가지 주요 구성 요소로 구성된다. 여기서 사용자는 응용 프로그램을 다운로드하거나 서비스를 이용하는 데 관심이 있는 노드를 가리킨다. 그러한 서비스 또는 애플리케이션을 보유한 제공자는 운영 및 비즈니스 목적을 위해 사용자의 개인 데이터를 처리해야 한다. 블록체인 노드는 블록체인 네트워크를 구성하고 분산된 데이터 저장소(오프체인 데이터 저장소)를 갖는 신뢰할 수 없는 개체이다. 데이터는 개인 정보 보호 및 고가용성 서비스를 보장하기 위해 데이터 저장소 간에 분산되고 복제된다.

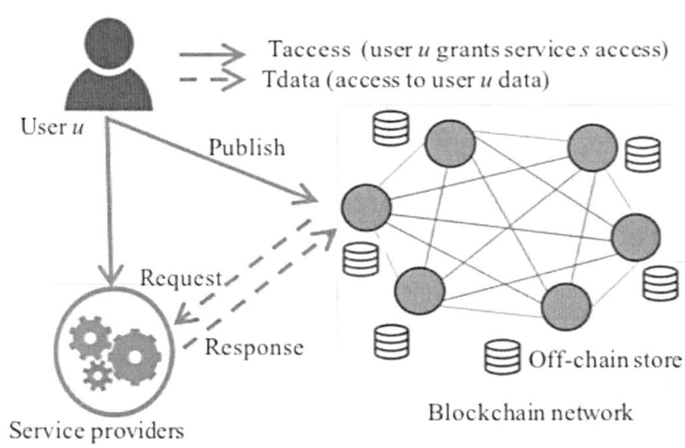

그림 9-1 Zyskind의 제안 시스템 구성 요소

블록체인 네트워크는 T(access)와 T(data) 두 가지 유형의 트랜잭션을 허용한다. T(access)는 데이터에 대한 제어 및 관리 작업으로서 ACL 정의 및 액세스 권한 수정 등에 사용된다. 반면에, T(data)는 데이터의 저장 및 검색에 사용된다. 소유자는 블록체인 노드에서 정확성을 확인하는 T(access) 트랜잭션에 설정된 정책을 전송하여 권한 및 액세스 제어를 변경할 수 있다. 마찬가지로 사용자나 서비스 제공자는 앞서 지정한 정책이 충족되면 블록체인 노드에서 승인할 T(data) 트랜잭션을 전송하여 데이터에 액세스할 수 있다. 반환된 응답(액세스 정보 또는 거부)은 암호화된다. 따라서 권한이 없는 사용자는 데이터에 액세스할 수 없다.

Zyskind의 접근 방식은 이론적으로나 실제적으로 검증된 연구이다. 그러나 제안된 접근 방식의 오픈 소스 구현이 아직 누락되어 제안된 접근 방식의 실용성과 적합성이 여전히 검증되어야 한다.

나. 블록체인 기반 데이터 공유(BBDS)

블록체인 기반 데이터 공유(BBDS, Blockchain-Based Data Sharing)는 클라우드 환경에서 의료 기록에 대한 개인 정보를 제공하기 위해 제안된 또 다른 접근 방식이다. 경량 통신 시스템에 대해 확장 가능하고 효율적인 단순화된 블록체인 아키텍처를 사용한다. 시스템은 사용자 계층, 관리 계층, 스토리지 계층의 세 가지 계층으로 구성된다. 아래는 각 계층에 대한 규칙을 간략하게 설명한다.

❶ 사용자 계층: 데이터 및 서비스에 액세스하거나 저장하려는 개인 또는 조직이 포함된다.

❷ 관리 계층: 발행자, 검증자 및 합의 노드가 포함된다. 발급자는 사용자가 처음 방문하여 등록을 처리할 때 사용자를 인증한다. 검증자는 나중에 사용자를 인증하고 키를 관리한다. 합의 노드는 블록체인 네트워크를 구성하고 비트코인 처리와 동일한 방식으로 새로운 블록을 처리한다.

❸ 저장 계층: 데이터를 안전하게 저장하고 처리하기 위한 클라우드 기반 데이터 저장 및 처리 인프라가 포함된다.

BBDS의 블록 구조는 의료 기록 요구 사항을 충족하도록 트랜잭션 및 블록 헤더 필드를 수정하여 단순화된다. 또한 시스템의 상호 작용은 간단하고 효율적이며 안전하며 경량인 신원 기반 인증 및 암호화 기술로 보호된다.

BBDS는 오픈 소스 블록체인에 의존하지 않는 개인 허가 블록체인에서 구현된다. 제안된 접근 방식의 이론적 및 초기 구현은 비트코인 복잡성에 비해 우수한 성능을 보여주었다. 그러나 전체 시스템이 개발 중이므로 이 글을 쓰는 시점에서 아직 인기가 없다.

다. 페어액세스(FairAccess)

FairAccess는 스마트 컨트랙트를 활용하여 액세스 제어 정책을 정의하고 권한 부여 결정을 내린다. 시스템은 블록체인 트랜잭션을 사용하여 인증 토큰을 정의한다. 이 토큰은 보낸 사람이 보낸 사람 데이터의 일부에 액세스할 때 받는 사람에게 권한을 부여하는 데 사용된다. FairAccess의 기능에는 리소스 등록, 액세스 권한 부여, 액세스 요청 및 액세스 취소가 포함된다.

이 접근 방식은 구현되지 않고, 방법만 제시되었다. 이론적 분석은 제공된 무결성, 인증, 암호화 및 합의 액세스 제어 모니터링을 통해 데이터 프라이버시가 보존될 수 있음을 보여주었다.

라. FairAccess를 사용한 IoT용 동적 액세스 제어

FairAccess는 IoT 환경을 위한 분산, 보안 및 적응형 ACL 관리를 제공하는 데 활용되었다. 제안된 아이디어는 사용자가 새로운 리소스를 등록하고 이러한 리소스와 관련된 스마트 컨트랙트를 통해 액세스 정책을 정의하도록 하는 것이다. 다음의 (그림 9-2)와 같이 리소스를 요청하는 프로세스는 여러 단계를 포함한다. 먼저 사용자 A가 보유하고 있는 자원을 요청하면 블록체인 네트워크로 전달된다. 차례로 블록체인 네트워크는 연결된 리소스의 스마트 컨트랙트를 기반으로 액세스 요청을 허용/거부한다. 네트워크는 액세스 요청을 승인하거나 거부하는 요청자에게 피드백을 보낸다. 또한 소유자는 적응형 기계 학습 메커니즘인 심층 강화 학습을 사용하여 블록체인 네트워크로부터 받은 피드백을 기반으로 액세스 정책을 업데이트할 수 있다.

이 접근 방식은 특정 IoT 사용 사례에 대해 구현되고 입증되었다. 구현은 비트코인 위에서 수행되며 결과는 올바른 액세스 제어 목록 관리를 제공하는 제안된 접근 방식의 실행 가능성을 보여준다. 그러나 실시간 지원의 부족, 블록 복잡성 및 융통성 없는 구현은 여전히 제안된 접근 방식의 실용성과 보급에 부담을 주는 단점이 있다.

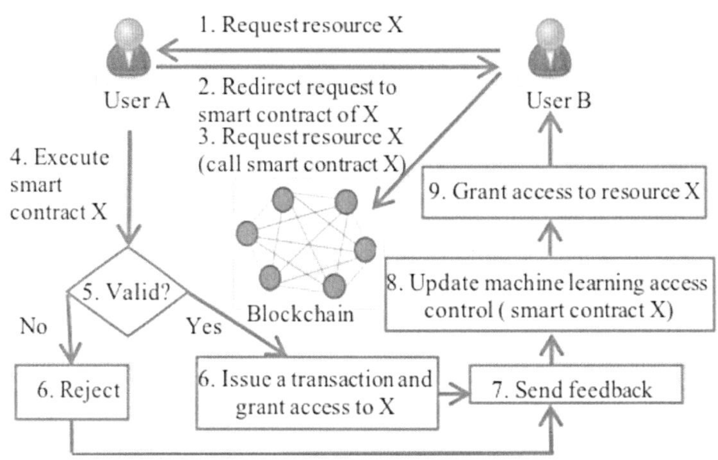

그림 9-2 FairAccess 리소스 요청 프로세스

마. 분산 런타임 액세스 모니터링 시스템(DRAMS)

연합 클라우드 환경에서 클라우드에 대한 액세스 제어 로그를 확인하기 위해 블록체인 기술을 활용한다. 핵심 아이디어는 스마트 컨트랙트를 사용하여 액세스 권한을 정의하고 다른 클라우드에서 액세스 로그를 수집하는 것이다. 블록체인 채굴자들은 접근 권한을 접근 로그와 비교한다. 위반이 감지되면 시스템에서 추가로 처리하도록 경고가 발생한다.

이 접근 방식은 Ethereum 플랫폼 위에 구현되었다. 결과는 시스템이 액세스 권한을 수정하기 위한 통신 채널 손상, 무단 액세스를 허용하기 위한 정책 평가 손상, 변경 또는 삭제를 위한 로그 손상을 포함하여 많은 위협에 대해 복원력이 있음을 보여준다. 그러나 지연 시간, 비용 및 확장성은 이 플랫폼이 실용화되기 위해 고려해야 할 과제이다.

바. IoT 데이터 저장 및 공유를 위한 데이터 개인정보 보호(DPDSS)

IoT는 혁신적인 애플리케이션의 수가 급격히 증가하고 있다. 그러나 보안은 여전히 주요 관심사이다. 대부분의 최신 ACL 메커니즘은 액세스 제어를 유지 관리하는 신뢰할 수 있는 중앙 집중식 컨트롤러에 위임된다. 반면에 블록체인 기반 데이터 프라이버시는 중앙 집중화 문제를 해결하고 분산되고 탄력적이며 감사 가능한 프라이버시 보장을 제공하는 데 도움이 될 수 있다.

DPDSS는 블록체인 네트워크를 사용하여 액세스 권한을 안전하게 저장하고 관리한다. 블록체인 트랜잭션은 데이터의 소유권과 해당 액세스 권한으로 구성된다. 처음에 소유자는 데이터 스트림 식별자가 포함된 트랜잭션을 제출한다. 소유자가 다른 사용자 또는 서비스 제공자와 데이터를 공유하기를 원할 때 새로운 트랜잭션이 발행된다. 또한 소유자는 취소 트랜잭션을 제출하여 데이터 공유를 취소할 수 있다. 공급자 또는 다른 사용자가 특정 데이터 세트를 검색하기를 원할 때 액세스 권한에 대해 블록체인 네트워크를 쿼리하는 스토리지 노드에 요청을 보낸다. 블록체인 데이터베이스와 스토리지 노드의 데이터는 암호화되고 분산된다. 이는 블록체인을 참조하지 않고 서비스 액세스 권한을 부여하는 악성 스토리지 노드의 위협을 완화한다.

이 기술의 초기 구현은 Bitcoin 플랫폼 위에 구축되었다. 결과는 라우팅 로드, 지점 간 통신 및 분산 스토리지로 인한 합리적인 오버헤드를 보여주었다. 그러나 특히 실시간 IoT 애플리케이션의 경우 지연 및 확장성 문제가 해결되지 않았다.

4) 요약 및 비교

데이터 개인 정보 보호는 데이터 공개에 대한 사용자의 제어를 보장하고 무단 액세스 및 처리를 방지하는 중요한 보안 측면이다. 데이터 프라이버시를 제공하는 여러 블록체인 기반 접근 방식에 대해 알아보았다. 이러한 접근 방식은 스마트 컨트랙트 또는 특별 관리 트랜잭션에 의해 ACL을 정의한다. 액세스 규칙 및 위반 사항에 대한 모니터링은 중앙 집중화를 완전히 제거하기 위해 블록체인 노드에서 수행할 수 있다. 다음의 (표 9-3)은 논의된 다양한 접근 방식을 비교한다. 이러한 접근 방식은 사용자 개인 정보가 아닌 데이터 개인 정보를 처리한다는 점에 유의해야 한다. 대부분의 블록체인 구현은 실제 이름이 아닌 사용자를 식별하기 위해 해시를 사용하여 유사 변칙 사용자 개인 정보를 제공한다.

[표 9-3] 블록체인 기반 데이터 프라이버시 접근 방식 비교

접근	블록체인 플랫폼	구현 수정	스마트 컨트랙트/트랜잭션	확장 가능한 솔루션
Zyskind	Ethereum(Enigma 플랫폼)	Yes	Transactions	No
BBDS	Bitcoin	Yes	Transactions	Yes
FairAccess	구현되지 않음 (이더리움은 계획 중)	Yes (예정)	Smart contract	No
FairAccess for IoT	구현되지 않음	Yes (예정)	Smart contract	No
DRAMS	Ethereum	No	Smart contract	No
DPDSS	Bitcoin	Yes	Transactions	Yes

9.3 블록체인 보안과 프라이버시

1) 블록체인 기반 접근제어

블록체인은 시간 순으로 연결된 블록을 기록하고 저장하는 공개 원장이다. 이는 암호화, 디지털 서명 및 P2P 네트워킹 기술에 기반을 두고 있다. 이러한 블록체인의 특성으로 인해 데이터의 변조 방지가 가능하며, 이는 회계 및 감사 기능에 널리 채택되고 있다.

블록체인의 특성을 활용해 개인정보를 안전하게 관리하고 공유하는 연구가 진행되고 있다. 이들 연구는 전통적인 접근 제어 방식의 문제점인 효율성, 확장성, 데이터 소유권, 그리고 체계적인 데이터 수명주기 접근을 블록체인으로 해결하는 방법을 제시한다. 이를 위해 새로운 접근 제어 모델, 분산된 해시 테이블, 신뢰할 수 있는 실행 환경, 그리고 계층적 ID 기반의 암호화 메커니즘 등을 도입하여 IoT 환경과 같이 복잡한 조건에서도 신뢰할 수 있는 접근 제어를 제공한다. 특히, 데이터 소유권 솔루션을 제공하며, 필요에 따라 동적으로 접근 권한을 변경할 수 있다.

- 효율성: 현재 블록체인에서 최적화된 접근 제어 방법이 없어 기존의 암호화 기법을 사용함으로써 효율성 문제가 여전히 존재한다.
- 확장성: 일반적으로 블록체인은 기존 방식보다 더 나은 확장성을 가지고 있지만 완전한 해결책은 아직 이루어지지 않았다.
- 데이터 소유권과 제어: 블록체인은 데이터 소유권 및 데이터 변경 내역을 기록함으로써

이 문제를 해결한다. 사용자는 ACL(Access Control List) 정의를 완전히 제어할 수 있다.

- 체계적인 라이프사이클: 블록체인 사용자는 자신의 스마트 컨트랙트를 쉽게 작성하고 업데이트할 수 있어 변화에 유연하다. 프로그래밍 가능한 ACL을 블록체인 상에서 구현하여 라이프사이클을 체계적으로 관리할 수 있다.

블록체인 기반의 접근 제어는 데이터 저장소 계층 위에 블록체인 계층을 구축하는 것이다. 데이터 소유자는 스마트 컨트랙트를 통해 원하는 액세스 제어 목록(ACL)을 정의하고, ACL 및 데이터를 암호화한 뒤에 블록체인 트랜잭션에 게시한다. 이러한 방식에서 기존과 다르게, 조직은 데이터를 직접 소유하지 않는다. 대신, 그들은 블록체인 네트워크의 일부가 되며 ACL이 허용하는 경우에만 데이터를 처리할 수 있다. 데이터 접근을 규정하는 정책은 스마트 컨트랙트나 데이터 관리 메시지를 기반으로 한다. 또한 블록체인 메모리가 제한되어 대량의 데이터를 저장할 수 없기 때문에, 오프체인 데이터베이스를 사용하여 암호화된 데이터를 저장할 수 있다.

블록체인에서 접근제어 기술에 대한 연구들을 알아보자.

가. FairAccess

IoT 분야는 제한된 환경에 대한 보안 및 접근 제어 메커니즘의 적용과 관련하여 여전히 어려운 문제에 직면하고 있다. FairAccess는 이러한 문제를 해결하기 위해 고안된 IoT 보안 및 개인정보 보호 요구 사항을 충족하는 블록체인 기반의 분산된 접근 제어 프레임워크이다. 이를 통해 사용자는 네트워크나 클라우드에서 공유한 데이터에 대해 완전하고 세밀한 접근 제어 권한을 가질 수 있다.

FairAccess 프레임워크는 IoT의 접근 제어 정책을 관리하기 위한 중앙 집중식 및 분산된 방식을 제안한다. 이 방식은 OrBAC(Organization Based Access Control)으로 알려져 있으며, 기존의 RBAC(Role-Based Access Control)을 확장하여 조직이라는 개념을 도입하고 추상적/구체적인 수준으로 접근 제어 정책을 분할한다.

첫째, 추상적 수준의 분산된 접근 방식은 협력 조직 간의 상호 작용에 관한 것으로, 각 조직이 자체 보안 정책을 정의하고 구현할 책임이 있는 P2P 방식(완전히 분산된 방식)을 선택한다.

둘째, 구체적 수준에서는 IoT 환경의 제한된 리소스 성능을 고려하여, AMP(Authorization Manager Point)라는 중앙 객체가 정의하는 중앙 집중식 접근 방식을 선택한다. 이 AMP는 자원에 대한 인증 및 권한 부여 데이터를 관리하고 승인한다.

FairAccess 아키텍처에 따르면, FairAccess의 모든 사용자는 자신의 자격 증명, 주소 및 관련 트랜잭션을 저장하는 지갑을 가진다. 이 지갑은 자원을 등록하고 식별하고, 거래를 서명하고, 접근을 요청하는 데 필요한 모든 키를 보유하고 있다. FairAccess 프레임워크에서는 이 지갑을

AMP로 간주한다. 사용자는 개인정보를 등록하거나 접근 제어 정책을 정의할 수 있다. 지갑은 키와 주소를 생성하고, 접근 제어 정책을 트랜잭션으로 변환하고 네트워크로 브로드캐스트한 뒤, 네트워크로부터 수신된 트랜잭션의 유효성을 검사한다.

FairAccess는 라즈베리파이 장치와 로컬 블록체인을 활용하여 초기 구현 및 실행을 검증했다. 이를 통해 프레임워크의 유용성을 입증하고 사용자 경험을 설명하기 위해, 원격 제어 기능이 있는 스마트 보안 카메라 시나리오를 고려했다. 그러나 FairAccess는 몇 가지 단점을 가지고 있다. 실시간 서비스에서의 지연(1시간 이상 대기 시간)과 확장성(비금융 데이터를 블록체인에 저장하는 것에 대한 비트코인 커뮤니티 내부 논쟁) 그리고 세밀한 접근 제어의 어려움(스크립트 언어 사용 불가)이 그 중 일부이다.

나. Zyskind의 제안방법

Zyskind는 사용자의 데이터를 관리하고 블록체인 블록을 활용하여 데이터와 ACL을 저장하는 분산형 데이터 프라이버시 접근 방식을 제안했다. 이 접근 방식은 사용자, 공급자 및 블록체인 네트워크의 세 가지 주요 구성 요소로 이루어져 있다. 사용자는 응용 프로그램을 다운로드하거나 서비스를 이용하는 노드로, 공급자는 서비스나 응용 프로그램을 제공하는 공급업체로서 사용자의 개인 데이터를 운영 및 비즈니스 목적으로 처리한다. 블록체인 노드는 블록체인 네트워크를 구성하며, 신뢰할 수 없는 객체로서 오프체인 데이터 저장소를 보유한다. 데이터는 개인정보 보호 및 고가용성 서비스를 보장하기 위해 분산 데이터 저장소에 암호화된 상태로 복제된다.

블록체인 네트워크는 Taccess와 Tdata라는 두 가지 유형의 트랜잭션을 수용한다. Taccess 트랜잭션은 데이터에 대한 제어 및 관리 작업에 사용되며, ACL 정의 및 접근 권한 수정과 같은 기능을 포함한다. 반면에 Tdata 트랜잭션은 데이터의 저장 및 검색에 사용된다.

소유자는 Taccess 트랜잭션에서 정책 집합을 전송하여 허용 및 접근 제어를 변경할 수 있다. 이 정책 집합을 통해 블록체인 노드의 정확성을 확인할 수 있다. 사용자나 서비스 공급자는 앞서 지정한 정책이 충족될 경우, 블록체인 노드가 승인할 Tdata 트랜잭션을 전송하여 데이터에 접근할 수 있다. 반환된 응답(접근 정보 또는 거부 메시지)은 암호화되어 있기 때문에 권한이 없는 사용자는 데이터에 접근할 수 없다.

오프 블록체인 키 값 저장소는 분산된 해시 테이블(DHT: Distributed Hash Tables) 중 하나인 Kademilia로 구현되며, 지속성 있는 블록체인 인터페이스를 제공하기 위해 경량 데이터베이스인 LevelDB2를 사용한다. DHT는 승인된 읽기/쓰기 트랜잭션을 수행하는 노드 네트워크에 의해 유지 및 관리되며, 이 네트워크는 블록체인 네트워크와 분리될 수 있다. 데이터는 노드 전체에서 충분히 무작위화되고 고가용성을 보장하기 위해 복제된다.

Zyskind의 제안에 따르면 사용자만이 데이터를 제어할 수 있다. 공용 장부에는 해시 포인터만 저장되므로 공격자는 얻을 수 있는 정보가 없다. 또한, 노드가 보유하지 않는 키로 암호화되기 때문에, 하나 이상의 DHT 노드를 제어하는 공격자들도 사용자 데이터를 얻을 수 없다. 마지막으로, 각 사용자-서비스 쌍에 대해 새로운 복합 신원을 생성하면, 공격자가 서명자와 암호화 키를 모두 획득하더라도 데이터의 일부분만 손상시킬 수 있다. 공격자가 키 중 하나만 획득한 경우에도 데이터는 여전히 안전하다.

Zyskind의 접근법은 이론적으로 검증되었다. 그러나 제안된 접근법의 오픈 소스 구현은 아직 완료되지 않았으므로, 실용성과 적합성을 검증할 필요가 있다.

다. PrivacyGuard

IoT 생태계에서 서비스 제공 업체는 수집된 사용자 데이터를 완벽하게 제어하고 있지만, 종종 데이터는 사용자가 명시적으로 동의하지 않은 다른 목적으로 사용된다. 사용자가 자신의 개인정보를 완벽하게 제어할 수 있도록, PrivacyGuard 프레임워크는 블록체인과 신뢰할 수 있는 실행 환경(TEE: Trusted Execution Environment)을 결합했다. PrivacyGuard는 데이터 접근 정책 및 사용을 스마트 컨트랙트로 인코딩하여, 데이터 소유자가 자신의 데이터에 접근할 수 있는 사람을 제어할 수 있다. 또한, 데이터 사용에 대한 신뢰할 수 있는 기록을 유지할 수 있다. 원격 인증 및 TEE를 통해, 개인 데이터는 데이터 소유자가 승인한 용도로만 사용된다.

PrivacyGuard이 적용된 IoT 시스템은 기술 지원을 기준으로 4개의 계층으로 나눌 수 있다. 가장 낮은 계층은 디바이스 계층으로, 이는 IoT 시스템의 인터페이스로서 물리적 세계와 상호 작용하여 실시간 정보를 수집하고 처리한다. 두 번째 계층은 다양한 무선 접근 기술의 상호 연결성을 제공하고 라우팅 기능을 지원하는 네트워크 계층이다. 그 다음은 데이터의 집중과 분석을 담당하는 클라우드 계층이며, 백엔드 서비스와 응용 프로그램이 상주한다.

클라우드 계층과 네트워크 계층 사이를 서비스 지원 계층이라고 부른다. 이 계층은 더 많은 계산 및 저장 기능을 갖추고 있으며, 데이터 분석을 통해 가능한 정보 처리 작업을 수행할 수 있다. 보안 및 개인정보 보호 측면에서는 정보 흐름 제어를 포함한 보안 제어 및 장치 관리, 프로세스 모델링, 데이터 흐름 필터링 등의 작업을 이 계층에서 처리할 수 있다.

PrivacyGuard 아키텍처에는 세 가지 주요 구성 요소가 존재한다.

- 블록체인 : 외부 블록체인(예 : Ethereum)을 활용하여 접근 정책 게시 및 데이터 사용 기록을 작성한다. 데이터 접근 제어의 경우, 데이터 소유자는 자신의 접근 제어 약관을 스마트 컨트랙트로 인코딩할 수 있다.
- iDataAgent : TEE에서 실행되는 프로그램의 신뢰할 수 있는 인스턴스이다. iDataAgent는 사용자 데이터의 브로커 역할을 담당하며, 사용자 데이터 저장소에서 들어오고 나가는

모든 데이터는 iDataAgent를 통과한다. 또한, iDataAgent는 데이터 소유자의 키와 해당 사용자의 데이터 암호화/복호화를 관리한다.

- 암호화된 저장소: 사용자 데이터는 클라우드에 저장될 때 항상 암호화되어 있으며, 이를 통해 클라우드 서비스 제공 업체에 대한 데이터 기밀 유지가 보장된다.

PrivacyGuard에서 사용자의 개인정보 보호 정책은 블록체인 플랫폼의 스마트 컨트랙트로 암호화된다. PrivacyGuard에서 스마트 컨트랙트는 프로토콜 수준에서 필요한 개인정보 보호를 보장하는 방법을 제공하여, 개인정보 사용을 장려하고 접근 제어 및 변조 방지 기록을 생성할 수 있다. 그러나 프로그램이 데이터 소유자가 완전히 신뢰할 수 없는 제 3자 컴퓨터(예: 클라우드)에서 실행된다면, 사용자 데이터의 기밀성은 보장되지 않을 수 있다. 하드웨어로 보호되는 실행 영역 내에서 데이터를 처리하여 데이터 기밀성을 유지하고 데이터 사용을 제어할 수 있다.

라. Kaaniche의 제안방법

Kaaniche는 대량으로 사용자의 데이터를 수집, 처리 및 관리하는 제3자가 사용자의 개인정보를 침해하는 문제를 해결하기 위해 계층적 ID 기반의 암호화 메커니즘을 블록체인 인프라와 결합한 블록체인 기반의 데이터 사용 감사 아키텍처를 제안했다. 이 접근 방식은 개인정보를 보존하는 방식으로 가용성과 책임성을 보장하며, 블록체인 인프라에 구축된 감사 가능한 계약의 사용에 의존한다. 이를 통해 투명하고 제어된 개인정보 접근, 공유 및 처리 기능을 제공하여, 권한이 없는 사용자나 신뢰할 수 없는 서버는 클라이언트의 승인 없이 데이터를 처리할 수 없다. 이 솔루션은 암호화 메커니즘을 기반으로 데이터 소유자의 프라이버시를 보호하고, 여러 서비스 제공 업체와 공유되는 데이터의 기밀 유지를 보장한다. 또한, 감사 기관에 데이터 사용 적합성에 대한 변조되지 않은 증거자료를 제공한다.

신뢰할 수 있는 루트 P KG(Public Key Generator, 공개키 생성기) 객체는 ID 기반 서명 및 암호화 체계를 사용하여 ID 기반 공용 요소(공개키와 개인키)를 생성하고 게시한다. 이를 통해 스마트 컨트랙트용 ID와 해당 공개키와 개인키 쌍을 계층적으로 파생시킬 수 있다. 데이터 사용 요청을 승인한 사용자는 스마트 컨트랙트의 데이터 섹션을 작성하며, 개인정보를 게시하는 것을 피하기 위해 데이터 값을 난독화하기 위해 공개 해시 기능을 사용한다. 또한, 프라이버시를 강화하고 연결 가능성 공격을 방지하기 위해 데이터 값은 해시 함수를 적용하기 전에 스마트 컨트랙트의 개인키와 연결된다. 그런 다음 사용자는 스마트 컨트랙트 생성 트랜잭션을 수행하고, 생성된 스마트 컨트랙트를 블록체인에 등록한다. 스마트 컨트랙트 생성 요청 통지를 수신한 후, 서비스 제공자는 자신의 개인키에서 파생된 암호화된 개인키의 복호화를 시작한다. 이후, 공개키를 사용하여 해당 데이터 소유자 서명을 확인한다. 두 작업이 모두 성공하면 서비스 제공자는 개인키로 스마트 컨트랙트 생성과 관련된 트랜잭션을 승인한다. 승인

후에 사용자는 스마트 컨트랙트에 명시된 해시 값과 일치하는 자신의 개인 데이터를 보안 채널을 통해 서비스 제공자로 전송하여 동의를 확인한다. 해독된 개인키 및 수신된 데이터 값을 사용하여, 서비스 제공자는 데이터의 무결성을 검사할 수 있다. 또한, 서비스 제공자에 의해 승인된 스마트 컨트랙트에 추가하여, 사용자가 자신의 스마트 컨트랙트를 블록체인에서 삭제하는 내용도 스마트 컨트랙트에 포함된다.

Kaaniche의 아키텍처는 계층적 ID 기반 암호화(HIBE: Hierarchical Identity Based Encryption) 및 서명 기법을 사용하기 때문에 몇 가지 이점을 제공한다. 첫째, 블록체인 객체인 각 사용자는 위임된 개인키 생성기 역할을 한다. 둘째, 계층적 ID 기반 방식으로 root PKG 객체(신뢰된 중앙 객체)의 역할을 한다. 셋째, 각 스마트 컨트랙트마다 ID 기반 키를 이용하여 사용자에 대한 재식별 공격을 방지한다.

또 다른 컨소시엄 블록체인 인프라에 구축된 Kaanniche의 설계는 법률을 적절히 이행하는 규제 프레임워크를 제공한다. 각 사용자는 위임된 PKG로서, 스마트 컨트랙트를 활용하여 개인정보 사용에 대한 동의를 제공하고 데이터 수집 및 처리 활동을 통제한다. 이에 더해 서비스 제공자는 개인정보 처리 전에 사용자 동의의 증거를 확보할 수 있다.

2) 블록체인 접근제어 분류기준

블록체인을 이용한 접근제어 기술들은 다음과 같은 공통적인 분류기준을 갖는다.

- 자동화된 접근제어: 미리 설정된 정책에 따라 사용자의 접근을 자동으로 제어한다.
- 사용자 실시간 접근제어: 예상치 못한 상황이나 사용자 의도 변경 시, 사용자가 직접 접근 요청에 응답할 수 있다.
- 세밀한 접근제어: 사용자의 개인정보 제어 의도를 정책에 명확히 반영할 수 있다.
- 데이터 저장 위치: 데이터 저장 위치는 데이터 노출, 변조, 서비스 거부 공격과 같은 보안 위협에 대비한다.
- 정책 저장 위치: 사용자의 프라이버시 정책이 저장되는 위치는 보안 위협에 대비한다.
- 블록체인 타입: 제안 기법이 적용 가능한 블록체인의 유형을 명시한다.
- 스마트 컨트랙트 사용: 스마트 컨트랙트를 사용하여 정교한 접근제어와 보안 작업을 수행하는지 여부를 나타낸다.
- 구현: 제안 기법이 실제로 구현 가능한 수준에 도달했는지를 명시한다.
- 특징적인 보안 요소: 제안 기법이 채택한 특별한 보안 요소를 명시한다.

다음 (표 9-4)는 블록체인을 이용한 접근제어 기술들의 분류기준 별 지원여부 및 내용을 정리한 것이다.

[표 9-4] 블록체인 접근제어 분류 기준에 따른 내용

특성	FairAccess	Zyskind 방법	PrivacyGuard	Kaaniche 방법
자동화된 접근관리	X	O	O	O
사용자의 실시간 접근관리	O	X	X	X
정교한 접근관리 정책	X	X	O	O
데이터 보관 위치	IoT	DHT	클라우드	사용자
정책 저장 장소	사용자	블록체인	스마트 컨트랙트	스마트 컨트랙트
블록체인 종류 및 형태	퍼블릭	퍼블릭	퍼블릭	컨소시엄
스마트 계약 활용 여부	X	X	O	O
시스템 구현 상태	O	X	X	X
독특한 보안 기능	OrBAC	DHT	TEE	HIBE

3) 블록체인 프라이버시 보호 프로토콜

가. zk-SNARKs

zk-SNARKs(zero-knowledge Succint Non-interactive Argument of Knowledge)는 동형암호의 특성과 타원 곡선암호, 페어링, 다항식 등을 활용하여 증명 및 검증을 수행한다. zk-SNARKs는 증명의 크기가 작아 간결하고 신속하게 검증을 할 수 있으며, 증명자와 검증자 사이의 상호작용이 필요하지 않다. 하지만 이러한 특성을 가지기위해 신뢰 기관(trusted party)이 존재하게 되는데, 신뢰 기관은 증명자가 알고 있다고 주장하는 비밀값(witness)을 받아 이를 통해 증명을 생성한다. 이러한 구조에는 증명자의 비밀 값이 노출될 수 있는 가능성과 신뢰 기관에 의한 거짓 증명 생성의 가능성이 있다.

zk-SNARKs는 Trusted Setup, Prove, Verify 세 단계를 수행한다. Trusted Setup 단계에는 신뢰 기관이 증명과 검증에 사용할 증명키(proving key)와 검증키(verification key)를 생성한다. 이 과정에서 계산식을 R1CS, QAP 형태로 바꾸는 기법이 적용되는데, (그림 9-3)과 같이 증명자의 비밀값을 통해 계산식을 만들고 이를 산술 회로(arithmetic circuit)로 구성한다.

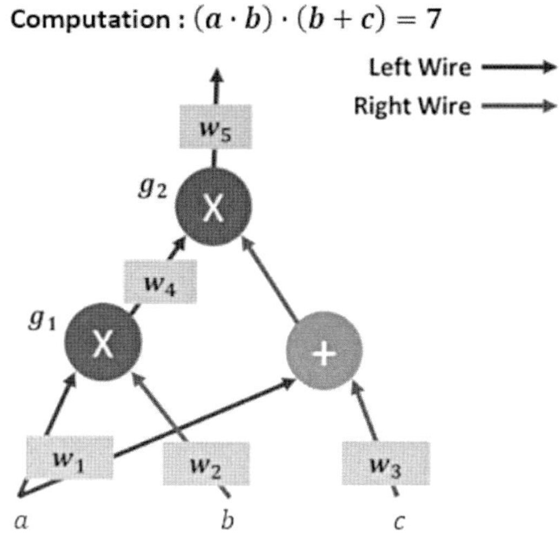

그림 9-3 계산식의 산술 회로 구성

이 회로는 곱셈과 덧셈으로 이루어지는데 이를 R1CS의 형태로 바꾸면 게이트의 입출력 유효성 검사를 할 수행할 수 있다. 하지만 R1CS 형태는 전체 게이트에 대한 유효성 검사를 수행해야 전체 수식의 유효성을 알 수 있으므로 이를 QAP 형태로 바꾸어 게이트 별 유효성 검사를 수행할 수 있게 한다. QAP 형태로 바꾸고 난 이후에는 (그림 9-4)와 같이 다항식 형태로 활용할 수 있다. QAP가 구성된 이후에는 게이트에 해당하는 변수가 다항식의 해가 되는 목표 다항식(target polynomial)을 정의할 수 있다. 결과적으로 QAP가 구성된 형태인 (그림 9-4)의 목표 다항식은 (x-1)(x-2)(x-3)이 되며, 이 다항식을 통해 증명키와 검증키를 생성한다.

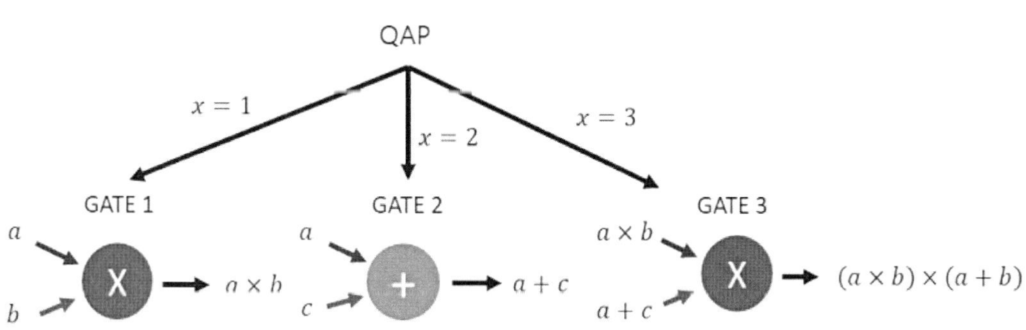

그림 9-4 산술 회로 게이트의 QAP 구성

Prove 단계에서는 증명자가 신뢰 기관으로부터 받은 증명키와 비밀 값을 통해 proof를 생성한다. Proof가 생성된 이후에는 이를 통해 비밀 값을 유추할 수 없고 proof를 생성하는데 걸리는 시간은 비밀 값의 크기와 비례한다. Prove 단계에서 생성되는 proof는 검증자에게 보내지고, proof의 길이는 다른 프로토콜에 비해 짧은 편이므로 이를 통해 간결함(succint)을 얻을 수 있다. Prove 단계에서 생성된 proof의 크기는 80bits of security에서 230bytes, 128bits of security에서 288bytes이다.

Verify 단계에서는 검증자가 신뢰 기관으로부터 받은 검증키를 활용해 증명자로부터 받은 proof의 유효성을 검증한다. zk-SNARKs는 검증에 걸리는 시간이 다른 프로토콜에 비해 짧은데 이 또한 간결함을 얻게 하는 요소이다. Verify 단계는 약 5ms가 소요된다.

(표 9-5)는 vnTinyRam에서 측정한 프로토콜의 수행 시간을 나타낸다. Security level에 따라 키생성 시간, 증명 시간, proof의 크기가 증가하지만 검증 시간은 비슷함을 알 수 있다.

[표 9-5] vnTinyRam에서 측정한 zk-SNARKs 실행 시간 및 proof 크기

	80bits of security	128bits of security
키 생성	97s	117s
증명	115s	147s
검증	4.9ms	5.1ms
Proof 크기	230B	288B

나. zk-STARKs

zk-STARKs는 zk-SNARKs의 문제점을 보완하여 나온 프라이버시 보호 프로토콜이다. zk-SNARKs의 가장 주요한 문제점은 Trusted Setup 단계가 존재한다는 것인데 zk-STARKs는 Trusted Setup 단계가 필요하지 않다. zk-STARKs는 zk-SNARKs에서 사용하던 타원곡선암호, 페어링 등을 대신해 hash와 information theory를 사용한다. hash를 통해 Trusted Setup 단계에 만들어지는 데이터들을 랜덤하게 생성되도록 설계하였기 때문에 신뢰 기관이 거짓 증명을 생성할 수 있는 zk-SNARKs에 비해 보안적으로 개선되었다.

zk-STARKs는 보안적으로 개선되었고, Prove 단계의 시간은 zk-SNARKs에 비해 크게 감소하였다. 하지만 proof의 크기와 Verify단계의 시간이 증가하였는데 그럼에도 확장성면에서 크게 개선되었다. 이는 산술 회로를 생성할 때의 복잡도가 감소하였기 때문이다. zk-STARKs는 늘어난 proof의 크기를 줄이는 방향으로 연구가 진행 중이다.

다. Bulletproof

Bulletproof는 스탠포드 대학에서 제시한 상호작용이 없는 영지식 증명 프로토콜로 이산 로그 가정(discrete logarithm assumption)을 기반해 Trusted setup 과정이 필요하지 않다. Bulletproof는 Multi-Party Computation을 도입하여 비밀 값의 공개 없이 다수의 참가자들이 하나의 proof를 생성할 수 있다. Bulletproof는 Jonathan Bottle, Andrea Cerulli, Pyrros Chaidos,

Jens Groth, Christophe Petit가 제시한 zero-knowledge argument를 사용하는데, 이를 통해 산술 회로 크기에 대한 proof의 크기가 대수적으로 증가하게 하여 proof의 크기를 기존 영지식 프로토콜에 비해 작게 만든다. 또, 다수의 검증에 대해 일괄 처리 방식을 도입해 검증 시간 또한 감소하였는데, ECDSA의 검증 시간과 유사한 검증 시간을 나타낸다.

(표 9-6)은 Problem 크기에 따른 proof 크기와 각 단계의 실행 시간을 나타낸다. (표 9-7)에서는 위의 세 프라이버시 보호 프로토콜들을 비교한다.

[표 9-6] Bulletproof 실행 시간 및 proof 크기

Problem 크기	proof 크기 (bytes)	시간(ms)		
		증명	검증	batch
8bit	482	3.7	0.9	0.28
16bit	546	7.2	1.4	0.33
32bit	610	15	2.4	0.38
64bit	675	29	3.9	0.45

[표 9-7] 프라이버시 보호 프로토콜 비교

	zk-SNARKs	zk-STARKs	Bulletproofs
알고리즘 복잡도 : 증명	$O(N\times \log(N))$	$O(N\times poly-\log(N))$	$O(N\times \log(N))$
알고리즘 복잡도 : 검증	$O(1)$	$O(poly-\log(N))$	$O(N)$
Trusted Setup 단계 유무	있음	없음	없음
양자컴퓨터 저항성	없음	있음	없음
암호 가정	Knowlege of Exponent Assumption	Collision resistant hashes	Discrete log

라. Identity Mixer

Identity Mixer는 IBM의 허가형 블록체인 플랫폼 하이퍼레저 패브릭(hyperledger fabric)에서 사용되는 프라이버시 보호 프로토콜이다. Jan Camenisch와 Anna Lysyanskaya가 제시한 페어링 기반 서명 기법 CL signature를 활용해 영지식 증명 기반의 인증서를 도입하였다. 이 인증서는 기존에 사용하던 X.509 인증서를 대체하는데, 사용자의 정보를 선택적으로 드러내는 기능을 제공한다. 또, 하나의 인증서를 통해 여러 번 인증하더라도 같은 인증서로 인증하였는지 알 수 없는 불연계성(unlinkability) 특성을 가지고 있다.

Identity Mixer에서 사용하는 인증서는 Credential 이라고 명칭한다. 이 인증서는 하나의 인증서에 대해 여러 개의 공개키를 생성할 수 있어 동일한 인증서로 인증이 필요할 때마다 서로 다른 공개키를 사용해 같은 사용자라는 것을 숨길 수 있다. 결과적으로 사용자는 블록체인 내에서 어떤 활동을 하는지 드러내지 않을 수 있다.

(그림 9-5)는 Identity Mixer를 사용하는 블록체인 구조를 보여준다.

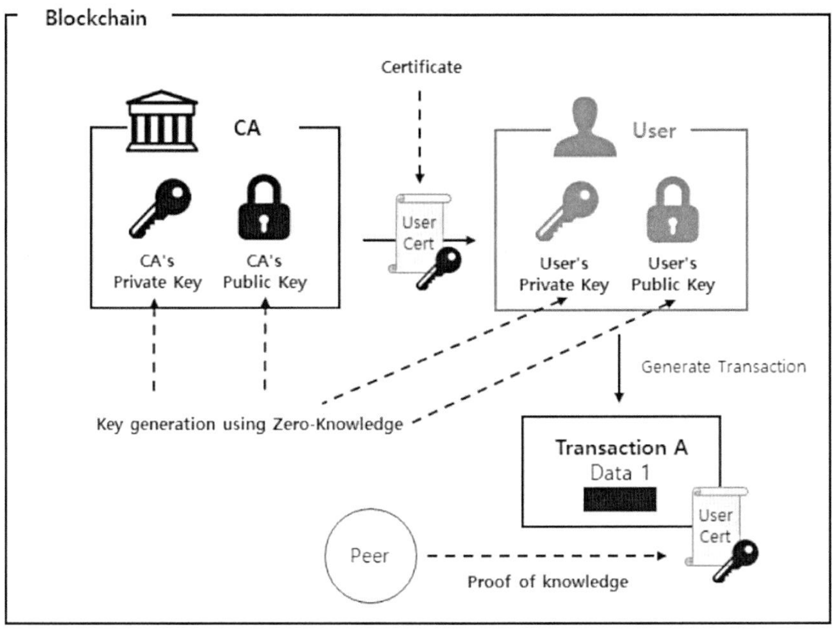

그림 9-5 Identity Mixer를 사용하는 블록체인 구조

마. Enigma

Enigma는 MIT 대학에서 개발한 블록체인 프로토콜로 기존 블록체인에 존재하는 privacy에 대한 문제의 해결책을 제시하였다. Enigma는 초기에 기존 블록체인의 오프체인 형태로 연결되어 프로토콜을 수행하게 설계되었는데 후에 독자적인 블록체인 플랫폼으로 개발되었다.

Enigma는 sMPC(secure Multi-Party Computation)를 사용해 스마트 컨트랙트의 데이터에 대한 프라이버시를 보호한다. Enigma에서는 이러한 형태의 스마트 컨트랙트를 시크릿 컨트랙트(secret contract)라고 한다. 시크릿 컨트랙트에서는 서로 다른 노드들이 데이터 조각을 나누어 가지게 되며, 데이터가 시크릿 컨트랙트 실행에 필요한 경우 조각들을 합쳐서 연산하게 된다. 이 과정에서 각 노드는 다른 노드가 가지고 있는 데이터를 알 수 없으며, 따라서 전체 데이터는 어떠한 노드도 알 수 없다. 마찬가지로 블록체인에도 전체 데이터가 저장되지 않는다. Enigma에는 DHT(Distributed Hash-Table)가 존재하고 여기에 데이터에 대한 참조(reference)를 저장한다. 블록체인에는 시크릿 컨트랙트 실행에 대한 proof를 저장하게 되는데, 이는 시크릿 컨트랙트 실행이 제대로 이루어졌음을 검증하는데 사용할 수 있다.

(그림 9-6)에서 나타나듯이 Enigma의 sMPC는 최적화를 통해 일반적인 MPC에 비해 연산 성능이 향상되었는데, 연산 참가자의 수가 많을수록 비교적 더 빠른 연산 속도를 나타내고 있다.

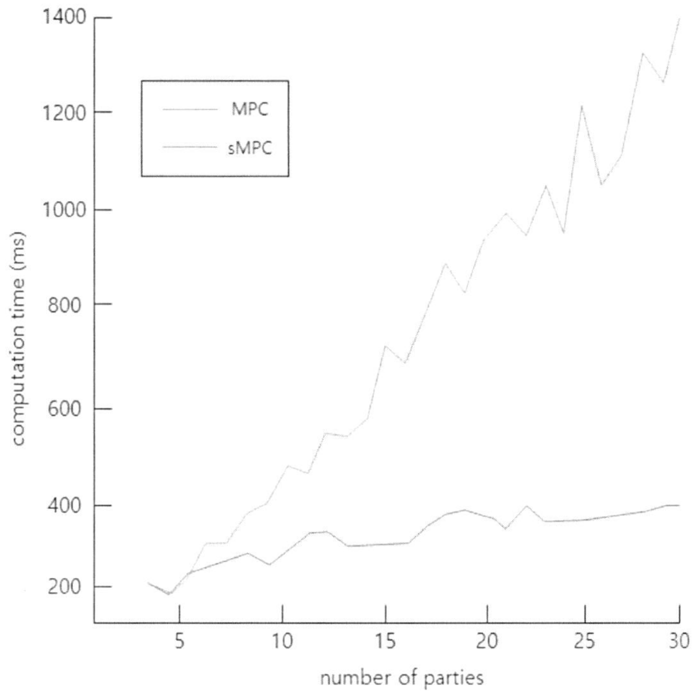

그림 9-6 MPC와 sMPC 실행시간 비교

9.4 영지식 증명

1) 영지식 증명 연구동향

가. 영지식 증명의 개요

영지식 증명(zero-knowledge proof)은 특정 내용을 알고 있음을 증명하는 방법으로, 해당 내용을 직접 보여주지 않고도 그것을 알고 있다는 사실을 입증한다. 이 과정에서 증명하려는 자가 그 지식을 알고 있다는 것을 제외하고는 어떠한 정보도 확인자에게 노출되지 않아야 한다. 예를 들어, Alice가 동굴의 비밀문의 위치와 여는 방법을 알고 있지만, Bob에게 직접 비밀을 알려주기는 원치 않을 때, 영지식 증명은 Alice가 비밀문을 여는 데 필요한 지식을 가지고 있음을 Bob에게 증명하는 과정을 의미한다. 이 과정에서 Alice는 실제 비밀 주문을 Bob에게 공개하지 않으면서도 그 지식을 가지고 있다는 사실을 입증할 수 있다.

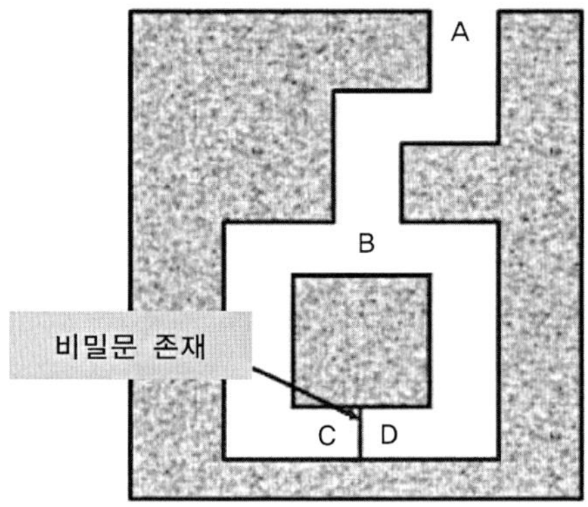

그림 9-7 동굴의 비밀문에 대한 영지식 증명

Alice와 Bob 사이의 통신을 위한 프로토콜에는 비밀 주문을 알려주지 않으면서도 Alice가 해당 주문을 알고 있다는 것을 증명할 수 있는 방법이 있다.

단계 1 Bob은 위치 A에서 기다린다.

단계 2 Alice는 위치 C나 위치 D까지 이동한다.

단계 3 Bob은 위치 B까지 이동한다.

단계 4 Bob은 두 경로 중 한 쪽으로 나오라고 Alice에게 외친다.

단계 5 Alice는 비밀주문을 통해 Bob의 지시를 따른다.

단계 6 이 과정을 여러 번 반복한다.

한 번의 프로토콜 수행으로 Alice가 50%의 확률로 비밀 주문을 모르더라도 프로토콜 수행에 성공할 수 있다고 합리적으로 추론할 수 있다. 그러나 여러 번의 프로토콜을 수행할 경우 안전성을 향상시킬 수 있다. 이러한 안전성은 Alice가 비밀 주문을 모르는 상태에서 프로토콜 수행에 성공할 확률을 말한다. Bob은 한 번의 수행이든 여러 번의 수행이든 비밀 주문을 획득할 수 없어야 한다. 또한, Bob이 프로토콜을 비디오로 녹화하더라도 이를 통해 Alice가 비밀을 알고 있다는 것을 증명할 수 없어야 한다. 이는 Bob과 Alice가 공모하여 가짜 비디오를 제작할 수 있기 때문이다. 따라서 영지식 증명 프로토콜은 이러한 요구 사항을 모두 충족해야 한다.

요구사항 1	확인자는 증명자가 증명하는 지식을 알고 있다는 것을 확신할 수 있어야 한다.
요구사항 2	확인자는 증명자가 알고 있는 지식을 얻을 수 없어야 한다.
요구사항 3	확인자는 증명을 통해 얻은 사실을 이용하여 다른 사용자에게 증명자가 해당 지식을 알고 있다고 증명할 수 없어야 한다.

나. 영지식 증명의 구조

영지식 증명은 사전에 정의된 연산에 대해 비밀 입력 값을 공개하지 않으면서도 해당 입력 값에 대한 출력 값의 관계를 증명하는 암호 기술이다. 이는 임의의 정의된 연산을 만족하지 않는 입력 값에 대해서는 증명자가 어떠한 노력을 하더라도 검증을 통과하는 증명 값을 생성할 수 없음을 의미한다.

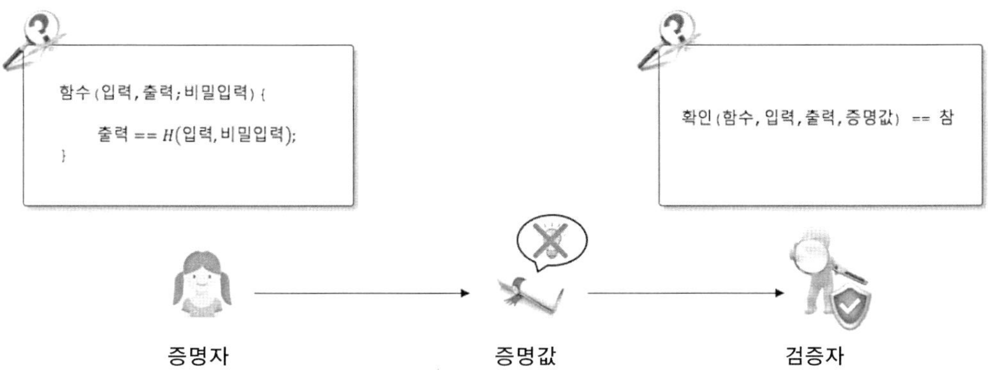

그림 9-8 영지식 증명 과정

(그림 9-8)과 같이, 증명자는 주어진 함수에 대한 입력 값과 비밀 입력 값을 사용하여 출력 값을 계산한다. 영지식 증명 알고리즘을 통해 증명자는 해당 함수, 입력 값, 출력 값의 관계를 증명하는 증명 값을 생성한다. 이 증명 값은 특정한 수식을 만족시키는 숫자 값이다. 그리고 검증자는 증명 값을 획득하여 함수, 입력, 출력의 관계가 올바른지 확인하는 영지식 증명 검증 알고리즘을 사용한다. 이 과정에서 증명 값에는 비밀 입력에 대한 정보가 전혀 담겨있지 않기 때문에 이를 영지식 증명이라 부른다. 다시 말해, 비밀 입력 값은 증명자가 증명 값을 만들 때만 필요하며, 증명 값을 가지고 검증 시에는 비밀 입력 값은 필요 없으며 유출되지도 않다. 증명의 크기 및 확인 알고리즘의 수행 시간이 함수를 직접 수행했을 때 걸리는 시간 대비 현격하게 작은 경우(로그 정도의 증명 크기 및 확인 시간) 이를 간결(Succinct)이라 부른다.

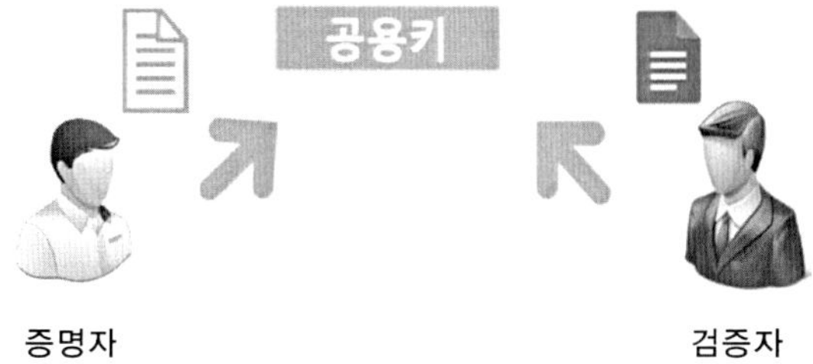

그림 9-9 영지식 증명키 생성

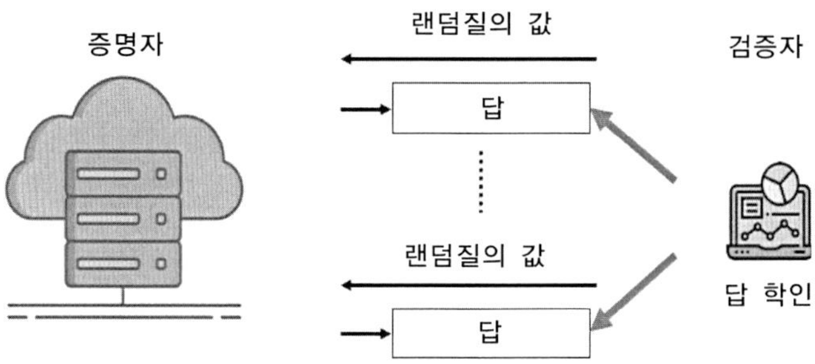

그림 9-10 영지식 증명 방법

(그림 9-9)와 같이, 영지식 증명은 주어진 함수에 해당하는 회로와 주어진 회로에 대한 입출력의 정당성을 증명하고자 하는 증명자(Prover)와 검증자(Verifier)로 이루어져 있다. 증명자와 검증자는 보통 서로 공유하는 키를 가지는데 이를 CRS(Common Reference String)라고 한다. 이 CRS는 크게 RRS(Random Reference String)와 SRS(Structured Reference String)로 나뉜다. RRS는 랜덤한 값을 기준으로 만드는 키이며, 보통 해시함수의 출력을 사용한다. SRS는 구조적인 성질을 가지며, 키들 간에 대수적인 성질이 있다. 기본적인 증명 과정은 증명자와 검증자 사이의 상호간의 통신 형태로 이루어진다. 이러한 상호 통신 형태의 증명 방법을 상호 증명(Interactive Proof)이라고 한다. (그림 9-10)과 같이 이 상호 증명 방식은 검증자가 랜덤한 질의 값을 보내고 해당 질의 값에 대한 적절한 답을 증명자가 제공하는 과정으로 이루어진다. 다시 말해, 질의한 값에 대해 증명자가 지속적으로 올바른 답을 제공한다면 검증자는 확실하게 답을 알고 있는 것으로 간주할 수 있다.

블록체인과 같은 실제 응용에서는 증명자와 검증자가 상호 작용할 수 없기 때문에 랜덤 값을 검증자가 보내는 대신 해시함수를 사용하게 된다. 다시 말해, 증명자가 값을 검증자에게 보내면 검증자가 랜덤 값을 보내야 하는데 이 과정을 해시로 대체하는 것이다. 여기서 사용하는 해시함수는 SHA(Secure Hash Algorithm)와 같은 암호학적 해시함수이다. 이러한 해시함수는 해시 출력 값으로부터 입력 값을 추측할 수 없는 특성을 갖고 있다. 증명자의 입장에서는 해시의 출력 값을 원하는 값으로 직접 통제할 수 없기 때문에 해시 함수의 출력 값이 마치 자신에게는 랜덤 값과 같이 보인다. 이러한 방법을 피앗-샤미르(FS) 휴리스틱이라고 부른다. 많은 증명 방식들은 FS 휴리스틱을 활용하여 비상호적 증명 방식을 구현하고 있다. 이를 통해 증명자는 해시 함수의 출력 값을 통제할 수 없어서 랜덤 값과 같이 보이게 되며, 이를 통해 안전하고 효과적인 증명이 가능해진다.

영지식 증명에서는 임의의 코드에 대해 주어진 입력을 넣으면 해당 출력이 나오는 것을 보장한다. 이 코드 또는 함수를 f라고 하고, 입력과 출력을 각각 x로 표시한다. 입력과 출력이 함수 f에 맞는 경우, 입력은 언어 L(f)에 속한다고 말한다. 또한, 함수 f를 수행할 때 비밀입력이 필요할 수 있다. 이러한 비밀입력을 영지식 증명에서는 Witness라고 한다. 따라서 비밀입력을 w로 표시하면, (x;w)가 L(f)에 속한다는 것을 w를 보여주지 않고 증명하는 것이 영지식 증명의 핵심이다.

영지식 증명의 전체적인 과정은 크게 두 부분으로 나눌 수 있다. 첫 번째는 주어진 함수에 대해 산술 회로식으로 변환하는 프론트엔드이고, 두 번째는 산술 회로식에 대해 증명을 생성하는 백엔드이다. 프론트엔드에서는 먼저 주어진 코드를 산술식으로 변환한다. 이 산술식은 덧셈과 곱셈으로 표현되며, 상위수준 언어로 주어진 임의의 식을 덧셈과 곱셈 두 개의 게이트로 이루어진 산술 회로식으로 변환한다. 이 과정은 하드웨어 설계에서 하드웨어 기술 언어로 작성된 코드가 하드웨어 합성기를 통해 논리 게이트로 변환되는 것과 유사하다.

백엔드의 과정은 회로 특화 영지식 증명법(Circuit Specific zk Proof)과 유니버셜 영지식 증명법(Universal zk Proof)에 따라서 다른 접근 방식을 가진다. 회로 특화 영지식 증명법에서는 회로가 주어지면 해당 회로에 맞는 키(SRS)를 생성한다. 반면에 유니버셜 영지식 증명법에서는 회로와 관계없이 키(SRS 또는 RRS)를 사전에 생성한다. 유니버셜 영지식 증명법은 Sonic, Plonk, DARK, Stark 등의 방법을 포함한다. 회로 특화 영지식 증명법에서는 일반적으로 QAP(Quadratic Arithmetic Program)이라고 불리는 회로 표현 방식을 사용하여 증명을 생성한다. 반면에 유니버셜 영지식 증명법은 다항식 약정(Polynomial Commitment) 기법을 사용하여 증명을 생성한다.

다. 영지식 증명 기법 분류

❶ 회로 특화 영지식 증명

영지식 증명의 백엔드 분류 중 회로 특화 영지식 증명 방식은 상당한 발전을 이루어 왔다. Pinocchio에서는 처음으로 n개의 곱셈 게이트를 가지는 QAP 형태로 주어진 회로에 대해 증명자는 n에 비례하는 시간 안에 증명을 생성할 수 있게 되었으며, 검증자는 회로 크기에 상관없이 상수 시간 안에 검증이 가능해졌다. Groth16은 이러한 발전을 더욱 개선한 것으로 현재까지 가장 작은 크기의 증명을 생성하는 영지식 증명 기법이다. 이 기법에서는 증명의 크기가 3개의 (그룹) 원소로 제한된다. QAP(Quadratic Arithmetic Program) 표현식은 각각의 회로식을 한 개의 곱셈을 가지는 형태로 나타냅니다. 이러한 곱셈 게이트가 여러 개 있기 때문에 여러 곱셈식을 하나의 형태로 표현하기 위해 다항식을 사용한다. 각 다항식은 해당 위치에 해당하는 값을 반환하는 함수이다. 이러한 다항식에 대해서 증명자는 덧셈 및 상수 배만이 가능한 선형 연산만을 수행할 수 있다. 따라서 증명자가 증명을 만드는 과정은 주어진 기본 다항식들을 선형 연산하여 증명을 생성하게 된다. 검증의 경우에는 선형 연산된 두 개의 다항식을 곱했을 때 결과 다항식이 나오는지 확인한다. 이 과정에서 선형 연산만이 가능하며, 단 한 번의 곱셈 검증만 가능하도록 페어링 그룹을 사용한다. 페어링 그룹에서는 지수에 대한 덧셈과 상수 배만이 가능하며, 지수에 대한 곱셈 검증을 한 번만 수행할 수 있다. Groth16은 시뮬레이션 추출(Simulation Extractability)을 제공하지 않기 때문에, 시뮬레이션 추출을 제공하는 다양한 방식에 대한 연구가 진행되었다. 최근에 KLO19에서는 Groth16과 동일한 증명 크기로 시뮬레이션 추출이 가능한 기법이 개발되었다. 시뮬레이션 추출은 주어진 증명들로부터 새로운 증명을 만들 수 없음을 보장한다.

❷ 유니버셜 영지식 증명

회로 특화 영지식 증명의 경우, 주어진 회로에 대한 각기 다른 SRS를 생성해야 하며, 이 과정에서 민감한 정보를 활용한다. 그러나 이 정보가 유출되면 증명이 조작될 가능성이 있다. 따라서 이러한 단점을 극복하기 위한 연구가 활발히 이루어지고 있다.

유니버셜 영지식 증명 기법은 회로에 관계없이 CRS를 사용하여 회로가 주어진 경우 이를 다항식 약정을 통해 증명한다. Sonic, Plonk, DARK, Bulletproofs, Stark 등이 이러한 방식을 사용한다.

유니버셜 영지식 증명은 두 가지 주요 분야로 나뉜다. 신뢰 주체가 필요한 SRS 기반 기법과 신뢰 주체가 필요 없는 RRS 기반 기법이다. KGZ10은 신뢰 주체가 필요한 SRS 기반 기법으로 분류되는 반면, Bulletproofs와 DARK는 신뢰 주체 없이 증명값을 생성할 수 있는 RRS 기반 기법이다. 증명의 크기와 검증 시간이 상수로 유지되는 아주 효율적인 방법은 현재까지 SRS 방법을 통해서만 가능하다. SRS 기반 기법은 CRS를 사용하여 SRS를 구축하며, 페어링 그룹을 활용하여 SRS를 지속적으로 갱신할 수 있는 기법이다. 이러한 기법은 KGZ10과 같은 다항식 약정을 사용하고, 페어링 연산을 활용하여 다항식 약정을 검증한다. 이 방법은 증명의 크기가 상수이고 검증 시간도 상수 시간이 걸리기 때문에 검증이 빠르고 증명의 크기도 상대적으로 매우 작다. KGZ10 기법의 다항식 약정은 오래 전에 개발되었지만, 일반적인 회로를 다항식으로 매핑하는 기법늘(Sonic, Marlin, Plonk)은 2019년에 매우 활발하게 개발되었다. 이 중에서 Plonk는 가장 작은 다항식을 필요로 하기 때문에 가장 증명 크기가 작은 기법이다. 따라서 현재 많은 블록체인 회사에서 Plonk 기반 영지식 증명 도구를 개발하고 있다.

[표 9-8] 다항식 약정 알고리즘 비교 분석표

Scheme	신뢰 주체 필요성	증명시간	검증시간	증명크기
KGZ10	yes	$O(n)$EXP	$O(1)$Paring	$O(1)$
Bulletproofs	no	$O(n)$EXP	$O(n)$EXP	$2\log n G_p$
DARK	no	$O(nlog(n))$EXP	$O(\log(n))$EXP	$O(\log(n)\ G_U)$

RRS 기반의 기술은 SRS와는 다르게 키 생성을 위한 신뢰 기관을 필요로 하지 않다. RRS의 방법은 크게 두 가지로 나뉘는데, 양자 저항성을 가지지 않는 대수 기반 기법과 양자 저항성을 가지는 해시 기반 기법이다.

먼저 2016년에 개발된 Bulletproofs는 대수 기반 기법으로 벡터 내적 연산을 지원하며, 이에 많은 블록체인 회사가 차용했다. 그러나 Bulletproofs는 검증 시간이 원래 회로 계산보다 오래 걸리는 특징이 있어 검증 시간에 대한 성능 오버헤드가 크다. 따라서 현재 많은 회사가 Bulletproofs를 Plonk로 전환하고 있다. 2019년에는 RRS로 RSA나 class 그룹과 같은 그룹의 크기를 모르는 그룹(Unknown Order Group)을 활용하여 다항식 약정을 수행하는 DARK가 발표되었다. DARK에서는 다항식 약정을 위해 변수에 매우 큰 값을 할당하여 계산하여 다른 차수의 계수가 분리되도록 한다. 그런 다음 계산된 큰 값을 작은 약정 값으로 만들기 위해 크기를 모르는 그룹으로 매핑한다. 다항식 약정 후, 다항식 계수의 범위가 변수에 할당한 큰 값보다 작고, 다항식의 차수가 특정 값 이하이며, 다항식 변수에 새로 할당한 값에 대한 다항식 계산 값이 처음 다항식 약정 값과 일치한다는 것을 증명 값으로 만든다. 이 과정에서 다항식 차수의 로그 개수만큼의 새로운 다항식 약정 값이 생성되며, 증명의 크기가 KGZ10이나 Bulletproofs에 비해 10배 이상 증가하게 된다.

양자 저항성을 갖는 기법 중 하나로 FRI(Fast Reed-Solomon Interactive Oracle Proofs)을 기반으로 한 Stark 기법이 있다. 이전의 다항식 약정 기법은 다항식 변수 x에 값을 할당하는 두 가지 방식인 SRS(Sparse Random Sampling) 방식과 DARK(Deterministic Random Sampling over K) 방식이 있었다. 그러나 FRI에서는 (그림 9-11)과 같이 다항식 변수 x에 여러 알려진 값을 할당하여 다항식 값을 계산하고, 이 값을 머클 해시 트리로 구성하여 루트 값을 검증자에게 전달하는 방식을 취한다. 검증자는 다항식 변수 x에 앞에서 언급한 여러 값 중 하나를 선택하여 증명자에게 다시 보낸다. 그러면 증명자는 해당 다항식 값과 해시 트리의 보수 경로(copath)를 제공하여 검증자가 해당 다항식 값이 정확한지 확인할 수 있도록 한다. 이러한 과정을 여러 번 반복하면 증명자가 올바른 다항식을 약정했을 확률이 높아지므로, 이 방법을 통해 높은 확률로 올바른 다항식을 약정한 것을 보증할 수 있다. FRI에서는 다항식 약정을 위해 해시 함수만을 사용하며, 현재까지 해시 함수는 양자 저항성을 갖는 것으로 알려져 있기 때문에 FRI를 기반으로 한 다항식 약정 기법은 양자 저항성을 가지게 된다. FRI에서 약정된 함수가 저차수 다항식임을 증명하기 위해, 빠른 푸리에 변환(FFT)과 유사한 방식으로 다항식을 분해한다. DARK와 유사하게, DEEP-FRI(Domain Extending for Eliminating Pretenders FRI)는 다항식을 두 개로 분할하고, 항의 수를 반으로 줄여가는 방식을 채택하며, 마지막 값이 상수인지 확인한다. 최근에는 DEEP-FRI가 이 방법을 발전시켜서 다항식 검증에 중간 함수를 도입하여 에러를 줄였다. 이로써 증명의 길이를 더욱 줄일 수 있는 기법이 됐다.

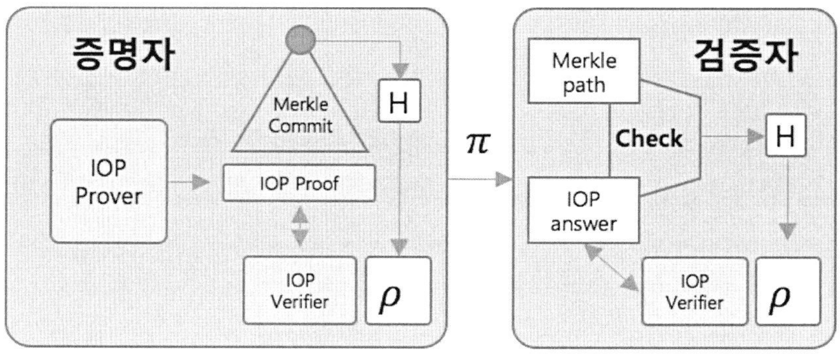

그림 9-11 FRI 프로토콜

❸ 다항식 생성 기법

Groth16은 QAP(Quadratic Arithmetic Program) 방식을 사용한다. QAP 방식을 사용하는 경우, 회로 관계식은 회로 내용과 증명에 사용되는 값이 하나의 관계식에 통합되어 설계되기 때문에, 관계식의 크기가 가장 작다. 그러나 Sonic과 Plonk는 회로와 증명에 사용되는 값을 분리하여 증명하기 때문에 증명 크기가 Groth16에 비해 증가한다. 회로의 크기가 커지는 것을 방지하기 위해 Plonk는 회로 값들 간의 관계를 순열 형태의 다항식으로 표현한다. (그림 9-12)는 Plonk에서 회로를 표현하는 식을 보여준다. Plonk의 핵심 아이디어는 게이트 간의 입출력이 서로 연결되어 있다는 것을 효율적으로 나타내는 방법이다. 이 아이디어는 근본적으로 Stark에서 사용한 산술화 기법을 차용하였으며, 이 산술화 기법을 여러 형태로 발전시켜 Plonk에 적용하고 있다.

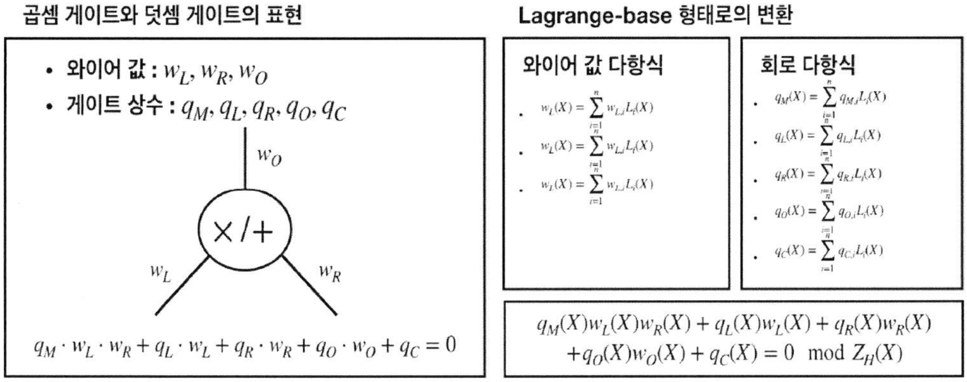

〈자료〉 Gabizon, Ariel, Zachary J. Williamson, and Oana Ciobotaru. PLONK: Permutations over Lagrange-bases for Oecumenical Noninteractive arguments of Knowledge. Cryptology ePrint Archive, Report 2019/953, 2019.

그림 9-12 Plonk의 회로 표현식과 와이어 값 표현식

❹ 영지식 증명 선택 방법

지금까지 다양한 영지식 증명 방법을 살펴보았다. 이를 요약하면, 영지식 증명에서 증명 시간, 검증 시간, 증명 크기 등이 중요한 경우에는 Groth16 또는 KLO19를 사용하는 것이 좋다. 만약 회로와 상관없이 독립적으로 키를 미리 생성하고 싶다면, Plonk를 사용하여 회로로부터 다항식을 생성하고, KGZ10의 다항식 약정 방식을 사용할 수 있다. 키 생성을 원치 않는 경우(즉, RRS 키를 사용하고 싶은 경우)에는 Plonk로 다항식을 생성하고, DARK를 사용하여 다항식을 약정할 수 있다. 마지막으로, 양자 저항성을 갖길 원하는 경우에는 Plonk로 회로를 생성하고, FRI 기법(Stark 기법)을 사용하여 다항식을 약정하는 것이 좋다.

❺ 영지식 증명 도구

아직까지 많은 영지식 증명 도구들은 회로 특화 기법에 대한 증명에만 주로 중점을 두고 있다. 그러나 2019년 이후 많은 새로운 기법들이 개발되었고, 이를 지원하는 도구들이 학계와 산업계에서 활발하게 개발 중에 있다. 현재 활발하게 사용되는 백엔드 도구로는 libsnark가 있으며, libsnark는 Groth16을 비롯한 다양한 영지식 기법을 지원한다. 또한, JavaScript 기반의 snarkjs도 Groth16, KLO19 등의 영지식 기법을 지원하고 있다. 또한, libSTARK와 libiop는 Stark와 IOP 기반의 zk-SNARK를 지원하는 도구이다.

프론트 엔드 도구로는 Java 기반으로 산술 회로를 작성하고 함수처럼 호출할 수 있는 jsnark와 circom이 있다. 또한, 이더리움에서 사용 가능한 Zokrates도 있다. 상위 수준의 언어를 활용할 수 있는 xjsnark도 존재하지만 안정화되지 않은 상태이다. 현재 상용화 수준의 도구는 개발이 시급한 상황이다.

라. 영지식 증명 국제 표준화 동향

2018년부터 zkproof.org에서는 영지식 증명에 관련된 국제 표준화를 진행하고 있다. 이 웹사이트에는 세계적인 학자와 기업들이 모여 영지식 증명에 관련된 표준화를 추진하고 있다. 매년 4월에는 zkproof 워크숍이 열리며, 이는 security, applications, implementation 등 세부분으로 나뉘어 표준화 작업을 진행한다. 초기 워크숍에서는 표준화를 위한 분야와 용어 등이 정의되었으며, 2회 이후부터는 표준화 제안서를 받고 있다. 제안서는 엄격한 리뷰를 거쳐 표준화 커뮤니티에서 채택될 때 발표 기회를 부여받으며, 채택된 제안서는 표준화 문서에 반영된다. 국내에서는 3회 워크숍부터 참여하며, 국내 제안서가 채택되었다.

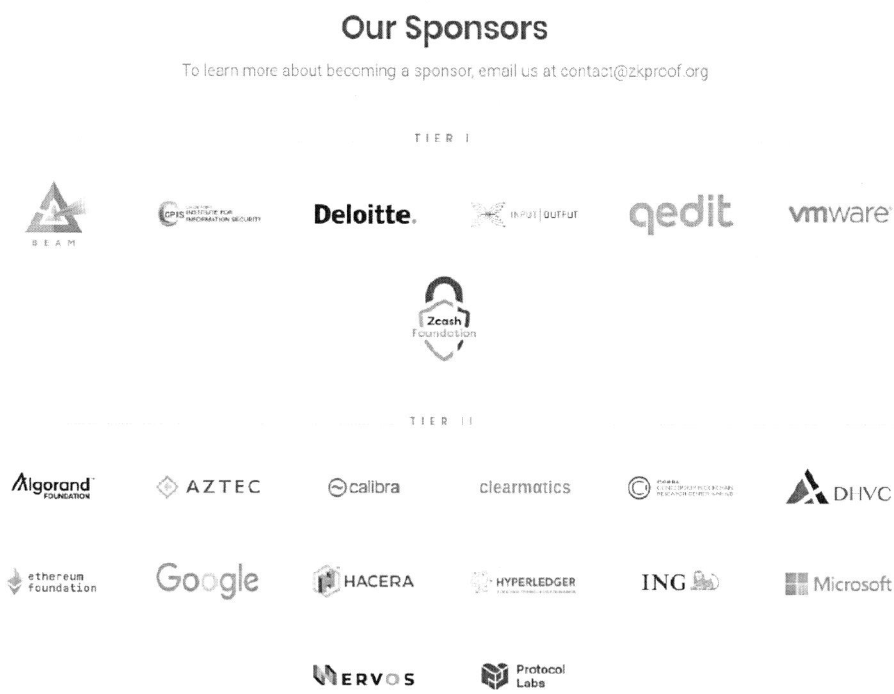

그림 9-13 영지식 표준화(zkproof.org) 지원 기업들

2) 영지식 증명과 프라이버시 보호

가. zk-SNARKS를 활용한 프라이버시 보장

zk-SNARKS(zero-knowledge succinct non-interactive argument or knowledge)을 사용하여 개인 정보 보호를 보장할 수 있다. 영지식 증명이 작동하려면 특정 조건이 충족해야 한다. 다음은 조건들이다.

- 완전성(completeness): 어떤 사실이 T(true, 참)일 경우 정직한 증명자(prover)는 정직한 검증자(verifier)를 납득시킬 수 있다.

- 안전성(soundness): 만약 증명자가 정직하지 못한 경우, 검증자에게 증명하려는 문장의 안전성을 납득시킬 수 없다.
- 영지식(zero-knowledge): 어떤 사실이 T일 경우 검증자는 그 사실이 어떤 내용을 담고 있는지에 대해서는 전혀 알 수 없다.

나. 영지식 증명으로 프라이버시 보호의 예

❶ Alibaba의 동굴

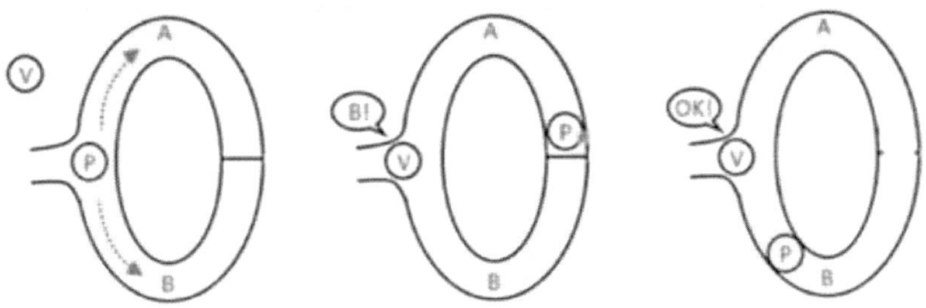

그림 9-14 영지식 증명의 예: Alibaba의 동굴

(그림 9-14)와 같이, 처음에 증명자는 A와 B 둘 중 어느 길을 선택해서라도 갈 수 있으나 검증자는 입구에서 증명자가 어느 길로 가는지에 대한 정보를 가지고 있지 않은 상태이다. 증명자가 A길로 가서 문의 암호를 풀고 B 길로 돌아 나와 검증자에게 암호를 알고 있다는 사실을 보일 수 있다. 그러나 증명자가 암호를 모르는 상태로 B길로 갔다가 문을 열지 못하고 되돌아 나왔을 때 A길을 거쳐서 돌아 나왔다고 거짓말을 할 수도 있다. 이를 증명하기 위해 실험이 반복적으로 수행되어 증명자가 매번 똑같은 길로 나올 경우 검증자는 증명자가 암호를 알고 있다는 사실을 알 수 있다.

이 경우 영지식 증명의 세 가지 조건이 충족된다.

- 사실이 T이었기 때문에 정직한 증명자는 정직한 검증자를 납득시킬 수 있다.
- 만약 증명자가 정직하지 않을 경우 실험을 반복적으로 시행되었기 때문에 검증자를 속일 수 없다.
- 검증자는 실제 문의 암호가 무엇인지는 알 수 없었으나 증명자가 그 암호를 가지고 있다는 것은 납득한다.

❷ Waldo 찾기

(그림 9-15)와 같이 A가 B에게 Waldo의 위치를 알려주지 않고서 Waldo를 그림 속에서 찾았다는 사실을 보이기 위해서는 두 가지 방법이 존재한다. 방법은 Mid-Tech Solution와 Low-Tech Solution이다.

그림 9-15 영지식 증명의 예: Waldo 찾기

Mid-Tech Solution은 그림을 복사하여 A는 B가 보고 있지 않을 때 Waldo를 오려내어 찾았다는 사실을 알릴 수 있다. 그러나 이 경우 영지식 조건은 충족시키지만 안전성 조건은 만족시키지 못한다. A가 게임 시작 전에 미리 그림 속 인물들을 오려두었다면 Waldo의 위치는 모르지만 Waldo 그림을 보여주어 B에게 자신이 위치를 알고 있다는 사실을 입증할 수도 있는 문제가 발생한다. 이를 해결하기 위해 B는 복사한 사진 뒤에 일정한 패턴을 그려 넣어 A에게 고립된 방에서 Waldo를 찾게 할 수 있으며 이를 반복적으로 수행할 경우 B는 A가 오려낸 부분을 비교하여 A의 주장이 타당한지 증명이 가능하다.

Low-Tech Solution은 그림보다 큰 판자를 가져와 가운데에 네모난 구멍을 뚫고 B가 보고 있지 않을 때 A는 그 구멍의 위치를 Waldo가 있는 곳으로 옮겨둠으로써 정확한 위치는 알려주지 않지만 Waldo를 찾았다는 사실을 알릴 수 있다.

3) 영지식 증명과 전자서명

가. 은닉 채널

1985년, Simmons는 ElGamal 서명을 이용하여 은닉 채널(subliminal channel)을 만들 수 있다는 것을 보였다. 은닉 채널은 정당한 메시지에 정보를 숨겨 상대방에게 전송하는 것을 의미한다. 외부에서는 이 메시지를 확인할 수 있지만, 숨겨진 내용을 알아내거나 그것이 숨겨진 것임을 알 수 없다. 예를 들어, 죄수들이 평범한 내용의 쪽지를 서로 주고 받았다고 가정해본다. 간수는 쪽지를 전달하면서 내용을 확인했지만, 문제가 되는 내용은 없었다. 그러나 이 평범한 쪽지에 탈옥 계획이 숨겨져 있다면, 은닉 채널이 존재한다는 것을 의미한다.

Simmons가 제안한 ElGamal 서명과 관련한 은닉채널의 내용을 알아보자. Alice는 m'에 대한 ElGamal 서명을 보내지만 메시지 m을 숨겨 Bob만 볼 수 있게 전달하고 싶다. 이 때 Alice의 서명키는 x_A이고, 확인키는 $y_A = g^{x_A}$라 했을 때, m을 은닉하여 Bob에게 전달할 수 있는 방법은 다음과 같다. 단, Bob도 Alice의 개인키를 알고 있다.

- Alice는 m'에 대한 ElGamal 서명으로 (W, s) 쌍을 사용한다.

$$W = g^m \bmod P,\ s = (H_{p-1}(m') - x_A W)m^{-1} \bmod (p-1)$$

- 이 서명은 누구나 다음 식을 이용하여 확인할 수 있다.

$$y_A^W W^s ? \equiv g^{H_{p-1}(m')} (\bmod p)$$

- Bob은 일반 사용자들과 같이 위 서명 확인 과정을 거친 후에 유형성 확인은 다음 식을 통해 구할 수 있다.

$$m = s^{-1}(h_{p-1}(m) - x_A W) \bmod (p-1)$$

이 방법의 주요 문제점은 Bob도 Alice의 개인키를 알고 있어야 한다는 것이다. 그러나 현재는 이러한 제한 없이도 은닉 채널을 만들 수 있는 기술들이 연구되고 있다.

나. 서버-지원 서명

일반적으로 전자서명 기법은 서명자가 직접 서명을 생성하는 방식이지만, 서버-지원 서명 기법에서는 신뢰할 수 있는 서버가 서명을 생성해준다. 이러한 방식을 통해 효율성을 높일 수 있고, 시스템의 복잡성을 줄일 수 있다. 기존의 서명 기법에서는 서명키가 노출되면 공격자가 서명을 위조할 수 있으며, 위조된 서명의 수를 제한할 수 없다. 그러나 서버-지원 서명 기법을 사용하면 서명의 수를 제한할 수 있다. 서버-지원 서명의 기본 아이디어는 다음의 (그림 9-16)과 같다.

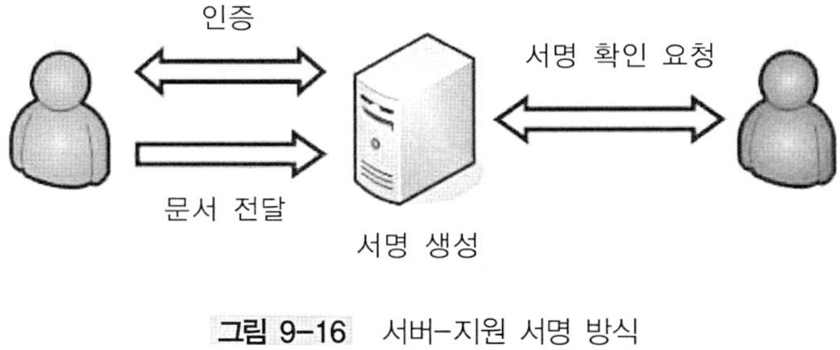

그림 9-16 서버-지원 서명 방식

서버는 사용자를 인증한 다음에 서명해야 할 문서를 전달받는다. 서버는 서명을 생성하여 사용자에게 전달한다. 이 서명을 확인하고 싶은 확인자들은 서버에게 요청하여 서명을 확인한다. 여기서 사용자를 인증하는 방법은 중요하지 않다. 또한 서버가 실제로 서명을 생성하지 않고 단순히 데이터베이스에 기록할 수도 있다. Asokan 등은 해시체인(hash chain)을 이용한 서버-지원 서명 기법을 제안하였다. 해시체인은 1981년에 Lamport가 처음 제안하였으며, 다음과 같이 생성된다.

해시체인 생성 방법: 먼저 랜덤 값 R_0을 임의로 선택 후, $R_i = H(R_{i-1})$를 반복하여 계산한다. 최종 값인 R_n은 해시체인의 루트(root)이다. 각 R_i는 토큰이 된다.

해시함수는 일방향성이기 때문에 R_i을 해 R_{i-1}를 계산할 수 없다. 만약 R_n이 사용자와 바인딩되어 있으면, $R_{n-1}, R_{n-2}, \cdots, R_0$ 순을 이용하여 사용자를 인증할 수 있다.

Asokan 등이 제시한 서버-지원 서명 기법의 과정은 다음과 같다.

단계 1 Alice는 해시체인의 루트인 R_n을 인증 서버에 제출한다. 그리고 $(ID_A \| n \| R_n \| ID_S)$에 대해서 인증서 $Cert_A$를 발급 받는다. 단, ID_S는 서명 서버의 식별자로 사용자가 사용할 것이다.

단계 2 Alice는 서명 서버 S로 $Cert_A$를 전달한다. 서버는 인증서를 확인하여 사용자를 인증한다.

단계 3 Alice는 서명 서버 S와 함께 (그림 9-17)의 프로토콜을 진행한다.

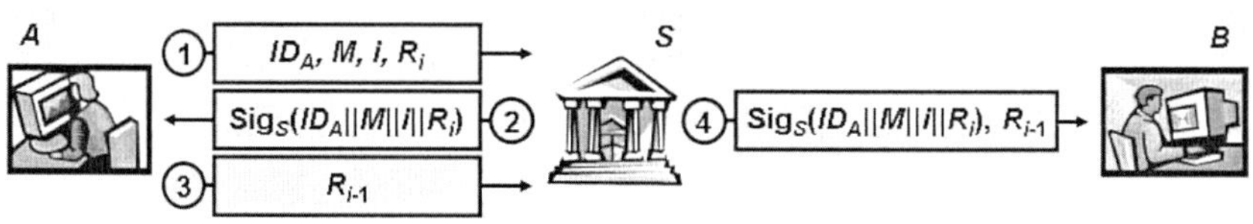

그림 9-17 Asokan 등의 서버-지원 서명 방식

Alice는 유효한 서명을 받을 때만 다음 토큰을 제공한다. 서버는 언제든지 서명을 생성할 수 있지만, 유효한 서명이 되기 위한 토큰을 Alice가 주지 않으면 독자적으로 서명을 위조할 수 없다. 이 방식의 단점 중 하나는 서버가 여러 번째 서명을 여러 개 생성할 수 있다는 것이다.

다. 부인불가 서명

부인불가 서명(undeniable signature)은 서명자의 개입 없이는 서명을 확인할 수 없는 서명 방법을 의미한다. 전통적인 전자서명 기법은 공개키를 통해 누구나 전자서명을 확인할 수 있지만, 부인불가 서명은 서명자와 상호작용하여야만 서명을 확인할 수 있다. 이러한 특성으로 인해 기존의 서명 기법과는 차이가 있다. 부인불가 서명에서는 서명자가 확인을 거부할 수 있지만, 유효하지 않은 서명을 유효한 서명으로 바꿀 수 없어야 한다. 또한, 유효한 서명을 유효하지 않은 것으로 간주할 수 없어야 한다. 이를 위해 부인불가 서명은 서명 알고리즘과 확인 프로토콜로 구성되며, 확인 프로토콜은 서명의 유효성을 확인할 수 있어야 한다. 또는, 확인 프로토콜과 부인 프로토콜을 따로 제공할 수도 있다.

Chaum은 부인불가 서명을 제안하였다. x_A는 서명자 Alice의 서명키이고, $y_A = g^{x_A}$는 확인키이고, 다음과 같이 서명한다.

$$Sig_A(m) = H_p(m)^{x_A}$$

이 서명은 (그림 9-18)의 프로토콜을 통해 확인할 수 있다. 이 프로토콜은 서명이 유효하지 않은 경우에는 사용할 수 없는 프로토콜이며, Chaum은 별도의 부인 프로토콜을 제공하고 있다.

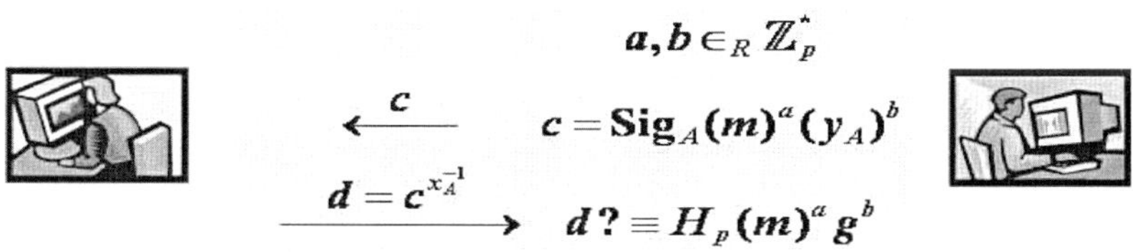

그림 9-18 Chaum의 부인 불가 서명 방식의 서명 확인 프로토콜

즉, $Sig_A(m)$를 확인을 위해 사용자들은 x_A를 알아야 한다. Bob은 (그림 9-18)의 서명 확인 프로토콜을 수행하면 이 서명이 Alice의 서명임을 확인할 수 있다. 하지만 Bob이 이 과정을 공개해도 Bob을 믿을 수 없다. 이는 아무나 쉽게 다음과 같은 가짜 프로토콜을 만들 수 있기 때문이다.

$a, b \in_R Z_p^*$를 선택한 다음에 $c = Sig_A(m)^a (y_A)^b$와 $d = H_p(m)^a g^b$를 계산한다.

라. 지정된 확인자 서명

지정된 확인자 서명(designated confirmer signature)은 부인불가 서명과 전통적인 서명의 중간 지점에 해당한다. 부인불가 서명은 서명자의 개입 없이는 서명을 확인할 수 없는 문제가 있지만, 전통적인 서명은 누구나 항상 서명을 확인할 수 있다. 지정된 확인자 서명은 이러한 두 방식의 특성을 혼합하여 구현된다.

- 서명자는 확인자와 특정 프로토콜을 거쳐 서명을 전달한다.
  - 이 프로토콜의 기록을 통해 확인자는 다른 사람들에게 서명의 유효성을 입증할 수 없다.
- 서명자가 지목한 특정 사용자만이 이 서명을 다른 이들에게 확인해 줄 수 있다.

이는 서명자의 선택에 따라 특정 사용자만이 서명을 확인할 수 있는 방식을 제공한다.

마. 프록시 서명

프록시 서명(proxy signature)은 서명자가 자신의 서명키를 특정 프록시에게 직접 제공하지 않고, 대신하여 서명할 수 있도록 해준다. 프록시 서명의 요구사항은 다음과 같다.

- 구별 가능성: 프록시 서명은 다른 서명과 명확히 구분되어야 한다.
- 위조 불가능성: 원 서명자와 특정 프록시 서명자만이 유효한 프록시 서명을 생성할 수 있어야 한다.
- 프록시 서명자는 다른 실제 서명을 할 수 없어야 한다.
- 확인 가능성: 확인자는 프록시 서명을 통해 원 서명자의 메시지에 대한 동의를 확인할 수 있어야 한다.
- 식별 가능성: 원래 서명자는 프록시 서명을 통해 프록시 서명자를 식별할 수 있어야 한다.
- 부인 불가능성: 프록시 서명자는 자신이 한 프록시 서명을 부인할 수 없어야 한다.

바. 그룹 서명

그룹 서명(group signature)은 다음과 같은 요구사항을 충족하는 서명을 의미한다.

- 그룹의 멤버들만이 서명을 생성할 수 있다.
- 확인자들은 그룹의 멤버 중 한 명이 서명했음을 확인할 수 있지만, 실제로 누가 서명했는지는 알 수 없다.
- 분쟁이 발생한 경우에는 실제 서명자를 확인할 수 있어야 한다.

사. 일괄 서명

일괄 서명(batch signature)은 1989년 Fiat에 의해 처음 제안되었다. 이 서명 방식에서는 하나의 서명자가 여러 개의 다른 메시지를 동시에 서명할 수 있으며, 이를 통해 개별 메시지에 대한 서명 비용을 크게 절감할 수 있다. 또한, 이러한 일괄 서명으로부터 개별 메시지 서명을 추출하여 다양한 사용자들에게 저렴한 비용으로 전달할 수 있다.

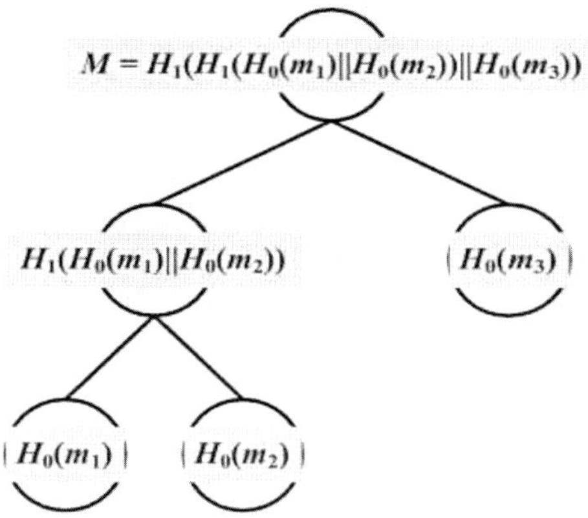

그림 9-19 Pavloski와 Boyd의 일괄 서명 기법에서 사용하는 해시 이진 트리

Pavloski와 Boyd는 1999년에 해시 이진 트리를 활용한 일괄 서명 기법을 제안했다. 이들의 제안에 따르면, 메시지 m_1, m_2, m_3에 대한 일괄 서명을 생성하기 위해 (그림 9-19)와 같은 해시 이진 트리를 구성한다. 그 후 이 트리의 루트 값에 대해 전자서명을 수행한다. 이렇게 함으로써, 동시에 서명하는 메시지 수와 상관없이 단 한 번의 전자서명 비용만 소요된다. 일괄 서명 값에서 개별 서명 값은 다음과 같이 구성된다.

- 메시지 m_1에 대한 서명: $Sig_A(M), [H_0(m_3), R], [H_0(m_2), R], [H_0(m_1), L]$
- 메시지 m_3에 대한 서명: $Sig_A(M), [H_0(m_3), R], [H_1(H_0(m_1) \| H_0(m_2)), L]$

아. 다중 서명과 결합 서명

다중 서명(multi-signature) 기법은 명의 서로 다른 서명자가 같은 메시지에 대해 서명하지만, 그 결과는 하나의 서명으로 표현된다. 따라서 개별 서명이 아닌 하나의 서명을 확인함으로써 명이 서명한 사실을 확인할 수 있다.

Boldyreva이 제안한 겹선형 쌍함수을 이용한 다중 서명 기법은 타원곡선 군과 곱셈군을 활용하며, 출돌회피 해시함수와 겹선형 쌍함수를 활용한다. 여기서 $G_1 = \langle P \rangle$은 위수가 소수 q인 타원곡선 군이고, G_2는 위수가 소수 q인 곱셈군이다. $H: \{0,1\}^* \rightarrow G_1$는 충돌회피 해시함수이고, $\hat{e}: G_1 \times G_1 \rightarrow G_2$는 겹선형 쌍함수이다.

- 각 사용자의 개인키/공개키: $x_i \in_R Z_q^*, Y_i = x_i P$
- 다중 서명 공개키: $Y = \sum_{i=1}^{n} Y_i = \Sigma_i x_i P$
- 메시지 m에 대한 각 사용자의 서명: $S_i = x_i H(m)$

- 다중 서명: $S = \sum_{i=1}^{n} S_i = (\Sigma_i x_i) H(m)$
- 다중 서명에 대한 확인: $\hat{e}(P, S) ?= \hat{e}(Y, H(m))$

결합 서명(aggregate signature) 기법이란 n명의 서로 다른 서명자가 서로 다른 n개의 메시지에 대해 서명하지만 그 결과가 n개의 서명이 아니라 하나의 서명을 얻게 되는 기법을 말한다. 따라서 n개의 서명 대신에 하나의 서명을 확인하여 n개의 서로 다른 메시지에 대한 n명의 서명을 확인할 수 있다.

Boneh의 겹선형 쌍함수을 이용한 결합 서명 기법은 다음과 같다. 각 사용자 i는 메시지 m_i에 대해 결합 서명을 한다. 여기서 $G_1 = \langle P \rangle$은 위수가 소수 q인 타원곡선 군이고, G_2는 위수가 소수 q인 곱셈군이며, $H: \{0,1\}^* \rightarrow G_1$과 $\hat{e}: G_1 \times G_1 \rightarrow G_2$는 각각 충돌회피 해시함수와 겹선형 쌍함수이다.

- 각각 사용자의 개인키/공개키: $x_i \in_R Z_q^*$, $Y_i = x_i P$
- 각 결합 서명 공개키: $Y = \sum_{i=1}^{n} Y_i = \Sigma_i x_i P$
- 각 메시지 m에 대한 각 사용자의 서명: $S_i = x_i H(m_i)$
- 각 결합 서명: $S = \sum_{i=1}^{n} S_i = \Sigma_i x_i H(m_i)$
- 각 결합 서명에 대한 확인: $\hat{e}(P, S) ?= \prod_{i=1}^{n} \hat{e}(Y, H(m_i))$

자. 은닉 서명

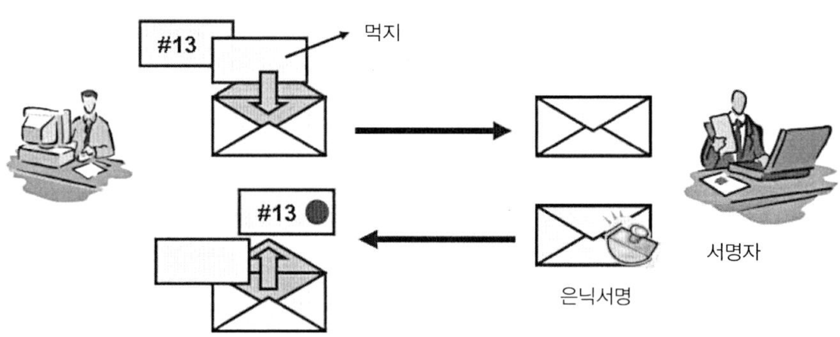

그림 9-20 은닉 서명의 원리

서명자는 일반적으로 자신이 서명하는 내용을 알고 있어야 하지만, 은폐 서명(blind signature)에서는 서명자는 서명 내용을 전혀 알지 못한다. 이러한 서명 기법은 전자화폐나 전자선거와 같은 사용자의 익명성을 유지해야 하는 경우에 주로 사용된다. 은폐 서명 프로토콜의 원리는 (그림 9-20)과 유사하다. 은폐 서명을 받고 싶은 사용자는 그 내용을 봉지와 함께 봉투에 봉해 서명자에게 전달한다. 서명자는 봉투를 개봉하지 않은 채로 서명을 하게 되는데, 봉지가 포함되어 있기 때문에 서명은 문서에 기록된다. 그러고 나서 사용자가 봉투를 개봉하여 봉지를 제거하고 문서를 사용한다.

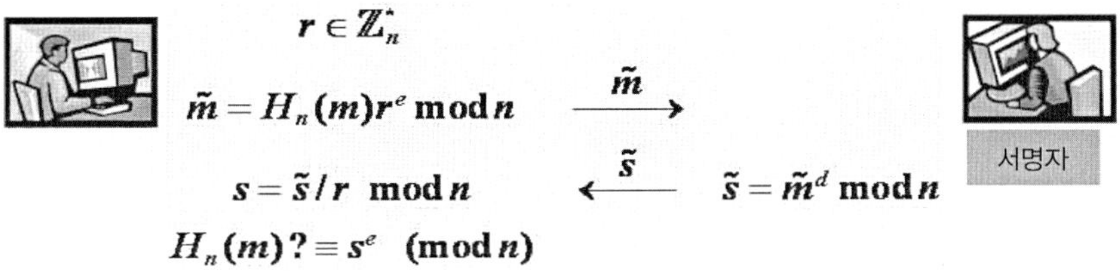

그림 9-21 RSA 기반 은닉 서명 프로토콜

RSA 기반 은닉 서명 프로토콜은 (그림 9-21)과 같다. 여기서 r은 은닉 요소(blinding factor)라 한다. 서명자는 이 요소를 알 수 없으므로 나중에 s를 보더라도 이 s와 서명 순간을 연결시킬 수 없다. 은폐 서명은 서명자가 서명하는 내용을 볼 수 없어 보안상의 위험이 따르는 서명 기법이다. 이러한 위험을 최소화하기 위해 사용할 수 있는 기법 중 하나는 cut-and-choose 기법이다. 이 기법은 케이크를 두 사용자가 공평하게 나누는 방법에서 유래되었다. Alice는 케이크를 두 조각으로 나눈 후, 각 조각을 동일한 크기의 상자에 포장한다. Bob은 두 상자 중 하나를 선택하고, 선택하지 않은 상자는 Alice가 가지게 된다. 이 과정에서 Alice는 Bob이 어떤 상자를 선택할지 모르기 때문에 공평하게 나누지 않으면 자신이 손해를 보게 된다.

Reference

[1] Ameer Rosic, "What is Zcash? A Comprehensive Guide, Blockgeeks", (2017.2) available at https://blockgeeks.com/guides/zcash/ (last visited at 2023.09.)

[2] Asokan, N., Tsudik, G., & Waidner, M. (1997). Server-supported signatures. Journal of Computer Security, 5(1), 91-108.

[3] Au, M. H., Susilo, W., & Mu, Y. (2006). Constant-size dynamic k-TAA. In Security and Cryptography for Networks: 5th International Conference, SCN 2006, Maiori, Italy, September 6-8, 2006. Proceedings 5 (pp. 111-125). Springer Berlin Heidelberg.

[4] Ben-Sasson, E., Bentov, I., Horesh, Y., & Riabzev, M. (2018). Scalable, transparent, and Ben-Sasson, E., Bentov, I., Horesh, Y., & Riabzev, M. (2018). Scalable, transparent, and post-quantum secure computational integrity. Cryptology ePrint Archive.

[5] Ben-Sasson, E., Chiesa, A., Genkin, D., Tromer, E., & Virza, M. (2013). TinyRAM architecture specification, v0. 991. en. In:(Aug. 2013), 16.

[6] Ben-Sasson, E., Chiesa, A., Tromer, E., & Virza, M. (2014). Succinct {Non-Interactive} zero knowledge for a von neumann architecture. In 23rd USENIX Security Symposium (USENIX Security 14) (pp. 781-796).

[7] Bertino, E., & Ferrari, E. (2017). Big data security and privacy. In A comprehensive guide through the Italian database research over the last 25 years (pp. 425-439). Cham: Springer International Publishing.

[8] Bitansky, N., Canetti, R., Chiesa, A., & Tromer, E. (2012, January). From extractable collision resistance to succinct non-interactive arguments of knowledge, and back again. In Proceedings of the 3rd Innovations in Theoretical Computer Science Conference (pp. 326-349).

[9] Boldyreva, A. (2002, December). Threshold signatures, multisignatures and blind signatures based on the gap-Diffie-Hellman-group signature scheme. In International Workshop on Public Key Cryptography (pp. 31-46). Berlin, Heidelberg: Springer Berlin Heidelberg.

[10] Boneh, D., Gentry, C., Lynn, B., & Shacham, H. (2003). Aggregate and verifiably encrypted signatures from bilinear maps. In Advances in Cryptology-EUROCRYPT 2003: International Conference on the Theory and Applications of Cryptographic Techniques, Warsaw, Poland, May 4-8, 2003 Proceedings 22 (pp. 416-432). Springer Berlin Heidelberg.

[11] Bünz, B., Bootle, J., Boneh, D., Poelstra, A., Wuille, P., & Maxwell, G. (2018, May). Bulletproofs: Short proofs for confidential transactions and more. In 2018 IEEE symposium on security and privacy (SP) (pp. 315-334). IEEE.

[12] Bünz, B., Bootle, J., Boneh, D., Poelstra, A., Wuille, P., & Maxwell, G. (2018, May). Bulletproofs: Short proofs for confidential transactions and more. In 2018 IEEE symposium on security and privacy (SP) (pp. 315-334). IEEE.

[13] Bünz, B., Fisch, B., & Szepieniec, A. (2020). Transparent SNARKs from DARK compilers. In Advances in Cryptology–EUROCRYPT 2020: 39th Annual International Conference on the Theory and Applications of Cryptographic Techniques, Zagreb, Croatia, May 10–14, 2020, Proceedings, Part I 39 (pp. 677-706). Springer International Publishing.

[14] Buterin, V. (2016). Quadratic arithmetic programs: from zero to hero. Available at https://medium.com/@VitalikButerin/quadratic-arithmetic-programs-from-zero-to-hero-f6d558cea649 (last visited at 2023.09)

[15] Byun, J. W., Kamra, A., Bertino, E., & Li, N. (2007, April). Efficient k-anonymization using clustering techniques. In International Conference on Database Systems for Advanced Applications (pp. 188-200). Berlin, Heidelberg: Springer Berlin Heidelberg.

[16] Camenisch, J., & Lysyanskaya, A. (2004, August). Signature schemes and anonymous credentials from bilinear maps. In Annual international cryptology conference (pp. 56-72). Berlin, Heidelberg: Springer Berlin Heidelberg.

[17] Camenisch, J., Drijvers, M., & Lehmann, A. (2016). Anonymous attestation using the strong diffie hellman assumption revisited. In Trust and Trustworthy Computing: 9th International Conference, TRUST 2016, Vienna, Austria, August 29-30, 2016, Proceedings 9 (pp. 1-20). Springer International Publishing.

[18] Camenisch, J., Dubovitskaya, M., Enderlein, R. R., Lehmann, A., Neven, G., Paquin, C., & Preiss, F. S. (2014). Concepts and languages for privacy-preserving attribute-based authentication. Journal of information security and applications, 19(1), 23-44.

[19] chainfrog, BLOCKCHAIN ANG GDPR, (2017) Available at http://www.chainfrog.com/wp-content/ uploads/2017/08/gdpr.pdf (last visited at 2023.09.)

[20] Chaum, D. (1983, August). Blind signatures for untraceable payments. In Advances in Cryptology: Proceedings of Crypto 82 (pp. 199-203). Boston, MA: Springer US.

[21] Chaum, D. (1991). Zero-knowledge undeniable signatures. In Advances in Cryptology-EUROCRYPT'90: Workshop on the Theory and Application of Cryptographic Techniques Aarhus, Denmark, May 21-24, 1990 Proceedings 9 (pp. 458-464). Springer Berlin Heidelberg.

[22] Chaum, D. (1994, May). Designated confirmer signatures. In Workshop on the Theory and Application of of Cryptographic Techniques (pp. 86-91). Berlin, Heidelberg: Springer Berlin Heidelberg.

[23] Chaum, D., & Van Heyst, E. (1991). Group signatures. In Advances in Cryptology—EUROCRYPT' 91: Workshop on the Theory and Application of Cryptographic Techniques Brighton, UK, April 8-11, 1991 Proceedings 10 (pp. 257-265). Springer Berlin Heidelberg.

[24] Damgård, I., Keller, M., Larraia, E., Pastro, V., Scholl, P., & Smart, N. P. (2013). Practical covertly secure MPC for dishonest majority-or: breaking the SPDZ limits. In Computer Security-ESORICS 2013: 18th European Symposium on Research in Computer Security, Egham, UK, September 9-13, 2013. Proceedings 18 (pp. 1-18). Springer Berlin Heidelberg.

[25] Dwork, C. (2006, July). Differential privacy. In International colloquium on automata, languages, and programming (pp. 1-12). Berlin, Heidelberg: Springer Berlin Heidelberg.

[26] Ferdous, M. S., Margheri, A., Paci, F., Yang, M., & Sassone, V. (2017, June). Decentralised runtime monitoring for access control systems in cloud federations. In 2017 IEEE 37th International Conference on Distributed Computing Systems (ICDCS) (pp. 2632-2633). IEEE.

[27] Fiat, A. (1997). Batch RSA. Journal of Cryptology, 10(2).

[28] Gabizon, A., Williamson, Z. J., & Ciobotaru, O. (2019). Plonk: Permutations over lagrange-bases for oecumenical noninteractive arguments of knowledge. Cryptology ePrint Archive.

[29] Gennaro, R., Gentry, C., Parno, B., & Raykova, M. (2013). Quadratic span programs and succinct NIZKs without PCPs. In Advances in Cryptology-EUROCRYPT 2013: 32nd Annual International Conference on the Theory and Applications of Cryptographic Techniques, Athens, Greece, May 26-30, 2013. Proceedings 32 (pp. 626-645). Springer Berlin Heidelberg.

[30] Groth, J. (2016). On the size of pairing-based non-interactive arguments. In Advances in Cryptology-EUROCRYPT 2016: 35th Annual International Conference on the Theory and Applications of Cryptographic Techniques, Vienna, Austria, May 8-12, 2016, Proceedings, Part II 35 (pp. 305-326). Springer Berlin Heidelberg.

[31] Groth, J. (2016). On the size of pairing-based non-interactive arguments. In Advances in Cryptology-EUROCRYPT 2016: 35th Annual International Conference on the Theory and Applications of Cryptographic Techniques, Vienna, Austria, May 8-12, 2016, Proceedings, Part II 35 (pp. 305-326). Springer Berlin Heidelberg.

[32] Groth, J., & Maller, M. (2017, July). Snarky signatures: Minimal signatures of knowledge from simulation-extractable SNARKs. In Annual International Cryptology Conference (pp. 581-612). Cham: Springer International Publishing.

[33] HealthIT, G. (2015). Guide to Privacy and Security of Electronic Health Information.

[34] Hyperledger Fabric-Read the Docs(2019), available at https://hyperledger-fabric.readthedocs.io/en/release-1.4 (last visited at 2023.09.)

[35] ICO, Right related to automated decision making including profiling (2023.04.), available at https://ico.org.uk/for-organisations/guide-to-the-general-data-protection-regulation-gdpr/individual-rights/rights-related-to-automated-decision-making-including-profiling/ (last visited at 2023.09.)

[36] ICO, Right to erasure (2023.04), available at https://ico.org.uk/for-organisations/guide-to-the-general-data-protection-regulation-gdpr/individual-rights/right-to-erasure (last visited at 2023.09.)

[37] Kaaniche, N., & Laurent, M. (2017, October). A blockchain-based data usage auditing architecture with enhanced privacy and availability. In 2017 IEEE 16th International Symposium on Network Computing and Applications (NCA) (pp. 1-5). IEEE.

[38] Kate, A., Zaverucha, G. M., & Goldberg, I. (2010). Constant-size commitments to polynomials and their applications. In Advances in Cryptology-ASIACRYPT 2010: 16th International Conference on the Theory and Application of Cryptology and Information Security, Singapore, December 5-9, 2010. Proceedings 16 (pp. 177-194). Springer Berlin Heidelberg.

[39] Kilian, J. (1992, July). A note on efficient zero-knowledge proofs and arguments. In Proceedings of the twenty-fourth annual ACM symposium on Theory of computing (pp. 723-732).

[40] Kim, J., Lee, J., & Oh, H. (2019). QAP-based Simulation-Extractable SNARK with a Single Verification. IACR Cryptol. ePrint Arch., 2019, 586.

[41] Kreuter, B., Shelat, A., Mood, B., & Butler, K. (2013). {PCF}: A Portable Circuit Format for Scalable {Two-Party} Secure Computation. In 22nd USENIX Security Symposium (USENIX Security 13) (pp. 321-336).

[42] Lamport, L. (1981). Password authentication with insecure communication. Communications of the ACM, 24(11), 770-772.

[43] Lee, J. H., Hwang, J. Y., Oh, H. O., & Kim, J. H. (2019). Personal Information Management System with Blockchain Using zk-SNARK. Journal of the Korea Institute of Information Security & Cryptology, 29(2), 299-308.

[44] Li, N., Li, T., & Venkatasubramanian, S. (2006, April). t-closeness: Privacy beyond k-anonymity and l-diversity. In 2007 IEEE 23rd international conference on data engineering (pp. 106-115). IEEE.

[45] Machanavajjhala, A., Kifer, D., Gehrke, J., & Venkitasubramaniam, M. (2007). l-diversity: Privacy beyond k-anonymity. ACM Transactions on Knowledge Discovery from Data (TKDD), 1(1), 3-es.

[46] Maller, M., Bowe, S., Kohlweiss, M., & Meiklejohn, S. (2019, November). Sonic: Zero-knowledge SNARKs from linear-size universal and updatable structured reference strings. In Proceedings of the 2019 ACM SIGSAC Conference on Computer and Communications Security (pp. 2111-2128).

[47] Nakamoto, S. (2008). Bitcoin: A peer-to-peer electronic cash system. Decentralized business review.

[48] Ouaddah, A., Abou Elkalam, A., & Ait Ouahman, A. (2016). FairAccess: a new Blockchain-based access control framework for the Internet of Things. Security and communication networks, 9(18), 5943-5964.

[49] Ouaddah, A., Elkalam, A. A., & Ouahman, A. A. (2017). Towards a novel privacy-preserving access control model based on blockchain technology in IoT. In Europe and MENA cooperation advances in information and communication technologies (pp. 523-533). Springer International Publishing.

[50] Outchakoucht, A., Hamza, E. S., & Leroy, J. P. (2017). Dynamic access control policy based on blockchain and machine learning for the internet of things. International Journal of Advanced Computer Science and Applications, 8(7).

[51] Parno, B., Howell, J., Gentry, C., & Raykova, M. (2016). Pinocchio: Nearly practical verifiable computation. Communications of the ACM, 59(2), 103-112.

[52] Parno, B., Howell, J., Gentry, C., & Raykova, M. (2016). Pinocchio: Nearly practical verifiable computation. Communications of the ACM, 59(2), 103-112.

[53] Pavlovski, C., & Boyd, C. (1999, July). Efficient batch signature generation using tree structures. In International workshop on cryptographic techniques and E-commerce, CrypTEC (Vol. 99, pp. 70-77).

[54] Petkus, M. (2019). Why and how zk-snark works. arXiv preprint arXiv:1906.07221.

[55] Pilkington, M. (2016). 11 Blockchain technology: principles and applications. Research handbook on digital transformations, 225(2016).

[56] Reitwiessner, C. (2019). zkSNARKs in a Nutshell. 2016. URL: http://chriseth. github. io/notes/articles/zksnarks/zksnarks. pdf (visited on 04/23/2017).

[57] Salman, T., Zolanvari, M., Erbad, A., Jain, R., & Samaka, M. (2018). Security services using

blockchains: A state of the art survey. IEEE communications surveys & tutorials, 21(1), 858-880.

[58] Salman, T., Zolanvari, M., Erbad, A., Jain, R., & Samaka, M. (2018). Security services using blockchains: A state of the art survey. IEEE communications surveys & tutorials, 21(1), 858-880.

[59] Schnorr, C. P. (1990). Efficient identification and signatures for smart cards. In Advances in Cryptology—CRYPTO' 89 Proceedings 9 (pp. 239-252). Springer New York.

[60] Shafagh, H., Burkhalter, L., Hithnawi, A., & Duquennoy, S. (2017, November). Towards blockchain-based auditable storage and sharing of IoT data. In Proceedings of the 2017 on cloud computing security workshop (pp. 45-50).

[61] Simmons, G. J. (1984, April). The subliminal channel and digital signatures. In Workshop on the Theory and Application of of Cryptographic Techniques (pp. 364-378). Berlin, Heidelberg: Springer Berlin Heidelberg.

[62] V. Buterin, zk-SNARKs: Under the hood (2017), available at https://medium.com/@VitalikButerin/zk-snarks-under-the-hood-b33151a013f6 (last visited at 2023.09.)

[63] V. Goel, "Facebook tinkers with users' emotions in news feed experiment, stirring outcry," The New York Times, (2014.06), Available at https://www.nytimes.com/2014/06/30/technology/facebook-tinkers-with-users-emotions-in-news-feed-experiment-stirring-outcry.html (last visited at 2023.09.)

[64] Xia, Q., Sifah, E. B., Smahi, A., Amofa, S., & Zhang, X. (2017). BBDS: Blockchain-based data sharing for electronic medical records in cloud environments. Information, 8(2), 44.

[65] Yi, X., Paulet, R., Bertino, E., Yi, X., Paulet, R., & Bertino, E. (2014). Homomorphic encryption (pp. 27-46). Springer International Publishing.

[66] Zcash, What are zk-SNARKs, Retrieved (2019.10.), available at https://z.cash/technology/zksnarks/ (last visited at 2023.09.)

[67] Zhang, N., Li, J., Lou, W., & Hou, Y. T. (2018). PrivacyGuard: Enforcing private data usage with blockchain and attested execution. In Data Privacy Management, Cryptocurrencies and Blockchain Technology: ESORICS 2018 International Workshops, DPM 2018 and CBT 2018, Barcelona, Spain, September 6-7, 2018, Proceedings 13 (pp. 345-353). Springer International Publishing.

[68] Zheng, Z., Xie, S., Dai, H., Chen, X., & Wang, H. (2017, June). An overview of blocchain technology: Architecture, consensus, and future trends. In 2017 IEEE international congress on big data (BigData congress) (pp. 557-564). Ieee.

[69] Zyskind, G., & Nathan, O. (2015, May). Decentralizing privacy: Using blockchain to protect

personal data. In 2015 IEEE security and privacy workshops (pp. 180-184). IEEE.

[70] Zyskind, G., & Nathan, O. (2015, May). Decentralizing privacy: Using blockchain to protect personal data. In 2015 IEEE security and privacy workshops (pp. 180-184). IEEE.

[71] Zyskind, G., Nathan, O., & Pentland, A. (2015). Enigma: Decentralized computation platform with guaranteed privacy. arXiv preprint arXiv:1506.03471.

[72] 금융보안원 보안기술연구팀. (2017). 블록체인 기술과 보안 고려사항.

[73] 김계정. (2018). 블록체인과 관련한 개인정보 이슈. 개인정보보호 실천가이드 Vol.8. 개인정보의 미래 ABCD, 68-69.

[74] 김상진. (2002). 거스름의 재사용이 가능한 전자화폐, 한양대학교 박사학위논문.

[75] 김승현, & 김수형. (2019). 블록체인 기반 접근제어 기술 동향. 전자통신동향분석, 34(4), 117-128.

[76] V. Buterin, "zk-SNARKs: Under the hood (2017), available at 김혜리, & 홍승필. (2018). 블록체인 네트워크에서의 개인정보보호 방안 연구. 보안공학연구논문지, 15(2), 81-92.

[77] V. Buterin, "zk-SNARKs: Under the hood (2017), available at 박미영. (2020). 프라이버시 보호와 영지식증명, 미래금융연구센터

[78] V. Buterin, "zk-SNARKs: Under the hood (2017), available at 염흥열. (2018). Special Report-블록체인 보안과 프라이버시. TTA 저널, 177, 55-64.

[79] V. Buterin, "zk-SNARKs: Under the hood (2017), available at 오현옥. (2020). 영지식 증명 연구 동향. 정보통신기획평가원, 주간기술동향. Vol.1953.

[80] V. Buterin, "zk-SNARKs: Under the hood (2017), available at 이상현, 김용수, & 김호원. (2019). 블록체인 프라이버시 보호 프로토콜 동향 및 분석. 한국통신학회논문지, 44(12), 2252-2259.

[81] V. Buterin, "zk-SNARKs: Under the hood (2017), available at 한국인터넷진흥원. (2018). 정보통신서비스 분야에서 블록체인 활용에 따른 개인정보보호 이슈 연구. 연구보고서.

Summary

[1] 데이터 프라이버시는 개인 정보를 보호하고 민감한 데이터에 대한 접근을 제한하는 것을 의미한다.

[2] ACL은 데이터에 대한 접근 권한을 지정하는 제어 목록이다.

[3] 응용 프로그램은 사용자들의 민감한 정보를 다루기 때문에 개인 정보 보호가 매우 중요하다. 민감한 데이터에 대한 안전한 접근과 처리가 보장되어야 한다.

[4] 암호화, 접근 제어, 식별 및 인증 등이 전통적인 데이터 프라이버시를 위한 기술이다. 암호화를 있도록 한다. 그러나 전통적인 기술로는 데이터 유출 및 악의적인 공격을 완전히 막을 수 없는 경우가 있다. 또한, 중앙화된 데이터 보관 시스템은 개인 정보에 대한 신뢰성을 보장하기 어려울 수 있다.

[5] 블록체인은 투명성을 제공하지만, 이는 개인 정보 노출로 이어질 수 있다. 그리고, 데이터의 수정이 어렵기 때문에, 실수로 민감한 정보를 올리면 영구히 남을 수 있다. 또한 블록체인은 GDPR과 같은 데이터 보호 규정과 충돌할 수 있으며, 이를 해결하는 방법이 필요하다. 스마트 컨트랙트의 코드는 오픈되어 있어 취약점이 노출될 수 있다.

[6] 블록체인 기반의 프라이버시 기술로는 데이터를 암호화하여 블록체인에 저장함으로써 데이터를 안전하게 보호한다. 또한 Zero-Knowledge proof를 이용하여 트랜잭션을 확인하면서도 개인 정보를 노출하지 않는 암호학적 기술로 데이터 프라이버시를 강화한다. 프라이버시 코인은 트랜잭션 정보를 숨기는 암호화폐 기술을 사용하여 사용자의 개인 정보를 보호한다. 그리고 중앙 집중식 데이터 저장소를 활용하고 블록체인에 필요한 정보만 저장하여 프라이버시를 보호한다.

[7] 블록체인은 분산 원장으로 사용자 및 엔티티 간의 접근을 관리하는데 중요한 역할을 한다. 블록체인은 투명하고 불변한 특성을 활용하여 데이터 접근 및 트랜잭션을 보호하며, 스마트 컨트랙트를 사용하여 접근 권한을 자동화할 수 있다.

[8] 블록체인의 접근제어 분류 기준은 자동화된 접근제어, 사용자 실시간 접근제어, 세밀한 접근제어 정책, 데이터 저장위치, 정책 저장위치, 블록체인 타입, 스마트 컨트랙트 사용, 구현, 특징적인 보안요소로 볼 수 있다.

[9] 블록체인 프라이버시 보호 프로토콜은 활발히 연구되고 있다. zk-SNARKs와 zk-STARKs는 데이터 검증을 위해 증명을 생성하고, 효율적이며 높은 수준의 프라이버시를 제공한다. Bulletproof는 대규모 데이터의 효율적인 검증을 위한 프로토콜로 작은 증명 크기를 가지고

있다. Identity Mixer는 사용자의 신원을 숨기고 익명 트랜잭션을 가능케 한다. Enigma는 암호화된 데이터를 분산된 노드에 저장하고 필요 시 열어 사용자 프라이버시를 보호한다.

[10] 영지식 증명(Zero-Knowledge Proofs, ZKPs)은 보안과 프라이버시를 강화하기 위한 암호학적 도구로, 증명자가 어떤 주장이 참임을 입증하는 동시에 실제 정보를 노출하지 않고 그것을 효과적으로 할 수 있도록 한다. 이러한 개념은 블록체인과 같은 분산 시스템 에서 중요하게 사용된다. 연구도 활발하여 zk-SNARKs, zk-STARKs와 같은 프로토콜과 효율적인 증명 생성과 검증방법 등이 연구 중이다.

[11] 영지식 증명은 개인의 데이터와 트랜잭션을 블록체인과 같은 분산 시스템에서 프라 이버시를 보호하기 위한 강력한 수단으로 사용된다. 사용자는 필요한 정보만을 공개하고 나머지는 숨길 수 있어, 개인 정보 보호가 강화된다.

[12] 영지식 증명은 전자서명과 관련하여 디지털 문서의 인증 및 검증 프로세스를 개선한다. 증명자는 문서의 유효성을 입증하면서도 문서 내용 자체를 노출하지 않는다. 이는 전자 계약 및 디지털 계약 분야에서 효율적인 서명 및 검증을 가능하게 한다.

Exercises

1. 데이터 프라이버시를 보호하기 위한 전통적인 기술로 올바르지 않은 것은?

a) 암호화
b) 접근 제어 목록(ACL)
c) 식별 및 인증
d) 데이터 공유

2. 응용 프로그램에서 개인 정보 보호가 중요한 이유는 무엇인가요?

a) 개인 정보는 무단으로 사용될 수 있기 때문입니다.
b) 응용 프로그램이 더 빨리 실행될 수 있습니다.
c) 개인 정보는 응용 프로그램에 영향을 미칠 수 있기 때문입니다.
d) 개인 정보는 응용 프로그램 실행에 필요하지 않습니다.

3. 다음 중 ACL(Access Control List)의 목적은 무엇인가요?

a) 데이터를 암호화하는 기술
b) 데이터에 대한 접근 권한을 제어하는 기술
c) 데이터를 분석하는 기술
d) 데이터를 백업하는 기술

4. 블록체인 기술에서 데이터의 안전성을 보장하기 위해 사용되는 주요 방법은 무엇인가요?

a) 중앙집중식 데이터 저장
b) 데이터 암호화
c) 데이터 공개
d) 데이터 백업

5. 블록체인과 데이터 프라이버시의 주요 이슈 중 하나는 무엇인가요?

a) 스마트 컨트랙트 기술
b) 풍부한 데이터 공유
c) 투명한 데이터 수정
d) 투명성과 익명성의 균형

6. 어떤 기술이 블록체인 데이터 프라이버시를 강화하기 위해 사용될 수 있나요?

a) 중앙 집중식 데이터 저장소
b) Zero-Knowledge Proof (ZKP)
c) 데이터 오픈 공개
d) 블록체인 채굴 기술

6. GDPR와 같은 규제 준수를 위해 블록체인에서 어떤 접근 방법이 사용될 수 있나요?

a) 데이터 공개
b) 데이터 수정 용이성
c) 암호화 기술
d) 데이터 삭제 용이성

6. 스마트 컨트랙트의 보안 측면에서 어떤 문제가 발생할 수 있나요?

a) 데이터 수정 용이성
b) 코드 오픈 소스화
c) 오픈마켓 트랜잭션
d) 암호화 기술

6. 블록체인의 주요 역할 중 하나는 무엇인가요?

a) 음악 스트리밍 서비스
b) 데이터 보호와 트랜잭션 관리
c) 소셜 미디어 플랫폼
d) 물류 및 운송 업무

6. 블록체인의 접근제어 분류 기준 중 하나는 무엇인가요?

a) 데이터 암호화 정책
b) 실시간 주식 시세
c) 마케팅 전략
d) 특정 스마트 컨트랙트의 실행 권한

7. zk-SNARKs와 zk-STARKs의 공통 특징은 무엇인가요?

a) 대규모 데이터 검증을 위한 프로토콜
b) 높은 수준의 프라이버시 제공
c) 익명 트랜잭션을 가능하게 함
d) 작은 증명 크기를 가짐

8. Enigma 프로토콜은 무엇을 보호하고자 하는가요?

a) 사용자의 신원
b) 데이터의 무결성
c) 데이터의 프라이버시
d) 스마트 컨트랙트의 실행 권한

9. 영지식 증명은 어떤 보안과 프라이버시를 강화하기 위한 암호학적 도구인가요?

a) 암호화 기술
b) 인증 기술
c) 암호학적 도구
d) 네트워크 보안 기술

10. 주요 연구 동향 중 하나로서 블록체인과 어떤 기술이 연계되어 있나요?

a) AI
b) IoT
c) 암호학
d) 빅데이터

11. 영지식 증명을 통해 증명자는 어떤 정보를 노출하지 않고도 무엇을 할 수 있나요?

a) 거짓 주장 입증
b) 주장의 진위 입증
c) 정보 노출
d) 데이터 조작

12. 영지식 증명과 관련된 주요 연구 동향 중 하나는 무엇인가요?

a) 신용카드 보안
b) 보안 카메라 기술
c) zk-SNARKs와 zk-STARKs 개발
d) 네트워크 솔루션 연구

13. 데이터 프라이버시를 위한 전통적인 기술 중 하나를 선택하고, 그 기술이 어떻게 개인 정보 보호를 강화하는지에 대해 설명해주세요.

14. 현재 응용 프로그램에서 사용되는 데이터 프라이버시 보호 수단 중 하나를 예시와 함께 언급해주세요.

15. Zero-Knowledge Proof(ZKP) 기술은 어떻게 블록체인 데이터 프라이버시를 강화하는데 도움

이 되는지에 대해 설명해주세요.

16. 데이터 프라이버시와 관련하여 블록체인 기술이 GDPR와 같은 규제와 어떻게 충돌할 수 있는지 예시와 함께 설명해주세요.

17. 블록체인의 접근제어 분류 기준 중 하나를 자세히 설명해주세요.

18. Bulletproof 프로토콜이 어떻게 대규모 데이터의 효율적인 검증을 도와주는지 간단히 설명해주세요.

19. 영지식 증명을 활용하여 어떻게 프라이버시를 보호할 수 있나요? 간단히 설명해주세요.

20. 영지식 증명 기술이 블록체인 분야에서 어떻게 적용될 수 있는지에 대해 예를 들어 설명해주세요.